井筒俊彦

英文著作翻訳コレクション

イスラーム神学における信の構造

イーマーンとイスラームの意味論的分析

鎌田 繁——監訳
仁子寿晴・橋爪 烈——訳

TOSHIHIKO IZUTSU

The Concept of Belief in Islamic Theology: A Semantic Analysis of Īmān and Islām

慶應義塾大学出版会

イスラーム神学における信の構造＊目次

凡例

一、本書は Toshihiko Izutsu, The Concept of Belief in Islamic Theology: A Semantic Analysis of Īmān and Islām（慶應義塾大学出版会、二〇一六年）の全訳である。

二、原著の強調のうち、‘ ’は「 」、イタリックは傍点に替えた。（ ）と〔 〕は原文どおりである。大文字で記されている語は、原則として〈 〉で示した。

三、訳者による補足などは〔 〕で記した。

四、原注は本文中に（ ）で原注番号を附し、章ごとにまとめて各章末に置いた。ただし、クルアーンからの参照指示は本文中に挿入した。

五、訳注は、本文中に〔 〕で訳注番号を附し、原注のあとにつづけた。原注に関する訳注は、当該原注内に改行、字下げし〔訳注〕として挿入した。

六、クルアーンからの引用は井筒俊彦訳『コーラン』（岩波書店、上中下）ではなく、原著英文に基づいた訳者による翻訳である。その他の原典からの引用文も同様である。

七、アラビア語の人名や単語における定冠詞は、原則として、日本語表記では省略し、ラテン翻字では表記した。

八、アラビア語は発音ではなくアラビア文字表記を転写した。

九、外国語著作には日本語訳タイトルを示し、書誌情報は（ ）内に記した。

十、事項索引、アラビア語用語索引、人名著作名索引に加え、新たにクルアーン引用索引を附した。

十一、井筒が参照・引用した版や出典が不明の著作には、可能なかぎり現在入手可能な版に基づき〔 〕内に出典情報を補った。

十二、本書巻末には附録としてアブー・アブドゥッラー・ブハーリー「信の書」（Abū ‘Abd Allāh Muḥammad ibn Ismā‘īl al-Bukhārī, *Ṣaḥīḥ al-Bukhārī*, 9 vols. in 3, Miṣr, Maṭābi ‘al-Sha‘b, 1378, vol. 1, pp. 10–23）を収録した。詳細は附録凡例を参照されたい。なお、本文中のブハーリー編『正伝ハディース集』の引用は、すべてキルマーニーによる注釈書からである。書誌については参考文献を参照されたい。

十三、引用中に今日の人権意識に照らして不適切と思われる表現があるが、時代的背景を鑑みて原語に忠実に翻訳した。

イスラーム神学における信の構造

イーマーンとイスラームの意味論的分析

序

本書はイスラーム神学における「信」ないし「信仰」の概念を分析的に研究したものであり、二つの目的を有する。一つは、信の概念の発生と展開、そしてムスリムの間での理論的精緻化という歴史的経過を詳細に叙述することである。もう一つは、「信」および連関する他の鍵概念——これらの諸概念自体、概念網を形成している——についての入念な意味論的分析を行うことである。

歴史的に見て「信」は、イスラーム神学の全概念のなかでも早くに現れた最重要な概念であった。そしてそれはイスラーム文化の最初の数世紀間において、現実的な意味をもつ数多くの問題を提起したのである。それらの幾つかは拡大しつつあったイスラーム共同体に文字通り生死に関わる問題を突き付けた。これらの問題とその根柢に横たわる主要な概念を入念に分析することによって、我々はイスラーム思想史の最も興味深い局面の一つに対して光を当てることができるものと信ずる。

しかしながらまず最初に指摘しておかねばならないことは、本書が、イスラーム神学者たちによって理論的に作り上げられたものとしての信の概念に関する研究であるということであり、イスラーム神学は長きにわたって、ムスリムの内面において保たれてきた信仰の問題を扱ってこず、また徹底的に扱うことができなかった、ということである。本書は、主題のある特定の側面をさらに特定の観点から注視するものであり、それが為し得ると期待できる最上のことは、問題のスコラ的側面を分析し、解明することである。

「信」とは、本来、個人的な実存的現象である。この点において、信仰は、非スコラ的観点から解明が試みられた時にのみ、真の難解さを明らかにするのであると言う者がいるやも知れぬ。そしてこの意味において、同概念に対する〈神秘家〉の理解の方がより深く問題の核心に至るだろうと言われるのである。私はこうした見解を認めることにやぶさかではない。

さりとて、その一方で、イスラーム神学は優れてイスラーム的現象である。スコラ神学者によって扱われるものとしての信の概念は、問題の外面ないし外形的な側面に触れるだけの性質のものであろう。しかし、他と同様ここでも、「外面」は「内面」の自己顕示であることを否定することもできないのである。この意味において、神学概念としての「信」は、ある特定の方法ではあるが実存的な出来事としての、すなわち、ムスリムの信者たちが歴史的経過において現実に生き、経験した何ものかとしての「信」の真の性質を、反映し、明らかにする。

しかしそうであるにしても、私は、スコラ神学の鍵概念の一つを歴史哲学的に分析しうるだけでなく、この世界において最も独創的で最重要な宗教文化の一つであるイスラームの本質的な構造を明らかにするため、控えめではあるが真に貢献できることを証明すると期待して、この研究を進めたのである。

本書は、一九六四年にカナダはモントリオールにあるマギル大学イスラーム研究所の特別セミナーでの講演を要請され、その際準備した資料を基にしたものである。

イスラーム研究所所長のチャールズ・アダムス博士には常なる支援をいただき、また勇気づけられた。ここに感謝の意を表することは私の最大の喜びである。

また私のセミナー参加者全員、特にW・ポール・マクレーン氏に感謝申し上げる。彼は最初期の最重要な文書のひとつ(附録)について完全な英訳を作成してくれただけではなく、私の草稿を共に入念に調べてくれ、有益な示唆や忠告を与えてくれた。本書がこのようなかたちになるには彼との多くの意見交換が必要であった。

またこの機会に、松本信廣教授に対して心からの感謝を捧げたいと思う。氏は私の研究に大変な関心をそそぎ、氏のご活躍のお蔭で本書は日の目を見ることができたのである。

最後に、本書の出版に当たって格別のご高配を賜り、印刷に細心の注意を払っていただいた有隣堂出版社に感謝の意を表したい。

井筒　俊彦

一九六五年四月一二日　東京

第一章　不信心者《カーフィル》（kāfir）

一　ハワーリジュ派とカーフィルの問題の起源

「信」（belief）なり「信仰」（faith）なりが宗教の核となることを否定する者はいないだろう。さまざまなイスラーム的状況において特にこの概念と連関する諸問題が最も重要とされるのは、宗教としてのイスラームのまさに本質と存在にそれらが密接に関わることに加えて、「信」の概念をめぐって起こったさまざまな議論が初期のムスリムたちのあいだで全神学思想の出発点と目されることに起因する。

高名なハンバル派の神学者であるイブン・タイミーヤ（Taqī al-Dīn Aḥmad Ibn Taymiyyah〔1258–1326〕）は、「信《イーマーン》」（īmān）の問題の歴史的重要性を強く主張し、「これらの二語〔即ち、イーマーンとクフル（kufr「不信」）〕の意味内容をめぐる議論こそがまさにムスリムたちの内部に起こった最初の意見の相違である。この問題ゆえに、ムスリム共同体は諸宗派、諸分派に分かれ、彼らは〈聖なる書〉とスンナ（Sunnah）〔預言者ムハンマドの言行〕に関して意見を違えるようになり、互いに「不信心者」（infidels）と呼び始めた」と述べる。(1) この場面に最初に登場するのはハワーリジュ派（Khawārij）あるいはハワーリジュ派の名で知られるひとびとの一団、ないし諸集団であった。

しかしながら、問題の本質を歴史的に洞察しようにも、直前に引用したイブン・タイミーヤの定式はあまりにも抽象的に過ぎ、その具体的な状況を十分に正当なかたちで扱いえないものであった。というのも、その具体的な状況下において、ハワーリジュ派はきわめて重大かつ決定的な仕方でさまざまな議論を提起し、成立間もないムスリム共同体に、文字通り生死を分かつ問題を突きつけていたからである。

初期のハワーリジュ派は第一次的には神学をこととする者たちではなく、問題を抽象的に提起したのではなかった。確かに、彼らが取り上げて議論した鍵概念は全て、遅かれ早かれ成熟したスコラ神学へと展開することになった。だが、彼ら自身が純粋に理論的次元でそれらの鍵概念を扱ったわけではない。反対に、全ての鍵概念は当時の政治的状況と密接に結びついており、現在の我々の視点から見れば、ハワーリジュ派の提起した問題は神学問題としてではなく政治問題として提起されたのだと端的に言うことができるだろう。

ただ、ハワーリジュ派のひとびとはこれらの問題を宗教的信念に関連づけて語り、全体像を複雑なものとしたのである。言い換えると、彼ら自身の主観的な視点から言えば、ハワーリジュ派の鍵概念群は本質的に宗教的重要性を有するものであった。これは以下のことを示唆するように思われる。この準備的段階において彼らについて言えることは、「ハワーリジュ派によって扱われた鍵概念は起源において異なる二つの側面、つまり各々完全に方向性の異なる政治的側面と神学的側面を有している」ということに尽きる。当初、つまりウマイヤ朝初期には政治的側面がより重要であったが、時が進むにつれて、神学的側面が次第に顕著になるに至ったのである。さてその成り行きをより詳細に、より具体的に考察しよう。

確かに、信《イーマーン》の概念に関する基本的な問題点を提起したハワーリジュ派のそのやり方は、ある種独特なものであった。何よりもまず、全ての議論の中心がヒラーファ（khilāfah）、ないし「カリフ制」であった。〈預言者〉［ムハンマド］の死後、彼に従っていた者たちが直面した最初の深刻な問題が、ムスリム共同体の長たる立場は実のところ誰に帰属したのか、ないしムスリム共同体の長たる立場は誰に帰属すべきであったのか、という問題であったのはきわめて自然であり、十分に理解可能である。それは要するに、誰がカリフ（ハリーファ khalīfah）であるべきだったのか、という問題である。周知のとおり、ハリーファという語はおおよそ「後に続く者」「後継者」「副官」「代理人」を意味する。だが、誰の「ハリーファ」なのか。この点すら一般の信者たちの理解が進んでいなかったことが、幾つかの初期の〈伝承〉から容易に判明する。例えば、イブン・ハンバル（Aḥmad ibn Ḥanbal〔780–855. ハンバル法学派の名祖〕）の『ムスナド』に次のように見える。ある者がアブー・バクル（Abū Bakr〔r. 632–634. 初代カリフ〕）に「神のカリフ」（khalīfat Allāh）と呼びかけた。するとアブー・バクルはただちに「私は〈神の使徒〉のハリーファであって、私はこれ（この称号）に満足する〔anā rāḍī bi-hi〕、私はこれに満足する」(2)と言った。

後半部で三度繰り返される anā rāḍī bi-hi〔私はこれに満足する〕という発言がきわめて重要な意味をもつことは明らかである。自らは第二位の称号に満足するとアブー・バクルが特に強く主張した事実は、当時、ハリーファという称号が一般的に二様に解されていたこと、即ち、「神の代理人」と解するか、「〈預言者〉ムハンマドの代理人ないし後継者」と解するかの二種の解釈があったことを示す。アブー・バクルは前者の解釈を強く否定し、彼自身は後者の意味を選ぶとの姿勢を明らかにしたが、後者の意味こそ、アブー・バクルが唯一の正しい解釈と考えたものであり、彼自身はそれに満足したのである。

間もなく、この問題はそれほど混乱を惹き起こすことなく解決されたようである。前掲のハディースがこの事実を十分に証する。しかしながら、この問題は引き続いてさらに困難な問題を残すことになった。それは、では「〈預言者〉のハリーファ」となることが正当化されるのは誰か、という問題である。

その問題は、特にウスマーン（ʻUthmān ibn ʻAffān〔r. 644–656. 第三代カリフ〕）の死後、ムスリム共同体にとって非常に重大なものとなった。さまざまに対立する見解が主張され、三つの主要な「党派」が形成された。三党派の内の一つ（シーア派として知られる）にとって、十全なる意味で、カリフに相応しいのはアリーであって、アリー

（ʿAlī ibn Abī Ṭālib〔r. 656–661. 第四代カリフ〕）だけであった。第二の党派（ウマイヤ家のひとびと、ないしUmawiyyūn）は、それはムアーウィヤだと主張した。第三の党派は「この者でも、あの者でもない」（lā hādhā wa-lā dhāka）と言った。精確に言えば、カリフは必ずしもいる必要はなく、〈神の書〉だけで十分だと第三の党派は主張した。だが、強いてカリフを立てるのであれば、「たとえ、その者がエチオピア人の奴隷であったとしても」カリフに最も相応しい者がひとびとのなかから選ばれるべきである、と彼らはつけ加えた。これがハワーリジュ派の代表的見解である。

　既に指摘したように、この状況は現在の立場から見れば本質的に政治的だと言えよう。故アフマド・アミーン教授（Aḥmad Amīn〔1886–1954〕）が『イスラームの朝』[3]で述べたように、ハリーファの問題に関して互いに違う考えをもつこれら三つの集団は、全て「政治的党派」（aḥzāb siyāsiyyah）と呼ばれるに相応しい集団である。というのも、そこに含意された根本的な問題は、結局のところ共同体全体の「公共の利」（maṣlaḥah）に関するものであったためである。だが彼ら自身この問題を、公共の利のそれとして、つまり純粋に政治的な問題として議論したのではなかった。もちろん、彼らはその問題から結果として生じることになる、直後の深刻な諸々の帰結全てを鋭敏にも知覚してはいた。だが、要するに、その問題は彼らにとっては本質的に宗教の問題であったのである。

　その問題がハワーリジュ派によってどのように提起されたかを考えるならば、この点に注目せざるを得ないだろう。彼らの政敵であるウマイヤ家やシーア派のひとびとを打倒し、非難しようと、ハワーリジュ派は次のようにその根本問題を定式化した。「アリーに従い、アリーを支持する者は「不信者《カーフィル》」（kāfir）であるか、「信者《ムウミン》」（muʾmin）であるか」。「ムアーウィヤ（Muʿāwiyah ibn Abī Sufyān〔d. 680. ウマイヤ朝初代カリフ〕）に従い、ムアーウィヤを支持する者は「不信者」であるか、「信者」であるか」。無論、答えは初めから明らかである。彼らの議論は根本的にきわめて単純である。「アリーやムアーウィヤ、さらには彼らの支持者たちは皆、不信者《カーフィル》である。なぜなら彼らは「重罪人」だからである」。より理論的な次元においては、その問題は次のように定式化される。重罪を犯した者はなおも「信者」たりうるのか、ないし、その者は重罪を犯した事実そのものによって直ちに「不信者」となるのか。そして、もともとの定式からより理論的なこの定式への距離は容易に踏み出しうる一歩にすぎなかった。こうしてムルタキブ・カビーラ（murtakib al-kabīrah）、つまり「重罪人」という有名な神学問題が創り出されたのである。

ひとたび問題がこの様に定式化されると、「信ずる」とは何か、そしてどの行為がひとを「重罪人」とするのかに関して明確な考え方をもたずに、己れの立場を正当化したり、その問題に適切な解答を与えたりするのは不可能であると実感されるようになった。そして、そのことが、「信《イーマーン》」と「不信《クフル》」（kufr）のあいだの区別をめぐる神学論争を不可避的に惹き起こした。そしてこの問題はつまるところ、〈信とは何か〉という最も根本的な問いへといたることになったのである。

だがここでもまた、ハワーリジュ派のひとびとは、優れて政治的な関心に由来する、きわめて特有の態度をとり、その態度からは神学的に深刻な帰結と実践的に深刻な帰結の二通りの帰結が導かれていった。記しておくべき第一点は、彼らは「信」の問題に正面から取り組んだのではなく、もっぱら「不信」の概念に、しかも個々人の不信にばかり注意を払った、ということである。つまり、彼らは「信とは何か」、「不信とは何か」を問うたのではなく、むしろ、「誰が不信者（unbeliever）、ないし不信心者（infidel）なのか」を問うた。この態度が彼らの思考パターンにきわめて特有の色合いを添えているのは言うまでもない。

「信」の問題に背後から迫るこの特殊なアプローチは、いわば、彼らの第一次的な政治的関心、即ち幾人かの個人、幾人かの特定の個人をムスリム共同体から排除することと直に連関すると考えねばならない。少なくとも政治的、神学的活動の初期においてハワーリジュ派が幾人かの特定の人物を共同体から排除することを念頭に置いたのは、バグダーディー（Abū Manṣūr ʻAbd al-Qāhir ibn Ṭāhir al-Baghdādī〔d. 1037. アシュアリー派神学者〕[4]）がハワーリジュ諸派[5]の中心的信条として我々に伝える文章に示されている。バグダーディーは二つのやや異なる定式を与える。一つはカアビー（Abū al-Qāsim ʻAbd Allāh ibn Aḥmad al-Balkhī al-Kaʻbī〔d. 931. ムウタズィラ派神学者〕）による定式であり、もう一つはアシュアリー（Abū al-Ḥasan ʻAlī ibn Ismāʻīl al-Ashʻarī〔ca. 873–ca. 936. アシュアリー神学派の創始者〕）による定式である。

Ⅰ　カアビーは（彼の『イスラームの徒の言説集』において）言う。他の事項についてはハワーリジュ諸派が互いに見解を異にするにもかかわらず、全てのハワーリジュ派が合意する主要な点は次のことである、と。(1)彼らは、アリー、ウスマーン、二人の仲裁者[6]、駱駝の戦いに参加した者、さらには二人の仲裁者の仲裁に納得した全ての者を「不信心者」として批判する。(2)彼らは、より一般的に、重罪を犯した者は誰であれ、不信心者として批判する。(3)彼らは、不義なる支配者（al-imām al-jāʼir）に反旗を翻すことは全ての信者に課された義務であると考える。

Ⅱ　アシュアリー〔が言うのは次のとおり〕。(1)彼らは、アリー、ウスマーン、駱駝の戦いに参加した者、二人の仲裁者、仲裁に納得した者、二人の仲裁者をともに正しいと見做すか、どちらか一方を正しいと見做す者を不信心者と見做す。(2)彼らは、不義なる支配力（al-sulṭān al-jāʼir）に抗して反乱を起こすことは全ての信者に課された義務だと考える。

前記の二つの言説の間にあるただ一つの注目すべき差異は、アシュアリーが「重罪人を不信心者と見做すこと」（takfīr murtakib al-kabāʼir）に言及していないことである。一般的にそう考えられるように、アシュアリーがこの項目に言及しないのは、ハワーリジュ諸派のうちの重要な集団の一つであるナジャダート（Najadāt）ないしナジュド派[7]がこの見解を共有しないことを考慮に入れた結果であろう。アシュアリーがこの項目を除外したことは端的に次のように言うことでより納得のいく説明ができよう。アシュアリーはここで、当時の実際の政治状況と密接に結びつくという特徴をもち、したがって、そこに理論化の余地がほとんどなかった初期ハワーリジュ派思想の、より正確な実像を提示しているのである。カアビーの伝える情報は、ハワーリジュ派思想の発展が第二段階に至り、ひとびとが彼らの提起した問題をより理論的な水準で考え始めたことを示しているだろう。

いずれにせよ、我々の所定の目標にとって最も重要であるのは、タクフィール（takfīr）やイクファール（ikfār）という概念、つまり「誰かを不信心者と非難すること」という概念が、初期ハワーリジュ派の主たる思想がそこを巡り展開する中心であったことである。否、それこそが、ハワーリジュ派の活動そのものの起源であった。

ムハッキマ（Muḥakkimah）の名で知られる最初のハワーリジュ派は〔もともと〕アリー支持者の一部で、まさに彼らが主張するように、神の裁決以外に裁決はないのにもかかわらず、人間の側の裁決に権威を認めた者全てを直ちに不信心者だと見做した者たちであった。この「神の裁決以外に裁決はない《ラー・フクマ・イッラー・リ・アッラー》」（lā ḥukm illā li-Allāh）という語句(8)は彼らの支配的な行動原理として機能した。その語句を彼らは「神の宗教に関しては、いかなるひとにも仲裁の権利はなく、神だけが絶対的権利を有する」(9)との意味で理解する。そしてこの原理にしたがって、彼らは「二人の仲裁者はカーフィルであり、この仲裁を認めたときアリー自身もカーフィルとなった」(10)と判断した。「その上、「悪しきものが神の命に復するまで、それと戦え」（クルアーン第四九章第九節）とクルアーンは指示するが、アリーは、人間の仲裁を受け容れて、悪しき行いを為す者どもと戦うことを止めた。こうしてアリーは神の裁決《フクム》（ḥukm）を放棄して、己れ自身をクフルだとしてしまったのだ」(11)、と言う。

アリーへのこの非難が初期ハワーリジュ派側の理論的な判断にすぎないのではないことに留意しておこう。これは、直に実践に関わる事柄であり、彼らの狂信的な行動によって数多の無辜《むこ》の信者たちの血が流されたのである。以下、マラティーによって伝えられる叙述が、何よりもそのことを表している。

ムハッキマたちはしばしば剣を手に市場に現れた。無辜のひとびとが何も知らずに市場に集っていると、彼らはやおら「ラー・フクマ・イッラー・リ・アッラー〔神の裁決以外に裁決はない〕」と叫びながら刀を振り上げて誰彼構わず襲い掛かり、彼ら自身が殺されてしまうまでひとびとを殺し続けた。……ひとびとはムハッキマたちを恐れて生活せねばならず、そのことが〔共同体に〕ひどい混乱を惹き起こした。だが幸いなことに、ムハッキマたちは今、地上に一人も残っていない。(12)

ハワーリジュ派の分派主義の勃興、ならびにこれらのひとびとの過度な宗教的熱情が惹き起こしたさまざまな事態はむしろ、イスラーム史に関心がある全てのひとの共通認識となっている。それ故、彼らが実際に何を行ったのかを長々と記して紙幅を費やすつもりはない。ハワーリジュ派現象が政治的な行動といかに関わるかを示すには既に述べられたことで十分である。さて、彼らの活動のうちの概念把握の側面に眼を向け、初期イスラームにおける神学的概念の展開に彼らが実際いかなる貢献をしたのかを見よう。

二　ハワーリジュ派のクフル概念

説明を単純化し、概念分析の観点からハワーリジュ派運動の真の意義を明らかにするために、二つのイスラーム的鍵概念——イーマーン（īmān）とイスラーム（islām）——とクフルの構造に影響を与えた根柢的な変化を図式化することからはじめよう。(13)

「信《イーマーン》」（ないしイスラーム）と「不信《クフル》」、あるいは、それら二語に対応する人を言い表す単語、「信者《ムウミン》」（ないしムスリム）と「不信者《カーフィル》」は、クルアーンにおける最重要語である。それらはクルアーンの全思想のまさに中心に配置される。ハワーリジュ派神学はこの概念対をクルアーンから受け継いでいる。表面的には、この意味論的領域に些かの変化もないように見える。しかしながら実際は、水面下で非常に重大な価値観の変化が起こってい

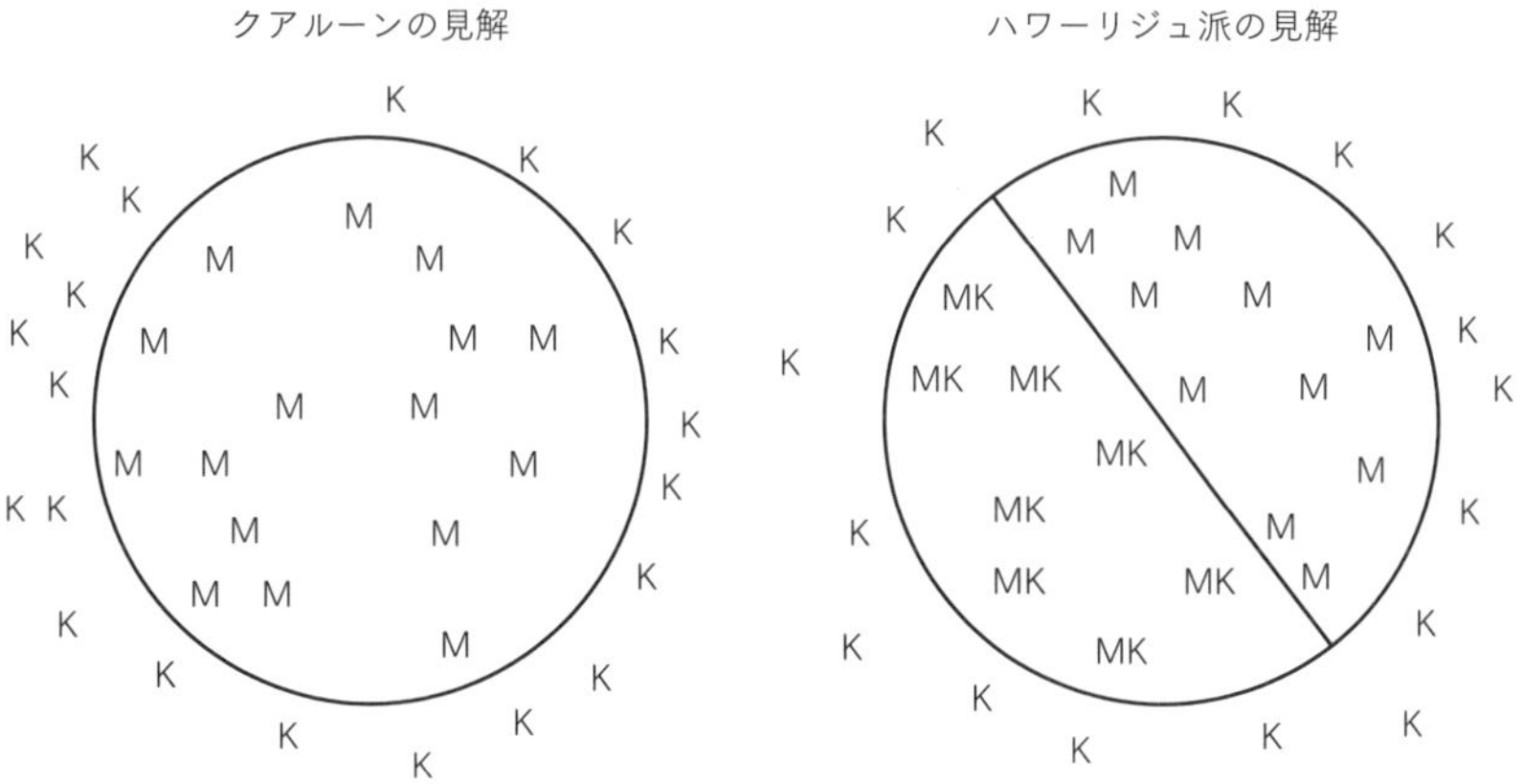

円はムスリム共同体を表す
M＝Muslim（ないし mu'min）〔信者〕
K ＝Kāfir〔不信者〕

たことを読み取るのは、如何なる意味においてもさほどの困難はない。

　クルアーンの体系は、ムスリム（信者）とカーフィル（不信者）がはっきりと区別されたきわめて単純な構造を示す。全てのムスリムは共同体の成員である。つまり、〔上の〕図で言えば、ムスリムたちは皆、円の内側にいる。彼らは、円の外側にいる残りのひとびと、即ち、ムハンマドの教えに真摯に耳を傾け神を信ずることを拒絶したひとびと、と鋭く対立する位置にいる。この単純な構造のなかに取り違えや混同が生じる余地はない。図では円で示されるウンマ、ないし「〈ムスリム〉共同体」がひとびとを二つの対立する領野にきっぱりと分かつ。ひとはムスリムかカーフィルかである。そしてイスラームの本来の意味である「己れの全てを捧げる」ことを行わない限り、いかなるカーフィルも円の内側に入る許可は得られない。

　以上述べたことは無論、〈ムスリム共同体〉の概念構造を示すために描かれた理想像にすぎない。しかしながら、実際のところ、この「己れの全てを捧げる」形式的な手続きはそれほど厳密でなかったため、シャハーダ（shahādah「信仰告白」）の定型文「アッラーより他に神はなく、ムハンマドは

〈アッラーの使徒〉である」を読み上げるだけで、あやふやな信仰心をもつ多くのひとびとが容易に円の内側に入り込み共同体の成員となったのである。

円内の空間はそうあるべきほどには純粋でもなければ、清浄でもなく、また、そこには心胆寒からしめる数の、疑わしく、かつ望ましくない要素が含まれていた。事実それらが理想のムスリム社会の純粋性を損なっているという考えは、まさにハワーリジュ派運動の出発点となったのである。ハワーリジュ派の概念把握において、彼らが問題とした根本的対比は、もはや共同体の成員（円の内側にいるひとびと）と共同体に帰属しないひとびと（円の外側にいるひとびと）の対比ではなく、共同体内のある領野とそれ以外の領野の対比、要するに純粋で真のムスリムと、不純で誤ったムスリムのあいだの対比なのであった。ハワーリジュ派の見解では、後者は名目的にムスリムであるにすぎない。実のところ彼らはカーフィルにほかならない。そしてこうしたひとびとこそが危険な要素である。彼らは名目的にムスリムだからである。彼らは円の内側にいて、真のムスリムと混ざる。彼らは真のムスリムとして通用している。純粋なムスリムに与えられるべき精神的特権とともに物質的特権をも彼らは享受している。

こうしてハワーリジュ派はクフルの概念をムスリム共同体のまっただなかに持ち込んだのである。それまでひとびとは、いわば壁の内側にあって安全であった。イスラームを形式的に受け容れさえすれば、ムスリム共同体という新たな共同体のしかるべき成員として扱われた。イスラームの信仰を口に出して表現する者は誰であれ、己れ自身と己れの財産が損なわれることはなかった。幾つかのハディースが強く主張するように「お前は彼がそうした告白を為した真の動機を見ようと、その者の心を開き見てはならない(14)」のである。しかしながら、これこそまさにハワーリジュ派が狂信的に主張したことであった。

こうして、ハワーリジュ派の勃興とともに「共同体《ウンマ》」（ummah）内部に予期せぬ危険が忍び込むこととなった。ムスリムたちは己れの道徳と身体双方が危うくなるのを感じ始めた。誰もが、信心深く敬虔なムスリムすらもが、己れの生命が終わるまでムスリムないし「信者」でありつづけられるかどうか確信をもてなくなった。ムスリムはいつ如何なる時でもカーフィルのラベルを貼られかねなかった。そしてひとたび、このラベルを貼られると、もはやウンマの成員とは見做されず、そうしたムスリムは共同体の内部から強制的に駆逐された。急進的なハワーリジュ派の理解するところでは、そうした者は殺されてしかるべきであり、その者に帰属するものは、その者の妻や子供ですら、ハワーリジュ派の刃《やいば》を逃れえないと考えられたのである。

この状況下では、カーフィルの概念は止むをえずして複雑な構造を獲得することになる。それ以前は、カーフィルはカーフィルであって、それ以外のものではなかった。今や、ムスリムの共同体《ウンマ》の壁のただなかにあって、カーフィルは二重性を帯びた概念となった。主観的には、つまり、そのひと自身から見れば、そしてハワーリジュ派ではない信者たちから見れば、そうしたムスリムはなおもムスリム、つまり「信者」であったが、ハワーリジュ派の特殊な視点から見れば、その者は紛れもなく「不信者」であった。前掲図〔一三頁〕において、この二重性はムスリム（Muslim）にしてカーフィル（Kāfir）を表する記号「ＭＫ」で示されている。

こうして、全く同じクルアーンの用語がこの段階において、従前のムスリムとカーフィルの明確な根本的対立を保ちつつも、ムスリムという語とカーフィルという語の内部構造が、特にカーフィルという語の内部構造が、それに伴ってクフルという語の内部構造がきわめて根柢的な変化を被ったのである。この問題を単純化すれば、この新たな思考様式においてカーフィルは「不信心者」や端的な「不信者」ではなく、「異端者」であったと言うことができるのである。

イスラーム思想史上の初期に起こった、カーフィルという言葉の意味内容の力点が「不信心」から「異端」へと微妙に変化したことはきわめて重要な出来事であるが、その重要性を際立たせることは難しい。しかし現象それ自体の説明は難しいわけではない。

〈預言者〉の存命中には、語の第一次的な意味でのカーフィルはムスリムの共同体《ウンマ》が直面した焦眉の課題であった。ムスリムのウンマはいまだ小さな共同体であり、それを取り囲む圧倒的多数のカーフィルによって存在そのものが脅かされていた。彼らは、神に己れ自身の全てを捧げることを頑なに拒むだけではなく、より積極的な側面を見れば、その新たな宗教に対して剣をもって戦うことを堅く決意した「不信心者」ないし「不信者」であった。ムスリムたちにとって、彼らは、己れが滅ぼされてしまうか、説得により己れの側に引き入れるかのいずれかでしかない敵であった。さらに言えば、共同体には「異端」という概念がまだ明確に存在してはいなかったのである。

この状況は〔アラブの〕大征服に伴って劇的に変化する。ありとあらゆる類のひとびとがさまざまな文化背景を有してムスリム共同体に参入するに至った。新たに生まれたさまざまな状況のもと、所謂、〈大サラセン帝国〉〔いわゆる、イスラーム帝国の古い呼称〕において最も危険な敵は壁の外側にいるカーフィルではなく、壁の内側にいるカーフィルであった。イスラームを受け容れない者ども、という意味でのカーフィルは今や些末な周辺的関心事となった。ムスリム共同体は自立するに十分なほど大きく強くなっていた。少なくとも、神を信じないという意味での不信心者はイスラームに関わらなくなり、彼らは遥か辺境にいるにすぎず、しっかりと建てられたイスラームという建造物に害を及ぼすことはなかった。彼らの信条は端的に偽であって取るに足らないと見做されたのである。

だが、語の第二次的意味でのカーフィルはかなり異なる。先ず、彼らは形式的にそして見かけはムスリムであった。彼らはイスラームの基本的諸信条は受け容れていた。ただ、彼らは多くの場合、故意にそして意図的に誤ったやり方で解釈し、それらを悪用することで基本的信条の価値を損ね、挙句の果てにイスラームという宗教そのものを侵害していたのである。

こうして、「不信者」との意味ではなく「誤った信者」との意味でのカーフィルという問題が何かしらものを考えるひとの主要な関心事となった。ハワーリジュ派の勃興は、共同体に拡がったこの不安が突如噴き出したにすぎない。だが、ハワーリジュ派は、既に見たように、そしてこれからより詳しく見るように、激情的な性質であったがために、きわめて危険な傾向を帯びたのであった。

三　ハワーリジュ派思想の基本構造

ハワーリジュ派はイスラーム思想史上初めてイーマーン（īmān「信」）の問題を真摯に検討すべき理論的かつ神学的問題として提起した。だが、彼らは間接的に問題を提起したにすぎない。イルム・カラーム（ʻilm al-kalām〔言葉の学〕）を術語的な意味で「神学」として用いるならば、ハワーリジュ派は理論家でもなければ神学者でもなかったからである。加えて、既に指摘したように、この問題への彼らのアプローチの仕方はきわめて特異であった。この点を十分に解明するために、先ず、「信」の概念そのものの意味論的構造について幾つか述べておかねばならない。ハワーリジュ派より後に現れる者たちによって展開された鍵概念の分析を進める段になると、この種の図式的把握が有する真の重要性がさらに明らかとなろう。

さて、概略的に言うならば、「信」の概念は意味論的に四つの参照点を有する。(1)信ずる主体、(2)信ずる対象、(3)信ずるという行為そのもの、(4)信ずることが外に〔身体に〕顕れるさまざまな形態、の四つである。要するに、「信」の問題は四つの違う角度からアプローチしうるのである。

第一のアプローチ、即ち、「信ずる主体」のそれは、信ずる人物についての問いから構成される。つまり、この角度から我々が問題に接近するときの主要な関心事は「誰が（真の）信者なのか」である。第二の角度からは「真の信者は何を信ずるべきなのか」の問題が提起される。第三のアプローチは「信ずること」という行為の内的構造に関わる。言い換えると、「信ずるとは何であるのか」の問題である。第四のアプローチは内的信仰のおのずからの顕れとして生じることが期待される「行」の問題に関わる。後で見るように、この第四のアプローチと連関して、イスラームにおいて提起された特異な問いは、「行」が「信」の必要不可欠な部分であるか否かの問いである。

ハワーリジュ派は第一のアプローチを採った。言い換えると、無論、それ以外のアプローチが全くないわけではないが、彼らは主に信ずる「主体」に関してイーマーンとクフルの問題を提起し論じたのである。しかしながら、彼らはきわめて特徴的なやり方で問題を提起した。それには二つの特徴がある。第一に、個人としての信ずる「主体」、つまり個々の信者の有する理論的な性質というよりも、むしろ真の信者によって形成されるべき理想的なムスリム共同体の問題が彼らの主要な関心事であった。「誰が理想的なムスリム共同体を構成するのか」。これが彼らの主要な問いであった。だが彼らは、この直接的なかたちで問題に取り組む代わりに、既に述べたように、その問題に反対側から接近し、「今、現に損なわれて不純なものとしてある共同体から誰が排斥されるべきなのか」と問うた。共同体から誰かを排斥することが問題なのであって、したがって彼らの思想の中心にはクフルの概念が位置する。そして、これこそがハワーリジュ派宗教概念の第二の際立った特徴である。

こうして、ムウミン（mu'min「信者」）の概念よりもカーフィルの概念がハワーリジュ派の思索において遥かに重要な役割を担うこととなった。ハワーリジュ派はムウミンを定義しようとする代わりに、ムスリム共同体から除名すべき者を厳密に定めようとした。あらゆる手段を講じて除名されるべき者たちを除名する。そうすればおのずから、残るのは信者から成る理想的な共同体である。ここで「除名」というのは、アラビア語のタクフィール（takfīr）にほぼ対応する。既に見たように、タクフィールとは、文字通りには「何者か――この場合には共同体の実際の成員であり信者として通用している者である――をカーフィルだと宣言し、その者をそれ相応に非難すること」である。タクフィールという鍵概念が神学と政治の双方において全ハワーリジュ派の示導動機《ライトモティーフ》であったのは明らかである。だが、ハワーリジュ派が一様な集団ではなく、幾つかの下位集団に分かれ、下位集団の各々がこの問題に関して独自の主張を有したことを念頭に置いておかねばならない。さて、この側面に注目して、ハワーリジュ派の代表的な下位集団によって提起されたさまざまな理論をより詳しく見てみよう。

最初期のハワーリジュ派であるムハッキマについては既に言及した。アリーがムアーウィヤとの絶望的な戦いを続けるさなか、仲裁を受け容れたときに、神の裁決《フクム》（ḥukm）に服する代わりに人間のフクムに従ったとの理由でアリーの陣営から離れたのがムハッキマであった。人間の判断を受け容れることは彼らの見解では紛うことなくクフルに相当する。要するに、彼らはアリーに対して最初にタクフィールを行使し、当然のことながら二人の仲裁者とこの出来事に関わった者たちにもタクフィールを行使したのである。しかしながらより理論的次元においては、ムハッキマのタクフィールは以下に示す単純な原則に立脚していると言われる。即ち、罪を犯した者、あるいは（神の命令に対して）不服従の姿勢を示した者は誰であっても、正真正銘のカーフィルとして非難されるべき（kāfir = kull dhū dhanb wa-maʻṣiyah）[15]、という原則である。

ナーフィウ・イブン・アズラク（Nāfiʻ ibn al-Azraq〔d. 686〕）につき従うアザーリカ（Azāriqah）ないしアズラク派というハワーリジュ派の下位集団は、理論と実践の双方においてこの思想を極端な結論にまで推し進めた。彼らはハワーリジュ派のなかでも極端な主張をする者として知られる。マラティーが言うように「あらゆる行為のなかで最も狂信的な行為、あらゆる行為のなかで最も恐ろしい行為は彼らが為したことのなかにあり、あらゆるあり方のなかで最低なあり方は彼らのあり方のなかにある」[16]。要するに、アズラク派が記録に残されるのは、そのテロリズムゆえである。

この極端主義は彼らの唱えるタクフィール理論と精確に対応する。先ず、彼らは、タクフィールよりもさらに強い用語、単なる「不信」だけではなく、さらには「異端」よりもずっと悪く許されざることを表すムシュリク

（mushrik）[17]という語を導入する。

周知のように、この語はクルアーンにおける最も重要なキー・タームの一つであり、神に対して犯しうるまさに最も重たい罪である「（他の神々を）〔唯一の〕神の仲間とする」罪、つまり偶像崇拝ないし多神信仰を指す。この語が際立つのは、ハワーリジュ派の見解において、ムスリム共同体のまっただなかに偶像崇拝者ないし多神主義者であるムシュリクたちが存在することを意味するからである。しかしながら、彼らが単に、この語がもつ本来の語源的意味を棄て、扇情的な語として用いたことはほぼ確実である。やや違う言い方をすれば、その語に附されていた否定的な価値だけを残し、彼らが理解する限りでの宗教的視点から想像しうる最悪なことに対して烈しく反発する彼らの主観的態度を言い表す記号として、その語を用いたのである。

では誰がムシュリク（ないしカーフィル）と見做されるのか。異端を記述するムスリムの歴史家たちが我々に伝えるように、この問いへの彼らの答えはそれほど理論的に精錬されているわけではない。例えば、バグダーディーはアズラク派によるムシュリクの概念把握に見える三つの特徴を指摘する。[18] 第一に、彼らと見解を細部に至るまで同じくすることのない全てのムスリムはムシュリクである。第二に、理論においてアズラク派と意見を同じくするものの、彼らの陣営に「移住《ヒジュラ》」（hijrah〔本来、ムハンマドたちのマッカからマディーナへの移住〕）しない全てのムスリムはムシュリクである。第三に、これらムシュリクたちの妻や子供もまたムシュリクである。そしてムシュリクであるならば、その者の殺害と、その財産の収奪は合法であることを意味する。

第一点は、彼らの見解では、アズラク派だけが真のムスリムであって、彼らの陣営こそがムスリム共同体であることを端的に意味する。彼らは己れの陣営だけを「イスラームの館」（dār al-Islām〔イスラーム法によって統治される、ムスリムの理念的領域概念〕）と見做す。したがって、「不信の館」（dār al-kufr）に「じっと坐っている」（quʿūd）のではなく、アズラク派の陣営に住まいを移し参加することが全てのムスリムの義務である（これが第二の点である）。「じっと坐った」ままの者は皆、理由はどうあれ、ムシュリクと非難される。しかしながら、イブン・ハズムによると、この第二点は「最初の主唱者の死後に」アズラク派のなかで確立したに過ぎず、「主唱者の生きている間は、彼らは、この点に関して彼に対立する者どもにタクフィールを行使しなかった[19]」。ついでに言うなら、ムハッキマは、彼らの陣営に「移住」しない者たちでも彼らがハワーリジュ派と基本的に見解を同じくするならば、ムシュリクと見做さないのは当然として、カーフィルと見做すことはなかった。

今しがた説明したばかりの、真の宗教の独特な概念把握に基づくイスティウラード（isti'rād）というアズラク派の行為実践にも言及しなければならない。この語は「誰かにその者の個人的見解を明かすよう求めること」を意味する。

アズラク派は彼らの陣営に属さないムスリムに彼らが出会うと、その者に（剣先を突きつけて）己れの宗教的信念を問わねばならないとの見解を有していた。もしその者が「私はムスリムだ」といったならば、彼らは直ちにその者を殺した（理論的に彼ら自身の陣営の外にムスリムがいるはずがないからである）が、ユダヤ教徒だ、ないしキリスト教徒だ、ないしゾロアスター教徒だと宣言した者を殺すことは禁じていた[20]。

イスティウラードという語はテロリズムと暴力の象徴となった。これは実に奇妙で皮肉な状況である。ムスリムたちがイスラームの浄化の名の下に殺される一方で、ユダヤ教徒、キリスト教徒、さらにはゾロアスター教徒さえもが殺害を免れた。この見たところ奇妙な現象は、繰り返し指摘してきたように、ハワーリジュ派に優勢な、あるいは特有と言いうる、共同体内部のカーフィルに対する関心が具体的で過激なかたちとなって現れたに過ぎない。壁の外側にいる不信者は事実上無視されているのである。

明らかにアズラク派は極端に走ってしまった。彼らの向った極端、ならびに思想の破壊的な帰結を見て、ハワーリジュ派の他の下位集団は何らかの方法で厳格なアズラク派の宗教観を和らげる方向、即ち、根本的概念をより穏健で柔軟にする方へと向った。全ての罪人はムシュリクだというアズラク派の見解を全面的に保持する、ズィヤード・ブン・アスファル（Ziyād ibn al-Aṣfar〔七世紀末頃活動〕）につき従う者たちであるスフリー派（Ṣufriyah）[21]ですら、少なくとも、ハワーリジュ派の信念に抗した者たちの妻と子供の殺害は禁じた。

スフリーヤのうちのある者はタクフィールの問題に関してきわめて特異な態度を採る。タクフィールは神が特定し明確に述べたワイード（waʿīd「威嚇」）の対象ではない罪、即ちクルアーンに特定の罰が定められていない罪だけに行使されねばならないと彼らは主張する。例えば、姦通を犯す者についてはクルアーンで明確にザーニー（zānī「姦通者」）と名づけられる。盗む者がサーリク（sāriq「盗人」）と名づけられ、誰かを誹謗中傷する者はカーズィフ（qādhif「誤って非難する者」）と名づけられるなども同様である。これらの語およびこれらに類する語は神のタスミヤ（tasmiyah「名づけ」）によるのであり、他の名が彼らに設定されてはならぬ。ザーニー（「姦通者」）はザーニーであり、それ以上でもそれ以下でもない。ザーニーはザーニーの立場でのみ罰されるのであって、カーフィルとして罰されるのではない。言い換えると、ザーニーはカーフィルでもなければムシュリクでもない。そうした者は確かにイーマーン（「信」）の領域を逸脱するが、クフルにしてシルク〔クフルでもありシルクでもあることを表す〕の領域に入り込んだわけではない。だが、クルアーンにおいて特定の罰が明示されていない罪を犯した者、例えばサラート（ṣalāt「拝礼」）をしなかった者、ラマダーン月の斎戒を破った者などはカーフィルであり、その者の行為はクフルである。[22]

スフリー派のうちのある者は前段末尾に言及した類の場合にもタクフィールにさらなる制限を課す。これはもともと、バイハスィーヤ（Bayhasiyyah）により提起された理論のようである。[23]この見解によると、〈神法〉によって所定の罰がはっきりと定められていない重罪を犯した者が直ちにカーフィルと宣告されてはならない。そうした者の場合には統治者——アシュアリーの文章にはスルターン（sulṭān）、イブン・ハズムの文章にはイマーム（imām〔指導者〕）、バグダーディーの文章にはワーリー（wālī「総督」）——の許に引き出され、統治者がその罪に罰を与えて初めて、その者はカーフィルと非難される。この法的な手続きを通じてタクフィールは行使されねばならず、決して恣意的に行使されてはならない。

他方、ナジュダ（Najdah ibn ʻĀmir〔d. 693〕）につき従う者たちであるナジュド派は、幾つかの特殊事例においてムシュリクのラベルをなおも用いるものの、一般的にはシルクの概念〔シルクとは、「神に何ものかを仲間として置くこと」、つまり「多神信仰」や「偶像崇拝」を意味する〕を用いることはない。大罪〔重罪〕（kabīr）であれ、小罪（ṣaghīr）であれ、罪を犯した者のなかで、それを行い続ける者（muṣirr）はカーフィルにしてムシュリクである。だが、重罪人であってもその罪を行いつづけない限り、なおもムスリムである。[24]

ナジュド派はカーフィルの概念にさらに、カーフィル・ニウマ（kāfir niʻmah）とカーフィル・ディーン（kāfir dīn）という重要な区別を導入する。この区別は、クルアーンにおいて際立って重要な役割を担う、クフルが帯びる二重の意味を表す。[25] クフルが帯びる二重の意味とは、(1)受け取った恩恵に対して「恩義を感じないこと」「感謝しないこと」、これこそクフルという語が前イスラーム期に有した基本的な意味である。そして(2)「不信」、これはクルアーンの段階に至って初めて十分に展開した意味である。カーフィル・ニウマ（「神の恩恵に対する不信心者」）はクフルの第一の意味を採り、カーフィル・ディーン（「宗教における不信心者」）はクフルの第二の意味を採る。クルアーンにおいて、クフルの両義は全く同等に否定的価値を有することも記しておくべきである。しかしながら、ハワーリジュ派の文脈では、カーフィル・ディーンの方がカーフィル・ニウマに較べて圧倒的に深刻だと見做された。カーフィル・ニウマは罪を犯すことの個別事例に過ぎない。彼らはそれをカーフィル・フィー・カザー（kāfir fī kadhā「これこれの事柄に関わるカーフィル」）と言ったが、実際のところ、誰かをこの意味でカーフィルと呼ぶことは、共同体からの「除名」であるタクフィールの行使には当たらない。そうしたひとは確かに重罪人であるが、共同体から除名されるに値しないからである。ただし、バグダーディー、その他によれば、ナジュド派は、自分たちに近い立場を採り、宗教の根柢的な事柄について自分たちと見解を共有する者だけにこの区別を適用したことは確かである。[26]

これと似たクフルの二分法はイバード派（Ibāḍiyyah）も行っている。アシュアリーによると、神が己れの被造物に道徳的義務として課した全てはイーマーン（īmān）であるが、どんな重罪であれ、それはクフル・ニウマであって、クフル・シルク（kufr shirk）（バグダーディーの用語法におけるクフル・ディーンに同じ）ではない〔即ち、共同体から除名するに値しない〕と、イバード派は主張したようである。ただし（〈来世〉において）全ての重罪人はいずれ〈火獄〉に入れられて、そこで永遠に留まることになるだろうが。[27]

他のハワーリジュ派のなかにはクフルとシルク（ないしカーフィルとムシュリク）の理論を些か違ったやり方で精緻化した者もあった。例えば、イバード派の重要な下位集団であるハフス派（Ḥafṣiyyah）は、「神の知」（maʻrifat Allāh〔神を知ること〕）を、クフルをシルクから隔てる唯一の基準とした。ハフス派は次のように主張する。神を知り、その上で、〈預言者〉であれ、〈楽園〉であれ、〈火獄〉であれ、神以外の何ものをも信じないとしても、あるいは、殺人を犯し、姦通をハラール（ḥalāl「合法」）だと公言するなどの禁じられた何か《ムハッラマート》（muḥarramāt）のいずれか、またはそれらのすべてを犯したとしても、その者はカーフィルであって、ムシュリクではない。なぜならその者は神を知っているからである。神を知らず、神を否定する者だけがムシュリクなのである。[28] 要するに、神を知る者は、その者が他の何を信じようが信じまいが、神を知っているというまさにそのことによりシルクを免れているのである。

以上が、クフルの問題に関して、そして裏を返せば、イーマーンの問題に関してハワーリジュ派が主張する点である。無論、これはきわめて単純化した像に過ぎず、決して複雑な実態と細部まで合致するわけではない。だが、ここはハワーリジュ派に深入りする場ではない。彼らは概してさまざまな独自の考え方を主張するものの、それほど理論化には向わなかったからである。重要な神学用語の幾つかを導入したことはハワーリジュ派の功績であるが、彼らは神学的思索そのものをそれほど発達させることはなかった。その作業は、ハワーリジュ派より後のひとびとに残されたのであった。

注

（1）イブン・タイミーヤ『信の書』（Taqī al-Dīn Ibn Taymiyyah, *Kitāb al-Īmān*, Damascus, 1961, p. 142）。

（2）アフマド・イブン・ハンバル『ムスナド』（Aḥmad ibn Ḥanbal, *Musnad li-Imām Aḥmad ibm Muḥammad ibn Ḥanbal*, I, 1949, al-Qāhirah, p. 61 Ḥadith no. 59）。ハディース六四番（*Musnad li-Imām Aḥmad ibn Muḥammad ibn Ḥanbal*, I, p. 62）は多少異なったかたちで同じ伝承を伝えている。そこでは、アブー・バクルの発言は「私は神の使徒のカリフである（anā Khalīfat Rasūl Allāh）」ではなく、「否！　ムハンマドのカリフである（bal khalīfat Muḥammad）」となっている。

〔訳注〕この引用で三度繰り返される「私はこれに満足している」の原文は、実際は anā rāḍin bi-hi, wa anā rāḍin bi-hi, wa anā rāḍin である。

（3）アフマド・アミーン『イスラームの朝』（Aḥmad Amīn, *Ḍuḥā al-Islām*, vol. III, Cairo, 1963, p. 5）。

（4）アブドゥルカーヒル・バグダーディー『諸分派の分離』（ʻAbd al-Qāhir al-Baghdādī, *al-Farq bayna al-Firaq*, al-Qāhirah, 1910, p. 54–55）。

（5）バグダーディーは、ハワーリジュ派には二〇の支派《フィラク》（firaq. 単数形はフィルカ firqah）が存在したと伝えている。

（6）即ち、アリー陣営のアブー・ムーサー（Abū Mūsā al-Ashʻarī〔ca. 614–ca. 662〕）とムアーウィヤ陣営のアムル・イブン・アース（ʻAmr ibn al-ʻĀṣ〔d. 663. エジプト方面軍を指揮し、ムアーウィヤ側に与した将軍〕）を指す。本書を通じて、二人の調停者や駱駝の戦いのようなイスラーム史の基本的事項については読者の方で適宜調査されたい。

（7）ナジュダ（Najdah）の支持者。ナジュダは六八六年から六九二年にかけて彼らの長であった。本章後半でこの集団の見解に言及する。

（8）クルアーンの章句「神が啓示したものによって判断しない者は誰でも、不信心者である」（man lam yaḥkum bi-mā anzala Allāh fa-ulā'ika hum al-kāfirūn. クルアーン第五章第四四節）に基づく。

（9）マラティー『分派集団と異端集団への勧告ならびに批判』（al-Malaṭī, *al-Tanbīh wa-al-Radd ʻalá Ahl al-Ahwā' wa-al-Bidaʻ*, ed. ʻIzzah al-ʻAṭṭār al-Ḥusaynī, al-Qāhirah, 1949, p. 51）。

（10）アシュアリー『イスラームの徒の言説集』（al-Ashʻarī, *Maqālāt al-Islāmiyyīn*, ed. Ritter, 3rd ed., Wiesbaden, 1980, p. 452）。

（11）アシュアリー『イスラームの徒の言説集』（al-Ashʻarī, *Maqālāt al-Islāmiyyīn*, p. 452）。ところでアリーへのこの告発に抗してラーフィド派（Rawāfiḍ. シーア派のこと）は次のように応ずる。「二人の仲裁者は確かに誤っている。だがアリー自身は正しい。アリーが仲裁を認めたのは、彼の生命が危機に瀕したため、タキーヤ（taqiyyah〔信仰隠し〕）を行ったにすぎないからである」（*Maqālāt al-Islāmiyyīn*, p. 453）。この類の安易で恣意的なタクフィールへの後代の正統派〔スンナ派〕による反応も興味深い。典型的な返答の一つは次のものである。「だが、ムスリムたちを遠慮なく不信心者と宣告し、預言者の最良の教友たちを不信心者と見做す者こそ、その者が非難した者よりもずっとカーフィルである」（Baghdādī, *Farq bayna al-Firaq*, p. 342）。文中「……よりもずっとカーフィルである」は al-kāfir min-hum とあるのを akfaru min-hum と読んだ。

（12）マラティー『分派集団と異端集団への勧告ならびに批判』（Malaṭī, *al-Tanbīh wa-al-Radd*, p. 51）。

（13）私はこの問題を、以前書いた『クルアーンにおける神と人間』（*God and Man in the Koran: Semantic of the Koranic Weltanschauung*, Tokyo, 1964, pp. 52–57〔新版 Keio University Press, 2015, pp. 29–39.『クルアーンにおける神と人間』鎌田繁監訳、仁子寿晴訳、二〇一七年、慶應義塾大学出版会、四三—五四頁〕）の中で、通時的意味論の方法論的原則の例証として扱った。以下の節は若干改訂したものを提示している。

（14）例えばA・J・ヴェンスィンク『ムスリムの信条』（A. J. Wensinck, *The Muslim Creed*, Cambridge, 1932, Chapter II, pp. 17–35）を参照せよ。

（15）バグダーディー『諸分派の分離』（Baghdādī, *Farq bayna al-Firaq*, pp. 56–57）。

（16）マラティー『分派集団と異端集団への勧告ならびに批判』（Malaṭī, *al-Tanbīh wa-al-Radd*, p. 167）。

（17）バグダーディー『諸分派の分離』（Baghdādī, *Farq bayna al-Firaq*, p. 63）。

（18）バグダーディー『諸分派の分離』（Baghdādī, *Farq bayna al-Firaq*, p. 63）。

（19）イブン・ハズム『諸宗派・諸党派・諸分派についての諸章』（Ibn Ḥazm, *al-Fiṣal fī al-Milal wa-al-Ahwā' wa-al-Niḥal*, 2 vols., al-Qāhirah, 1317–1321, part IV, p. 189）。

（20）イブン・ハズム『諸宗派・諸党派・諸分派についての諸章』（Ibn Ḥazm, *al-Fiṣal*, part IV, p. 189）。

（21）バグダーディー『諸分派の分離』（Baghdādī, *Farq bayna al-Firaq*, p. 70）に、qawl-hum fī al-jumlah ka-qawl al-Azāriqah fī anna aṣḥāb al-dhunūb mushurikūn と見える。アシュアリーは、スフリー派によれば、「全ての重罪はクフルであり、全てのクフルはシルクであり、全てのシルクは悪魔崇拝である」と言う（『イスラームの徒の言説集』（Ash'arī, *Maqālāt al-Islāmiyyīn*, p. 118）。

（22）バグダーディーはこの理論をスフリー派の下位集団（firqah）に帰す（『諸分派の分離』Baghdādī, *Farq bayna al-Firaq*, p. 70）。アシュアリー『イスラームの徒の言説集』（Ash'arī, *Maqālāt al-Islāmiyyīn*, pp. 101–102）とイブン・ハズム『諸宗派・諸党派・諸分派についての諸章』（Ibn Ḥazm, *al-Fiṣal*, part IV, p. 191）は、ハワーリジュ派の一集団が唱える説とする。

（23）例えば、バグダーディー『諸分派の分離』（Baghdādī, *Farq bayna al-Firaq*, p. 70）、アシュアリー『イスラームの徒の言説集』（Ash'arī, *Maqālāt al-Islāmiyyīn*, p. 119）を見よ。

（24）イブン・ハズム『諸宗派・諸党派・諸分派についての諸章』（Ibn Ḥazm, *al-Fiṣal*, part IV, p. 190）。

（25）クルアーンの用語であるクフルの二重の意味については、私の前著『クルアーンにおける神と人間』第九章（*God and Man in the Koran*, Chapter IX）で詳しく論じた。

（26）バグダーディー『諸分派の分離』（Baghdādī, *Farq bayna al-Firaq*, p. 56）。イブン・ハズム『諸宗派・諸党派・諸分派についての諸章』（Ibn Ḥazm, *al-Fiṣal*, part IV, p. 190）に「重罪を犯した者は、我々の陣営に属するのであればカーフィルではないが、他の集団に属するのであればカーフィルである」と見える。

（27）アシュアリー『イスラームの徒の言説集』（Ash'arī, *Maqālāt al-Islāmiyyīn*, p. 110）。

（28）バグダーディー『諸分派の分離』（Baghdādī, *Farq bayna al-Firaq*, p. 83）。アシュアリーが全く同じことをハフス派に関して伝える（Ash'arī, *Maqālāt al-Islāmiyyīn*, p. 102）。イバード派の大多数はこの点でハフスィーヤと意見を同じくしない、とアシュアリーは言う。イブン・ハズム『諸宗派・諸党派・諸分派についての諸章』（Ibn Ḥazm, *al-Fiṣal*, part IV, p. 191）も見よ。

第二章　タクフィール（takfīr）の概念

一　恣意的なタクフィール行使の危険性

　これまでに見たように、タクフィール（takfīr「カーフィルとして非難すること」）の問題は、ハワーリジュ派によって、当時の実際の政治状況と密に連関してかなり徹底的な仕方で提起された。ハワーリジュ派の後につづく神学者たちにとって、これは、クフルを正しく定義し、ひいてはイーマーンを正しく定義することを含む重大な理論的問題であった。この理論的側面については以降の諸章で検討することになろう。しかしながら、より一般的には、タクフィールはなおも主として実践面で重要な事柄であり、各党派間の政治的闘争に用いられる道具であった。そして、そうである分だけ、己れの集団に熱狂的につき従う者がきわめて危険な武器を帯びていることを意味したのである。

　いずれにせよ、タクフィールの扉は今や広く開かれたのであった。ひとたび扉が開けられると、どこまで進むべきか、どこで留まるべきかという制限を課すことはほとんど不可能であった。こうした状況下では、ほとんど根拠がないままほぼ恣意的に、ムスリムの同胞の誰に対してであれ、その者を指して「不信心者」であると宣告し、また「多神主義者にして偶像崇拝者」とさえ宣告することができた。例えば、イブン・ハズムによると、有名なムウタズィラ派の思想家ワースィル・イブン・アターウ（Wāṣil ibn ʻAṭāʼ〔d. 748–749. 初期神学者・禁欲主義者〕）と同時代の人、アブドゥルワーヒドの甥のバクル（Bakr ibn Ukht ʻAbd al-Wāḥid ibn Zayd〔d. 793. 禁欲主義者〕）は以下のような見解を示した。

軽罪であれ、重罪であれ、いかなる罪も、たとえそれが芥子種ほどの些細な過ちだったとしても、たとえそれがひとを喜ばすための悪意なき嘘であったとしても、シルク・ビ・アッラー（shirk bi-Allāh「多神信仰」）と見做されねばならない。それを犯した者はカーフィルにしてムシュリク（kāfir-mushrik「不信心な多神主義者」）であって、〈地獄〉に永遠に居住することになろう。だが、〈バドルの戦い〉[1]に参加した者であれば、その者はカーフィルにしてムシュリクであっても、〈楽園〉に行くことになろう。[1]

同時代のひとびとを非難するに飽き足らず、遠い過去の預言者たちに対してもひとびとはタクフィールを行使し始めた。マラティーによると、[2]例えば、ジャフム派のある者は次のように考えたという。

絶対に不可能なことを己れの主に要求したが故に、ムーサー（モーセ）はカーフィルである。絶対に不可能なこととはムーサーが神に、神自身をムーサーに見せてくれと求めたことを言う。ジャフム派の見解では、現世だけではなく〈来世〉においても、誰一人として神を見ることは叶わないのであるから、その要求は誤りである。[3]彼らは続けて言う。イーサー（イエス）が（神に）「あなたは私の魂のなかにあるものを知るが、私はあなたの魂《ナフス》（nafs）のなかにあるものを知らない。まことに、あなたは隠れた世界を知る唯一の者である[4]」と言ったので、イーサーはカーフィルである。神が「魂」を有すると考えるのはクフルに属する振舞いだからである。[5] こうして、彼らの極端な考え方は、預言者たち——彼らに平安あれ——をタクフィールするに至った。アッラーはこれらのひとびとが言うよりも遥かに遠いところにおいて永遠に存在しているのである。

「預言者たちを不信心者として非難すること」の誤りは措くとして、我々が今言及した神の可視性（ruʾyat Allāh）の問題に関するジャフム派の立場から、より理論的な次元においてタクフィールがムスリムの信条形成に深刻な影響を及ぼし始める歴史の過程を垣間見ることができる。ある集団が何らかの信仰箇条や教義上の項目を主張すれば、対立する集団からタクフィールを行使されることになり、またタクフィールが双方向的に行使されることも稀ではなかった。神の可視性の教義はその好例である。

　ムウタズィラ派は、ジャフム派と同じく、しかしながらジャフム派とは異なり、より哲学的立場から、（現世における神の可視性は言うまでもなく）〈来世〉における神の可視性を否定した。ムウタズィラ派は哲学的に「純粋な実体」、つまり何らかの偶有を帯びていない非物質的実体は絶対に見ることができないと主張する。我々の眼に見えるのは色や形といった偶有だけである。したがって、神が可視だと言うことは神に偶有の存在を認めるに等しい。

　正統派〔Ahl al-Sunnah スンナ派〕の範囲内に留まる者の眼から見れば、ムウタズィラ派のテーゼは明らかにクフルである。〈復活の日〉の見神を否定する者は、クルアーンの文言と権威ある〈伝承〉に公然と逆らう者、つまり彼らはカーフィルである。しかしながら、ムウタズィラ派の視点から見れば、自分たちをクフルであると非難して、神の可視性を主張する者こそカーフィルである。神の可視性のテーゼはタシュビーフ（tashbīh）つまり「神人同形論」——より字義的には（神を人に）似たものとすること——に他ならないからである。タシュビーフがクフルの際立った事例であることは疑問の余地がない。ムウタズィラ派バグダード学団の指導者の一人アブー・ムーサー・ムルダール（Abū Mūsā al-Murdār〔d. 841. ムウタズィラ派神学者〕）は言う。

> 神が眼で見えると主張する者は、それをいかなる仕方で主張しようと、神をその被造物と較べている（これはタシュビーフに他ならない）。そして、ムシャッビフ（Mushabbih）〔神人同形論者〕[6]がカーフィルであるか否かに疑いを抱き、そうしたテーゼが真か偽か確信を抱けぬ者もまたカーフィルである[7]。

神学が次第に展開してゆくにつれ、こうした仕方でタクフィールが教義の細部に関して自由に、そして表面上、何のやましさもなく行使された。先ほど〈神の可視性《ヴィズィオ・デイ》〉（Visio Dei）の問題の例に見たように、この傾向がきわめて強かったため、同一の教義がしばしば、ある集団にはクフルと見做され、別の集団にはイーマーンと見做された。もう一つ顕著な例としてひとの行為の問題を挙げておく。正統派〔スンナ派〕の代表格の者たちは次のように論ずる。人間の全ての行為は神により創造される。さもなければ、ひとは己れ自身の行為の創造者となってしまうからである。これは〈創造者〉の他に創造者が存在することを認めることになろう、と。だが、人間の行為を神が創造するというまさにこのテーゼがムウタズィラ派によってクフルと非難されたのである。アブー・ムーサー・ムルダールは、人間の行為が神により創造された《マフルーカ》（makhlūqah）と主張する者は誰であれカーフィルと見做した（とシャフラスターニーは記す[8]）。シャフラスターニーが同じ段落においてムウタズィラ派思想家のムルダールについて次のように伝えているのは興味深い。

> 彼はタクフィールに関して行き過ぎたところがあり、神の唯一性を（表向きは）告白したとしてもムスリムたちは皆カーフィルであるとまで主張した。ある時、イブラーヒーム・スィンディー（Ibrāhīm ibn al-Sindī ibn Shāhik〔ca. 9 cent.. ジャーヒズ（al-Jāḥiẓ）と交流があった〕）が彼に、全人類についてどう思うかを尋ねた。ムル

ダールは、彼らを全員カーフィルと見做すと答えた。するとイブラーヒームは彼に向かって言った。「〈天国〉の広さは諸天と地の全体を覆うほどだ。それなのにあなたと、あなたと見解を同じくする他三名の他は天国に入らないのか」と。これを聴いてムルダールは恥じ入り、一言も発せなかった。(9)

先の引用には、ムルダールが、神人同形論者がカーフィルであるということに疑念を抱く者は誰でもカーフィルだと見做した、と述べられていた。しかしながら、この態度はムルダール固有のそれでは全くなく、どの学派の思想家でも同じであった。次のマラティーの記述から、この一見すると些細な事柄が特にタクフィールの問題と結びつくことで、神学者たちのあいだに深刻な問題を提起したことがわかる。

バグダード学団であれ、バスラ学団であれ、ムウタズィラ派の神学者たちはみな、否、キブラ(qiblah)の徒〔キブラは拝礼の方角のことで、キブラの徒はムスリム一般を指す〕はみな、この問題に関して互いに見解を違えているわけではない。カーフィルが実際にカーフィルであるか否かに疑念を抱く者はその者自身がカーフィルである。なぜなら、クフルを疑う者(shākk)はイーマーンからクフルを区別することができずにいることによって、明らかに(真の)信仰を有していないからである。ムウタズィラ派であれ、他の学派であれ、ムスリム共同体全体のうちで、この点、即ち〔誰かを〕カーフィルであると疑う者がカーフィルであること、に関して見解の相違はない。しかしながら、ムウタズィラ派バグダード学団はムウタズィラ派バスラ学団の見解をさらに超えて、(〔誰かを〕カーフィルであると)疑う者に対して疑念を抱く者もカーフィルだと主張し、さらには疑念を抱く者に対して疑念を抱く者に対して疑念を抱く者、さらに、さらに、と同様に無限に続けるのである。ムウタズィラ派バグダード学団は、最初の疑う者がカーフィルである限り、こうした者どもは皆カーフィルであると言う。これに抗してムウタズィラ派バスラ学団――ちなみに、彼らはこの点に関してムウタズィラ派バグダード学団をカーフィルだと見做すのであるが――は次のように主張する。最初に疑念を抱く者は確かにカーフィルである。なぜなら、〔カーフィルであることが確定的な〕ある特定のカーフィルがカーフィルであることを疑うからである。だが、最初の疑う者がカーフィルであることを疑う、第二の疑う者はカーフィルではなく、単に「重罪人《ファースィク》」（fāsiq）[10]に過ぎない。その者は、ある定まったクフルがクフルであることに疑いを差し挟むわけではなく、〔最初の〕疑う者がまさにその疑うという行為そのものでクフルを犯したか否かのみを疑っている。したがって、最初の疑う者と同列に論ずるべきではない。そしてこのことは第三の疑う者、第四の疑う者らへと無限に適用される。[11]

第一段階のクフルのみがクフルなのではなく、それ自体がどんなに無垢で無害であろうとも、論理的にクフルに導かれるようなテーゼは何であれ、それもまたクフルと見做されねばならない。例えば、生起する事物《ハワーディス》（ḥawādith）が生起するより前の、それら事物の存在論的位置づけに関して、正統派〔スンナ派〕の思想家たちは、それら事物は「もの《アシュヤーウ》」（ashyāʾ）でもなく、「それと指定できる何か《アアヤーン》」（aʿyān）でもなく、「実体《ジャワーヒル》」（jawāhir）でもなく、「偶有《アアラード》」（aʿrāḍ）でもないと主張する。

これに抗してカダル派[12]は、存在しないもの《マアドゥーマート》（maʿdūmāt）は、その非存在の状態であっても「もの」であるとの見解を採る。ムウタズィラ派バスラ学団は（さらに精確さを追求して）、生起するより前であっても実体は実体であり、偶有は偶有だと主張した。しかしながら、この見解は結局、（クフルである）世界[13]の永遠性という（アリストテレスの）テーゼに行きつく。このような仕方でクフルに導かれる見解は何であれ、それ自体クフルである。[14]

こうした状況下で神学者たちが個々の信仰箇条に関してクフルであるか、クフルではないかを論じ始めたのは驚くに値しない。例えば、バグダーディーはアブドゥルカリーム・イブン・アビー・アウジャーウ[2]について次のように言う。彼は「四つの異端的見解を併せもっていた。(1)彼は密《ひそ》かにマニ教徒の二元論を奉じた。(2)彼は輪廻《タナースフ》(tanāsukh)を信じた。(3)彼はイマーム位〔イマームであること〕の問題に関してラーフィド派〔即ち、シーア派〕に共感した。(4)彼は神の正義・不正義の問題においてカダル派の見解を公言した[15]」。

正統派(Ahl al-Sunnah〔スンナ派〕)のひとびとは同様の流儀で、しかし、より哲学的な次元で、ムウタズィラ派の大思想家ナッザーム(Ibrāhīm ibn Sayyār ibn Hāniʾ al-Naẓẓām〔d. 836/843. ムウタズィラ派神学者でジャーヒズの師〕)の特定の理論のいくつかについて非難を加えている。先ずは、方法論的な領域に関わる非難。

彼らはナッザームをカーフィルであると見做す。理由は彼が〈合意〉の権威および権威あるハディースの有効性を否定したためである。また、ムスリム共同体は誤った見解において一致する可能性がきわめて高く、それは権威あるハディースを伝承するひとびとが、真実に有利なように嘘をつくことに同意する可能性があるからだと彼が表明したためでもある[16]。

第二に、原子論哲学に関わる非難。

彼ら(即ち、正統派)は、哲学者たちもナッザームもカーフィルだと宣言する。彼らが(原子の存在を否定し)あらゆる部分は(どんなに小さくとも)無限に分割しうると言うからである。そうした見解は、〔無限に分割されゆく部分を〕神の知が把握しえないことを含意し、さらには「彼〔神〕は全てのものの数を精確に数え挙げる」(クルアーン第七二章第二八節[17])という神の言葉と明らかに矛盾するからである。

第三に、存在論の領域に関わる非難。

正統派〔スンナ派〕のひとびとがナッザームをカーフィルとして非難するのは、彼が、偶有は全て一つの集合《クラス》に属し、偶有は全て運動（ḥarakāt）であるとの見解を有するからである。これに抗して、偶有はさまざまな集合に帰属するとの見解を正統派は一致して主張する。彼らがナッザームを非難するのは、ナッザームが己れ自身の理論によると、「信《イーマーン》」はクフルと同じ集合《クラス》に属し、知は無知と同じ集合《クラス》に属し、語ることは沈黙と同じ集合《クラス》に属し、〈預言者〉の行為は忌まわしき〈悪魔〉の行為と同じ集合《クラス》に属すからである。これにより、己れを呪い罵る者にナッザームが腹を立てる理由はなくなる。彼のテーゼが正しいのであれば、「神よ、ナッザームを呪いたまえ」という言葉は「神よ、ナッザームに恩恵を与えたまえ」という言葉と全く同じ集合《クラス》に属することになるからである[18]。

最初に述べたように、ひとたび扉が開かれたことにより、ムスリムの間での互いに対するタクフィールの行使が果てしなく続けられることとなった。そしてその状況はさらに悪い方へと進んでいった。何よりも、カルマト派（Qarāmiṭah）〔シーア派イスマーイール派の一支派。バフライン一帯で活動した〕のなかでタクフィールの理論と実践が展開したさまを見れば、タクフィールがどこに行き着くのか、どれほど恐ろしい帰結を生じるのかがわかる。次に引用するのは、カルマト派のイーマーンとクフルの理論を詳細に描く、マラティー『分派集団と異端集団への勧告ならびに批判[19]』の文章である。

彼らは魂の輪廻を信じ、それを公言する。神が〈自らの書〉で述べた、〈天国〉、〈地獄〉、〈最後の清算〉、

〈秤〉、〈罰〉、永遠の〈至福〉は全て現世だけに関わるのであって、これらは、健全な肉体、美しい色、甘い味、芳しい香り、その他、人間の魂を喜ばせる好ましい事物を象徴する表現である。他方、「罰」は、病、貧困、痛み、苦しみ、その他、こころに苦しみを与える全てのものを意味する。これが、カルマト派による「行為への報酬と罰」の解釈である。彼らはキリスト教徒と同じように、神は己れ自身のうちに人間的側面を有するとも主張する。ひとに関して彼らは、肉体はそのひとが一時的に着る衣服のごときものであって、ひとは「魂《ルーフ》」(rūḥ)だけの存在にすぎないと言う。彼らの見解では、唾液、粘液、大便、小便、精液、血、膿、分泌物、汗といった肉体から出るものは全て清浄であり、互いの排泄物を食べる者まで存在する。彼らはそれが清浄であると確信するからである。

また彼らはこうも主張する。これら全てのことを信じて、同じ見解を共有する者だけが「信者」である。そして彼らの妻たちは「信者」である。彼らは殺害されてはならないし、彼らの所有物は侵害されてはならない。他方、彼らの見解に抗して、彼らの信を共有しない者はカーフィルにしてムシュリクであって、そうした者の血〔生命〕と財産は〈神法〉で護られてはいない。こうして彼らは「信者」の呼称を彼らだけに限定して用いる。そして彼らの内部で互いの妻たちと子供たちは「宗教的に許されたもの」と見做される。つまり、彼らの肉体は禁じられておらず、何の制限も加えられないのであるから、彼らのうちの誰であっても彼らの肉体を享受することが「許されて」いるのである。彼らの見解では、これがイーマーンそのものである。したがって、彼らのうちの誰かがある女性に彼女の肉体を要求する、ないしある男ないし少年にその肉体を要求する場合には、要求された者がその要求に応ずることを拒むのであれば、彼女ないし彼は彼らの共同体のなかでカーフィルとなる。そうしたひとは、彼らが理解する限りでの〈神法〉を逸脱するからである。

マラティーはこの後も、これらカルマト派のひとびとが、イーマーンとクフルのこの奇妙な定義に基づきつつ、感覚的快楽の美化と最も狂気じみた性的放縦についていかに騒ぎ立てているかを描き続けている。だが、ここはマラティーの記述を追ってゆく場所ではない。タクフィールが自由かつ制御されずに行われることで、いかなる重大な結果が生じうるかを、これまでで十分示すことができたと信ずる。またムスリムの思想家たち自身もまもなく、鋭敏にも巻き込まれてしまったその危険に気づくようになったのである。

二　ガザーリーによるタクフィール理論

前節では、ほとんど全てのひとをカーフィルとして非難する傾向を有したムウタズィラ派の思想家ムルダールに言及した。ムルダールは決して例外ではなかった。例えば、イスラーム初期神学史を代表する人物の一人であるディラール・イブン・アムル（Ḍirār ibn ʿAmr〔d. ca. 815. ムウタズィラ派神学者〕）は、共同体内にいる一般のひとびとがこころに抱く信の性質に、あからさまに疑念を表明したと言われている。彼は次のように言う。「確信があるわけではないが、一般のひとびとのこころの内奥はおそらくシルク（shirk）とクフル（kufr）に過ぎない」[20]。この問題は後に神学において深刻な問題となるに至り、イーマーン・ビ・タクリード（al-īmān bi-al-taqlīd「他の者の権威に基づく信」）ないしタクフィール・アーンマ（takfīr al-ʿāmmah「一般のひとびとの信をクフルとして非難すること」）の標語の下に烈しい議論を惹起した[21]。

この種の問題は詰まるところ、純理論的なものである。だが、直前に見たように、カルマト派によるイーマーンとクフルの概念の理解が、ひとびとの実際にそして具体的に生を営む場面に直結したのを考慮に容れるならば、その状況がいかに危険で深刻であるかを我々は思わずにはいられない。ポスト・アシュアリー派の世代に属する後代の神学者たちはことの重大さをおのずから感じ取っていた。ムスリムたちが己れの同胞である信者を非難する際に気づかぬうちに極端に走るのを諫めようとして、タフターザーニーは以下のように言う[22]。

ひとは自らの行為[23]を創造する、と主張する者に対して軽々にムシュリクというラベルを附してはならぬ。我々の見解では、シルク（shirk「誰かを仲間とすること」）は神に対して〈神としてある〉ことに関して何ものかを「仲間」とすること、つまり、マギ教徒たちのように、存在が要請する必然性の観点から何かを神の「仲間」とすること、ないし、偶像崇拝者たちの場合のように、崇拝に値するという観点から何かを神の「仲間」とすることだからである。ムウタズィラ派はいかなる仕方においてもそうしたことを行わないのに留意せねばならない。否、彼らムウタズィラ派は、人間には（あらゆる行為を創造するに際して）神によって創造された手段と道具が必要である（と考えている）がゆえに、神のそれと同じような創造の力が備わっているとはしないのである。トランスオクシアナ（Transoxiana）の代表的な神学者たち[24]はさらに踏み込んでムウタズィラ派を異端として非難し、マギ教徒（ゾロアスター教徒）は（神に）ただ一つだけ「仲間」を認めたのに対して、ムウタズィラ派は無数の「仲間」を認めたがゆえに、マギ教徒の方がムウタズィラ派よりもましだとまで公言したのである[25]。

タクフィールの濫用を早急に防ぐ必要がありとあらゆる局面で感ぜられるようになっていった。実践的にも理論的にも何らかのことが為されねばならなかった。なぜなら、タクフィールの濫用に対して根拠なく強制的に枷を嵌めようとすれば、さらに感情的な反応を促し、状況を悪化させることになるからである。これを避けるためには、タクフィールの健全な理論を理性と論理的説得力という強固な土台の上に定式化せねばならなかった。そうした試みの典型例としてここではガザーリー（Abū Ḥāmid Muḥammad ibn Muḥammad al-Ṭūsī al-Ghazālī〔1058–1111. スンナ派を代表する思想家〕）がこの問題に関して提示した理論を採り上げよう。

ガザーリーの出発点は、彼の目前に広がっていた嘆かわしい状景にあった。そこではすべての集団が、他のすべての集団を非難する資格を有していると感じていた。ガザーリーは次のように言う。神は「高くある」とか、神は「〈玉座〉にどっかと腰を下ろしている」という、明らかに〈預言者〉が発した言葉をアシュアリー派が否定することを根拠に、ハンバル派はアシュアリー派をカーフィルとして非難する。反対にアシュアリー派は、——ガザーリーに言わせれば——ハンバル派は神人同形論者に過ぎず、「神に類するものは何一つない」との文言に鑑みて、〈預言者〉を嘘つきにしてしまっていると主張し、ハンバル派を非難する。他方アシュアリー派は、ムウタズィラ派が預言者の教えに抗して「神の可視性」「〈知〉や〈力〉といった神の属性の存在」を否定すると し、彼らを非難する。だがムウタズィラ派は、（アシュアリー派の主張する永遠の）属性の理論はついには（永遠の）これと指定される何かが複数存在することを認めることになり、ひいては〈神の唯一性〉を唱える〈預言者〉を嘘つき呼ばわりすることに他ならぬがゆえにアシュアリー派を非難する。[26]

それぞれの集団が狂信的な党派意識によって盲目となり、自分たちこそが唯一の〈真理〉を掲げる者であると見做し、他の全ての集団をカーフィルとして扱う、そうした惨状を眼の当たりにしてガザーリーはまず次のように考察する。

> クフルの定義を求められて、「クフルとは、アシュアリー派の理論に、あるいはムウタズィラ派の理論に、あるいはハンバル派の理論に、いやむしろ（場合によっては）他の何らかの理論に対立する何かである」と答える者は全くの愚か者である。そうしたひとは盲人よりも眼が見えておらず、無批判に権威に従う者なのである。[27]

そしてガザーリーは続いて、そうした態度の愚かさを、具体例を示して証明する。彼は言う。どんな問題であれ、アシュアリーの教えに抗する者をカーフィルと見做すアシュアリー派に属する人物がいると仮定しよう。その者の見解によれば、バーキッラーニー（al-Bāqillānī, Abū Bakr Muḥammad ibn al-Ṭayyb〔d. 1013. マーリク派法学者・アシュアリー派神学者〕）[28]はバカーウ（baqā'「永遠に存在すること」）[29]という属性の問題でアシュアリーに抗し、それは、神の本質から区別され、神の本質に偶有としてあるような属性ではないとしたがゆえに、彼はカーフィルとなるのであろうか。アシュアリーの見解こそがそうした厳密な意味で唯一の真理であることの証明を彼は何処から得たのだろうか。この問題に関してアシュアリーに抗するが故にバーキッラーニーがカーフィルであるのであれば、同じように、アシュアリーがバーキッラーニーに抗するが故に、アシュアリーがカーフィルであると言うことができるのではないか。[30]

ガザーリーは続けて、ムウタズィラ派[31]が興って以降、ムスリム神学の要の一つとなった神の属性の問題に関わる、より微妙な例を挙げる。神が、ありとあらゆる可知的なものを知る〈全知者〉であって、ありとあらゆることを為しうる〈全能者〉であることをムウタズィラ派は認める。彼らが否定するのは、神に（永遠の）属性群が備わることとである。したがってムウタズィラ派とアシュアリー派の唯一の違いは、神がそのもののみで〈全知者〉であり、〈全能者〉であるのか[32]、神そのものと区別された属性によって〈全知者〉であり、〈全能者〉であるのか[33]という点に要約される、とガザーリーは言う。それでは何故に我々はムウタズィラ派をカーフィルと非難すべきなのか。反ムウタズィラ派の立場を採る者はこの問いに次のように答えるだろう。「私がムウタズィラ派を非難するのは、そこにあるのは神の本質のみであって、この一つの〈本質〉から〈知〉、〈力〉、〈生〉を引き出しうると彼らが主張するからである。だが、これらは、定義と実際のあり方において互いに全く異なる属性群である（と私は言う）。そして存在論的に異なる多くのものどもが一つに統合されること、ないし一つの〈本質〉がそれらのものどものところにあるなどということは絶対に不可能である」と。

ガザーリーは続けて言う。だが、我々がそうしたことを根拠にムウタズィラ派を非難するのであれば、我々もまたアシュアリーに対して同じことをせねばならない。アシュアリーが全く同じ趣旨の発言をすることがあるからだ。例えば、神の〈語り〉に関してアシュアリーは次のように言う。「〈語り〉は、神の〈本質〉から区別されて神の〈本質〉に内在する属性である。だが〈語り〉は〔神と〕本質的に一つであり、同時に、トーラーであり、福音書であり、詩篇であり、クルアーンである。（違う視点から見れば）それは〔同時に〕〈命令文〉〔amr〕、〈禁止文〉〔nahy〕、〈平叙文〉〔khabar〕、〈疑問文〉〔istikhbār〕である。アシュアリーの見解では、このことは複数の互いに異なるものが一つに統合されて〈神の語り〉を形成することを意味する。だが、いかにして同一のものが、今論じている事例でいうならば〈語り〉が、ある時には肯定され、否定されることを許容し[34]、ある時にはそれを許容しないのか[35]」。アシュアリーやその他を論難する者に対して無思慮かつ性急にタクフィールを行使する者は無知で無批判であると、ガザーリーは端的に結論づける[36]。

ガザーリーによれば、この類の誤りは、究極的にはタクフィールの性質への根本的な誤解に由来する。タクフィールを行使する神学者や法学者は、タクフィールの根柢は〈理性〉であると無暗に考えるが、それは誤りである[37]。それではタクフィールの真の根柢は何か。どの類の問題がタクフィールの問題なのか。

この問いに理論的に正しい回答を与えるために、ガザーリーは「この者はカーフィルである」という判断によって実際、何が意味されるのかを明らかにすることから始める。この命題は根本的に三つの事柄を意味する。第一に、(〈来世〉におけるそのひとの生に関わり）その者は〈火獄〉にあることになろうし、そして永遠にそうであろうこと。第二に、（現世でのそのひとの生に関わり）その者の血〔生命〕と所有物は法的に護られず、ムスリムの女性と婚姻関係を結ぶことが許されず、血の復讐の掟によって保護されないこと。第三に、その者が言うことは嘘であり、その信仰は無知に他ならないこと。要するに、ある者にタクフィールを行使するということは、即ち、その者の殺害および、その者の財産の強奪が合法となり、誰であれ、その者が〈火獄〉に永遠に住まうことになると何の躊躇もなしに公言しても許されることを意味するのである。

このように理解するのであれば、タクフィールとは本質的に法的問題であるのが明らかとなろう。その根柢は〈理性〉ではなく、〈啓示〉である。ある特定の人物が合法的に殺されうる、その者の財産が没収されうる、その者が〈地獄〉に永遠に住まう者だと宣告されるに十分値するとの判断は〈神法〉の領域に帰属する。だが、〈神法〉の真のあり方は、絶対的に何にも束縛されないことである。精確を期すならば、（神に対して）嘘をつく者や（神を）知らぬ者、（〈預言者〉を）嘘つき呼ばわりする者が、〈地獄〉で罰を受ける代わりに〈天国〉で報酬を受け取ると神が宣告することは全くありえないわけではない。なおその場合でも、神が嘘を真理だと断じたり、無知を知だと断じたりすることはありえない。〈理性〉はこの領域において全く無力であり、〈理性〉の機能する余地がないことを意味する。あるひとがカーフィルであるのか、ムスリムであるのかは、啓示された言葉（即ち、〈神の意志〉）ないしイジュティハード（ijtihād）、つまり啓示された言葉に基づく類推、という証《あかし》によってのみ判断される。それは、つまり法学（fiqh）の問題なのである。〈理性〉が論じることにしたがって、誰かをカーフィルと呼び、その者をカーフィルとして非難してはならないのだ[38]。

それでは、あるひとをカーフィルと正しく判断するための根柢的な基準は何か。この問いは究極的にはクフルの正しい定義に還元しうる。クフルの概念を定義するには幾つかの仕方が考えられよう。だが、さしあたりの目標にはきわめて単純な定義で十分である。ガザーリーは次の定義を提示する。「クフルとは、〈神の使徒〉が我々に言ったことのうちのいかなることに関してであれ、〈神の使徒〉をタクズィーブ（takdhīb）することである」。タクズィーブという語は文字通りには「ある人物を嘘つき呼ばわりすること」「その者の言うことを嘘と見做すこと」を意味し、タスディーク（taṣdīq）の対義語を為す。タスディークは文字通りには「何かを真と見做す」「信ずる」を意味する。この特殊な文脈においてガザーリーはイーマーンを「〈使徒〉が我々に言ったことは何であれタスディークすること」と定義する[39]。

問題となっていた根柢的基準は「ムハンマドを嘘つき呼ばわりする者は誰であれカーフィルである」という単

純な言明によって与えられたことになる。なお、そうした者は死後に〈地獄〉に行き、永遠にそこに居つづけるであろうし、その者の存命中には彼の血と財産はハラール（ḥalāl〔他の者がそれらを奪うことが合法であること〕）であることをまさにこの言明が意味すると理解せねばならない。

唯一、事態を複雑にするのは、「カーフィルであること」に幾つかの段階があることである。ガザーリーはこれを六段階に区分する。[40]

(1)　先ず、〈マギ教徒や偶像崇拝者たちのように、他の幾つかの宗教共同体に帰属する者どもと同じく〉ユダヤ教徒とキリスト教徒が挙げられる。彼らはムハンマドをタクズィーブしたことで悪名高い。クルアーンそのものにおいて、彼らは常にカーフィルと言及され、そうしたひとびとはカーフィルであるというムスリム共同体の全会一致の〈合意〉がある。したがって、これらのひとびとにタクフィールを行使することになんら問題はない。これこそがタクフィール問題の「根《アスル》」（aṣl）であり、それ以外の全ては枝葉にすぎない。

(2)　「ブラフマン[3]〔バラモン教徒〕」と「物質主義者」。前者はムハンマドを否定するだけではなく、概して全ての〈使徒〉を否定する。つまり、彼らは預言者の職務があるという原理そのものを否定する。この理由から、彼らはユダヤ教徒やキリスト教徒に増してタクフィールを行使するに値する。ダフリーヤ（Dahriyyah「物質主義者」ないし「無神論者」）は世界の〈創造者〉の存在を認めない者たちである。これは、彼らが〈使徒〉だけではなく、〈使徒〉を遣わす者をも否定したことを意味する。それゆえ、彼らはブラフマンたちよりもタクフィールを行使するに値するのである。

〈預言者の職務〉、特にムハンマドのそれの真実性を否定するような説を暗に主張する者は皆、この第二の範疇に属する。

(3)　〈哲学者たち《ファラースィファ》〉（Falāsifah）は〈創造者〉の存在、預言者の職務が真実であること、ムハンマドが由緒正しい〈使徒〉であり〈預言者〉であることを認める。だが、彼らは〈啓示〉の文言に明らかに反する多くの事柄を公言する。例えば彼らは、〈預言者〉ムハンマドはまことの〈真理〉(これはアリストテレスの教説と精確に一致する)を敢えて明かさず、理解力の乏しい一般のひとびとが誤解し、歪めることを怖れて意図的にそれを隠した、と主張する。彼らに対しては、躊躇なく断乎としてタクフィールが行使されねばならない。

彼らがカーフィルであることは次の三点において露わにされる。(a)彼らは、肉体の復活、(罪を犯した者の)〈地獄〉での罰、(信仰篤き者の)〈天国〉での至福の報酬、即ち黒い瞳の処女をあてがわれ、あらゆる類の快楽を味わうこと、以上のことを否定する。(b)神は〈個物〉を、そして地上で起こったことの具体的詳細を知ることはないし、また知り得ない。なぜなら神はただ〈普遍〉を知るのみだからである。また〈個物〉についての知識は〈天上界〉にあって天使たちにより記録されるものだからである。以上のように彼らは考える。(c)世界は無始の永遠(eternal *a parte ante*)であり、したがって、原因が結果に先立つのと同じく、神は(時間においてではなく)位階〔即ち、存在の階層〕において先立つ。

これら三点は全て〈預言者〉の教えをタクズィーブすることに他ならない。哲学者たちはそれを隠すために詭弁を尽くすが、それは無益である。

(4) ムウタズィラ派、神人同形論者、その他、〈ムスリムのアリストテレス主義者たち〉の範疇の外にいる諸集団。彼らは〈預言者〉の真実性と、彼が、一般のひとびとにとって良いと思われることのためであったとしても嘘をつくことは決してない、ということを信じるとの立場を表明する。しかしながら、彼らはタアウィール(ta'wīl「啓示された言葉を寓意的に解釈すること」)を手段として用い、この種の恣意的解釈を行う点で誤りを犯す。とはいえ、彼らに対してタクフィールを行使すべきか否かは真剣に問われることになろう。

一般規則として、こうした場合にはタクフィールを行使せぬほうがよいとガザーリーは考える。「マッカに向って祈りながら「神より他に神はなく、ムハンマドは〈神の使徒〉である」と言い、言動がこの信仰告白と矛盾しない者どもを非難せぬよう出来るだけ舌を慎む」のが賢明であろう。[41] 何千ものカーフィルを生かしておく罪は、一人のムスリムの血を二、三滴流す罪に較べて遥かに軽いのであるから。

聖なるテクストそのものだけが、〈使徒〉を嘘つき呼ばわりする者をカーフィルとして非難する（takfīr al-mukadhdhib li-al-rasūl）ときの規則を我々に与えるのであって、それを超える規則はない。第四の範疇に属するひとびとはこの意味においてムカッズィブ（mukadhdhib〔嘘つき呼ばわりする者〕）ではない。加えて、寓意的に解釈することの誤りがタクフィールを要請するとの趣旨の明文は存在しない。結論としては、タクズィーブを率直に公言する場合を除いて、神学者たちは信仰告白によってもたらされる保護の下にある。

(5)　タクズィーブを公言しないものの、途切れざる伝承者たちの鎖によって〈神の使徒〉に遡りうる、〈聖なる法〉の基礎的条項のいずれか一つを否定して、「これが使徒に由来するか否か私にはわからない」と言う者たち。いかに我々がクルアーンと〈伝承〉からの引用により（理解させようと）努めても、一日五回の拝礼が宗教的義務ではないとの見解に固執して、「これが〈神の使徒〉に本当に遡るかどうか確信が持てない、それは意図的な偽造ですらあるかもしれない」と言う者がこの例である。「マッカ巡礼が宗教的義務であることは私も認めるが、マッカが何処にあるのか、カアバ神殿が何処にあるのかを私は知らないし、拝礼時にひとびとが顔を向け、ひとびとが巡礼しつづけている場所が、〈神の使徒〉が訪れ、クルアーンが言い及ぶ場所であるか否かを私は知らない」と言う者も同様である。

この範疇のひとびとが嘘つき呼ばわりする者であるのは明らかであり、タクフィールを行使するに十分値する。〈預言者〉自身に遡る真正なハディースはおのずと、学者たちは言うに及ばず、一般のひとびとの手の届くところにあるからである。しかしながら、このタクフィールの規則はごく最近になってイスラームに改宗した者や、当該の特定の主題に関わる〈伝承〉が全く届いていない者には適用されない。

この問題に連関して、(42)「本質的な事柄」ないし「根本的な事柄《ウスール》」(uṣūl) と「根本的ではない事柄《フルーウ》」(furūʿ) の区別もまた為されねばならない。神、〈使徒〉、〈終末の日〉に直ちに関わらぬものは何であれ、本質的な事柄ではない。〔そこから導かれる〕規則は「本質的ではない事柄にタクフィールはありえない」(lā takfīr fī al-furūʿ aṣlan) とならねばならない。巡礼と拝礼の規定は本質的な事柄の範疇に属するが、ムハンマドがウマル (ʿUmar ibn al-Khaṭṭāb〔r. 634–644. 第二代カリフ〕) の娘ハフサ (Ḥafṣah〔d. 665〕) と婚姻関係を結んだ、または、カリフのアブー・バクルは実在したなどの知識は本質的ではなく、これらの事柄に関わるハディースの信憑性を否定する者は非難されるべき責を負わない。精確に言うならば、そうしたひとはタフティア (takhṭiʾah「(法的問題の場合に何かを) 誤りだと宣言すること」) やタブディーウ (tabdīʿ「(例えばイマーム位の問題の場合に) 新奇なものをビドア (bidʿah〔新奇なものを創り出すこと。ないしイスラーム的に正しい道からの逸脱〕) と見做す」) の対象となる。イマーム位についての誤った考えをこころに抱く者はカーフィルではない。例えば、イブン・カイサーン(43)は、イマーム位の必要性自体を否定するに至ったが、これは、イブン・カイサーンがカーフィルとして非難されるべき理由にはならない。それが〈使徒〉をタクズィーブすることに繋がらないからである。イブン・カイサーンがカーフィルであるのはシーア派のうちの熱狂的なひとびとにとってだけである。彼らのこころのなかでイマームを信ずることと、神を信ずることが同等となるほどに彼らはイマーム位に重要性を附した。それは無論、誤りである。

(6)　〈共同体の合意《イジュマーウ》〉(ijmāʿ) によって確立された何らかのことを否定するからといって、その者を軽々にカーフィルと非難すべきではない。ガザーリーによれば、そうした人物にタクフィールを行使することはきわめて問題である。〈使徒〉を公然と嘘つき呼ばわりしておらず、さらには〈使徒〉に遡る真正ハディースによって確立されたイスラームに「本質的な事柄」のいずれをも否定していない者が、〈合意〉に基づき、

〈合意〉以外に証拠がない何かの真実性を否定する場合、その者をカーフィルか否かと決することは困難である。さらに歩を進めて〈合意〉の権威を否定したムウタズィラ派のナッザームをカーフィルとして非難すべきか否かすら、我々は確信を持てない、とガザーリーは言う。

〈合意〉を疑う者への非難を躊躇するのは、絶対的な権威としての〈合意〉の内実に、我々が確信を持てていないことに由来する。これは深刻な問題に繋がる。〈合意〉が絶対的な権威として機能するための条件は、ある時代の全ての権威ある学者たち（ahl al-ḥall wa-al-ʿaqd）が全く同一の結論に全員が一致して同意し、当の時代の終わりに至るまでの一定の期間、一定の学者たちに承認されつづけることである。ある時代に、カリフが地上のあらゆるところに文書を送付し、全ての権威ある学者からの法的見解《ファトワー》（fatwā）を収集し、ある問題についての彼らの見解が、誰もそれを無効と見做し、それに抗することがないといった仕方で一致したことを示せたときに、そうした絶対的権威が実現する。

これは理論的に可能であるが、現実的には、絶対に不可能とは言わないまでも、実現はきわめて困難であろう。さらに言えば、こうした内実を伴った〈合意〉が確立された後であっても、それに抗するあらゆる者にタクフィールを正当に行使しうるか否かの問題が残る。あることに関して意見を求められた権威ある者たちの見解がたまたま一致したが、後にそれらの学者のある者が〈合意〉された事項を撤回するかもしれないからである。合意を無効にするには、たった一人が己れの見解を撤回しさえすれば、それでよいのである。さらに、全ての者が、全ての問題に関して〈合意〉事項を直ちに知るなどということを我々は期待できない。研究を長くつづけることにより我々は、過去の権威ある学者たちがどの点に一致し、どの点で不一致であるのかを知るに至る。言い換えると、〈合意〉を知らされていない多くのひとびとが常にいる。そうしたひとが〈合意〉に反する何らかのことを行ったり言ったりした場合、その者は端的にジャーヒル（jāhil「無知な者」）ないしムフティウ（mukhṭiʾ「誤りを犯した者」）なのであって、その者がムカッズィブではないのは確かである。そしてタクズィーブがそこにないのであれば、その者はカーフィルとして非難されえない。

ここまでの記述は、『中庸の神学』と『分派弁別論』においてタクズィーブの問題を扱う章全体をほぼ忠実に再現したものである。先に私が述べたように、ガザーリーはここで、ムスリムたちが互いに無節操にタクズィーブを濫用するのを食い止め、制御しようとしたのである。理論全体が、理論そのものを提供することを自己目的とするのではなく、さまざまな立場から教義を論ずる際に生ずるさまざまな事柄において正しく合理的に振舞うための実践的規則を提供することを念頭に置いて構築されているのはきわめて明白である。それ故に、ガザーリーの提起する理論は、非常に単純な原理——タクフィールが行使されるのはタクズィーブがあるときにのみ、その場合に限ってでなければならないとの原理——に基づいているのである。

しかしながら、この単純な原理は、タアウィール（ta'wīl）を行うことに関する、きわめて深刻な理論的問題を提起する。ムスリム思想家の多くは、タアウィールこそが、神と〈使徒〉〔ムハンマド〕に対する嘘つき呼ばわり《タクズィーブ》を最も明瞭に示す例だと見做すからである[44]。ガザーリーは『分派弁別論』でこの問題にかなりの紙幅を割いている。だが、彼の理論の詳細に立ち入ることはこの研究の範囲を大きく超えてしまうので、ここでは、この研究に関わる幾つかの点を述べるに留めておきたい[45]。

さて、タアウィールとは、聖なるものとされたクルアーンとハディースの二つのテクストを「寓意的に」——むしろ「非字義的に」と言うのが精確である——解釈することである。先ず、ガザーリーが指摘するのは、全てのタアウィールが必ずクフルとなるわけではないことである。聖なる語を解釈するに際してタアウィールを行っただけでは、その者はカーフィルではない。字義的ではない解釈を行う際の正しい基準を守る限り、その者はカーフィルとして非難されない。事実ガザーリーは、誰も、どのムスリムを見ても、タアウィールを全く行わないことはありえないとの立場を採る。タアウィールを行うことから最も遠いと見做されるアフマド・イブン・ハンバルでさえ、タアウィールによる場合があった。「バグダードにいた際、私はハンバル派の権威と目されているひとびとから個人的に、イブン・ハンバルが三つのハディースに字義的ではない解釈を施したことを聞いた」。ガザーリーはこれについて次のように附記する。イブン・ハンバルが三つのハディースだけにこの型《タイプ》の解釈の適用を限ったのは、彼が論理思考に精通しなかったことのみに由来する。そうでなければ、タアウィールを他の多くのハディースに拡張して用いざるを得ないことを理解したであろう、と。

ここで言及される三つのハディースの一つ「(カアバの)黒石は地上における神の右手である」(al-hajar al-aswad yamīn Allāh fī al-arḍ)を具体例として掲げておく。「右手《ヤミーン》」(yamīn)という語は字義的にではなく、比喩的に理解されねばならない。字義通りに解釈すれば、粗野な神人同形論に導かれざるをえないからである。日常生活では通常、親密になりたい者の右手に接吻する。それと同じように、ムスリムは神に近づくための手段として黒石に接吻する。この意味において黒石は右手に比される。それは「本質〔即ち、自己同一性〕において〔比されるの〕ではなく、本質的属性〔即ち、自己同一性に基づく性質〕の一つにおいて〔比されるの〕でもない」。この〔イブン・ハンバルの〕解釈は、考えうる非字義的解釈のなかでも、語の「字義的」理解から最も遠い解釈の一例である。「非字義的解釈をせぬよう心がけた人物[46]であっても、考えうる限り最も字義的解釈から遠い解釈によらざるを得なかったのは注目すべきことである」。

タアウィール〔非字義的解釈〕を正しく行使するための基本的条件は、「字義通りの《ザーヒル》」(ẓāhir)解釈が不可能であることを示す明証《ブルハーン》(burhān)があることである。啓示された言葉、特にイスラームの本質的諸概念を表現する言葉を捉えて、なんら明証《ブルハーン》がないのにもかかわらず、それに恣意的解釈を施してザーヒル〔字義通りに解される意味〕を変える者は直ちにカーフィルとして非難されねばならない。詭弁を弄して、肉体の〈復活〉という字義通りの真実を否定しようとする哲学者たちはカーフィルと見做されねばならない。〈終末の日〉に死者の精神が、かつてそこにあった肉体に戻ることはありえないことを示す明証《ブルハーン》がないからである。〈楽園〉と〈火獄〉、ならびに他の終末論的用語を非字義的に解釈することは、タクフィールの責めを負う。これらは全て、途切れることなく伝えられた〈伝承〉によってしっかりと確立しており、タアウィール〔非字義的解釈〕の余地はない。これらの語に関して、終末に起こる事実を端的に否定してしまうような寓意的解釈を支持する明証《ブルハーン》が見出されるなど、およそありえないことだからである。

　だがそうではなく、鍵概念が本質的にそうした解釈を、字義的解釈から遠く離れた比喩的解釈すらも許容する場合には、我々はその明証《ブルハーン》を注意深く精査せねばならない。結論として〔比喩的解釈を〕導く明証《ブルハーン》を発見した場合、我々はそれを公言せねばならない。しかしながら、この種のケースにおいても、そうした解釈を公言することによって、一般のひとびとの素朴な信に益をもたらす以上に害をもたらすようであれば、そうしたテーゼを公言することはビドア（bidʿah）の罪に相当する。タアウィールの根拠として挙げられた明証《ブルハーン》が、タアウィールせねばならないとの結論を確乎として導かず、むしろ宗教にとって害となりうるような性質を帯びない場合、それを公言することは前の例と同じく不信《クフル》ではなく、ビドアである。〈復活の日〉における神の可視性をムウタズィラ派が否定するのはこのケースに相当する。宗教に害となりそうな場合は、その問題はイジュティハード（ijtihād〔権威ある学者の学的努力〕）に関わる問題と見做されねばならない。[47] ムジュタヒド〔イジュティハードを行う者〕の見解に応じて、それがクフルとして非難される場合もあれば、クフルとして非難されない場合も生ずる。

　提起された非字義的解釈が完全に恣意的であり、アラビア語の枠を超えるものであるならば、その非字義的解釈は無論、クフルであり、その解釈を提起した者はムカッズィブ（mukadhdhib）、つまり不信心者《カーフィル》である。例えば、バーティン派（Bāṭiniyyah）のある者たちは「実に、神は一《ワーヒド》（wāḥid）である」という文章のなかのワーヒドを、「一を附与する者、一を創造する者」との意で解し、神名であるアーリム（ʿālim「知る者」）という語を「知を附与する者」との意で解し、マウジュード（mawjūd「存在する者」）という語を「存在を他の者たちに附与する者」との意で解し、神そのものが〈一〉であり、〈知る者〉であり、〈存在する者〉であることを否定する。タアウィールがこうした段階に至れば、もはやそれはタアウィールではない。アラビア語でワーヒドという語は「一であることの創造《イージャード・ワフダ》」（ījād al-waḥdah）を意味しえないからである。これはクフル以外の何ものでもないのである。

注

（1）イブン・ハズム『諸宗派・諸党派・諸分派についての諸章』（Ibn Ḥazm, *al-Fiṣal*, part IV, p. 191）。バクルの別の見解を伝える史料もあるが、ここではそれらについて論じることはしない。
〔訳注〕井筒は、イブン・ハズム伝の見解、マクリーズィー伝の見解、アシュアリー伝の見解の三種を参照するようである。マクリーズィーの史料については第三章注55を参照。

（2）マラティー『分派集団と異端集団への勧告ならびに批判』（Malaṭī, *al-Tanbīh wa-al-Radd*, p. 95）。

（3）神の可視性（Visio Dei）は、初期ムスリム思想家のあいだに烈しい議論を惹き起こした問題であった。現世では神は絶対的に不可視であるが、〈来世〉では「満月の夜に月を見るがごとくに、曇りなき日中に太陽を見るがごとくに」（ムスリム『正伝ハディース集』Muslim ibn al-Ḥajjāj, *Ṣaḥīḥ Muslim*, No. 299）、神を直に見ることを許されるであろうとの見解を正統派は有する。ジャフム派の創始者ジャフム・イブン・サフワーン（Abū Muḥriz Jahm ibn Ṣafwān〔d. 746. 初期の神学者。ウマイヤ朝への反乱運動に加わり、捕縛後、刑死した〕）は、神は絶対的に超越するので、人間の視力に関わる何ものも有さないことを理由に断乎としてこれを否定する。

（4）クルアーン第五章第一一六節。qāla subḥāna-ka mā yakūnu lī an aqūla mā laysa lī bi-ḥaqq in kuntu qultu-hu fa-qad ʿalimta-hu taʿlamu mā fī nafsī wa-lā aʿlamu mā fī nafsi-ka inna-ka anta ʿallāmu al-ghuyūb.

（5）これもまた、神が絶対的に超越するとのジャフム派の概念に基づく。神には人間と共有するものが何もない。

（6）タシュビーフの（現在）分詞型である。端的に、神人同型論者を指す。

（7）ハイヤート『異端者たるイブン・ラワンディーに対する勝利と論駁』（al-Khayyāṭ, *Kitāb al-Intiṣār wa-al-Radd ʻalá Ibn al-Rawandī al-Mulḥid*, ed. H. S. Nyberg, al-Qāhirah, 1925, p. 68）。

（8）シャフラスターニー『諸宗派と諸分派』（al-Shahrastānī, *al-Milal wa-al-Niḥal*, al-Qāhirah, 1948, vol., I, p. 93）。

（9）シャフラスターニー『諸宗派と諸分派』（al-Shahrastānī, *al-Milal wa-al-Niḥal*, vol. I, p. 93–94）。

（10）この術語と、そのムウタズィラ派思想における特有の表示内容については次章を見よ。

（11）マラティー『分派集団と異端集団への勧告ならびに批判』（Malaṭī, *al-Tanbīh wa-al-Radd*, p. 45）。マラティーはこの第二の立場がバグダード学団のそれよりも好ましいと附言する。

（12）即ち、ムウタズィラ派。ムウタズィラ派バグダード学団のなかでは、ハイヤート（al-Khayyāṭ）がここで、バグダーディーによってバスラ学団のものとされたテーゼを唱えたことで有名であるのを思い起こしておかねばならない。「実体は非存在の状態であっても実体であり、同様に、偶有は非存在の状態でも偶有である。……ハイヤートはさらに一歩進んで、例えば、黒は非存在の状態でも黒である、などと言い、ついには存在という属性……と生起そのものが残るばかりである」（シャフラスターニー『諸宗派と諸分派』al-Shahrastānī, *al-Milal wa-al-Niḥal*, I, p. 102）。

（13）「世界《アーラム》」（ʻālam）は、ムスリム神学者たちの用語法では「創造された全てのもの」を意味する。

（14）バグダーディー『諸分派の分離』（Baghdādī, *Farq bayna al-Firaq*, p. 320）。

（15）バグダーディー『諸分派の分離』（Baghdādī, *Farq bayna al-Firaq*, p. 255）。

（16）バグダーディー『諸分派の分離』（Baghdādī, *Farq bayna al-Firaq*, p. 315）。

（17）バグダーディー『諸分派の分離』（Baghdādī, *Farq bayna al-Firaq*, p. 316）。ここでは、ナッザームへのタクフィールについての理由が非哲学的根拠の上に成り立っていることを述べておかねばならない。しかしバグダーディーは別の著書『宗教の諸原理』（Baghdādī, *Uṣūl al-Dīn*, Istanbul, 1928, p. 36）において、事物が無限に分割可能であるという理論に対して論理的反駁を加えている。

（18）バグダーディー『諸分派の分離』（Baghdādī, *Farq bayna al-Firaq*, p. 317）。

（19）マラティー『分派集団と異端集団への勧告ならびに批判』（Malaṭī, *al-Tanbīh wa-al-Radd*, pp. 20–28）。

（20）ディラール（Ḍirār ibn ʻAmr）は八世紀のムウタズィラ派の思想家ワースィル・イブン・アターウ（Wāṣil ibn ʻAṭā'）の同時代人である（al-Khayyāṭ, *Kitāb al-Intiṣār*, p. 132）。もっともイブン・ハズムはムウタズィラ派と見做している（Ibn Ḥazm, *al-Fiṣal*, part IV, p. 195）。バグダーディーは彼を、その名にちなんでディラーリーヤという独立した下位の分派の指導者と見なす（Baghdādī, *Farq bayna al-Firaq*, p. 202）。

（21）特に興味深いのは、この問題によって引き起こされたアシュアリー派とマートゥリーディー派の間の論争である。この論争は、この後の文脈において、アシュアリー派のイーマーン概念を議論する際、幾分異なった視点から詳細に考察されることになろう。

（22）タフターザーニー『ナサフィー信条注』（al-Taftāzānī, *Sharḥ ʻalá al-ʻAqā'id al-Nasafiyyah*, Miṣr, 2nd ed., 1939, pp. 343–344）。

（23）引用文は、もちろん「人間は自らの行為の創造者である」というムウタズィラ派のテーゼ、つまり、人間が犯すあらゆる悪しき行為を創造する責任を神に帰すことから切り離し、神の絶対的「正義」を担保することを意図したテーゼである。

（24）即ち、マートゥリーディー派のこと。

（25）即ち、人間を、その人自身の行為の創造者とすること。

（26）ガザーリー『分派弁別論』（al-Ghazālī, *Fayṣal al-Tafriqah bayna al-Islām wa-al-Zandaqah*, ed. Sulaymān Dunyā, Cairo, 1961, p. 175）。

（27）ガザーリー『分派弁別論』（al-Ghazālī, *Fayṣal al-Tafriqah*, p. 131）。

（28）Abū Bakr Muḥammad ibn al-Ṭayyib al-Bāqillānī〔ca. 940–1013〕アシュアリー派神学者。

（29）「無終の永遠」（eternal *a parte post*）の意味での「永遠」、つまり決して終わりの来ない存在のことである。

（30）ガザーリー『分派弁別論』（al-Ghazālī, *Fayṣal al-Tafriqah*, p. 132）。

（31）ガザーリー『分派弁別論』（al-Ghazālī, *Fayṣal al-Tafriqah*, pp. 132–133）。

（32）ムウタズィラ派の主張。

（33）アシュアリー派の主張。

（34）情報（あるいは叙述）の場合として。

(35) 命令と禁止の場合として。

(36) ガザーリー『分派弁別論』(Ghazālī, *Fayṣal al-Tafriqah*, p. 133)。

(37) ガザーリー『分派弁別論』(Ghazālī, *Fayṣal al-Tafriqah*, p. 210)。

(38) ガザーリー『中庸の神学』(Ghazālī, *al-Iqtiṣād fī al-I'tiqād*, Ankara, 1962, pp. 246–247)。

(39) ガザーリー『分派弁別論』(Ghazālī, *Fayṣal al-Tafriqah*, p. 134)。

(40) ガザーリー『中庸の神学』(Ghazālī, *al-Iqtiṣād fī al-I'tiqād*, pp. 248–255)。ガザーリー『分派弁別論』(Ghazālī, *Fayṣal al-Tafriqah*, p. 134) では、タクフィールに十分にふさわしい三つの段階のみを挙げるに留めている。その三つとは (1) ユダヤ教徒とキリスト教徒、(2)「ブラフマン (Barāhimah)」、そして (3)「物質主義者 (Dahriyyah)」である。

(41) ガザーリー『分派弁別論』(al-Ghazālī, *Fayṣal al-Tafriqah*, p. 195)。

(42) 以下の節は、ガザーリー『分派弁別論』(Ghazālī, *Fayṣal al-Tafriqah*, p. 195) を参照したが、タクフィールの六つの段階を扱う部分は、ガザーリー『中庸の神学』(Ghazālī, *al-Iqtiṣād fī al-I'tiqād*, pp. 248–255〔中村廣治郎訳『中庸の神学』平凡社、二〇一三年、三五六—三六三頁〕) に基づく。

(43) イブン・カイサーン (Abū al-Ḥasan Muḥammad ibn Aḥmad ibn Kaysān〔d. 911/932 バグダードで活動した高名なアラビア語文法学者〕)。

(44)『中庸の神学』ではこの問題にさらに踏み込んではいない。以下の文章はガザーリー『分派弁別論』(al-Ghazālī, *Fayṣal al-Tafriqah*, p. 200) に基づく。

(45) ガザーリー『分派弁別論』(Ghazālī, *Fayṣal al-Tafriqah*, pp. 175–198)。

(46) 即ち、イブン・ハンバル (Aḥmad ibn Ḥanbal) のこと。

(47) 即ち、決定する権利を有する権威ある学者《ムジュタヒド》(mujtahid) の見解によらねばならない。

訳注

〔1〕バドルの戦いとは、メディナに移住した預言者ムハンマドの勢力とメッカの軍勢が初めて大規模に衝突した六二四年の戦いのことである。メディナ側の勝利に終わった。

〔2〕アブドゥルカリーム・イブン・アビー・アウジャーウ（'Abd al-Karīm ibn Abī al-'Awjā'）はカリフ・マフディーの治世期（七七五—七八五年頃）にザンダカ主義者としてバスラで処刑された人物。

〔3〕ムスリム思想家のあいだでは、バラモン教徒は預言者の存在を否定するひとびとと考えられていた。

第三章　重罪人《ファースィク》（fāsiq）

一　重罪《カビーラ》（kabīrah）の概念

ハワーリジュ派はクフルという中心概念の周囲にさまざまな問題を提起した。それらの問題のうちのほとんどは、純粋に理論的、神学的な性格は帯びず、むしろ実践的な重要性を帯びたのであるが、それらはムスリムたちのあいだに神学的思考が展開する際の大きな原動力となり、それゆえに、多くの重要な神学概念の起源となった。その一つが前章で検討したタクフィールという概念である。本章では、ハワーリジュ派の言動によりムスリム共同体の関心の前面へと押し出された「重罪《カビーラ》」（kabīrah）という、もう一つの鍵概念を取り上げて考察する。

重罪、ないし死に値する罪という概念は、直接的にはクルアーンを典拠とする。第四二章第三七節に、カバーイル（kabā'ir. kabīrah の複数形）が「重罪」の意味で用いられている(1)。カビーラの語は字義的には「大きい」ないし「並外れた」を意味する。「大きな」罪があるのであれば、論理的には「小さな」罪もあると考えねばならない。「小さな」罪の概念と対比されなければ「大きな」罪の概念は意味をなさないからである。こうして、直接にではないものの、典拠に基づいて重罪と軽罪のあいだが分けられるのである。

しかしながら実際の問題は、ある具体的状況において、ある者が、ある所与の行為は二つの範疇の内のどちらに分類されるべきかを問うたときに生じることになる。例えば、葡萄酒を飲むことが罪であるのは確実である。何故ならそれは神の命令に対する不服従の振舞いだからである。だがそれは「大きな」罪なのか、「小さな」罪なのか。絶対に確実なことが一つだけある。先に見たように、「神に何ものかを仲間として置くこと」、つまり「多神信仰」や「偶像崇拝」を意味するシルク（shirk）は重大で許されざる罪だということだ。クルアーンは「まことに、神は、己れに何ものかが仲間として置かれることを決して許さない〔だがそれ以外のことは、彼がそうしたいと望む者に対しては許す〕」（クルアーン第四章第一一六節）と述べ、(2) いかなる疑いをも封じている。だが、シルクが唯一の重罪であり、したがって、それ以外のものはいかなる罪でも（mā dūna dhālika）「軽微な」罪である、ということをこの文が意味すると解するのは正しいのか。シルクより他に多くの重罪があるのではないか。もしそうであるならば、「大きな」罪と「小さな」罪の二つの範疇を区切る線を何処に引けばよいのか。クルアーンはこの点を明示してはいない。

我々が既に見たように、ハワーリジュ派のうち極端な説を奉ずるアズラク派は、自分たちの集団に属さぬ者全てにシルクの罪ありとして事態を単純化する。しかしながら、これは決して問題を満足に解決してはくれない。イスラームにおいて罪の概念そのものを定義することは難しくない。罪人とは神の命に服従しない者のことだとクルアーンは暗示する。言い換えると、罪とは「服従《ターア》」（ṭāʿah）と対立する「不服従《マアスィヤ》」（maʿṣiyah）の振舞いのことである。イスラームにおける罪の概念はこの概念対立に基づく。

「服従《ターア》」（ṭāʿah）は、ある者が誰か他の者から為せと命じられたことに従って振舞うことを意味する。そうした仕方で振舞う者は誰であれ「服従する者《ムティーウ》」（muṭīʿ）である。〔ターアの語義から〕マアスィヤの意味は、為せと命ぜられたことに逆らうこと、および為すのを禁ぜられたことを行うことであると分かる。(3)

厄介なのは、神に「服従しないこと」にはさまざまな程度があることである。より具体的な用語を使うと、例えば、シルクと葡萄酒を飲むことがともに「不服従の」振舞いであることは明らかであるが、その罪深さの程度が全く同じであると考えるのは困難である。

この状況は〈伝承〉に反映されている。アブドゥッラー・イブン・マスウード（ʻAbd Allāh ibn Masʻūd〔d. ca. 652–654. 預言者ムハンマドの最初期の教友の一人で多くの伝承を伝えた〕）に遡る、よく知られたハディースに次のように見える。[4]

ある男がかつて使徒に「〈神の使徒〉〔ムハンマド〕よ。神の眼から見て、最も大きな罪は何か」[5]と訊ねた。〈預言者〉〔ムハンマド〕は次のように答えた。「神は単独でお前を造ったのであるから、神を崇めるとともに別の何かを崇めること〔が最も大きな罪である〕」。「次に来る罪は何か」とその男はつづけて言った。〈預言者〉は答えた。「（やがて）お前の食べ物をともに食するのを怖れて、お前の子を殺してしまうことである」。「では次に来る罪は何か」とその男はさらにつづけて問うた。〈預言者〉は言った。「お前の隣人の妻と姦通することである」と。

ここで引いたハディース中に、純粋に宗教的な罪（つまり、シルクの罪）と、社会における人間関係の領域に属する罪とが全く区別されていないことは指摘しておかねばならない。これらの全ての「大きな」罪、そしてそれらのあいだの違いは、性質ではなく、程度の問題である。ヴェンスィンク（Wensinck）はこのハディースを、カビーラ〔重罪〕の概念が展開する第一段階を示すものと見做した。[6]

ヴェンスィンクの見解では、七つの重罪を列挙する、同じムスリム『正伝ハディース集』第一四五番のハディースが第二の段階を提示する。今度は、「重罪」を表するために実際に用いられる語はムービカート（mūbiqāt. 文字通りには「破壊的なものども」）、つまり、破滅へと導く罪である。根柢に潜む考え方がカビーラと同じであるのは明らかである。そこで言及される「死に値する」七つの罪は、(1)シルク、(2)魔法〔を信じること〕、(3)不当に人間の生命を奪うこと、(4)孤児の財産を使い込むこと、(5)高利貸し、(6)戦場からの逃亡、(7)貞節であるが不注意なムスリムの女性を中傷すること、である。

　このように、当初から、シルクが「大きな」罪であるだけではなく、全ての大きな罪のなかで「最大《アクバル》の」（akbar）罪であるということが、一般的な合意によって理解されていたことが明らかである。そして神学の歴史において、このことが問題とされることは決してなかった。だが、これは、ムスリムの思想家たちのあいだで完全に合意されたほぼ唯一の点でもある。この点を除いたところでは、各人がそれぞれ好む路を採り、見解が分かれたのである。

　これまでの諸章でその思想を考察したハワーリジュ派が、重罪と軽罪の区別を知らなかったわけではない。例えば、ハワーリジュ派の一派、ナジュド派は、重罪はクフルであって、重罪を犯した者はみな〈地獄〉で永遠に罰されるのに対して、犯した罪が軽微なもののみの者は罰されるものの、永遠にではなく、おそらくは〈地獄〉においてか、その他の場所において罰されるであろうとの説を唱えた。だが、区別そのものがハワーリジュ派によって理論的に精錬されることはなかった。一度ならず見たように、彼らは、重罪の概念そのものをいかに定義するかの問題よりも、ひとが重罪を犯した場合の現実的帰結に、より大きな関心を抱いていた。それが何であれ、重罪を犯した者はもはやムスリムではないとして、ムスリム共同体から排斥されるべき者であった。そうした者たちはカーフィル（ないしムシュリク）であり、したがって合法的に殺されることを免れない。重罪とクフルを同等視すること、ならびにその同等視から導かれる全ての帰結がハワーリジュ派の思考を支配した。彼らは重罪の概念構造をわざわざ理論的に分析しようとはしなかったのである。

神学史上、ハワーリジュ派に次いで現れたムルジア派（murjiʾah）が、これから我々が見るように、「信」（īmān）の概念の問題に即して理論構築を行うことで、ムスリムたちの神学思想の発展に注目すべき貢献をなした。だが彼らは、重罪の概念の理論化にはそれほど貢献しなかったようである。アシュアリーはムルジア派について次のように記す(7)。

この特定の問題に関してムルジア派には二つの主要な流れがあった。その一つによれば、不服従に相当するどの行為も重罪に当てはまる。（つまり、ある者が何らかの問題について神に従わない場合には、そこにカビーラ〔重罪〕が成立するのである。これはビシュル・マリースィー（Abū ʿAbd al-Raḥmān Bishr ibn Ghiyāth al-Marīsī〔d. 833. ムルジア派神学者〕）(8)、その他の見解である。）もう一つによれば、不服従に相当する行為は大罪と小罪の二類に分かれる。

だが、さほど重要ではない二、三の点を除けば、アシュアリーがそれ以上の情報を提供することはない。例えば、預言者たちが犯す罪の問題について言えば、ムルジア派内で見解が二つに割れるとアシュアリーは述べる。ある一団は「〈預言者〉が為す、不服従に相当する全ての行為は重罪である」と主張する。この一団のひとびとはさらに、〈預言者〉は、殺人や姦通のようなカビーラを犯しうると断言する。他の一団は「〈預言者〉の、不服従に相当する全ての行為は、小さな罪に当てはまるにすぎない」との見解を有する(9)。

ムウタズィラ派は概して、「大きな」罪と「小さな」罪という基本的区別を認める。そして彼らのうちのある者たちはこの一対の概念を次のように説明する。

ワイード（waʿīd. 文字どおりには「威嚇」。〈啓示〉にはっきりと述べられる神罰）が定められている罪は全て「大」罪であり、他方、ワイードが定められていない不服従の振舞いは、何にせよ「小」罪である。他の者たちは、ワイードの直接の対象である罪だけが「大」なのではなく、それと同程度の罪も「大」である、という説を採る。そしてワイードが定められていない不服従の振舞いは全て、そしてそれに類することは何にせよ、まったき「小」罪であるか、部分的に「小」罪であるか、部分的に「大」罪であるかのいずれかである。そうした振舞いが「小」でもなければ、部分的に「小」でもないことは決してありえない。バグダード学団のジャアファル・イブン・ムバッシル（Jaʻfar ibn Mubashshir〔d. 848. ムウタズィラ派神学者〕）は、（罪を犯そうとする）全ての意図は「大」罪であって、不服従の振舞いを故意に為す者どもは重罪人であると教えたのである。(10)

ジュッバーイー（Abū ʻAlī Muḥammad ibn ʻAbd al-Wahhāb al-Jubbāʼī〔d. 915. ムウタズィラ派神学者でアシュアリーの師〕）は、これら二種類の罪の区別に関して幾分異なる見解を示す。(11)

「小」罪を犯した者が、もし「大」罪を避けるならば、許されるに値する、というのが「小」罪の性質である。他方、「大罪」は、ひとがみずからの信ゆえに当然受け取るべき〈神の報酬〉を無にするのであるが、「大」罪を避けるならば、それが「小」罪に対する〈神の罰〉を解消する、というのが「大」罪の性質である。さらに、ジュッバーイーは次のことをよく言った。「大」罪を為さんとする決意《アズム》（ʻazm）は〔それ自体、「大」罪であり、「小」罪を為さんとする決意は〕それ自体、「小」罪であり、クフルを為さんとする決意はクフルであると。アブー・フザイル（Abū Hudhayl Muḥammad ibn al-Hudhayl al-ʻAllāf〔d. 840. ムウタズィラ派神学者〕）は同様の説を唱えて、何かを為さんと決意する者は誰であれ、それを為した者と全く同じである、と主張したのである。

ここで「決意」が強く主張されるのは、ムウタズィラ派が倫理的・宗教的行為における意図ないし動機に重きを置いたことを示す。しかしながら、次章で見るように、ムウタズィラ派より前に、ムルジア派が既にある種の倫理的動機説を提起していたのである。アルベール・ナーデル（Albert Nader）博士はムウタズィラ派の哲学体系を扱った研究において、[12] ムウタズィラ派の罪論に見えるもう一つの顕著な特徴として、罪論において〈理性の法《シャリーア・アクリーヤ》〉（al-sharīʿah al-ʿaqliyyah. ナーデル博士がこう命名する）に〈神法〉（ないし、al-sharīʿah al-nabawiyyah「〈預言者の法〉」）に優る位次を与えることを挙げる。ナーデル博士は、ムウタズィラ派の体系において、重罪を犯すことは〈理性〉が善だと判断した何かを壊すことを意味し、「不服従《マアスィヤ》」（maʿṣiyah）は第一義的に「〈理性の把握する自然法〉に服さないこと」を意味すると指摘する。この解釈がムウタズィラ派思想の有する一般的傾向と合致するのはきわめて明白である。それでもなお、ムウタズィラ派がワイードを「大きな」罪と「小さな」罪とを区分する根柢的基準とすることについての、前に引いたアシュアリーの発言を見れば、実態はそれほど単純ではないことが分かるのではないだろうか。

いずれにせよ、ムウタズィラ派の思想家たちでさえ、重罪について精緻に洗練した理論を練り上げなかったことは明らかである。

カビーラの概念と連関する、遥かに重要な問題が彼らの心を捉えていた。この問題は本章後半で検討する。だが、その問題に眼を向ける前に、ここでアブー・ウズバ（Abū ʿUdhbah (ʿAdhabah) al-Ḥasan ibn ʿAbd al-Muḥsin〔d. ca. 1758〕）の有名な書の一段落を訳出しておこう。[13] この段落は、より広いムスリム共同体に帰属する知識人たちがどこまでこの問題に即して体系的に理論化を推し進めたのかを示すきわめて精確な像を我々に提供してくれるものである。

カビーラ（の定義）は、一定の罰を課すことが必須とされた罪である。（それには幾つかの程度が認められる。）「大」罪のなかで「最大」の罪は神に何ものかを仲間として置くこと（つまり、シルク）である。そして「大」罪のなかで「最小」の罪は葡萄酒を飲むことである。

ある者たちはこの定義を拡張して次のように主張する。罪それ自体が「小《サギーラ》」（ṣaghīrah）であっても、それを為し続ければ、「大」罪に相当する。これは、イスティグファール（istighfār「赦しを請うこと」）を伴う（つまり真に悔悟して神の赦しを請うときは）カビーラが存在しないのは、イスラール（iṣrār「固執すること」）を伴うサギーラが存在しないのと同じ、との趣旨のハディースに基づく。

ある者どもは次の文を加える。（重罪が幾つあるかは定まっていない。）幾つかのハディースは、〈使徒〉〔ムハンマド〕が「死に値する七つの罪を避けよ[14]」と警告したハディースのように一定の数に言及するが、それらのハディースは、〈使徒〉が、特定の時に、ある特定の状況において、彼に問いを発した者を取り巻く個人的な状況において一定の数で答えるよう要請されたことに応じて振舞ったことを示しているにすぎない。そしてこれは、それ以外に重罪がないことを決して含意しない。

人間の身体各部に即して重罪を分類した者がいる。優れた師、アブー・ターリブ・マッキー（Abū Ṭālib al-Makkī〔d. 996. 禁欲主義者、神秘家[15]〕）である。

彼の論は次のとおり。

重罪は十七ある。A——そのうち四つは心臓《カルブ》〔こころ〕（qalb）にある。(1) シルク、(2) 神に服さない行為を為しつづけること、(3) 神の策略から己れは完全に護られていると感ずること、(4) 神の恩恵がないと絶望すること。B——そのうち四つは舌《リサーン》（lisān）にある。(5) 偽証すること、(6) 貞淑な女性を中傷すること、(7) 偽りの誓いを立てること、(8) 嘘をつくこと。C——そのうち三つは腹《バトン》（baṭn）にある。(9) 葡萄酒を飲むこと、(10)孤児の財産で食うこと、(11)「高利貸しで食うこと」〔利子を取ること〕、D――そのうち二つは性器《ファルジュ》(farj)にある。(12)姦通、(13)男色。E――そのうち二つは身体《バダン》(badan)にある。(14)殺人、(15)窃盗。F――そのうち一つは足《リジュル》(rijl)にある。(16)戦場から逃げ去ること。G――そのうち一つは身体全体《ジャミーウ・バダン》(jamīʿ al-badan)にある。(17)己れの両親に敬意を抱かぬこと。

カビーラが何であるかがわかれば(サギーラが何であるかがおのずとわかり)、カビーラではない罪はいずれもサギーラである。

二　重罪人《ムルタキブ・カビーラ》(murtakib al-kabīrah)

前節の内容から明らかになったと思われるが、初期神学者たちは重罪理論の推敲にそれほど力を尽くさなかった。初期神学者たちがカビーラ〔重罪〕の概念そのものを分析しようとしなかったのは、彼らの主な関心が他にあったからである。この概念を曖昧なままに措き、彼らが主として、そして積極的に取り組んだのは、重罪を犯した者がムスリム共同体内において、精確にはいかなる立場にあるのかを論ずることであった。要するに、彼らの思索における鍵概念はムルタキブ・カビーラ(murtakib al-kabīrah〔重罪人〕)であって、カビーラ〔そのもの〕ではなかったのである。重罪を犯したムスリムはなおも本当にムスリムなのか。もしそうではないならば、そうした者はいかなる範疇に割り当てるのが適切か。これらが中心となる問題であった。これは明らかに、ハワーリジュ派が徹底的で残忍な仕方で提起したきわめて重要な問題を継承し、さらに理論的に展開したものに他ならない。

初期のムスリム神学史には四つの異なる重罪人の解釈が現れた。

Ⅰ　重罪人は紛れもなくカーフィルである、ないしムシュリクでもある（ハワーリジュ派）
Ⅱ　重罪人は依然としてムスリムであり、信ずる者である（ムルジア派、および後の正統派〔スンナ派〕）
Ⅲ　重罪人はムスリムでもカーフィルでもなく、両者のあいだにある独立した範疇に帰属する（ムウタズィラ派）
Ⅳ　重罪人は偽善者である（ハサン・バスリー Abū Saʻīd Ḥasan ibn Yasār al-Baṣrī〔d. 728. イスラーム初期の禁欲主義者〕）

これら四つの立場を仔細に検討しよう。ハワーリジュ派の立場はすでに前章で論じた。最も簡潔で最も広く受け容れられた定式は次のものである。「罪を犯した者は誰であれカーフィルである」（バグダーディー[16]）、ないし「重罪を犯した者、いや軽罪を犯した者もカーフィルである」（タフターザーニー[17]）。精確に言えば、こうした定式はいかなる仕方においても歴史的現実を正当に扱っていない。全てのハワーリジュ派がこの点に合意したわけではないからだ。ハワーリジュ派内部にかなりの見解の違いがあったのは既に見た。アズラク派が、重罪人はカーフィルであるばかりではなく、ムシュリクであるとの見解を採るのに対して、ナジュド派は、重罪人は単に「恩恵についての」カーフィル即ち、〈神寵〉に対して感謝の念を抱かぬ者との意味でのカーフィルであって、ムシュリクではないと公言する。バグダーディー自身が前記の定式を提示した直後にこのように認めている。この発言にイブン・ハズムが提供する情報を加えてもよい[18]。イブン・ハズムによると、ハワーリジュ派の下位集団であるスフリー派は、犯した罪が重罪である場合には、偶像崇拝者と全く同じくその者はムシュリクであるが、軽罪であれば、その者はカーフィルではないとの見解を有する、という。イブン・ハズムは続けて、イバード派によると、犯した罪が重罪であったとしても、その者は「恩恵についての」カーフィルであって、その者と他のムスリムたちのあいだに相続・婚姻に関わる関係が結ばれることは合法と見做され、その者により屠殺された動物はハラーム（ḥarām「禁忌とされたもの」）ではない。精確に言えば、その者は純粋な信者でもなければカーフィルでもない、という。

それでもなお、全体として見れば、そして一定の距離を置いて眺めるならば、バグダーディーないしタフターザーニーの簡潔な定式が、最も典型的な側面におけるハワーリジュ派のテーゼの要点を提示していると認めねばならない。歴史的事実の問題として、ハワーリジュ派をその狂信的なタクフィール故に論難する際に、後代の神学者たちが通常念頭に置くのはこうした定式のかたちを帯びたテーゼである。

例えば、マラティーは以下のような方法でハワーリジュ派を論駁する。即ち、攻撃目標を、(1) ハワーリジュ派が全ての罪人にタクフィールを行使すること、(2) ハワーリジュ派がカビーラとサギーラを全く区別しないこと、の二点に絞り込む[19]。

> 彼らがひとびとにタクフィールを行使することに関して我々は彼らに訊ねたい。「お前たちは、神と〈神の使徒〉と〈神の宗教〉を認める者を、その者が重罪を犯すや否やカーフィルと見做すのは何故か」と。
> 彼らは次のように答えるだろう。「［己れの］信仰《イーマーン》を否定する者は誰であれ、その者のあらゆる行は完全に無駄となる」（クルアーン第五章第五節）、「彼こそがお前たちを造った者であるが、お前たちのある者はカーフィルであり、お前たちのある者は信ずる者である」（クルアーン第六四章第二節）という神自身の言葉からの推論による。神がクフルとイーマーンのあいだに第三項を置いていないのは明らかである。己れの信を棄て、己れの行を無駄にする者はムシュリクに他ならない。信はあらゆる振舞いのなかで最も重要なものであって、履行せねばならない第一の義務である。神が為せと命じたことを為さぬ者は誰であれ、己れ自身の行、ならびに信を無にする。己れの行を無にする者は信なき者であり、信なき者はムシュリクにしてカーフィルに他ならない[20]」。

（マラティーは議論を続ける）この議論は誤ったクルアーン解釈に基づいている。というのも、クルアーンは、重罪を犯した者《ファースィク》（fāsiq）[21]がムスリムとカーフィルのあいだの第三の範疇に属すると断言しているからである。「そして貞節を保つ女を（姦通したとして）告発する者は……まことにファースィクである」（クルアーン第二四章第四節）。この箇所で神は、貞節を保つ女を誤って告発した者をカーフィルと見做さず[22]、神は、彼らの罪深い振舞いにもかかわらず信ずる者たちの範疇に置くわけでもない[23]。神は単に、そうした者にファースィクとの名を附す。それ故、この類のひとびとはファースィクなのであって、信ずる者でもなければ、カーフィルでもないのである[24]。加えて、ムスリム共同体の全体は、重罪を犯した者にフィスク（fisq）の名を適用することにおいて見解を一にする。共同体は、フィスクがクフルとイーマーンとのあいだにある中間の範疇であることにも合意する。

（ハワーリジュ派が重罪と軽罪を区別しないことに関して）我々は彼らに問う。「神ご自身が「お前たちが為すことを禁ぜられたもののうちカバーイル（kabāʾir. カビーラの複数形）を避けさえすれば、我れは確かに、お前たちの犯した他のすべての悪事を赦すであろう」（クルアーン第四章第三一節）と言い、カビーラとサギーラとを明瞭に区別するのに、お前たちがカビーラとサギーラを一つの集合《クラス》に纏め上げるのは何故か」と。

こうして、ハワーリジュ派は見境なく全ての罪をカバーイルと見做した。だが、〈理性〉によっても、〈啓示〉によっても彼らは己れの立場を決して正当化しえないのである。

ハワーリジュ派に属さない初期のムスリムたちがいかにしてこのハワーリジュ派の態度に対応したかを示す多くのハディースが伝わっている。そのうち最も興味深いものは、ブハーリー（Abū ʿAbd Allāh Muḥammad ibn Ismāʿīl al-Bukhārī〔810–870. スンナ派ハディース集の内、最も参照される真正なハディース集成の編纂者〕）が「信の書」に収録する第三〇番ハディース〔本書附録三八五―三八六頁〕である。このハディースがきわめて興味深く、かつきわめて重要であるのは、そこに描かれる状況と言葉遣いから、〈預言者〉の死の直後に生起したこの問題への彼自身の態度をほぼ確実に言い表していることがわかるからである。

（アブー・ザッルは言った。かつて私が〈預言者〉のところに行って、次の告白をした。）「私は（私の奴隷の一人である）男を罵ってしまいました。その男の母を罵ることで[25]」。〈預言者〉は私に言った。「アブー・ザッルよ、その男の母を罵ることで彼を罵ったのか。実に、お前はまだジャーヒリーヤ（jahiliyyah〔無道時代〕）の残滓を宿している。お前の奴隷たちはお前の同胞である（ことを思い起こすがよい）」。

ブハーリーはこのハディースをハワーリジュ派の立場と直に結びつけて個人的見解を附す。ブハーリーは次のように言う。「服従せざるあらゆる振舞いはジャーヒリーヤ〔の振舞い〕に属す[26]。（言い換えると）そうした振舞いを為してしまった者は、その振舞いがシルクであった場合を除いて、直ちにカーフィルのラベルを貼られるわけではない。これ（この解釈）は（直前に引用した）「お前はまだジャーヒリーヤの残滓を宿している」という〈預言者〉の言葉と、「実に、神に何ものかを仲間として置くことを神は決して許さないだろう。だが、神がそうしようと望む者にはそれ以外のことを許す」（クルアーン第四章第一一六節）に基づく[27]」。ブハーリーがここで言わんとするのは次のことである。アブー・ザッルは不服従の振舞いをしてしまったが、変わらず真のムスリムである。〈預言者〉自身がアブー・ザッルの振舞いをジャーヒリーヤの振舞いだと呼び、クフルと呼んでいないからである。ハワーリジュ派の厳格な基準にしたがえば、アブー・ザッルのごとき敬虔なムスリムもカーフィルとして非難されねばならなくなる。

さて、ムルジア派の立場に眼を向けよう。ムルジア派の立場は、極端なかたちを帯びれば、ハワーリジュ派のテーゼと全く正反対の位置にある。イブン・ハズムは次のように定式化する。(28)「重罪人《ムルタキブ・カビーラ》（murtakib al-kabīrah）は、相も変わらず、信を有する信ずる者である。その者が何一つ善き振舞いをせず、悪しき振舞いを一切控えなかったとしても同じである」。しかしながら、現実に即すならば、そこには、ハワーリジュ派主義の後期の局面に既に見えた穏健主義への強い傾向が明らかに認められる。一切の妥協を排した初期ハワーリジュ派の理想主義は現実の硬い壁に衝突する。そして、彼らが実際にその中に生きている具体的な政治状況に応じて、より穏健に振舞うのがより良い選択であると認めることを後代のハワーリジュ派は否応なしに強いられた。ムルジア主義はもともとこの穏健主義の精神が展開した、それの一つの現実化にすぎなかったのである。

ムルジア派（アラビア語でmurji'ah）の名自体がきわめて重要な意味を有する。この語は、「延ばす」「延期する」を意味するアルジャア（arja'a. 動名詞はirjā'）という動詞から派生する。ムルジア派内でこの概念が展開する過程を二段階に区分することができる。第一段階は、つまり起源において、イルジャーウという概念は著しく政治的な色合いを帯びており、それは、ある特定の個人が信ずる者であるか、あるいはカーフィルであるかという問題への「判断を後回しにする、ないし保留すること」を意味した。だが、それは単純に一般原則に関わることではなかった。この問題の「判断を保留する」べきだと彼らが宣言した際、具体的に彼らは、生活様式において不信心なことで悪名高いウマイヤ朝の支配者たちを念頭に置いていたのである。つまり、イルジャーウは、この段階では己れの立場をはっきりさせない態度、ないし、敬虔なムスリムたち全ての目から見て不義であることが明らかな支配者たちをカーフィルとして非難するのを拒む態度を採ること、を意味した。

この態度は、ムルジア派を罵詈雑言の的とする絶好の機会を、その論敵に与えることとなった。例えば、ナウバフティー（Abū Muḥammad al-Ḥasan ibn Mūsā al-Nawbakhtī〔d. ca. 912–920. シーア派の神学者〕）は次のように伝える。ムルジア派の論敵はムルジア派を「時の支配者が義であるか、不義であるかにかかわらず、時の支配者に媚び、時の政府に従い、誰であれ、あらゆる類のひとびとを友とした。そしてムルジア派は主張する。〈キブラの徒〉

は全て信ずる者である。彼らが信ずることを言葉で認めているからである。彼らの全てに〈神の赦し〉を願う」者であると述べる[29]。

だが、ムルジア派の側に立てば、ハワーリジュ派の行使する容赦ない極端なタクフィールが悲惨な結果を生むと指摘することのみならず、己れの立場を本質的に宗教的な根拠に基づかせようとすることで自身を容易に正当化することができた。彼らは次のように公言する。己れの同胞に究極の裁きを与えることは、越権行為である。どうして、信ずることを告白したムスリムの誠実さを他人がそれは偽だと証明することができようか。最終的な裁きは神にあり、神だけに委ねられる。現世で悪事を為す者であっても、その者がイスラームを告白するのであれば、共同体の一員と見做されねばならない。これが、イルジャーウという概念の第一段階の根柢にある基本思想であった。

しかしながら、間もなく、この問題はより理論的な次元に移されることとなった。「判断の留保」というテーゼをより堅固な根拠に基づくものとするために、ムルジア派は「信ずること」の性質を体系的に理論化し始める。後に、彼らは「信」そのものの理論の確立に関心を抱くようになったようである。ハワーリジュ派とは異なり、ムルジア派の主たる思想家たちは、自分たちが、鋭い知性と顕著な分析能力を兼ね備えた優秀な理論家であることを証明した。彼らこそがムスリム神学の事実上の開始を画したのである。

この第二段階において、イルジャーウという語はもはや「判断の留保」を意味せず、今やその語は、時の流れにおいてではなく、位次において「後回しにすること」を意味する。この様に見ておくことが重要である。より具体的に言うならば、その語は、内面の信仰よりも行を「後回しにすること」、つまり「〈行〉は二次的重要性を有すると見做すこと」を意味する。その基本的な考え方は以下の通りである。「信」の概念は、内的信仰の概念にのみ立脚するのであって、その他の概念を必要とせず、善であれ悪であれ、誰かが何かを為すことは本質的に「信」の概念に重きをなさない。ムルジア派思想のこの側面は、ムスリム神学の歴史全体を見渡したときに最も決定的な瞬間の一つを画するものであり、次章と次々章の主題となる。ついでに次のことを記しておきたい。ムスリム神学について述べる後代の歴史家たちは通常、「ムルジア」という名を、この第二の意味で説明する。例えば、バグダーディーは「彼らがムルジア派と呼ばれるのは、彼らが重要度において「行」を「信」より低い位次に置くからに他ならない[30]」。しかしながら、第二段階におけるイルジャーウの概念は本章の主な論点にはあまり関連性がない。本章の論点に関わるのは、「クフルがあれば、服従の振舞いが何の役にも立たないのと同じく、イーマーンがあれば、罪は何ら害を為さない」というムルジア派の一般的テーゼである。

この特定の問題に関して、正統派〔スンナ派〕は注目に値する修正を加えるものの、全体として見ればムルジア派の伝統にしたがっている。正統派の立場はある種の穏健なムルジア主義であるといえよう。ここにイブン・ハズムの定式を掲げておく。「〈スンナと伝承の徒〉、そして法学者たち（fuqahā’）は次の見解を有する。重罪を犯した者はなおも信ずる者である。（ただし、その者はもはや、完全な信ずる者ではなく、）その者はファースィク（fāsiq）、信に関して不完全な者である[31]」。これは明らかに、イブン・ハズムの立場をも言い表している。この立場は、三つの項目、すなわち、(1)「是認《タスディーク》」（taṣdīq）、(2)「告白《イクラール》」（iqrār）、(3)「行《アマル》」（‘amal）による「信《イーマーン》」（īmān）の概念把握に基づいている[32]。イブン・ハズムの考えでは、重罪人は「是認」と「告白」においては信ずる者であるが、その「行」に関してはファースィクだということである。マートゥリーディー主義が、きわめて独特の視点から同じ態度を採るのは興味深く、取り上げるに値する。マートゥリーディー派の注釈者による『最も大なる洞察・第一』への注釈によると「信の場所はこころであるが、不服従の行為の場は肉体の器官である[33]」と言う。言い換えると、信と不服従の行為は二つの全く違う場所に起こり、それ故にそれらは互いに否定しない〔で同一人物内に同居する〕。この詳細不明のマートゥリーディー派の注釈者は、前掲の注釈を『最も大なる洞察・第一』の第一条「我々は誰に対しても、（その者が犯した）罪ゆえにタクフィールを行使することはなく、誰に対してもその者の信を否定することもない[34]」に添えるのである。

これはアシュアリーのテーゼと全く同じである。[35] アシュアリーは『宗教の根本を解明する書』および『イスラームの徒の言説集』において、〈真理とスンナの徒〉を代表し「我々は、我らが共同体の成員の誰に対しても、姦通、盗みを働くこと、その他、その者の犯した罪故にタクフィールを行使することはないと明言する」と述べる。『宗教の根本を解明する書』は、これに『イスラームの徒の言説集』には記載されていない次の重要な注記を加える。「重罪、窃盗、その他の重罪のいずれかを合法《ハラール》（ḥalāl）と考え、禁ぜられていること《ハラーム》（ḥarām）であると信ずることなくそれを犯す者はカーフィルと見做されねばならない」。この最後の一点においてもマートゥリーディー主義はアシュアリー主義に同意する。

　こうして、重罪人に対しタクフィールを行使することを控えるという基本的な態度に関する限り、正統派はムルジア派のテーゼを継承する。しかしながら、そうしたムスリム、即ち、重罪を犯した信ずる者が〈来世〉において〈天国〉に入ることが許されるか否かを決する段になると、正統派とムルジア派の立場の違いが明らかになる。直前に言及したマートゥリーディー派に属する〔注釈〕者はこの問題について次のように述べる。ムルジア派にとって、信ずる者はたとえあらゆる種類のカバーイル〔重罪〕を犯したとしても、その者の終の住処は間違いなく天国である。なぜなら、その者がこころに「信」を有しているのであれば、〔カバーイルは〕その者の運命に何ら影響を与えないからである、と。だが、そのマートゥリーディー派の〔注釈〕者は、マートゥリーディー派にとってそうした場合に採るべき唯一適切な態度は「望み」と「畏れ」であると附記する。つまり、マートゥリーディー派のひとびとは、そうしたムスリムの〈天国〉入りについての許可を切に望み、願うと同時に、その者の先行きに強い憂慮を感ぜざるをえない、ということなのである。[36]

　この問題に対するムウタズィラ派の態度は、イスラーム文化の歴史を学んできた者にとってはほぼ常識である。彼らの態度はマンズィラ・バイナ・マンズィラタイン（al-manzilah bayna al-manzilatayn「二つの（極端な）立場のあいだにある中間の立場」）として一般的に知られる。この点に関わる見解の相違を理由にハサン・バスリーの学団《サークル》から袂を別ったワースィル・イブン・アターウの逸話は良く知られるので繰り返す必要はあるまい。イブン・ハズムはムウタズィラ派の立場を次のように述べる。(37)「犯した罪が重罪であった場合にはその者はファースィクであって、信ずる者でもカーフィルでもなく、さらにはムナーフィク（Munāfiq「偽善者」(38)）でもない。このことは、ムウタズィラ派にとって、通常の婚姻関係と相続関係をその者が他のムスリムたちと取り結ぶのは合法であり、その者によって屠られた動物は他のムスリムたちにとってハラール（ḥalāl）であることを意味する。罪が「小さな」罪にすぎない場合には、その者は無条件に信ずる者でありつづける」。

ムウタズィラ派が〈信ずる者にしてムスリム〉とカーフィルとのあいだの中間に位置づけられる独立の範疇をファースィクに割り当てたことは言及に値する最も重要なことである。通常の状況下において、ファースィクは単に「罪人」を意味するにすぎず、既に見たように、神学ではムルタキブ・カビーラ（murtakib al-kabīrah「重罪を犯した者」）と同義である。そうした者はなおも信ずる者（即ち、〈信ずる者にしてファースィク〉）であるかもしれないし、カーフィル（即ち、ファースィクにしてカーフィル）であるかもしれない。言い換えると、ファースィクは第三の独立した範疇を構成しない、ということである。この点においてムウタズィラ派は他の全ての学派と見解を異にする。

このことは、ムウタズィラ派がファースィクたる者の心中にほんのわずかの「信」さえも存在しないとしたことを意味するわけではない。「ファースィクたる者のうちにも信はあるかもしれないが、その信があることを根拠にして我々はその者を信ずる者と呼ぶことはない。あるユダヤ教徒のなかに信はあるかもしれないが、我々は、それをもって、その者を信ずる者と呼ばないのと同じことだ」(39)。この点に関してムウタズィラ派の大思想家ジュッバーイーは興味深い独自の説を提示する。次の文章はアシュアリーの『イスラームの徒の言説集』から採ったものである。(40)

ムハンマド・イブン・アブドゥルワッハーブ・ジュッバーイーはしばしば次のように主張した。神への信仰を有するとは[41]、神が已れの僕《しもべ》たちに宗教的義務[42]として課した全てのことから成る。ただし、附加的な宗教的義務はそれから除外される。神がひとに遵守せよと命じたさまざまな構成要素（khiṣāl）の各々は、ひとが神に置く信仰（faith）の部分であり、神を信ずること（īmān bi-Allāh）でもある〔即ち、個々の命令の遵守が「神を信ずること」である〕。

我々の共同体内にいるファースィクは、その者が偶然行った何らかの信ある行為を根拠にただの言葉の上でそう呼ばれるのだが、（ある場合には）信ずる者と呼ばれる。

ジュッバーイーは「言葉の上での名づけ」と「宗教に関わる名づけ」をしばしば区別する。前者の名づけによる「名」は個別的な行為に由来する名である。その名は行為そのものが終わると、その名も消失する。他方、後者の類の名は、ひとがある特定の行為そのものを為すあいだだけではなく、その行為が消え去った後であってもその者に名づけられてある名である[43]。この意味で、我々の共同体内にいるファースィクたる者は信ずる者であり、この場合には、言葉の上の名であって、その者がその特定の信ずる行為を止めた途端にこの名はその者から消え去る。そうしたひとは宗教に関わる信ずる者という名を附与されえない。ジュッバーイーはしばしば、ユダヤ教徒にも信があり、それによって我々はそのユダヤ教徒を信ずる者やムスリムとの名で呼びうるかもしれないが、それは単に言葉の上でのことにすぎない、と発言していた。

さて、ムウタズィラ派は、ファースィクないし重罪人が信ずる者とカーフィルとのあいだに独立した第三の範疇を構成する、という彼らのテーゼを支持するクルアーンの諸章句（例えば、第三二章第一八節「信ずる者はファースィクと同じなのか」[44]）とハディースを例として挙げる。しかしながら無論、彼らの論敵たちもムウタズィラ派の説に抗する多くの章句を挙げることができた。いずれにせよ、〈来世〉には第三の場所はなく、〈楽園〉と〈火獄〉のみがある〔即ち、楽園の民と火獄の民という二範疇しかない〕。全ての信ずる者は〈楽園〉に入り、全てのカーフィルは〈火獄〉に入るであろう。ファースィクのために特に独立した範疇として設けられた場所はない。では、あると見做された二つの範疇のいずれに我々はファースィク（重罪人）を入れればよいのか。全ての罪のなかで「最大の」罪と見做されるシルク(45)を犯した場合を除いて、ファースィクは〈ムスリムにして信ずる者〉の範疇に属する。まさにこの問題に関して、アブー・ザッルが〈預言者〉〔ムハンマド〕と執拗に議論するさまを描く有名なハディース（ムスリム『正伝ハディース集』「信」第一五四番）が伝わっている。(46)「神より他に神はないと言い、この信を抱きつつ死ぬ者は誰でも、〈楽園〉に入ることは確実である」との〈預言者〉の言に納得しないアブー・ザッルは、〈預言者〉に問う。「姦通を犯した者でもそうでしょうか。盗みを犯した者でもそうでしょうか」と。この問いは三度繰り返される。最後に〈預言者〉は「そうだ。アブー・ザッルの意にそぐわずとも（そうした者は〈楽園〉に入るのだ）」と言って議論を終わらせる。

ハディースそのものが我々に対して雄弁に語るように、これは、誰もが納得しうる類の結論ではない。特にアブー・ザッルに代表されるきわめて敬虔なムスリムにとってそうであった。それでもなお、ハワーリジュ派のテーゼもムウタズィラ派〔のテーゼ〕もそれ以上の解答を出すことができなかった。そして、正統派によるファースィクの標準的概念把握が出来て、この問題は決着する。この一連の過程で、概念把握がより理論的に練り上げられたのは言うまでもない。

この類の理論的精緻化の具体例として、イブン・ハズムによるこの問題の解釈を挙げておく。(47)イブン・ハズムの論ずる内容の要諦は、罪を犯した信ずる者が己れの信を喪失するのはその犯した罪の一点においてにすぎない、ということである。つまり、罪を犯すことで、その者は己れの信の全てを失うわけではなく、その特定の罪に対応する、己れの信のうち特定の一部を失うにすぎないのである。「そうしたひとは、その者の善行に即せば信ずる者であるが、その者の悪行に即せば〈信を欠く者〉である」。この解釈は、「信」は、内的信仰ないし是認《タスディーク》(tasdīq)、および為したこと《アアマール》(a'māl)の二つから成るとの基本的な考え方に立脚する。この考え方は既に言及したが、次章において特に主題として扱う。この信の基本的概念把握を考慮するならば、イブン・ハズムの言わんとすることは、信ずる者がある罪を犯すとき、タスディークそのものはその者の信の核心部分において全く影響を被らずに残存するが、信ずる者の名に値する部分はその者が為した行の一つにより損なわれているということである。

「姦通する者は信ずる者でありつつ、姦通することはできない[48]」との良く知られたハディースを、イブン・ハズムはこの意味で解釈する。この言葉が意味するところは、そうした者は、姦通を犯す限りにおいて(神の命に)「服従」してはいないが、他のさまざまな行為に関して神の命に服する限りにおいてはなおも信ずる者である、と彼は言う。クルアーンにおいて、確かに神自らがフィスク(fisq)とイーマーン(īmān)を明確に区別して「このようにして、悪事を為す《ファサクー》(fasaqū)者どもに関して「彼らは信じない」との〈お前の主《あるじ》〉の言葉が実現した」〔1〕(クルアーン第一〇章第三三節)と言う。だが、この章句はムウタズィラ派の立場を支持するわけではない、とイブン・ハズムは言う。フィスクがイーマーンではないこと、そして、悪事を為した(fasaqa)者がもはや信ずる者ではないことを、我々は確かに〔この章句から〕知る。だが、そうした者はフィスクたるその特定の行為に即してのみ〈信を欠く者〉である。神は決して、そうした者はもはやいかなる点においても信ずる者にあらずと言っているわけではないのである。

〈信〉はあらゆる敬虔なる行為を含む複雑な構造を有する。一つの行為に関してフィスクであることがイーマーンに帰属する残りの行為全ての価値を無化するわけではない。それは、一つの領野で為されたフィスクに対して、残りの領野でのイーマーンが償い補うわけではないことと同じである。イブン・ハズムは次のように結論づける。「我らのテーゼはこうである。全てのカーフィルは例外なく不義であり、神の命に服せざるファースィクではあるが、不正を働き神の命に服せざるファースィクの全てがカーフィルなのではなく、彼らの一部には信ずる者もいる」。

最後に、ファースィクを信ずる者にもカーフィルにも分類せず、「偽善者《ムナーフィク》」（munāfiq）とするテーゼを検討しよう。形式的に見ると、この立場はムウタズィラ派のそれによく似ている。ムウタズィラ派の視点から見ても、ファースィクたる者は信ずる者でもカーフィルでもなく、独立した中間の範疇に帰属する。だが、これから眼を向けるひとびとはファースィクを「偽善者」と同定することで、この問題に一捻りを加える。

さて、ムナーフィク（munāfiq. ないしその動名詞 nifāq）はクルアーンに頻繁に見える。[2] 端的に言って、ムナーフィクとは、神と〈預言者〉を信ずると告白しつつも、その告白によって、こころの奥底に沈潜してその行い全てに指図するクフルを隠蔽する人物のことを意味する。クルアーンの概念把握では、ムナーフィクはカーフィルという大きな範疇内の一領野を形成している。

ポスト・クルアーン期〔文脈から第一次内乱期以降、ウマイヤ朝末期ぐらいまでの六五六—七五〇年を指すものと思われる〕には、ハワーリジュ派の一部がその概念を論じた。アシュアリーによると、[49] 先に言及したハワーリジュ派の重要な下位集団であるイバード派がこの問題に興味を抱き、イバード派内で異なる三つの見解が展開された。(1)ムナーフィクは信ずる者ではないが、シルクとは別物である。ムナーフィクはクフルとイーマーンのあいだで常に揺れ動く者である。この考え方はクルアーン第四章第一四二節に基づく。(2)ムナーフィクはムシュリクである。ムナーフィクはタウヒード（tawḥīd「神を、本質的に〈一〉と見做す事、一元化」）に抗しているからである。(3)ムナーフィクは、神自身がある特定の人物たちに附した名、ないし定めたラベルである。そうであるから、我々はそのラベルをしかるべき場所から取り外して、神がその名で呼ばぬ者に恣意的にそれを貼ってはならない。

だが、イバード派がフィスクや重罪に関連づけて「偽善者」の概念を論じなかったのは明らかである。重罪人はムナーフィクである（ṣāḥib al-kabīrah munāfiq）とのテーゼを論じたのは初期イスラームの大思想家バスラのハサン（al-Ḥasan al-Baṣrī〔642–728. ハサン・バスリー。ウマイヤ朝期の禁欲主義者〕）である。当初からこのテーゼはハサン・バスリーの採った立場として名が知られ、彼の名のもとにこのテーゼが伝播した。（イルム・カラームという意味での）ムスリム神学においてこの立場を採る代表的人物として、ハサン・バスリーは重要な位置を占めたのである。

しかしながら、ハサン・バスリーが現実にそうした単純な同定を提示したかどうかは決して定かではない。事実問題として考えれば、そうした単純な同定は、この偉大な禁欲主義者の有する深い個人的な敬虔さの価値を損ね、歪めることになろう。ムルタキブ・カビーラがムナーフィクとイコールであるという同定が単なる「図式的整理」（Schematisierung）の結果であることを、ヘルムート・リッター（Hellmut Ritter）教授がイスラーム的敬虔さの初期の歴史を丹念に調べることで示している[50]。いずれにせよ、そうした同定は、〈宗教的人間〉というより一般的な概念把握――翻って、その概念把握はハサン・バスリーの深い宗教的経験から発生した――を後代の神学者がきわめて特殊なかたちで理論的に練り上げたものであって、ハサン自身の練り上げたものではないことはほぼ確実である。

ハサンは、政治的領域においてムルジア派に抗したことと同様に、神学思想の領域でもムルジア派の根柢的楽観論に抗した。ムルジア派のこころの底には、己れが護られているとの感覚、つまり、ひとは神を信じさえすれば神の怒りを免れるとの思いがあった。ハサンはそうした見解に反対する。彼によれば、ひとは神の怒りと罰をどんなに怖れても怖れすぎることはない。己れが護られていることの決定的な保証はどこにもない。どんなに努力しようが、どんなに敬虔であろうが、もし己れが誠実であるならば、死後に〈楽園〉に行くことの絶対的な確信を得ることはできない。

したがって、ハサン・バスリーの考え方において「行《アアマール》」（a‘māl）に重心が置かれることは、次章に見る、

「信」の概念構造における「行」を軽視する傾向にあるムルジア派の見解とは明確に対比されるものである。だが、ハサンは、「行」によって神に服する外面の振舞いのみを意味したわけではない。彼の見解において第一次的重要性を帯びるのは、個々の行為が純粋なこころ、即ち、真心からの敬虔さと〈来世〉以外のことに関わらぬ絶対的に純粋なこころのおのずからの顕れであるべきだということである。ハサン・バスリーがカルブ・サーリフ（qalb ṣāliḥ）やカルブ・サリーム（qalb salīm）と呼ぶ、そうしたこころを培うことは、地上での生を通じてひとが為すべき唯一の努めであるべきものであった。だが、そうした絶対的に純粋なこころは、決して完全には達しえぬ理想にすぎないのであるから、ひとは常にそして不断に、畏れ（taqwá, faraq, khawf）という主観的状態に置かれなければならない。要するに、これがハサンの考える〈完全な人間〉であった。

この宗教的人間《ホモ・レリギオスス》（homo religiosus）という理想を達成するべく意識的に努力することを否定する者全てをハサンは「偽善者《ムナーフィク》」（Munāfiqs）と呼ぶ。言い換えると、ムナーフィクとは、来世《アーヒラ》（ākhirah）よりも、現世《ドゥンヤー》（dunyā）に関心をもち、己れの生のいかなる段階においても神罰を怖れることのない者のことである。この型のひとが「偽善者」であるのは、その者が名ばかりのムスリムだからである。そうした者はイーマーンを真摯に受け止めないので、必然的に発言と行動のあいだに食い違いが生じる。

ブハーリー編『正伝ハディース集』[51]〔「信の書」〕には、まさにこの問題を主題とする節がある。

> 「信ずる者が、己れの行がそれと知らぬ間に無価値となるのを怖れることについて」
> イブラーヒーム・タイミー（Ibrāhīm al-Taymī）は言った。「私が為したことに照らして私が言ったことを精査すると、いつも私は嘘つきなのではないかとの深い怖れを感じざるをえない」と。また、イブン・アビー・ムライカ（Abū Bakr ʻAbd Allāh ibn ʻUbayd Allāh ibn Abī Mulaykah〔d. 735–736〕）は言った。「私は個人的に十三人の預言者の教友を知っている。例外なく彼らは皆、己れ自身に対して「偽善《ニファーク》」（nifāq）を犯していないかと怖

れ慄いていた。彼らの内の誰一人として「我が信はジブリール（ガブリエル）とミーカーイール（ミカエル）に匹敵する」とは言わなかった[52]」。

ハサン（・バスリー）は次のように言ったと伝えられている。「信ずる者〔ムウミン〕を除いて、誰一人として〈彼〉〔神〕を畏れない。またムナーフィクを除いて、誰一人として（〈神罰〉から己れが）完全に護られていると感ずることはできない」。（ブハーリー編「信の書」第三七章〔本書三九二―三九三頁〕）

『聖人たちの飾り物』によれば、ハサンは全てのひとを(1)信ずる者、(2)カーフィル、(3)ムナーフィクの三つの項目に区別した。以下に記すのは、この書に見えるハサン自身によるこれら三項目の説明である[53]。

信ずる者は、行の点で最良のひとであり、人類の内で最も怖れる者である。信ずる者は、善き行い、敬虔な振舞い、神に仕える行為を為せば為すほど、ますます己れ自身のうちに抱く怖れが大きくなり、救われぬとの思いを抱くといった性質を帯びた者である。ムナーフィクは「我れの周りには（我れと同じことを為す）多くのひとがいる。〔それ故〕我れは赦され、我れには何ら悪しきことは起こらないだろう」と言う者である。そうして、その者は、神（が己れを赦す）との希望に浸りながら、悪事を為しつづけるのである。ハサンは彼の周りにいる全てのひとをムナーフィクと見做し、彼らが至る所に群がっていると考えた。「全てのムナーフィクがバスラから出て行けば、この町はもぬけの空となろう」とは、ハサンの発言である。

カーフィルの概念にハサンはほとんど関心を抱かない。真のカーフィルには全く希望がないと彼は考えるからである。彼が主に関心を向ける先はムナーフィクである。ハサンは次のように説く。ムナーフィクは単に共同体から放逐すべきではなく（ないし、ハワーリジュ派がしばしばそう主張したように殺されるべきではなく）、生き方を正すよう励まされ助けられなければならない。さもなくば、その者は破滅へと向かう深刻な危機に瀕するからである。

ハサンの教説が実際にこうしたものであったならば、「重罪人はムナーフィクである」という定式は彼の教説にいかなる意味においても適合しない。しかしながら、ハサンの考え方がムスリム神学の主流に入り込み、そうした定式のかたちでそこに一定の場を獲得したのもまた事実である。

　このように定式づけられたハサンの概念把握がいかに神学的な思索の中に入り込み、重要な諸問題を提起したのかを示す、きわめて興味深く、またきわめて独創的な例として、イブン・ハズムがそれに抗して提示した議論をここで挙げておきたい。イスラームという宗教の視点から見れば、イーマーンかクフルかがありうるだけで、第三の範疇はないとの説[54]——ムウタズィラ派の立場にも同等に適用される議論——を表明した後に、イブン・ハズムはハサンの見解を支持する者たちに「ムナーフィクという語の意味は何か」と問う。

　この問いへの唯一可能な回答は、ムナーフィクとは、ニファーク（nifāq）を己れの際立った属性として有する者を言う、である。ここでニファークという語は、「（魂のうちに）クフルを隠しながらイーマーンを表明すること」との意味——これは〈神法〉における意味——である。……だが、神一人を除いて、一体誰が魂の中にある何らかのものや、それを内に含む魂そのものを知りえるのか。したがって、我々は、他の者どもが己れ自身のクフルを舌で認めておらず、それ〔他の者の信仰に関してクフルの判断を下すこと、あるいは神の啓示によってそのもののクフルが示されること〕が神の〈啓示〉により認められていないかぎり、我々は他の者どもの信仰に対してクフルだと判断を下す立場にはないのである。そして、魂の内側にあるものを知ろうとする者は〈不可知なこと〉に探りを入れようとする者である。そうした詮索が誤りであるのは明らかであり、そうであることは誰もが直ちに悟ることである。明らかな不条理に導かれるテーゼは最悪の類のテーゼである。

　ハディースに次の出来事が伝えられる。何者かが〈預言者〉〔ムハンマド〕に言った。「拝礼に参じた多くの者がこころにもないことを舌で言っています」と。〈預言者〉は答えた。「お前たちに言っておく。わたしはひとの胸を切り開くために〈神の使徒〉としてお前たちのもとに）送られたのではない」と。

さらにクルアーンには次の章句がある。「お前たちの周りのベドウィンたちにムナーフィクがいる。否、マディーナの民の中にも、お前（ムハンマド）が知らないだけで、ニファークに固執する者どもがいる。だが、我れは彼らを知っている」（クルアーン第九章第一〇一節）。〈預言者〉でさえ、彼がともに暮らす者どもの中に、ニファークの性質を帯びる者がいることに気づかないのであれば、〈預言者〉ではない者はなおさら気づかないことであろう。

さらに、イスラームの根幹に関わる事柄、例えば重罪を犯した者をムナーフィクと呼ぶことなどに関して何か特定の名を与えること（tasmiyah）は神のみに帰属する権能であって、他の誰もその権能を有さない（ついでに言えば、この「名づけ」の理論こそがイブン・ハズム神学の根柢を成す）。この根柢的な原理に照らして事態を精査すると、神が重罪人をムナーフィクと呼んでいる箇所などどこにもないことがわかる。これに対しては次の反論が提起されよう。〈預言者〉がムナーフィクをムナーフィクたらしめる幾つかの属性群を指摘し、己れ自身のうちにこれらの属性群を有する者は、どれほどその者が斎戒し、拝礼しようとも、どれほど己れはムスリムだと言い張ろうとも、ムナーフィクであると断じていることを、我々はハディースによって知っている、と。

（イブン・ハズムは独特の言語解釈法を用いてこの反論に答える。）この特定のハディースに見える〈偽善〉（nifāq）の語は術語的な意味、つまりとりわけイスラーム的な意味において「偽善」なのではない。言語の一般用法に即して語が用いられるにすぎない。ニファークは語源的に言うと「野鼠の穴」（nāfiqā' al-yarbū'）である。それは動物が少量の土で蓋をした、巣穴の小さな入り口のことである。それ故、ムナーフィクは「何かを己れの背後に隠す者」を意味する。〈預言者〉はそのハディースにおいてムナーフィクの名を、嘘をつく、裏切るなどの属性を有する者に適用しているが、それは単に術語的ではない意味でその語を用いているのである。

この言葉の使い方は、クルアーン中の神の発言におけるクッファール（kuffār. kāfir の複数形）の使用法、つまり、カ・マサル・ガイスィン・アアジャバ・クッファール・ナバート・フ（ka-mathal ghaythin a'jaba al-kuffār nabāt-hu. クルアーン第五七章第二〇節）という章句において神が農夫を術語的ではない意味でカーフィル（「地を種で蔽う者」）と呼んでいることによく似ている。この章句が宗教的なクフル（語源的な意味は「神の恩恵を蔽ってしまうこと」だと言われる）を意味しないのは明白であるので、前掲ハディースに見えるニファークという語は〈神法〉により定義されるニファークを意味しない。

これら全ての言語的考察を脇に置き、我々は「全世界を見渡して、重罪を犯したことのない者がいるか」と訊ねよう。天使や〈預言者〉が絶対的な不可謬性を有するか否かに関してさえムスリムの学者たちの間に一致した見解はない。こうした状況にもかかわらず、己れは重罪を犯したことがないと主張する者がいれば、その者は、クルアーンにおいて神があれほど断乎として禁じた己れを讃えるという罪を犯したことになる。己れを讃えること自体が重罪なのである。

より一般的に言えば、我々〔ムスリム〕はまさに悪事を為す瞬間においてさえ神と〈預言者〉を疑うであろうか。むしろ、重罪を犯している時でも、我々はなおも神と〈預言者〉を固く信じ、悪しき何か、誤った何かをしているとの意識を有するのではないか。これが正しいなら、重罪を犯すことは何者をもムナーフィクにすることはない。

以上の全てから導き出される結論は次のとおりである。そのような者はムスリムであり、信ずる者であるが、同時に彼は〈信ずる者にしてファースィク〉、つまりその者のイーマーンはファースィクに非ざる信ずる者よりは少ないが、信ずる者なのである。

ムスリム神学史の初期において、ここで問題となっている考え方に関連する別の人物の名を挙げよう。それは、最初のムウタズィラ派思想家ワースィル・イブン・アターウと同時代の人で、アブドゥルワーヒドの甥バクルである。バクルによる重罪人の概念把握に関して、二つの全く違う見解が伝えられている。その一つは既に前章にて提示した。その伝によれば、バクルは、ムスリムの罪人は偶像崇拝者と同等か、あるいはそれよりも悪いカーフィルであると主張したようである。[55] アシュアリーによる別伝には次のように見える。[56]

〈キブラの徒〉が犯す重罪（kabāʾir）は全て例外なくニファークの範疇に属する行為である。重罪を犯したムスリム共同体の成員は神を嘘つきであるとし（mukadhdhib）、神を否認する（jāḥid）〈悪魔〉崇拝者（ʿābid li-al-shayṭān）である。その者はムナーフィクであり、もしその者が悔悟することなく死ねば、〈火獄〉の最も深いところに置かれ、永遠にそこに留まることになろう。そのような者のこころには神への尊崇や敬意がない。それにもかかわらず、その者は〈ムスリムにして信ずる者〉である。

見かけ上は似ているものの、ハサン・バスリーとバクルのあいだに根柢的な違いがあるのはきわめて明瞭である。ここ［アシュアリー伝に見えるバクル説］で重罪人がムナーフィクとされるのは、ハサンの場合と同じである。だが、ハサンと違い、バクルはムナーフィクを〈悪魔〉崇拝者と同定し、一般的にクフルにきわめて特徴的だと見做される全ての性質をその者に帰している。これとの連関において、前章で見たように、穏健なガザーリーの説においてすら直ちにタクフィールを行使する理由となるタクズィーブ（「神を嘘つき呼ばわりすること」）に、［アシュアリー伝に見えるバクルが］言及するのは特に注目に値する。言い換えると、ムナーフィクはバクルの用語法においては全きカーフィルであって、それ以上でも以下でもない。それでもなおムナーフィクは〈ムスリムにして信ずる者〉であるとバクルは主張する。このように分析することによって、バクルのテーゼは、ニファークという語の恣意的解釈に全面的に基づく、意味論的に不整合なテーゼであることが露呈する。だが、この第二の伝が本当にバクルの教説を言い表すかどうかは別の問題である。

注

（1）「……そして最悪な罪を避ける者ども」（... wa-alladhīna yajtanibūna kabāʾir al-ithm）。

（2）inna Allāh lā yaghfiru an yushraka bi-hi wa yaghfiru mā dūna dhālika li-man yashāʾu. クルアーン第四章第一一六節、他にも第四章第五〇―五二節を見よ。

（3）バグダーディー『宗教の諸原理』（Baghdādī, *Uṣūl al-Dīn*, Istanbul, 1928, pp. 251–252）。

（4）ムスリム『正伝ハディース集』（Muslim, *Ṣaḥīḥ, Īmān*, No. 141）。

（5）原文はayy al-dhanb akbarで、文字通りには「どの罪が最大であるか」となる。カビール（kabīr「大きな」「並外れた」）という語がここで用いられていることを指摘せねばならない。別の伝承には、アズィーム（ʿaẓīm）という同じ意味を有する別の語が用いられている。アズィームという言葉が「何らかの不名誉なもの」「恥」という意味で用いられていることは興味深いが、それについては『ハマーサ詩集注』（Marzūqī, *Sharḥ Dīwān al-Ḥamāsah*, vol. III, p. 1169（no. 431）, al-Qāhirah, 1968）を参照。クルアーンも同様の意味で用いている。クルアーン第三三章第五三節を見よ。

（6）ヴェンスィンク『ムスリムの信条』（Wensinck, *The Muslim Creed*, p. 39）。

（7）アシュアリー『イスラームの徒の言説集』（Ashʿarī, *Maqālāt al-Islāmiyyīn*, p. 150）。

（8）このムルジア派の思想家については次章により詳しく述べられる。

（9）アシュアリー『イスラームの徒の言説集』（Ashʿarī, *Maqālāt al-Islāmiyyīn*, p. 151）。

（10）次の文章はアシュアリー『イスラームの徒の言説集』（Ashʿarī, *Maqālāt al-Islāmiyyīn*, pp. 270–271）。

（11）アシュアリー『イスラームの徒の言説集』（Ashʿarī, *Maqālāt al-Islāmiyyīn*, p. 270）。

〔訳注〕井筒による引用から脱落していた一行を〔　〕で補った（Ash'arī, *Maqālāt al-Islāmiyyīn*, p. 270)。

（12）アルベール・ナーデル『ムウタズィラ派哲学』(Albert Nader, *Falsafah al-Mu'tazilah*, II, 1951, pp. 111–112)。

（13）アブー・ウズバ『麗しき楽園――アシュアリー派とマートゥリーディー派を分かつものについて』(Abū 'Udhbah, *al-Rawḍah al-Bahiyyah fī mā bayna al-Ashā'irah wa-al-Māturīdiyyah*, Ḥaydarābād, 1904, p. 60)。

（14）〔七つの罪については〕本書第三章〔五八―五九頁〕を見よ。

（15）Abū Ṭālib al-Makkī（d. 996）は、『心の糧』（*Qūt al-Qulūb fī mu'āmalāt al-maḥbūb wa-waṣf ṭarīq al-murīd ilá maqām al-tawḥīd*）の著者として知られる。

〔訳注〕アブー・ウズバの引用するマッキーのテクストは Makkī, *Qūt al-qulūb*, al-Qāhirah: Muṣṭafá al-Bābī al-Ḥalabī, 1381AH/1961AD, vol. 2, p. 304. なお、マッキーではEは「手」(yadayn) に関わるものとしており「身体」(badan) ではない。

（16）バグダーディー『宗教の諸原理』(Baghdādī, *Uṣūl al-Dīn*, pp. 249–250)。

（17）タフターザーニー『ナサフィー信条注』(al-Taftāzānī, *Sharḥ 'alá al-'Aqā'id al-Nasafiyyah*, p. 412)。

（18）イブン・ハズム『諸宗派・諸党派・諸分派についての諸章』(Ibn Ḥazm, *al-Fiṣal*, part III, p. 229)。

（19）マラティー『分派集団と異端集団への勧告ならびに批判』(Malaṭī, *al-Tanbīh wa-al-Radd*, pp. 52–53)。

（20）この議論において、「行」('amal) の重要性が強く主張されることを注記しておく。実際に、これは、ハワーリジュ派の立場から導かれる最も際立った理論的帰結の一つである。既に見たように、ハワーリジュ派は常にひとびとが為したことに基づいてひとびとを裁いた。理論的にこれは、内面的信仰だけでは真のムスリムたるに十分ではなく、行が伴わなければならないことを意味する。しかしながら、ハワーリジュ派の立場に見えるこの理論的含意は、ムルジア派がそれと対立する、行は信と本質的に関連しないとの見解を表明して初めて明確なものとされた。このムルジア派の立場は次章以下で詳しく論じられる。

（21）ファースィクとはムルタキブ・カビーラのことを意味する。

（22）ハワーリジュ派の論の否定。

（23）ムルジア派の論の否定。

（24）直後に見るように、この重要な問題についてのムウタズィラ派の立場を指す。
（25）その母を罵ることである男のことを罵るとは、その者に対して最も耐え難い罵倒を浴びせることを意味する。
（26）「ジャーヒリーヤ」の意味についての詳細な議論については、拙著 *God and Man in the Koran*（Chapter VIII, p. 198 sqq.〔新版 pp. 203–237.『クルアーンにおける神と人間』二七七—三二七頁〕）を参照せよ。
（27）ブハーリー編『正伝ハディース集』「信の書」（al-Bukhārī, Abū ʻAbd Allāh, *Ṣaḥīḥ al-Bukhārī bi-Sharḥ al-Kirmānī*, bāb al-Īmān, vol. I, Cairo, 1939, pp. 137–140）。
（28）イブン・ハズム『諸宗派・諸党派・諸分派についての諸章』（Ibn Ḥazm, *al-Fiṣal*, part III, p. 229）。
（29）ナウバフティー『シーアの分派』（al-Nawbakhtī, *Firaq al-Shīʻah*, Istanbul, 1951, p. 6）。ナウバフティーはシーア派のうちのイマーム派における主たる神学者の一人。
（30）バグダーディー『諸分派の分離』（Baghdādī, *Farq bayna al-Firaq*, p. 190）。
（31）イブン・ハズム『諸宗派・諸党派・諸分派についての諸章』（Ibn Ḥazm, *al-Fiṣal*, part III, p. 229）。
（32）次章においてこの三項目の概念について詳しく取り上げる予定である。
（33）ヴェンスィンクが『最も大なる洞察・第一』（*al-Fiqh al-Akbar* I, Ḥaydarābād, 3rd ed., 1980, p. 3）と呼ぶ書籍を参照のこと。「あり処《マハッル》」（maḥall）を強く主張するのは、マートゥリーディー自身を含め、マートゥリーディー派にきわめて特徴的である。これについては後〔本書第六章第四節、二〇一—二〇六頁〕で論じる。
〔訳注〕*Fiqh Akbar* 中の fiqh の語は通常、術語的には「法学」のみを指すが、元来は「理解、知ること、洞察」などを意味し、アブー・ハニーファ Abū Ḥanīfa al-Nuʻmān ibn Thābit (d. 767. ハナフィー法学派の名祖) の著書名 *al-Fiqh al-Akbar* に用いられている fiqh の英訳には insight を当てることが多い。フィクフが法学の意に固定されるより前の用法が残っていると考えられる。*al-Fiqh al-Akbar* という書名はその書の冒頭でアブー・ハニーファの直弟子アブー・ムティーウ（Abū Muṭīʻ al-Ḥakam ibn ʻAbd Allāh al-Balkhī, d. 814）がアブー・ハニーファに「最も大なる洞察《フィクフ・アクバル》」とは何かと問う際の、まさにその語から採られている。
（34）アラビア語原文は lā nukaffiru aḥad bi-dhanb wa-lā nanfī aḥad min al-īmān.

（35）アシュアリー『宗教の根本を解明する書』（Ashʻarī, *Kitāb al-Ibānah ʻan Uṣūl al-Diyānah*, Ḥaydarābād, 2nd ed., 1948, p. 7）、『イスラームの徒の言説集』（Ashʻarī, *Maqālāt al-Islāmiyyīn*, p. 293）。

（36）アシュアリー『宗教の根本を解明する書』（Ashʻarī, *Kitāb al-Ibānah*, p. 16）。

（37）イブン・ハズム『諸宗派・諸党派・諸分派についての諸章』（Ibn Ḥazm, *al-Fiṣal*, part III, p. 229）。

（38）ムナーフィクがここで附加されるのは、我々が次節で検討するハサン・バスリーのテーゼに言及してのことである。マンズィラ・バイナ・マンズィラタイン（al-manzilah bayna al-manzilatayn）という名そのものが示しているように、通常、〈信ずる者にしてムスリム〉およびカーフィルという二範疇〔manzilatayn という双数形が指す二つの範疇〕だけが、ムウタズィラ派のファースィク定義の際に考慮される。

（39）アシュアリー『イスラームの徒の言説集』（Ashʻarī, *Maqālāt al-Islāmiyyīn*, p. 270）。

（40）アシュアリー『イスラームの徒の言説集』（Ashʻarī, *Maqālāt al-Islāmiyyīn*, p. 269）。

（41）原文は al-īmān li-Allāh である。ここではイーマーン・リ・アッラー（īmān li-Allāh）とイーマーン・ビ・アッラー（īmān bi-Allāh）が、絶妙に区別されている（キルマーニー『正伝ハディース集注』*Ṣaḥīḥ al-Bukhārī bi-Sharḥ al-Kirmānī*, I, p. 70）。īmān li- は、ある者を信頼が置けると見做すこと、ある者が言うことを信ずる、ということを意味する。他方、īmān bi- は、īmān li- に、認めること、即ち、形式に則って認めることが意味内容として加わる。

〔訳注〕この注が引くキルマーニーの言は、ジュッバーイーが言わんとする内容に合致しない。おそらく未完の注であろう。ジュッバーイーが言わんとすることの要諦は、全ての義務の遵守が「イーマーン・リ」に相当し、「イーマーン・ビ」は個々の義務の遵守にすぎないことである。したがって「イーマーン・ビ」の意味で「信」を有するとしても、「イーマーン・リ」の意味で「信」を有することにならない。全てが尽くされていないからである。

（42）これは、次章に詳しく見る反ムルジア派の立場を鮮明にする。「信」は「内的是認」のみから成るのではなく、全ての善き行いをも含むとするのが、反ムルジア派の立場の基本的な考え方である。つまり、そうした見解において、「信」は、分割しうる多くの「構成要素《ハスラ》」（khaṣlah. 複数形は khiṣāl）を有する。

（43）その特定の行為の背後に、その行為を為した者に対して恒常的に貼られたラベルとして「名」が残ることを言う。

（44）クルアーン第三二章第一八節には「信ずる者はファースィクと同じなのか〔いや、違う〕」（a-fa-man kāna mu'minan ka-man kāna fāsiqan）と見える。この箇所では信ずる者が明瞭にファースィクと対比される。だが無論、反ムウタズィラ派のひとびとはこの章句に見えるファースィクをカーフィルと完全に同義であるとして、この章句を容易に処理することができたのである（タフターザーニー『ナサフィー信条注』Taftāzānī, *Sharḥ 'alā al-'Aqā'id al-Nasafiyyah*, p. 414）を見よ）。

（45）タフターザーニー『ナサフィー信条注』（Taftāzānī, *Sharḥ 'alá al-'Aqā'id al-Nasafiyyah*, p. 413）に、アアザム・フスーク（a'ẓam al-fusūq）のかたちで登場する。この場合に限り、罪人（ファースィク）はカーフィルである。

（46）ムスリム『正伝ハディース集』（Muslim, *Īmān*, No. 154）。

（47）イブン・ハズム『諸宗派・諸党派・諸分派についての諸章』（Ibn Ḥazm, *al-Fiṣal*, part III, pp. 233–234）。

（48）lā yaznī al-zānī ḥīna yaznī wa-huwa mu'min. このハディースの全体像については、ムスリム『正伝ハディース集』（Muslim, *Īmān*, No. 100）を見よ。

（49）アシュアリー『イスラームの徒の言説集』（Ash'arī, *Maqālāt al-Islāmiyyīn*, p. 105）。

（50）ヘルムート・リッター「イスラーム的敬虔の歴史に関する研究（一）――ハサン・バスリー」（Helmut Ritter, "Studien zur Geschichte der Islamischen Frömmigkeit I: Ḥasan al-Baṣrī," *Der Islam*, XXI, 1933, pp. 1–83）。ハサンの根本的思想に関する以下の叙述について、この論を大いに参考とした。

（51）ブハーリー編『正伝ハディース集』「信の書」（Bukhārī, *Ṣaḥīḥ al-Bukhārī bi-Sharḥ al-Kirmānī*, bāb al-Īmān, pp. 186–191）「知らぬ間に己れの行が無駄になることに対する信ずる者の怖れ」Bāb khawf al-mu'min min an yaḥbaṭa 'amal-hu wa-huwa lā yash'uru.

（52）「最悪の部類の罪人の信でさえ、天使ガブリエルの信に等しい」と主張するムルジア派に抗する発言である（ブハーリー編『正伝ハディース集』「信の書」Bukhārī, *Ṣaḥīḥ al-Bukhārī bi-Sharḥ al-Kirmānī*, bāb al-Īmān, p. 188）。

（53）アブー・ヌアイム『聖人たちの飾り物』（Abū Nu'aym al-Iṣbahānī, *Ḥilyat al-awliyā' wa ṭabaqāt al-aṣfiyā'*, Cairo, 1932）からのリッター教授の引用による（Helmut Ritter, "Studien zur Geschichte der Islamischen Frömmigkeit I: Ḥasan al-Baṣrī", p. 43）。

（54）イブン・ハズム『諸宗派・諸党派・諸分派についての諸章』（Ibn Ḥazm, *al-Fiṣal*, part III, pp. 231–232）。以下の叙述（後掲の引用文）はイブン・ハズム『諸宗派・諸党派・諸分派についての諸章』（Ibn Ḥazm, *al-Fiṣal*, part III, pp. 244–246）にわたる文章に基づいている。

（55）マクリーズィー『街区と遺跡の叙述に関する警告と省察の書』（Maqrīzī, *Kitāb al-Mawāʻiẓ wa-al-Iʻtibār bi-Dhikr al-Khiṭaṭ wa-al-Āthār*, 2 vols., al-Qāhirah, 1270 A.H., vol. II, p. 349）。

（56）アシュアリー『イスラームの徒の言説集』（Ashʻarī, *Maqālāt al-Islāmiyyīn*, p. 286）。

訳注

〔1〕ka-dhālika ḥaqqat kalimat rabbi-ka ʻalá alladhīna fasaqū anna-hum lā yuʼminūna.

〔2〕ムナーフィクーン、ムナーフィキーンはクルアーン中二七箇所に、ニファークは二箇所に見える。

第四章　イーマーン（īmān）とイスラーム（islām）

一　イーマーンとイスラームの連関

「信《イーマーン》（īmān）とは何か」「イスラーム（islām）とは何か」「特にイスラームの文脈において、信ずるとは何を意味するのか」。〔これらは〕新たに生まれたムスリム共同体が直面した最も重要な理論的問題群の一つであった。この状況はきわめてわかり易いもので、何らかの定式化が喫緊に要請されたことは明らかである。イスラームの急速な拡大によりこの要請はさらに喫緊でさらに切迫したものとなった。さまざまな文化的宗教的背景を伴った数多くのひとびとが、あるいは自ら進んで、あるいは強制的にムスリム共同体に参入してきた。いずれの場合であっても、これらの共同体の新たな構成員たちには、ムスリムという名に十分値するために満たすべき条件が何であるかを告げねばならなかった。彼らは内的に何を信ずるべきか、彼らは外的にいかに振舞うべきか。ムスリムであるために求められる必要最小限のことが何であるかは、そうした共同体の新参者たちにとってのみ大問題であったわけではない。〈預言者〉〔ムハンマド〕の存命中にイスラームに改宗した敬虔なムスリムたちにとっても、不信者に囲まれたムスリムであることを自覚するや、それは大問題となったに違いない。

このように既に〈預言者〉の生前の早い段階からその問題が提起され、それに対処するさまざまな試みが為された。このことはハディースに忠実に反映されている。ハディースが我々に伝えるところによれば、イスラームの最初期にその問題は二つの基本的なかたちで提起されたようだ。その二つの問いはきわめて具体的でムスリムたちの実生活に密接に関わるものであり、神学の専門家の手によってその主題がスコラ的に練り上げられていくものとはかなり性質の異なるものであった。(1)〈来世〉において〈天国〉に入るために我々は何を為すべきか。この問いの形式は素朴で単純ではあるものの、後代に行われるより理論的な定式化、つまり、イスラーム的な意味においてイーマーンの概念がいかなる構造をもつのかという問いを先取りしている。(2)我々の血(つまり、生命)と財産が法的に損なわれないようにするには何を為すべきか。第一の問いと較べると、これは遥かに実践的であり、政治的な重要性を直に帯びるものである。

これら二つの問いに対するハディース内の回答が実質的に同じであるのは容易に理解されよう。第一の形式の問いに連関する典型的なハディース[1](ブハーリー編『正伝ハディース集』「信の書」第五三番〔本書三九五頁〕)において、〈預言者〉は五つの訓戒をイスラームに必須のものとして告げる。(1)神のみを信ずること、つまり、神より他に神はない、ならびにムハンマドは〈神の使徒〉であると証言すること、(2)〈拝礼〉を正しく行うこと、(3)ザカート(zakāt〔喜捨〕)を支払うこと、(4)ラマダーン月に斎戒を行うこと、(5)戦利品の五分の一を支払うこと。第二の形式の問いに対する回答はハディースにさまざまなかたちで見える。最も典型的なハディースに次のようにある[2](ブハーリー編『正伝ハディース集』「信の書」第二五番〔本書三八三頁〕)。

(〈神の使徒〉は言った。)ひとびとが「神より他に神はない、ならびにムハンマドは〈神の使徒〉である」と告白し、正しく〈拝礼〉を行い、義務とされたザカートを支払うまで、ひとびとと戦えと私は命ぜられた。それを為す者は誰であれ、それを為すことによって、その者の血と所有物を私が侵害することは不可能となる。ただし、イスラームにより与えられる幾つかの特定の（殺害し財産を没収するに）正当な理由がある場合は別である。ひとびとに対する真の勘定は神のみが為しうることである。

ハディースそのものが明確に述べているように、シャハーダ（shahādah〈神が一であること〉、ならびにムハンマドが預言者たることを証言すること）とそこに言及された残りの儀礼と宗教的義務はイスラームの形式的な条件にすぎない。つまり、それらを行うものは誰であれ、それによって形式的にムスリム共同体の構成員と見做されるのである。ここで〈預言者〉が与えた回答は信の内的構造に深く立ち入ってはいない。

理論的な視点から見て遥かに重要で興味深いのは、天使ガブリエルからムハンマドへの問いかけに関連するきわめて有名なハディースである。[3] そのハディースにおいて、ガブリエルの問いに答えて、〈預言者〉は以下の定義を挙げる。

(1)「イスラーム」は、神に仕え、神に何らかの仲間を置かず、所定の〈拝礼〉を正しく行い、義務づけられたザカート（zakāt）を支払い、ラマダーン月の斎戒を守ること〔の四項目〕から成る。[4]

(2)「信《イーマーン》」は、神、神の天使たち、〈神の書（ないし諸書）〉、（〈来世〉において）神と出会うこと、神の使徒たち、終末における復活〔の六項目〕から成る。[5]

(3)「完全さへと至ること《イフサーン》」（iḥsān）、つまり完全なムスリムとしてあることは、[6]（常に）あたかも己れの眼の前に神があるかのごとく神に仕えることである。こちらからは彼が見えないが、彼はお前を見ているからである。〔ブハーリー編『正伝ハディース集』「信の書」第五〇番、本書三九三—三九四頁〕

同じハディースの結論部分で、ジブリール（ガブリエル）が預言者のところに来て、〈預言者〉にこれらの問い〔イスラームとは何か、イーマーンとは何か、イフサーンとは何か〕を訊ねたのはムスリムたちに、彼らの宗教（dīn）は何かを教えるためであった、と述べられている。このハディースによると、イスラームという宗教はこれら根柢的な三つの概念に即して定義されるべきものである、とされる。三つの概念を一つの体系に組み込む、ある種の定まった構造が存在することは明らかである。イブン・タイミーヤによって示された解説が最も論理的で最も啓蒙的であると私には思われる。

三つの概念は、イスラーム的な意味で解された宗教概念における三つの段階を成すとイブン・タイミーヤは言う。最高度の段階がイフサーンであり、中間はイーマーン、そしてイスラームがそれに続く。したがってあらゆるムフスィン（muḥsin. イフサーンを帯びた者）はムウミン（mu'min. イーマーンを帯びた者、ないし信ずる者）であり、あらゆるムウミンはムスリム（muslim. ないし〈ムスリム〉）であるが、全てのムウミンがムフスィンであるわけではない[7]。言い換えると、イフサーンという語は「それ自体に即せば」（min jihat nafsi-hi）、つまりより現代的な用語を使えば、「内包」ないし「意味表示」に即せば三項目のなかで最も広く、「それにより性質づけられる者に即せば」（min jihat aṣḥābi-hi）、つまり「外延」ないし「対象指示」に即せば三項目のうちで最も狭い。イフサーンが意味表示の次元で最も広い意味領域を有するのは、イフサーンの意味が、イーマーンとイスラームの二つの語が帯びる全ての特徴ないし属性を己れのうちに含むからである。実際に、イフサーンはイーマーンとイスラームを完全にしたものである。しかしながら、対象指示の次元で見れば、イフサーンは最も狭く範囲を限られた概念である。それはおのずと、イーマーンやイスラームよりも少ないひとにしか適用されないからである。

全く同じ連関が残る二語にも当てはまる。こうして、イフサーンはイーマーンを意味的に含み、イーマーンはイスラームを意味的に含むが、ムフスィンたちから成る集団はムウミンたちから成る集団の一部となり、ムウミンたちから成る集団はムスリムたちから成る集団の一部となる。イブン・タイミーヤは全く同じ性質を顕著に有する例として、〈使徒としてあること《リサーラ》〉（risālah）と〈預言者としてあること《ヌブウワ》〉（nubuwwah）のあいだの概念的連関を引く。〈預言者としてあること〉は〈使徒としてあること〉に意味的に含まれ、後者は内包において前者よりも広い。だが外延においては、後者は前者よりも範囲が狭い。こうして、あらゆる〈使徒〉は〈預言者〉としてあるが、全ての〈預言者〉が〈使徒〉としてあるわけではない(8)。

イブン・タイミーヤは、己れ自身の意味論的理論に基づくきわめて興味深い考察をこれに加える。クルアーンやハディースを読む際に、語の絶対的用法（mujarrad）〔即ち、制限を加えられていない非限定的な用法〕と、制限が加えられ、条件が附された用法とを注意深く区別せねばならない、とイブン・タイミーヤは言う。例えば、〈聖なるテクスト〉がイーマーンという語を前者の意味で、つまりいかなる限定も加えずに用いる場合には、その語にもとから備わっているイスラームの意味つまり、「善行」を内に含む最も広い意味で解さねばならない。この意味で、「信ずること」は内的に信ずることだけに限られず、その信の命ずることにしたがって振舞うことである。だが、イーマーンとイスラームが並置される場合には、イーマーンの意味範囲はそのことにより限定される。その場合、イーマーンは内的なこころの働きのみを、つまり、前掲ハディースが述べるように、神、神の天使たち、〈神の諸書〉、神の使徒たち、〈終末の日〉を信ずることを意味する。事柄の外面、つまり外に顕れる諸行は全てイスラームの領域に落とし込まれる。ハディースによれば、外に顕れるこれらの行は、〈神が一であること〉ならびにムハンマドが〈使徒としてあること〉の告白、拝礼、ザカート、斎戒、〈巡礼〉を含む。そしてこれこそがアフマド・イブン・ハンバルによって伝わる「イスラームは外面的な事柄であるのに対して、イーマーンはこころのなかにある(9)」の意味であるとイブン・タイミーヤは言う。

イブン・タイミーヤが提示するイフサーン、イーマーン、イスラームの理論は、言語の意味論的構造の徹底的な分析に由来する、きわめて興味深い理論である。これについては後で考察する機会を設けよう。イスラームの全ての神学者がイーマーンとイスラームの問題に対してこうした柔軟で精力的な態度を採ったならば、「行」が「信」にいかに関わるかの問題は初期の思想家たちをあれほど悩ませることはなかったであろうし、結果として

以下の数章が書かれることもなかったであろう。しかしながら、物事は実際にはそうならなかった。さてここでしばしイブン・タイミーヤを離れ、さらに初期の歴史に戻ることにしよう。直前で見たように、きわめて重要な位置を占めるイフサーンという概念、即ちイスラームという宗教において最高度の重要性を担う要素と見做されていた概念は、不思議なことに、神学者たちによって理論的に練り上げられるということにはならなかった。この概念はイスラームにおいて確乎とした神学概念へと発展しなかったのである。[10] この〔意味論的〕領域において、神学者たちの念頭には、残りの二つの概念がほぼ全てを占めたのである。それ故、本書でもこれ以降、イーマーンとイスラームだけを見ていくことにする。

いわゆる五柱《アルカーン》（arkān）、つまりイスラームの五つの本質的構成要素の最終形態が確立したのは、ムスリム神学史の最初期において真に重要な意味をもつ出来事であった。[11] その概念把握は「イスラームは五つのことに基づく」（al-islām ʿalá khams）という一つのハディースの形態に結実する。このことは、ひとまずイーマーンとイスラームのあいだの連関が意識されねばならない道を定め、かなり曖昧であった概念的諸連関にある種の体系を導入した。そのハディース[12]に言及される根柢的五項目は、(1)信、(2)拝礼、(3)ザカート（zakāt〔喜捨〕）、(4)巡礼、(5)ラマダーン月の斎戒である。

〈イスラームの五柱〉は、我々がここで論ずる問題との関わりにおいてきわめて重要な概念把握である。それは、イーマーンをイスラームの構成要素の一つと見做すことになるからである。

図が示すように、ここでのイスラームは包括的で最も広い概念であり、イーマーンは最も重要な領野であるものの、その全領域の一領野のみを占める。残りの四項目は全て「行」、つまり宗教儀礼であることにも注意せねばならない。次章で仔細に見るように、歴史的には少し後に〔登場する〕ムルジア派の神学的活動が、ある者の内的信とその振舞いがいかに連関するのかとの問題を提起することに鑑みれば、この点は第一級の重要性を帯びる。

　いずれにせよ、〈五柱〉の概念把握はイーマーンをイスラームの要素《ヒサール》（khiṣāl）の一つとしたのである。この立場はバーキッラーニーによる次の発言において完全に再現されている。

> イスラームは、「屈すること《インキヤード》」（inqiyād）と「全てを委ねること」を意味する。ひとがそれを為すことで、己れの〈主〉に全てを委ね、彼の命に服したうえで行われる一つ一つの行為の全てがイスラームである。他方、イーマーンはイスラームの根本的要素の一つにすぎない。したがって、全てのイーマーンはイスラームであるが、全てのイスラームがイーマーンであるわけではない。[13]

これが、〈五柱〉理論の標準的かつ、唯一可能な解釈であると思われる。イーマーンがイスラームの部分《バアド》（baʿḍ）にすぎないことは前出の図〔右頁〕が明瞭に描いている。事実、これこそ正統派〔スンナ派〕が一般的にもつ見解である。例えば、アシュアリーは、〈真理とスンナの徒〉に固有の信仰箇条の一条として、「イスラームがイーマーンよりも意味領域が広く〔即ち、内包が豊かであり〕、全てのイスラームがイーマーンというわけではない」、つまり、イスラーム〔の意味内容〕はイーマーンに加えて他の幾つかの事項を含む[14]、と言う。

　それを少し違った仕方で定式化するならば、この言明は次のことを言うに等しい。あらゆるムスリムは必ず信ずる者である（なぜならば、ムスリムという概念そのものにはイーマーンの概念が含まれ、いずれの者も「信ずること」なしにムスリムたりえないからである）。だが、どの信ずる者もムスリムであるわけではない（己れの礼的義務を果たさずにただ信ずるだけの信ずる者はムスリムの名に値しないからである）。このように定式化されることで、この立場はそれ自体、前に解説したイブン・タイミーヤの主張するテーゼとちょうど正反対なものとして立ち現れる[1]。そうした解釈は、意味領域においてイスラームの概念がイーマーンよりも広く、より包括的なものと見做すばかりではなく、事実上、イスラームをイーマーンよりも高次《アフダル》（afḍal〔「より優れている」の意〕）に置くものであり、これは誤りであると、イブン・タイミーヤは言う[15]。

　イブン・タイミーヤにしてみれば、ただこころで信ずるだけで「善き行い」を為さない信ずる者とは、〔例えば、丸い四角のような〕名辞矛盾を意味するものであった。イーマーンはイスラームという概念の一部であるに留まらず、イスラームよりも高次にあり、そしてより包括的な概念である。イスラームは、服従の結果なされるさまざまな行為という意味を担って、イーマーンという概念に含まれる。言い換えると、イスラームはイーマーンの一部なのである。イブン・タイミーヤの著書『信の書』のなかに簡潔ながら興味深い章がある。そこでイブン・タイミーヤはバーキッラーニーの立場——イブン・タイミーヤはその立場の起源をムルジア派、とりわけジャフム派にもとめる——を検討して批判する。次に掲げるのはその章の抄訳である[16]。まずイブン・タイミーヤは、前掲のバーキッラーニーの発言を引いて言う。

　これは、誤った結論に導かれる理論であるのに加えて、クルアーンともスンナの教えとも矛盾し、さらにはその理論自体の内に矛盾を含む。バーキッラーニーの理論では、全ての服従行為（ṭāʿāt）がイスラームであって、イーマーンがこころのなかの振舞いである「是認《タスディーク》」（taṣdīq）から成るにすぎないと見做されるのであるから、その理論は、イーマーンをイスラームの構成部分の一つとしていることになる。ムルジア派は、イーマーンがイスラームを〔意味内容において〕包摂すると確かに〔正しく〕言うものの、なおも他方で、ムルジア派はイーマーンの意味を、こころと舌で「是認すること」に限定する。ジャフム派はイーマーンの意味範囲をさらに狭ばめ、イーマーンとはこころのみによる「是認」だと言う。これが正しいならば、「証言すること」、〈拝礼〉、ザカート〔喜捨〕、ないしそれに類する他のものはイーマーンの領域から排除されよう。これは神と〈使徒〉の両者の言葉と矛盾する。

この論が矛盾すると私〔イブン・タイミーヤ〕が言う理由は次のとおりである。彼らが主張するようにイーマーンが仮にイスラームの一部であったならば、イーマーンを己れのうちに実現した者はイスラームの一部だけを実現したのであって、義務として課されたイスラームの全体を実現していないことになろう。彼らの論において、イーマーンの全体を実現していない限り、誰も信ずる者たりえないのと全く同じように、そうした者はイスラームの全体を実現していないのであるから、ムスリムではないということになろう。

〔だが他方で、〕彼らの理論は、服従する行為の存在する数だけイスラームが多くの部分に分割しうることを示唆する。そうであるならば、〈神が一であること〉のシャハーダ（shahādah）は、それ自体でイスラームであり、ムハンマドが〈使徒であること〉のシャハーダはそれ自体でイスラームであろう。同様に、〈拝礼〉はそれ自体でイスラームであろうし、ザカートもそれ自体でイスラームであろう。否、それどころか、貧者に施す硬貨のそれぞれがイスラームであろうし、拝礼中に為す跪拝の一つ一つがイスラームであろうし、斎戒の一日一日がイスラームであろうし、その他にも無限にイスラームがあることになる。[2]

さらに言えば、もし、これらのひとびとがイスラームと呼ぶ全てのことを為さない限り、ムスリムがムスリムたりえないのであれば、ファースィク（重罪を犯した者）は、信ずる者でありながら、ムスリムではないことが必然的に帰結する。そうであるならば、彼らは、彼らの見解にしたがえば、完全なイーマーンを有する信ずる者をムスリムとは見做していないことになる。これは、カッラーム派のテーゼよりもさらに劣る。[17]否、もし我々が、義務行為であれ、義務以上の行為〔義務ではないが、余計に多く行うことで功徳を積むことができる行為〕であれ、全ての服従行為をイスラームと見做すならば、義務以上の行為さえ果たさない場合、その者はムスリムでたりえないことになる。義務以上の行為もまた神に服従することであるからだ。そうした態度は、しばしば引用されるクルアーンの章句（第四九章第一四節）[3]と矛盾する。イスラームがイーマーンから区別されるその章句では、信仰が表面的にすぎないベドウィンたちからイーマーンの名が剝奪されるが、イスラームの名は剝奪されていない。（つまり、そうしたベドウィンたちはムスリムと見做されているが、信ずる者と見做されていないのである。）こうしたひとびとが行うように、ファースィクからイスラームの名を剝奪することは、ファースィクからイーマーンの名を剝奪するよりもさらに深刻な誤りである。クルアーンとスンナの双方において、イーマーンの名はイスラームよりも高次に位置づけられているからである。

この立場を採る者が抗して、「そうではない。（我々が言わんとすることは）服従の行いを為す者は誰であれ、ムスリムと呼ばれるに値するということだ」と言うのであれば、我々は次のことを指摘しよう。そうしたテーゼからは、服従の行為でありうる全ての行為のうちの一つでもそれを行えば、たとえ〈神が一つであること〉やムハンマドが〈使徒であること〉を告白しない者がいたとしても、その者はムスリムだということが帰結する。また、これらのひとびとは「あらゆる信ずる者はムスリムである。だが全てのムスリムが信ずる者であるわけではない」と言う。この言明（の後半部）と彼らのイスラーム理解とのあいだには矛盾が存在する。彼らの理解によれば、ムスリム、つまり、イスラームした者とは神に服従する者のことである。だが、「信」を欠く状態で、いかにしてその者は「服従する者」でありうるのか。ある者が、同時に信ずる者でない場合には、たとえその者が最低の部類の服従であったとしても、イスラームに帰属する何らかのことを為すとは考えられない。したがって、我々は次のように結論づけねばならない。イスラーム〔という語〕によって服従行為の総体が意味されようが、服従行為のうちのどれか一つが意味されようが、あらゆるムスリムは信ずる者であると。彼らが、「あらゆる信ずる者はムスリムである」と言うときに、イーマーンが意味するのは、ただこころによる是認（taṣdīq）の行為のみである。だが、既に見たように、このことから、不合理きわまりない結論が帰結する。即ち、ひとは〈神が一つであること〉ならびにムハンマドが〈使徒であること〉を告白せずとも、さらには果たせと命ぜられた義務を何一つ果たさなくともムスリムたりえる、という結論である。ユダヤ教徒やキリスト教徒でさえ、シャハーダやそれと同等の何かがなくては誰もムスリムたりえないということをよく知っている〔にもかかわらず、である〕。

さて、（彼ら自身の定義にしたがえば、イーマーンとはこころでの是認という行為だけなのであるから）「あらゆる信ずる者はムスリムである」という彼らの言明の中に見える信ずる者《ムウミン》（muʾmin. つまりイーマーンを帯びた者）という語は、〈神が一つであること〉ならびにムハンマドが〈使徒であること〉への信を公然と告白した者を意味しないし、それどころか〈五柱〉のうちの何かを為す者さえも意味しない。その語は、内的な服従であるにすぎない、ただ一つの服従行為（即ち、是認）を遂行する者だけを意味する。しかしながら、そのような者は、クルアーンとスンナによる理解ではムスリムですらないし、初期のひとであれ、後代のひとであれ、我々が権威ありとする者たちにより理解されたムスリムでもない。

クルアーン第四九章第一四節に、ベドウィンたちが、真実そうなのか、そうではないのかは別にして、〈神が一つであること〉ならびにムハンマドが〈使徒であること〉を信ずると形式的に告白する上辺だけのイスラームの徒として描かれていると、彼ら〔この立場を採る者たち〕は言う。さらに彼らはつづけて次のことを指摘する。神は彼らのうちにイスラームを認めて、イーマーンのみを否定したのだと。[18] 問題の真相を知らぬ者は（この解釈に欺かれて）そうした解釈、つまり「あらゆる信ずる者はムスリムであるが、あらゆるムスリムが信ずる者であるわけではない」という解釈こそが、クルアーンとスンナに基づく、我らの初期の権威ある者たちの見解に違いないと考えがちである。

しかしながら実際には、これらのひとびとのテーゼと、初期の権威ある者の見解のあいだに存在する違いは、イスラームとイーマーンをめぐる初期の権威ある者の見解とムウタズィラ派のテーゼとのあいだにある違いよりも遥かに大きい。事実、この点に関するムウタズィラ派のテーゼはジャフム派の主張するテーゼ[19]より遥かに（初期の権威ある者の見解に）近い。ただ、キブラの徒[20]が永遠に〈地獄〉に留まるだろうというムウタズィラ派の主張だけが、ジャフム派の見解よりもさらに、初期の権威ある者の見解から遠く離れているにすぎない。信の問題に関してジャフム派の見解を支持する後代の神学者たちは、この問題とそれに連関する他の諸問題に関して、それゆえに〔つまり、キブラの徒の被る地獄での処遇の問題に関するジャフム派の説ゆえに〕、初期の権威ある者の権威ある見解を支持するがごとき印象を我々に与える。しかしながら、これは、言葉の上での一致にすぎない。実のところ、彼らの見解は初期の権威ある者の見解とかなり根深いところで異なる。イスラームに関してこれまで提示された論の中で、ジャフム派の論よりも〈古のひとびと〉の見解から懸け離れたものはない。

イスラームとイーマーンの概念に関してムウタズィラ派、ハワーリジュ派、そしてカッラーム派が主張するテーゼは、ジャフム派のテーゼよりも初期の権威ある者の見解に近いと我々は言わねばならない。ただし、前に我々が述べたように、罪人は〈地獄〉に永遠にあると、ムウタズィラ派とハワーリジュ派は主張する。これだけは、これまで提示された他のいかなる論よりも〈古のひとびと〉の見解から遠い。

したがって、ムウタズィラ派とハワーリジュ派は彼らの「名」の理論において〈古のひとびと〉に近いのであるが、「裁き」[21]の理論に関しては〈古のひとびと〉から遠い。他方、「裁き」の観点から、ムスリムたちのうちの重罪人は〈地獄〉に永遠に留まることはない、と言うジャフム派は（〈古のひとびと〉に）近い。だが、イスラームやイーマーンといった「名」の真の性質についてのジャフム派の理解は、他のひとびとと比べてクルアーンとスンナの真の教えから遥かに遠い。ジャフム派の見解は、この点において他のいかなる学派にも類例を見ないほど、〈理性〉、〈啓示〉、そしてアラビア語の用法と矛盾するのである。

イーマーンとイスラームの連関についてイブン・タイミーヤはさらに多くのことを語っているが、さらに先に進む前に、イブン・タイミーヤと、彼が批判する者たちの双方に対立する別の見解をここで本書の議論に導入しておきたい。ここまではイーマーンとイスラームという二つの概念の違いが関心の的となっていた。既に見たように、主要な問いは、二つの概念のうちどちらが意味内容において広いのか、であった。イーマーンという概念が己れのうちにイスラームという概念を含むのか（イブン・タイミーヤ）、イスラームがイーマーンを含むのか（アシュアリーとバーキッラーニー）。[22]前者の見解はジブリール（ガブリエル）に関わるハディースに基づき、後者は、〈五柱〉の教義に基づくものであった。だが、ムスリム神学はそれら両者に対立する別の見解を神学史の推移の中で産み出した。この第三のテーゼは、両概念の違いよりもむしろ両概念が等しいことを強調し、その二つが最終的には同一であり、違いは単に名が異なることだけであると主張した。次節で我々は、まずこの最後の立場を検討し、次いでイブン・タイミーヤがその説をいかに分析し批判したかを見よう。

二　イーマーンはイスラームと同一か

イーマーンとイスラームは同一の事柄を指す二つの名にすぎないのか。それらはどの側面から見ても互いに同じなのか。マートゥリーディー派の神学者であるナサフィーが与えた「イーマーンとイスラームは一つである」[23]との簡潔な文はそれを主張するように見える。しかしながら、アシュアリー派の注釈者タフターザーニーがこの一文について述べていることによると、その根柢にある考え方が一瞥したほどには単純ではないことが明らかとなる。これについて見ていこう。二つの概念が完全に同じであるなら、なぜ二つの名があるのか。

この難問を解く最も簡単な方法は、イーマーンとイスラームが概念としては――ないし言語的事実としては――異なるものであるものの、実質的には同じことを意味するに至ると言明することであろう。言い換えると、それらは全く同じものではないが、互いに不可分であるので——つまり強固な一体をなすので——どちらも他方なしに存在しえない〔と言明することであろう〕。さて、この種の問題を扱う典型的な例を検討してみよう。次の文章は、アブー・ハニーファの手によるとされ、アシュアリーの時代におけるハナフィー学派の神学を代表した『最も大なる洞察・第二』[24]からの一節である。ハナフィー派の注釈者アブー・ムンタハー・マグニーサーウィー(Abū al-Muntahá Aḥmad ibn Muḥammad al-Maghnīsāwī〔d. 1592. ハナフィー派法学者〕)による注を〔 〕内に挿れた。

イーマーンは、「舌による」「告白《イクラール》」(iqrār)と「是認《タスディーク》」(taṣdīq)〔つまり、こころで伝承者の伝えることを受け容れること〕から成る[25]。……イーマーンとタウヒード〔つまり、何ものかが神の仲間として置かれることの絶対的否定〕において全ての信ずる者は等しくある。信ずる者たちは「行《アアマール》」(aʻmāl)においてのみ位次を異にする〔アアマールとは、外面的にも、内面的にも神に服し従うことである。この文は、「善き行い」がイーマーンの一部を構成しないことを明確に示す。行為は「多少」を許容するからである。例えば、あるひとびとは一日に五回の拝礼を全て行うが、他のひとびとは所定の拝礼の一部しか行わない。それでもなお、後者の型《タイプ》のひとびとの行う拝礼は正当なものであって、無効ではない。……この基準に基づき、義務的な「行」であれ、義務以上の余分な「行」であれ、他の全ての「行」を判断せよ。だが、イーマーンはそうではない。信ずべきことの一部しか信じない者のイーマーンは正当なイーマーンではなく、無効である。そうしたイーマーンは、斎戒を始めたけれどもその日のうちにすぐに解いてしまった者の斎戒に比することが出来る〕。イスラームとは、全てを神に委ねてその命に服することから成る〔「全てを神に委ね、その命に服する」とは、つまり、何を為すべきか、何を為さぬべきかに関して神の判断に満足することである。それは、絶対的な従順さをもって、いかなる異論も差し挟まずに、神が「義務」と呼んだことを全て義務として受け容れ、神が「禁ぜられたもの」と呼んだことを全て「禁ぜられたもの」として受け容れることである〕。

だから、言語的には、イーマーンとイスラームのあいだには区別がある［イーマーンは言語的に「是認《タスディーク》」（taṣdīq）を意味し、イスラームは「全てを委ねること《タスリーム》」（taslīm）を意味するからである。「是認」にはそれに割り当てられた特定の場、「心臓」がある。「舌」はその「解釈者」にすぎない。対して、「委ねること」は特定の場に限定されず、「心臓」「舌」「肉体の器官」に拡がる。イスラームが言語的観点からイーマーンよりも〔意味領域が〕広いのは次のことから証明される。即ち、通常の言語用法によっても、〈神法〉によっても、ムナーフィク〔偽善者〕たちが確実に信ずる者ではないにもかかわらず、言語的な視点から見れば、彼らはムスリムの範疇のなかに含まれる］。

しかしながら、イスラームがあらねば、［〈神法〉が定義した意味における］イーマーンはありえない［なぜなら、前に述べたように、イーマーンとは、神の有する欠くべからざる神性、ならびに神の属性と名を言葉で告白し、こころで是認することだからである。このことは、〔神を〕認め信ずる者が、それによって自らを神に「委ねて」おり、神の命令と判断の全てを真に従うべき義務であるとして受け容れていることを含意する］。また、イーマーンが伴わなければ、イスラームはありえない［なぜならば、イスラームとは、身を伏して神の命ずる全てに身を委ねることであるので、「是認し」「告白した」後でなければ、それはいかなる仕方においても実現不可能だからである。したがって、〈神法〉に即して見れば、ムスリムではない信ずる者はおらず、信ずる者ではないムスリムはいない。イーマーンとイスラームという二つの異なる名が同義であり、また基本的に同一であると神学者たちが言うときに意味するのはこのことである］。イーマーンとイスラームはいわば、背と腹である［つまり、それらは互いに不可分である］。そして〈宗教《ディーン》〉（dīn）という語は全ての〈神の諸法〉に用いられるのと同時に、イーマーンとイスラームを共に〔意味的に〕含んでいる［つまり、ディーンという語はイーマーンの意味で用いられる場合もあれば、イスラームの意味で用いられる場合もある。またディーンという語はムハンマドに賦与された〈法〉を意味して用いられる場合もあれば、ムーサー（モーセ）に賦与された〈法〉を意味することもあり、イーサー（イエス）に賦与された〈法〉を意味することもあり、他の使徒たちにもたらされた〈諸法〉を意味することもある」[26]。

イーマーンとイスラームという二つの異なる語の同義性に関するこの議論の中心点は、イーマーンが、意味論的構造において、「己れを委ねること」ないし「己れを放棄して委ねること」という重要な要素を有することである。〈神法〉が理解する意味において〔つまり、〈神法〉という側面から論じれば〕「信ずる」者は、暗黙裡に〈神の命ずること〉に「己れを委ねている」。この仕方においてイーマーンはイスラームと同一視されるのである。

全く同じ議論を『ナサフィー信条注[27]』においてタフターザーニーが用いている。そこでは、イーマーンとイスラームを結びつける共通の要素が、「委ねること」「服従すること」を意味するイズアーン（idh'ān）という語で表現される。アブー・ムンタハーと同じく、タフターザーニーは先ずイーマーンを言語的にタスディーク〔是認〕と定義づける。彼は、タスディークは論理学の術語として、「概念把握《タサウウル》」（taṣawwur）[28]と対立する「判断」の意味を有する、と言う。だが、この論理学的次元のタスディークであっても、イズアーン、つまり「委ねること」と「認めること」の要素を含んでいる。

> タスディークの真のあり方は、その服従的受容を伴わない情報の断片や情報提供者に向かい合うこころのなかにおいて真理連関（truth-relation）が生じることだけにあるのではない。そうではなくて、タスディークとはイズアーンであり、精確にはタスリーム（taslīm「全てを委ねること」）と呼ばれる程度にまで、情報を進んで受け容れることである。

もし、論理学における術語としての肯定的、否定的「判断」という意味でのタスディークと、イズアーンという概念を本質的要素とする神学における術語のタスディークとをはっきりと区別していたのであれば、事態はもっと単純であっただろう。それが如何なるものであれ、タフターザーニーの主要な意図は紛うことなく明白である。タフターザーニーはタスディークが己れのうちに本質的構成要素としてイズアーンを含むと指摘し、それをイーマーンとイスラームを繋ぐ結び目にしようとする。そのことが容易な作業であるのは次のことに基づく。

　イスラームそのものは、（他の者の）判断を受容してイズアーンするという意味での「己れを委ねること」と「服従すること」とを意味する。だが、これは、我々が既に見たタスディークの真の意味に他ならない。……[4]。一般的に言って、「彼は信ずる者であるが、ムスリムではない」、ないし「彼はムスリムであるが、信ずる者ではない」と言って誰かを判断することを〈神法〉は許していない。そして端的に言って、これがまさに、イスラームとイーマーンは同一だと我々が言うときに意味することである。この同一性は概念的同一性の意味で捉えてはならない（つまりそれらは概念としては相違するものである）。そうではなく、イスラームとイーマーンは、一方が他方から離れては存在しないとの意味においては異ならないのである。……イーマーンは、イスラームから独立しては存在しないのである。[29]

　イブン・ハズムは、イーマーンとイスラームが根柢的に同じであるとのテーゼを擁護するイスラームの大思想家の一人である。しかしながら、我々がこれまで検討してきた多様な擁護の仕方とはかなり違う仕方で論を組み立てる。その論は、いつものように、彼独特の言語論ないし意味論に基づいている。端的に言うと、その論は次のようになる。あらゆるアラビア語は一般的で標準的な意味を有する。しかしながら神は、幾つかの単語を〈アラビア語で啓示〉する際に、神自身の定義した尋常ならざる特別な意味に移行させた（naqala）。言い換えると、〈啓示〉に用いられている幾つかのアラビア語は神の定義した術語的意味を獲得した。イーマーンとイスラームにこの原理を適用してイブン・ハズムは言う。これらの二語は、通常の、一般的なアラビア語としてはかなり異なることを意味するが、神により設定された術語的用語法の次元においてこれらの二語は全く同じことを意味する、と。

したがって、イーマーンという語はもともとアラビア語でタスディーク〔是認〕を意味する。だが、神が〈啓示〉においてイーマーンを用いるときには、服従行為、ならびに不服従の行為を避けることの全ての意味で用いており、肯定的にせよ否定的にせよ、ひとはそれによって神の承認を求めているのである（つまり、イーマーンは、神に仕えるのだという明確な意図をもって、服従行為を為し、不服従の行為を為さないことを意味する）。

他方、アラビア語におけるイスラームという語のもともとの意味は、タバッルウ（tabarruʿ「放棄すること」）、つまり、「責任を己れから手放し、それを誰か他の者に全面的に譲り渡すこと」を意味する。だから、あることを他の者に委譲する時に「私はこれこれのことを完全にこれこれのひとに譲り渡す《アスラマ》（aslama）」と言われる。ムスリムが〈ムスリム〉（文字通りには、イスラームを為した者）と呼ばれる際のもともとの意味は、「その者があらゆることを手放し《タバッラア》」（tabarraʿa）、それを全て神に譲り渡すことである。だが、次の段階において、神はイスラームという名をこのもともとの意味から、服従行為全ての意味に移す。さらに言えば、あらゆることを神にタバッルウすることはタスディークの意味とまったく同じである。神を信頼し、神を信じない限り、誰もあらゆることを神に譲り渡すことはできないからである。こうした仕方で、イスラームという語がクフルと対立し、フィスク〔重罪〕と対立する意味で用いられるならば（つまり、神が設定した術語的意味で用いられるならば）、イスラームという語はイーマーンと全く同じものである。

無論、以上のことは、クルアーンにおけるイスラームという語が常にこの術語的意味で用いられるのを意味するわけではない。クルアーン内部であってもイスラームという語が、通常のイスティスラーム（istislām「己れを委ねること」）、つまり「ただ単純に生命が脅かされるのを怖れるが故に、ひとが内的信を有さないままイスラームという宗教に己れを委ねること」との非術語的意味で用いられることがある。そうした場合に、イスラームは決してイーマーンと異音同義ではない。クルアーン第四九章第一四節でベドウィンたちについて言及される場合に用いられるイスラームの語はこの意味で理解せねばならない。

こうして（術語としての）イスラームとイーマーンという語は、（神自らによって）アラビア語という言語のうちにもともとあった位置から、神が己れの〈使徒〉〔ムハンマド〕に〈啓示〉を降す以前にはアラブ人たちが決して知らなかった特殊な意味に置き換えられたのである。〔その際〕神は自らの使徒に、（特殊な意味での）イスラームとイーマーンに順応して振舞う者だけが、イーマーンとイスラームの名に値し、〈信ずる者にしてムスリム〉と呼ばれるに値するが、そうしない者は、いかに他の事項を信じ、いかにまことに他のことを神に譲り渡したとしても、信ずる者とは呼ばれえないし、ムスリムとも呼ばれえない、と語っている[30]。

このようにさまざまな仕方でイーマーンをイスラームと同定する見解に抗して、イブン・タイミーヤは強力な反論を掲げる。イブン・ハズムの場合、彼の論は独特の言語理論に基づいていた。だが、二つの意味論のあいだには根柢的な違いがある。

イブン・タイミーヤはまず、言語記号の意味論的機能に関わる、一般に認められた堅固な見解を棄却する。彼が棄却するのは、ある語は何時、如何なる状況下で用いられようとも一定の基本的意味領域を保持するという説である。彼はより巧緻で柔軟な言語観でそれを置き換える。この具体的な成果は、語の絶対的《ムトラク》（muṭlaq）用法と条件付き《ムカイヤド》（muqayyad）用法を彼が区別したことにある。先ずこの区別を示そう。

例えば、Ａという語が内包的に五つの基本要素ａ、ｂ、ｃ、ｄ、ｅを有するとしよう。この語が「絶対的」な仕方で用いられる場合には、おのずとａ、ｂ、ｃ、ｄ、ｅを意味せねばならない。だが、しばしば、「条件付き」の仕方で語が用いられる場合がある。例えば、我々が五つの基本要素のうちａとｄだけを採って、「Ａとａとｄ」と言う場合にこれが起こる。[5] そうした場合には、ａとｄが何らかの理由で明示化され、いわば独立した存在を与えられて、あたかもそれらがＡと違う何かのように併記される。三つの違う概念が組み合わされているように見えるが、実際は、Ａという概念が、己れのうちに残り二つの概念を含んでいるので、この形式は「Ａとａとｄ」の代わりに「Ａ（ａ、ｄ）」とすべきものである。

　これを明確にするために、イブン・タイミーヤはクルアーンに見える幾つかのキー・タームの意味構造を分析する。マアルーフ（maʿrūf「善い」）とムンカル（munkar「悪い」）が好例である。絶対的な仕方で用いられた場合、マアルーフという語は何であれ（倫理的に）善いことの全てを意味し、ムンカルという語は何であれ（倫理的に）悪いことの全てを意味する。マアルーフとムンカルはクルアーン第七章第一五七節にこの仕方で用いられる。そこには「（〈使徒〉は）彼らに（つまり、彼につき従う者に）マアルーフを勧め、彼らにムンカルを禁ずる[31]」と見える。この章句、ならびにこれに似た章句において、マアルーフとムンカルの意味は一般的である。つまり、およそ倫理的に善い《ハイル》（khayr）と描写しうるあらゆることがマアルーフに含意され、同様に、考えうる限りのあらゆる悪《シャッル》（sharr）がムンカルに含意される。前に導入した記号を用いれば、Ａが文中に出現すれば、そのＡは機械的にそして暗黙のうちにａ、ｂ、ｃ、ｄ、ｅの出現を主張すると言うことができよう。

　クルアーン第四章第一一四節に見える同じ語はこれとかなり違い、そこに「Ａ（ａ、ｄ）」の形式が顕れるのを見出せよう。その章句には「ある者が喜捨（ṣadaqah）と、マアルーフと、ひとびとのあいだに和平を為すこと（iṣlāḥ）とを勧める場合を除いて、彼らが秘かに行う会話のほとんどは役に立たない」とある。「善を為すこと」とは別に、喜捨と和平とが独立した概念単位として扱われるように見える。しかしながら、精確に言えば、

「善を為すこと」（マアルーフ）は他のさまざまな要素とともにこれら二つの要素を己れのうちに含む。違う仕方で言うと、ここでは、マアルーフという語の用法が「条件づけ」られているのである。クルアーン第二九章第四五節におけるムンカルの用法も同じく「条件づけ」られている。その章句には「まさに、〈拝礼《サラート》〉(ṣalāt) は淫らな行為《ファフシャー》(faḥshāʾ) とムンカルを避ける」(inna al-ṣalāt tanhā ʿan al-faḥshāʾ wa-al-munkar)。この章句において、ファフシャーはムンカルから区別された違う何かに見えるものの、前掲章句「(〈使徒〉は) 彼らにムンカルを禁ずる」では、ファフシャーがおのずとムンカルの意味内容に含まれ、含意されている。[32]

イーマーンという語のクルアーンにおける用法にも全く同じことが当てはまる。イーマーンは「絶対的」な仕方で用いられる場合もあれば、「条件つき」の仕方で用いられる場合もある。そしてクルアーンを読む際には細心の注意を払ってこれら二つの場合を区別せねばならない。イーマーンの意味、ならびにそれとイスラームとの連関に関わる誤りや誤解のほとんどがこの根柢的な意味論的事実に不注意であったことの結果に他ならないからだ。イーマーンという語（及びそのさまざまな変化形）はクルアーンで最も頻繁に出現する語の一つであり、したがって、最も頻繁にひとびとの口の端に上る語の一つでもある。

イーマーンの「絶対的」用法自体は比較的容易に扱いうる。だが、「条件つき」用法は用心せねば非常に誤解を招きやすい。イーマーンという語は、ある特定の概念で条件づけられる場合（「Aとb」の形式）もあれば、イーマーンを条件づけうる概念群のうちの別の概念で条件づけられる場合（「Aとc」の形式）もあるからだ。これは当然のことながら誤解を生じさせる。例えばある者が、イーマーンという語がクルアーンで「Aとb」の形式で用いられるのに気づいたとしよう。その者はその用法がイーマーンの標準的用法だと考えて、この特定の組み合わせに基づいて己れ自身のイーマーンの概念把握を形成するかもしれない。無論、これは、イーマーンの意味を特定化してしまうことになる。その者はその後、イーマーンという語がどの仕方で「条件づけ」られていようと、さらにはそれが「条件づけ」られていようと「絶対的」な仕方で用いられていようと、その特定の意味でイーマーンという語を理解するであろう(33)。
本章の主題に特に関わる、より具体的な用語に置き換えてみると、イブン・タイミーヤが強く主張するのは次のことである。例えば、イーマーンという語が「イーマーンとイスラームと善き行い《サーリハート》（ṣāliḥāt）」といった組み合わせで用いられる場合には、「AとBとC」の形式で理解されてはならない。むしろ、それは「A（bとc）」の形式で理解されねばならない。このとき、bとcは何らかの理由で明示されたAの数多くの構成要素のうちの二つと見做される。こうした場合のイーマーンの意味の構造はおのずと、同じ語が、条件を附されることなく用いられた場合の意味の構造とは異なることになる。

では、イブン・タイミーヤの言うところのイーマーンとは何か。イスラームとは何か。これら二つの概念はいかに連関するのか。イブン・タイミーヤの議論の基礎および出発点は、イーマーンという語が「絶対的」に用いられた場合のその概念の理解にある。

イーマーンという語がクルアーンとスンナの両方において「絶対的」に用いられる場合には、イーマーンは、ビッル（birr）(34)、タクワー（taqwā）(35)、そしてディーン（dīn）(36)という語と同じ事柄を意味する。〈預言者〉その人が以下のハディースでイーマーンを説明している。「イーマーンは七十余の枝から成る。最も高い処にある枝は神が〈一であること〉を告白すること。最も低い処にある枝は、他の者の障碍となるものを道から取り除くこと」。このハディースは、神を喜ばせるものは全てイーマーンの名のもとに包摂されることを示唆する。ビッル〔敬虔さ〕、タクワー〔神を畏れること〕、ディーン（ないし dīn al-islām「イスラームの宗教」）が「絶対的」な仕方で用いられる時にそれらの語が言い表す内容は同じである。
例えばビッルについては、ひとびとがイーマーンの意味について預言者に尋ねた時に「ビッルは、お前たちが己れの顔を（東と西に）向けることを意味しない……」（クルアーン第二章第一七七節）[37]という章句が下されたと言われる。この章句で神がビッルの意味として言うことは、ひとびとが神に向かう手段であるイーマーン、タクワー、善き行いに他ならない[6]。

〈預言者〉〔ムハンマド〕その人がビッルをイーマーンに等しいと説明するハディースもある。「ある日、ある男がアブー・ザッルの処にやって来て、彼にイーマーンの意味を問うた。アブー・ザッル[38]は（その問いに直に答える代わりに）「ビッルは、お前たちが己れの顔を（東と西に）向けることを意味しない」と、その節の最後まで読み上げた。その男は「私はあなたにビッルについて問うたのではない」と言った。するとアブー・ザッルは答えて言った。「かつてある男が〈預言者〉の処に行き、お前と全く同じことを問うた。〈預言者〉は、私が今お前に読み上げたのと同じ章句を答えとして読み上げた。すると、その男はお前と全く同じことを言って、頑なにその答えに満足することを拒んだ。そこで〈預言者〉はその男に言った。「信ずる者（イーマーンを帯びた者）とは、何らかの善行を為したときに歓喜して、報酬を期待するのだが、悪しき何かを為したときには悲嘆に暮れ、その罰を怖れる者である」と[39]。

イブン・タイミーヤはその連関〔等値連関〕がビッルとタクワーにも当てはまることをつづけて示す。「信ずる者よ……、ビッルとタクワーのために互いに助け合え」（クルアーン第五章第二節）という章句では二つの概念が区別される。言い換えれば、この特定の章句ではビッルとタクワーのそれぞれが範囲を狭められた特殊な意味で用いられているのである。我々がそのことに気づくのは、それら二つの概念が互いに「軛をかける《インキラーン》」（inqirān）ので、「条件づけられた」（taqyīd）仕方で用いられているのがわかるからである。さらに、章句の冒頭の「信ずる者よ」という文言によって、紛れもなく「信」という鍵概念がその章句の全てに関わっているということが明らかとなっている[7]。だがクルアーンの別の数箇所にはタクワーという語が「絶対的」に用いられている。そうした場合、「この者たちこそ、まさに〈神を畏れる者たち《ムッタクーン》〉である（muttaqūn. muttaqī の複数形で、おおよそ「タクワーを帯びた者」を意味する）」（クルアーン第二章第一七七節）の章句が示すように、タクワーが完全にビッルと同じ意味で用いられる。この文が「ビッルは、お前たちが己れの顔を（東と西に）向けることを意味しない」から始まるクルアーン第二章第一七七節の節全体の結びの文であることには重要な意味がある。つまり、ビッルで性格づけられた者とタクワーで性格づけられた者は、端的に等しいと言えるのである。

以上の全てから、イーマーン、ビッル、タクワーは、これら諸語が「絶対的に」用いられたときには同一のものであると、イブン・タイミーヤは結論づける。信ずる者たち《ムウミヌーン》（muʾminūn）は〈神を畏れる者《ムッタクーン》〉（muttaqūn）に全く同じものであり、また後者は〈敬虔な者《アブラール》〉（abrār）に全く同じものである。[40]

さて、「絶対的な」仕方で捉えられたイーマーンは〔意味領域が〕きわめて広く包括的な概念である。そして、「善き行い」がなければ、この「絶対的な」意味でのイーマーンは、明らかに存在しえない。それはクルアーンそのものが証明している通りである。[41] ここで言及されるクルアーンの章句〔第二章第一七七節〕にはビッル（＝イーマーン）という概念の完全な言語上の定義が与えられており、またビッルの本質的条件が列挙されている。即ち、(1)神、〈終末の日〉、天使たち、〈書〉、預言者たちを信ずること、(2)親族、孤児、貧しき者、旅人、そしてそれを求める者に己れの財産を与えること、(3)奴隷たちを解放すること、(4)所定の方法で拝礼を行うこと、(5)ザカートを支払うこと、(6)約束を守ること、(7)不運や逆境に耐えること、である。

列挙された七項目のうち、第一項目のみがイーマーンの心理的側面、つまり信ずる者の内的状態としてのイーマーンに関わる。それに関してのみ、イーマーンは是認《タスディーク》と同義である。(2)から(7)までの残りの項目は全て、内的状態が具体的に顕れたさまざまな姿に関わる。クルアーンがそれら全てを、(1)とともにイーマーンの必要不可欠な部分と見做していることは明らかである。

イブン・タイミーヤはイーマーンの構成において「こころ《カルブ》〔心臓〕」（qalb）が最も重要であることを認める。

「こころこそがまさに根《アスル》（aṣl）である」[42]。だが、こころは、（イーマーンをタスディークと同じであるとする定義が暗示するように）「知る」という知的働きだけを有するのではない。こころはさらに、神と〈神の使徒〉への愛、神への畏れ、神と〈神の使徒〉が愛することをそのまま愛すること、神と〈神の使徒〉が嫌うことをそのまま嫌うこと、神を完全に信頼することなど、こころ固有の「行〔働き〕《アアマール》」（aʻmāl）を有する。こころの有するこれらの行〔働き〕もまた神により全ての信ずる者に命ぜられている。そうしたこころが実現すれば、全身体に決定的な影響を及ぼし、全身体を支配し統轄して、そのこころそのものが身体の為す善き行いに己れを顕す。そして、これこそが次のハディースが言わんとすることだとイブン・タイミーヤは言う。「見よ、その身体に肉の塊《ムドガ》（muḍghah）がある。それが秩序をもって働いていれば、全身体が秩序正しくある。だが、それが損なわれれば、それにしたがって全身体も損なわれる。見よ、それが心臓〔こころ〕だ」。

既に見たように、イーマーンという語が「絶対的な」仕方で用いられると、その意味内容に「行」を含むということが議論全体の要諦である。クルアーンが常々「〔神を〕信じ、善き行いを為す者」（alladhīna āmanū wa-ʻamilū al-ṣāliḥāt）との語句を用いることを根拠に、「行」を「信」から除外する説がしばしば採られてきた。「行」が「信」に含まれるのであれば、何故に神は「信」と「行」を区分するのか。イブン・タイミーヤにとって、その問いへの回答は容易いものであった。前掲の語句を「AとB」ではなく、「A（B）」の形式で理解すれば、問題は直ちに解決する。

しかしながら、その問題の真の重要性は、ムルジア派によるイーマーンの概念把握を背景にして考察することで初めてわかる。精確に言うと、イーマーンはイーマーンそれだけなのであって、「行」の概念は本質的にイーマーンの外にあり、イーマーンに関わらない、と主張するムルジア派に対してその議論が向けられるからである。したがって、この問題についての議論はこの後の文脈に委ねよう。ムルジア派の立場に対するイブン・タイミーヤの態度については本書第六章において立ち戻ることとして、ここでは、イーマーンとイスラームの連関についての彼の見解に注目しよう。

ジブリール（ガブリエル）の関係するハディースがイブン・タイミーヤの議論の出発点となったのを思い出しておきたい。そのハディースは次のようにイーマーンとイスラームを区別している。イーマーンとは、神、神の天使たち、〈神の書〉（ないし諸書）、神の使徒たち、〈終末の日〉、善行であれ、悪行であれ予め定められていること〔の六項目〕を信ずることであるのに対して、イスラームは、〈神が一つ〉であり、ムハンマドが〈使徒〉であると言葉で告白すること、拝礼、ザカート、巡礼、ラマダーン月の斎戒〔の五項目〕である。つまり、イーマーンは内的な信であり、他方、イスラームは外的な行なのである。このハディースは、これらの語〔イーマーンとイスラーム〕が等位な関係で共に用いられる場合、つまり「AとB」の型式で用いられる場合のイーマーンとイスラームの意味を表現しているのだ、とイブン・タイミーヤは言う。そして、これは〈使徒〉〔ムハンマド〕自身の回答なのであるから、これらの語がそうした型式で用いられた時に何を意味するかに関して我々はその他の回答を有さない、とイブン・タイミーヤは言う[43]。

ここでの実際の問題は、イーマーンとイスラームが独立した概念として用いられた際に、二つの語がそれぞれ何を意味するのか、二つの語の概念的連関はいかなるものか、である。この問題に対してイブン・タイミーヤは次の解答を与える。

> イスラームという概念はディーン（dīn）の意味に他ならぬ[44]。ディーンはダーナ（dāna）という動詞の名詞形であり、「遜《へりくだ》って服従すること」を意味する。イスラームのディーンとは、神がそれに満足し、神が己れの使徒にそれを持たせて送ったものであり、神だけに「全てを委ねること《イスティスラーム》」（istislām）に他ならない。したがって、ディーンの根幹は、〔身体の配置で言うと〕人間のこころにあり、〔行為で言うと〕神のみに拝礼を捧

げることと対になる神のみに服従することである。よって、神に拝礼を捧げつつ、その神とともに別の何かに対しても拝礼をする者はムスリム（文字通りにはイスラームを帯びた者）ではない。傲岸不遜な態度をとって神に拝礼しない者もムスリムではない。……このように、イスラームは、根柢的に「行」の類であって、〔その「行」は〕こころの「行」と身体の「行」の両方のことなのである。(45)

つまり、イスラームとは、神以外の何ものをも神の仲間として置かず、誠意を込めて服従する態度で、神だけに拝礼を捧げることである。これこそが神へのディーンであって、これ以外のものを神が人から受け容れることはない。神が己れの使徒たちを我々に派して以来、我々は、そうした使徒たちが為せと命じたことではない行為でもって神に仕えることはできない。これより他の行為は端的に「服従しないこと」である。その上、神はムハンマドを、これまで派してきた使徒たちの最後とした。したがって、神より他に神はなく、ムハンマドは神の僕《しもべ》であって、〈神の使徒〉であると証言しないかぎり、誰もムスリムとはなりえない。（シャハーダ〔信仰告白〕である）これらの言葉を発すれば誰でもイスラームに入ることが出来る。それ故、イスラームは「言明」（言葉での告白）だと主張する者が、もしその事実を意味するのであれば、その者は正しい。しかしながら、（これが全てではない。）ムスリムたる者は〈使徒〉が命じた「外的な行」を為さねばならないからだ。そうした「外的な行」の一部でも為さないで済ませる者は、自らのイスラームをそれ相応に損ねているのである。……誠実に「外的な行」を為す者は誰であれ、確かにその報酬が与えられよう。ただし、そのときにこころで神が〈一であること〉、ムハンマドが〈使徒〉であることを認めているとの条件が附される。そうした者は、その類の心的是認を為した分だけ己れのうちにイーマーンを有する。しかしながら、疑いの余地が全くないといった絶対的な確信《ヤキーン》（yaqīn）がその者に存することを、ここで言う是認が要求するわけではないし、イーマーンを真に有する者に特有の性質の全てをその者が帯びねばならないと、ここで言う是認が要求するわけでもない。

ムスリムの多くは生来、内的にも外的にも、〔絶対的ではない〕イーマーンを有する者たちである。言い換えると、ムスリムたちには、ここで限定的なイーマーンとして説明されるイスラームが備わっている。ただ、このイーマーンは必ずイスラームを伴うが、絶対的な確信（としてのイーマーン）の程度にまで達しているわけではない(46)。

イブン・タイミーヤの見解では、クルアーン第四九章第一四節において言及されるベドウィンたちにもこのことが当てはまる。彼らがムスリムと認められつつも信ずる者と認められないのは、彼らが完全なるイーマーンの条件を満たしていないからである。ある者は、これらのベドウィンたちの信は偽善者たち《ムナーフィクーン》（munāfiqūn）の信にすぎないと考える。だが、それは誤りである。確かに、「絶対的な」意味におけるイーマーンは彼らに帰すことはできない。しかし、彼らは偽善者たちなのではなく、真のムスリムである。彼らのイスラームは、損なわれてはいるにせよ、〈来世〉において報酬が与えられるものであろうし、さらに言えば、彼らは報酬に値するイーマーンを十分所有しているのである(47)。

（より一般的に言えば）全く同じことが新たにイスラームに改宗した者たちのほとんどに当てはまる。否、イーマーンの真の深みを未だ知らぬ（ムスリムたち）のほとんどにもそれが当てはまる。

戦いの後にイスラームに改宗した者——カーフィルたちは、初めはイスラームに対して頑なに戦いを挑み、のちにイスラームを受け容れたことを思い起こさねばならない——、ないし、捕虜となった後にムスリムになった者、さらにはイスラームのことを聞きつけてやって来て、イスラームを受け容れた者などの場合を例として挙げよう。そうした者は、〈使徒〉の命に直ちに従うという意味においてムスリムであるが、真のイーマーンについての知はいまだ彼のこころに深く浸透していない。この最終的な段階が実現するのは、その者がそれへと至る手段を己れのものとした時に限られる。その手段は、クルアーンを（完全に）理解すること、真のイーマーンを帯びた者たちと直に接して、彼らから溢れ出る言動を真似ること、格別の個人的導きを神そのものからいただくことなどである。

今我々が語っているムスリムたちの多くは、批判の言葉を聴けばたちまちに疑いを抱き確信を欠いた状態に逆戻りして、神の道に戦うことを躊躇《とまど》うようになりがちである。そうしたひとびとは（語の十全な意味で信ずる者と見做されえない）。なぜならば、神の言葉が活写する次の者の範疇に彼らが属するのかどうか定かではないからである。「信ずる者とは、ひとたび神と〈神の使徒〉を信じたならば、その後は決して疑わず、己れの財と命を懸けて神の道に戦う者である」（クルアーン第四九章第一五節）。

しかしながら彼らは、こころの深みに不信《クフル》を潜ませる偽善者《ムナーフィク》でもない。この型《タイプ》の者は、語の本来の意味での信ずる者（イーマーンを帯びた者）でも、偽善者でも、さらには重罪人でもない。それどころか、その者は服従の外的行為を実際に行っている。しかしながら、その者は、イーマーンが本質的に要請することの全てを満たしていない。その者は、真のイーマーンを有する者と呼ばれるに値するだけのイーマーンは有さないものの、服従行為を行った分の報酬を受けることになるだろう、その分のイーマーンは有するのである。[48]

以上に挙げたイスラームの概念の説明によって、イブン・タイミーヤが我々に理解させようとするイーマーンの内容が明らかになったと思われる。その要諦は、イーマーンがイスラームよりも高次の概念であり、イスラームをその意味内容の内に含むということである。このことは本章第一節で既に見た。次の引用は、彼がイーマーンそのものについて述べる箇所である。

イーマーンのもともとの意味は、是認《タスディーク》（taṣdīq）、承認《イクラール》（iqrār）、知ること《マアリファ》（maʿrifah）である。この意味においてイーマーンはこころの内的働き《アマル・カルブ》（ʻamal al-qalb）である。イーマーンの真の根柢は「是認」であって、「行」の方は「是認」に伴う何かである。これ故に、〈預言者〉はイーマーンを、本質的にこころで信じていること、こころが全てを委ねていること、つまり「神、神の天使たち、〈神の諸書〉、ならびに神の使徒たちを信ずること」と説明し、他方で、イスラームを、ある特定の類の「全てを委ねること《イスティスラーム》」（istislām）、つまり、基本的な五つの義務を行うこと、と説明する。……言い換えると、イーマーンはイスラームよりも高次にある。「イスラームは外側にあり、イーマーンはこころにある」との預言者の言葉で表現されるのがこれである。以上の意味するところは次のとおり。

外側の行為は他人に見えるが、こころのなかにあること、即ち、是認、知ること、神への愛、望みなどは、（眼に見えない）内的様態である。しかしながら、内的様態は、必ず外側に姿を顕わすものでなければならず、〔その場合には〕こうした外への必然的な顕れ《ラワーズィム》（lawāzim）が内的様態〔がいかなる様態か〕を指し示すのでなければならない。内的様態とそれの外的な顕れのあいだに必然的結びつきがない場合には、ある外側への顕れがそれに対応する内的様態を指し示しえないこともありうる。（これは、外的な行為としてのイスラームが、イーマーンの必然的で不可避の顕れとしてのみ理解されなければならないことを含意する。[49]）

語の真の意味での信ずる者（イーマーンを帯びた者）を特徴づけるイーマーンは、信ずべきすべてのことの詳細を具体的に知ることを〔意味内容として〕含む。そのイーマーンは完全に護られているという感覚と絶対的な確信をも含む。……この型のイーマーンで特徴づけられる者たちのこころのなかにある絶対的な確信と確乎たる信、ならびに彼らのこころと是認とのあいだの不可分性は、イスラームを帯びた〔だけの〕者が持つことのないものである〔つまり、イスラームという側面からは説明できないことである〕。この類のイーマーンを有する者こそが真の信ずる者である。したがって、あらゆる信ずる者は必ずムスリムである――イーマーンが必ず「善き行い」を要請するからである〔つまり、前段に言われたように、内的様態は何らかのかたちで表面に顕れるからである」――が、全てのムスリムが、「絶対的な」イーマーンを帯びた者との意味で解された信ずる者であるわけではないこと、が帰結する。そして、神に全てを委ねること（istislām）、ならびにそれに応じて振舞うこと（つまり、イスラーム）がそうした特殊な（つまり、そうした高次元の）イーマーンを要請するわけではない。イーマーンとイスラームのあいだの違いは、誰であっても己れの内に感じうるし、他のひとびとによって観察されうるのである。[50]

イブン・タイミーヤによると、イーマーンとイスラームの根柢的違いについて記すべき第二点は、〈天国〉が約束されることはイーマーンという名だけに結びつけられ、他方で、「絶対的に」用いられる時のイスラームという語は、クルアーンにおいてはひとが〈天国〉に入ることと全く結びつかない、ということである。無論、これはクルアーンがイスラームを軽視することを意味するものではない。それどころか、クルアーンは繰り返しイスラームの重要性を強調し、イスラームこそが神を喜ばせる唯一の宗教であり、神は他の誰からもそれ「イスラーム」以外のものを受け容れることはないと主張する。[51]それにもかかわらず、「まことに、〈楽園〉はムスリムたちに備えられている」とか、「神は〈楽園〉をムスリムたちに約束した」と神は決して言わない。そうした約束が与えられるのは「信ずる者」だけである。「神は信ずる者たちである男たちと女たちの双方に、河が下を流れる〈楽園〉を約束する」（クルアーン第九章第七二節）には「絶対的な」かたちでのイーマーン概念が顕れている。あるいは、「信じて善き行いを為す者たちに、彼らが下に河が流れる〈楽園〉に入るであろうとの良き知らせを与えよ」（クルアーン第二章第二五節）には、イーマーンの概念が善き行い（つまり、イスラーム）という概念に「軛《くびき》づけ」られた、つまり「条件づけ」られたかたちで表れている。クルアーンには似た例が豊富に存在する。いずれの例においても、イスラームが単独で〈楽園〉と結びつくことは決してない。こうした文脈においてイーマーンとイスラームが互いに軛《くびき》づけられる時ですら、〈楽園〉の報酬に値すると考えられるのはイスラームではなく、イーマーンである。前に見たように、その組み合わせは「A（b）」の型式であって、両項目に同等の重要性を配する「AとB」ではない[52]。

記すべき次の点は、イブン・タイミーヤによると、イーマーンは強固で不動の存在として提示されるべきではない、ということである。信ずる者は常に誘惑に晒されるからである。

真の信ずる者であっても、時折、〈偽善《ニファーク》〉（nifāq）に繋がるあれこれの性質に襲われる場合がある。その後しばらくして、神がその者に顔を向ける（と、その者は己れの完全なイーマーンに立ち戻る）であろう。ニファークに帰属する行為を惹き起こす何かがその者のこころに生起しては、神がそれをその者のこころから追い出すという事態が頻繁に起こるのだ。

一般的に、信ずる者は、〈悪魔〉の「囁《ささや》き」と、「己れのこころを圧迫する」クフルの「囁き」に常に試されている。〈預言者の教友〉のある者たちが〈預言者〉〔ムハンマド〕に次のように告白して言った。「〈神の使徒〉よ、私たちは、それを語るくらいであれば天から地上に落下した方がましな（ほどのおぞましい）ことを思い浮かべることがあります」と。〈預言者〉はこれに「それは、純粋で混じりけのないイーマーンである」と答えた。

それ（即ち、〈悪魔〉の囁き）をおぞましく忌むべきものと感じて、己れのこころからそれを遠ざけようとしているがゆえに、そのイーマーンは純粋で混じりけがない。……それは不純物の含まれていないミルクと同じくらい純粋で混じりけがない。彼らが〈悪魔〉の囁きを忌み嫌い、己れの信を無傷の状態で保とうと己れ自身をそれらから護るがゆえに、そのイーマーンは純粋である[53]。イーマーンは初め、こころのなかに小さな白い染みとして顕れる。その者がイーマーンを育ててゆけば、こころは白くなり、ついにイーマーンが完成したならば、こころ全体が純白になる。同様に、偽善は初めのうちはこころの小さな黒い染みである。

その者が偽善を増やせば、こころも黒さを増し、ついに偽善が完成したならば、こころが真黒になる。[54]……（このことは、イーマーンとニファークが同一のこころに同居しうることを含意する。）こころはしばしばイーマーンとニファークを同時に有する、と主張する多くの発言が我々に伝えられている。クルアーンとスンナはともにこの見解が真であることを明瞭に示す。事実、〈預言者〉〔ムハンマド〕はしばしば、信と偽善の「枝《シュアブ》」（shuʿab. shuʿbah の複数形）ないし「諸部分」に言及する。「己れのなかにこれらの性質（つまり、嘘をつくこと、約束を破ることなど）の一部を有する者は、それを棄却しない限りニファークの一部を有する」[55]。そうした場合には、このニファークの一部分がその者のこころのうちにイーマーンの多くの部分とともに存在することになろう。そして、このことによって、〈預言者〉が「己れのこころのうちにイーマーンのほんの小さな一粒でもあれば、その者は〈火獄〉を脱することを許されよう」と発言した理由も分かるだろう。つまり、考えうる限り最小のイーマーンを有すれば、その者は永遠に〈火獄〉に留まることはないのである。その者がきわめて多くのニファークを有するならば、その者はその量に相応の罰を〈火獄〉で受け、その後、その者は〈火獄〉から脱することを許される。……したがって、最初期の権威ある学者たちの幾人かが、アスラマ（aslama. islām の動詞形）[56]という語を、アスラマはイスタスラマ（istaslama）――つまり、剣〔による脅迫〕を怖れるが故に全てを委ねる――であると解釈するのは正しいと言ってよかろう。またこの類のイスラームですらイスラームである、との見解も正しい。イスラームで意味されているのは、（形式的に）イスラームに入ることに他ならぬからである。この種の形式的で外的なイスラームには、イーマーンとニファークが同時に存在する者は言うまでもなく、偽善者たちすらも含まれるだろう。ただし、こころが真黒な、純粋な偽善者は（〈来世〉において）〈火獄〉の最下層に置かれることになろう。

　これ故に、〈預言者の教友たち〉は自分たちがニファークを有するのではないかとひどく怖れたものの、神の使徒たちへのタクズィーブ（本書第二章で見たように、「嘘つき呼ばわりすること」を意味する）が

〔自分たちのうちに〕生起したのではないかと怖れたことはなかった。己れがタクズィーブしてしまうのではないかと彼らが怖れなかった理由は、真の信ずる者は、己れが神や〈神の使徒〉を嘘つき呼ばわりすることは決してないとの絶対的な確信を有するが故であった。

これは、信ずる者が「私は真に信ずる者である（イーマーンを帯びた者）[57]」と発言することを正当化する。そのように発言することで、その者は、自身のタスディーク〔神や使徒を対象とする是認〕を己れが最も確実に知っていることのみを言い表している。ただし、イーマーンがタスディークからのみ成るわけではなく、イーマーンはこころのさまざまな働き（神を畏れること、神を愛することなど）をも含み、後者が外的な振舞いをも要請することは、既に見たとおりである[58]。……

例えば、姦通する者は、姦通を犯しているまさにその時にその行を己れのこころで愛するが故に、その行を為す。もしその時に、神への畏れや、神への愛がこころにあれば、そして己れの肉欲を克服したならば、姦通を犯すことはないだろう。……それ故、真に、そしてまことに、神に全てを捧げる者は、決して姦通を犯すことがないのである。ひとが姦通を犯すのは、その者がそうした畏れや愛を欠くからである。問題となるのはイーマーンのこの側面であって、タスディークそのものが問題となるわけではない。

これ故に、そうしたひとに関して、その者はムスリムであるが、（語の十全な意味において）信ずる者ではないと言われるのである。というのも、報酬を受けるに値するムスリムは必然的にタスディークを有するひとでなければならないが、さもなくば、必然的に、報酬を受けるに値するムスリムはニファークを有する者であるということになってしまい、またタスディークを有する者は誰であれ、必ず、真のイーマーンが要請するあらゆることを満たす者だというわけではないからである。……その者が〈使徒〉の発言を信ずる《タスディーク》（taṣdīq）場合でも、それにもかかわらず、その者はひとびとの前で財を見せびらかしがちであるかもしれないし、神、〈使徒〉、神の道のために戦うことよりも、己れの財や家族により多くの愛情を注ぐかもしれない。

語の十全な意味においてある者が信ずる者であるのは、その者が何にも増して神と〈使徒〉に愛情を注ぐ者である時のみに限られる。真の信ずる者は揺れ動くことの決してない者であり、喜んで、己れの財と命を懸けて神のために戦う者である。真のイーマーンに備わるこれらの特性を欠く者は誰であれ、その者がたとえタスディークを有するとしても、またタスディークがイーマーンの一部であるとしても、〈使徒〉〔ムハンマド〕がイーマーンの名を冠することを否定した者である。……神への愛と神への畏れが伴わぬ、単なるタスディークはいかなる仕方においても真のイーマーンではない。そうしたタスディークは、〈ファラオ〉のタスディーク、ユダヤ教徒たちのタスディーク、〈イブリース〉のタスディークである。初期の権威ある者たちが、イーマーンは「知ること《マアリファ》」（maʿrifah）のみであると公言したジャフム派の神学的立場を是としなかったのはこの理由による。[59]

今引用した最後の文章は、しばしばイブン・タイミーヤを離れて、ムルジア派の考察に向かうよいきっかけとなろう。ジャフム派は一般的に、ムスリムの分派学者たちによって最も重要なムルジア派下位集団の一つと見做されているひとびとである。

注

（1）ブハーリー編『正伝ハディース集』（Bukhārī, *Ṣaḥīḥ al-Bukhārī bi-Sharḥ al-Kirmānī*, bāb al-Īmān, No. 53）。

（2）ブハーリー編『正伝ハディース集』（Bukhārī, *Ṣaḥīḥ al-Bukhārī bi-Sharḥ al-Kirmānī*, bāb al-Īmān, No. 25）。

（3）ムスリム『正伝ハディース集』「信」（Muslim, *Ṣaḥīḥ*, *Īmān*, No. 5）。

（4）「そこに至る手段がある場合のマッカへの巡礼」を加える異読もある。

（5）「神と出会うこと」の代わりに「善悪両面において神の予定があると信ずること」とする異読もある。

（6）ヴェンスィンクが著書『ムスリムの信条』（Wensinck, *The Muslim Creed*, p. 23）で、イフサーン（iḥsān）を「正しくあること」と訳しているが、私は誤りだと考える。この訳語ではハディース全体の構造が理解不能なものとなってしまう。この文脈におけるイフサーンの語は、「善を行うこと」の意ではなく、完全なムスリムを描写する際によく用いられる「その者はイスラームを受け容れて、完全なムスリムと成った」（aslama fa-ḥasuna islām-hu）と言い表される意味で採らねばならない。クルアーンはイフサーンという語を、これら二義をもって用いる（例えば、第二章第一一二節と第二章第一九〇節には前者の語義で、第一六章第九〇節と第一八章第三〇節には後者の語義で用いられる）。バヤーディー『先師〔アブー・ハニーファ〕の表現に込められた意味が指示すること』（Bayāḍī, *Ishārāt al-Marām min ʻIbārāt al-Imām*, al-Qāhirah, 1949, pp. 64–65）を参照。この論点は本章でより詳しく論ぜられる。

〔訳注〕バヤーディー（Kamāl al-Dīn al-Bayāḍī, d. 1687）はオスマン朝下で活動したハナフィー派神学者。『先師の表現に込められた意味が指示すること』はアブー・ハニーファの言説をもとに、マートゥリーディー派神学をアシュアリー派神学と対比させつつ、前者が独立した神学体系であり、かつ後者に勝ることを言わんとする著作。

（7）イブン・タイミーヤ『信の書』（Ibn Taymiyyah, *Kitāb al-Īmān*, p. 4）。

（8）イブン・タイミーヤ『信の書』（Ibn Taymiyyah, *Kitāb al-Īmān*, p. 7）。

（9）al-Islām ʻalá niyyah wa-al-īmān fī al-qalb. ヴェンスィンク『ムスリムの信条』（Wensinck, *The Muslim Creed*, p. 23）にも引用されている。イブン・タイミーヤ『信の書』（Ibn Taymiyyah, *Kitāb al-Īmān*, p. 10）。

（10）バグダーディーが「正しき確乎たる信《スィッハト・イーマーン》」（ṣiḥḥat al-īmān）と呼ぶものが、より初期のイフサーン概念を理論的に練り上げたものと見做しうるかもしれないが、それはいかように捉えるにしても鍵概念ではない。バグダーディー『宗教の諸原理』（Baghdādī, *Uṣūl al-Dīn*, p. 269）。

（11）この思想がこのかたちで確立されるに至る過程は、ヴェンスィンク『ムスリムの信条』（Wensinck, *The Muslim Creed*, chapter II）において見事に叙述されている。

（12）このハディースは少し形を変えたものが幾つか伝わっている。例えば、ブハーリーの伝えるハディース第八番（Bukhārī,

Ṣaḥīḥ al-Bukhārī bi-Sharḥ al-Kirmānī, bāb al-Īmān, No. 8〔本書三七八頁〕）は「信」の代わりに「神より他に神はない、ならびにムハンマドは〈神の使徒〉であると告白すること」つまり、シャハーダ（shahādah）を置く。他方、ムスリム『正伝ハディース集』（*Īmān*, No. 20）は五項目の第一番目に「神（だけ）に仕え、神以外の何ものをも信じないこと」とする。

（13）アブー・バクル・バーキッラーニー『異端論駁序説』（Abū Bakr Bāqillānī, *Kitāb al-Tamhīd*, ed. Richard McCarthy, al-Bayrūth, 1957, p. 347）。バーキッラーニー〔d. 1013〕はアシュアリー派の大神学者である。

（14）アシュアリー『宗教の根本を解明する書』（Ash'arī, *Kitāb al-Ibānah*, p. 7）。

（15）イブン・タイミーヤ『信の書』（Ibn Taymiyyah, *Kitāb al-Īmān*, p. 324）。

（16）イブン・タイミーヤ『信の書』（Ibn Taymiyyah, *Kitāb al-Īmān*, pp. 129–133）。

（17）カッラーム派（Karrāmiyyah）については後〔第八章第二節〕に論ずる。

（18）これ〔イブン・タイミーヤが念頭に抱く正しい考え方〕は本章第二節で明らかにされる。

（19）ジャフム派の立場については本書第五章〔第一節にムルジア派十二集団を列挙するうちの第一項目〕を見よ。

（20）即ち、彼らのあいだにいる重罪人、を指す。

（21）「名」（asmā'. 単数形は ism）はイーマーン、イスラーム、クフル、ムウミン、ムスリム、カーフィルと同様、神学上の主要概念である。一方、「裁き」（aḥkām. 単数形は ḥukm）は「名」によって提出されたさまざまな問題、例えば、イーマーンは増減するか、罪人は永遠に〈地獄〉に留まらされるのか、などを有している。ここでイブン・タイミーヤは、「ムスリム」と「信ずる者」の言葉の適用については、ムウタズィラ派の方がジャフム派よりも〈古のひとびと〉に近いが、これらの「名」に関連づけられた「裁き」の観点からすると、ムウタズィラ派と〈古のひとびと〉とのあいだは遠く隔たっている、と述べている。

（22）アシュアリーは『宗教の根本を解明する書』（Ash'arī, *Kitāb al-Ibānah*, p. 7）において、正統派の一般的な教義を述べ、そこで「イスラームの概念はイーマーンのそれよりも広い（al-islām awṣa' min al-īmān）」と明言している。しかし、『イスラームの徒の言説集』（Ash'arī, *Maqālāt al-Islāmiyyīn*, p. 293）では、やはり正統派の一般的な教義を提示しているが、イスラームとイーマーンには違いがあると述べるだけである。

（23）〔アラビア語では以下の通り〕al-īmān wa-al-islām wāḥid. 出典は、タフターザーニー『ナサフィー信条注』（Taftāzānī, *Sharḥ ʻalá al-ʻAqā'id al-Nasafiyyah*〔p. 450〕）。

（24）ヴェンスィンク『ムスリムの信条』（Wensinck, *The Muslim Creed*, p. 246）。『最も大なる洞察・第二』（*al-Fiqh al-Akbar*, II. この書名はヴェンスィンクの命名による）。

（25）後に見るように、「信」の定義における「信仰告白」に与えられた最初の場は、ハナフィー・マートゥリーディー学派にきわめて典型的なものである。この種の文脈におけるイクラール（iqrār）、タスディーク（taṣdīq）（そしてアアマール aʻmāl）という諸要素の実際の意義については、以下の諸章で明らかにされよう。

（26）『最も大なる洞察・〔第二〕注』（*Kitāb Sharḥ al-Fiqh al-Akbar*, Ḥaydarābād, 2nd ed., 1948, pp. 57–61）。

（27）タフターザーニー『ナサフィー信条注』（Taftāzānī, *Sharḥ ʻalá al-ʻAqā'id al-Nasafiyyah*, pp. 432–433）。

（28）例えば、ファフルッディーン『要約されたもの』（Fakhr al-Dīn al-Rāzī, *Muḥaṣṣal afkār al-Mutaqaddimīn wa-al-Muta'akhkhirīn*, Cairo, 1323 A.H., pp. 2–3）の文章「われらが何らかのものを理解した時、われらはそれに何らかの判断を下すことなくそれ自体においてそれを考慮するか（例えば、肯定的にであれ、否定的にであれ、ひとそれ自体の概念を考慮すること、そしてこれこそタサウウル taṣawwur である）、あるいは肯定的にか否定的にかあるひとつの判断を下すか、そのどちらかである。後者をタスディークという」（idhā adraknā ḥaqīqah fa-ammā an naʻtabira-hā min ḥayth hiya hiya min ghayri ḥukmin ʻalay-hā lā bi-al-nafy wa-lā bi-al-ithbāt wa-huwa al-taṣawwur aw naḥkum ʻalay-hā bi-nafy aw ithbāt wa-huwa al-taṣdīq）。

（29）タフターザーニー『ナサフィー信条注』（Taftāzānī, *Sharḥ ʻalá al-ʻAqā'id al-Nasafiyyah*, pp. 450–453）。

（30）イブン・ハズム『諸宗派・諸党派・諸分派についての諸章』（Ibn Ḥazm, *al-Fiṣal*, part III, pp. 226–227）。

（31）クルアーン第三章第一一〇節、同第九章第七一節にも同様の章句がある。

〔訳注〕引用の原文を引く。ya'muru-hum bi-al-maʻrūf wa-yanhā-hum ʻan al-munkar.

（32）イブン・タイミーヤ『信の書』（Ibn Taymiyyah, *Kitāb al-Īmān*, p. 135）。

（33）イブン・タイミーヤ『信の書』（Ibn Taymiyyah, *Kitāb al-Īmān*, pp. 304–305）。

（34）通常は「敬虔さ」と訳される。

（35）通常は「神を畏れること」と訳される。
（36）通常は「宗教」と訳される。
（37）laysa al-birr an tuwallū wujūh-kum qibal al-mashriq wa-al-maghrib. クルアーン第二章第一七七節。
（38）〈預言者〉［ムハンマド］の有名な教友の一人。アブー・ザッルのきわめて興味深い性格については、例えばヴェンスィンク『ムスリムの信条』（Wensinck, *The Muslim Creed*, p. 46）を見よ。
（39）イブン・タイミーヤ『信の書』（Ibn Taymiyyah, *Kitāb al-Īmān*, p. 149）。
（40）イブン・タイミーヤ『信の書』（Ibn Taymiyyah, *Kitāb al-Īmān*, pp. 152–153）。
（41）イブン・タイミーヤ『信の書』（Ibn Taymiyyah, *Kitāb al-Īmān*, pp. 150–152）。
（42）イブン・タイミーヤ『信の書』（Ibn Taymiyyah, *Kitāb al-Īmān*, pp. 155–156）。
（43）イブン・タイミーヤ『信の書』（Ibn Taymiyyah, *Kitāb al-Īmān*, pp. 217–218）。
（44）この命題はクルアーンに基づいている。「まことに、ディーン（一般的には「宗教」と訳される）は、神から見ればイスラームである」（クルアーン第三章第一九節）、「イスラーム以外の何かにディーンを求める者は誰であれ、神から受け容れられることはなかろうし、その者は〈来世〉において敗者の一団のなかにあろう」（クルアーン第三章第八五節）、「神に己れの顔（つまり、己れの全てのありかた）の全てを委ねた（aslama. islām に対応する動詞形）者よりも、ディーンにおいて善き者があろうか」（クルアーン第四章第一二五節）などの章句がある。
（45）イブン・タイミーヤ『信の書』（Ibn Taymiyyah, *Kitāb al-Īmān*, p. 221）。イスラームの定義は、同書（Ibn Taymiyyah, *Kitāb al-Īmān*, p. 223）に「外的な行を伴う、こころにおいて神に全てを委ねること（istislām）」と見える。
（46）イブン・タイミーヤ『信の書』（Ibn Taymiyyah, *Kitāb al-Īmān*, pp. 227–228）。
（47）イブン・タイミーヤ『信の書』（Ibn Taymiyyah, *Kitāb al-Īmān*, pp. 201–205, 211–212, 237–238）。
（48）イブン・タイミーヤ『信の書』（Ibn Taymiyyah, *Kitāb al-Īmān*, pp. 204–205）。
（49）イブン・タイミーヤ『信の書』（Ibn Taymiyyah, *Kitāb al-Īmān*, pp. 221–222）。
（50）イブン・タイミーヤ『信の書』（Ibn Taymiyyah, *Kitāb al-Īmān*, p. 228）。

(51) 例えば、『クルアーン』第三章第八五節、第一〇章第七一節、第一〇章第七二節、第二章第一三〇節、第二章第一三二節など。

(52) イブン・タイミーヤ『信の書』(Ibn Taymiyyah, *Kitāb al-Īmān*, pp. 218–219, 295–298)。

(53) イブン・タイミーヤ『信の書』(Ibn Taymiyyah, *Kitāb al-Īmān*, p. 238)。

(54) この文章が「イーマーンは増減する」か否かというムルジア派により提起された問題への回答であることは明瞭である。その問題自体がもともといかなる形態を帯びていたのかは次章で論ぜられる。

(55) ブハーリー編『正伝ハディース集』「信の書」〔本書三八七頁〕第三四番(Bukhārī, *Ṣaḥīḥ al-Bukhārī bi-Sharḥ al-Kirmānī*, bāb al-Īmān, No. 34)を参照。そこでは、シュウバ(shuʿbah)の代わりに、ハスラ(khaṣlah)の語が用いられている。

(56) すでに言及された、クルアーンに見えるベドウィンたちのことを指す〔即ち、「信を有しています」ではなく、「アスラマ(イスラームを受け容れました)」と言えとベドウィンたちに命じる第四九章第一四節の場面〕。

(57) つまり、己れは信ずると発話する際に、イン・シャーア・アッラー(in shāʾa Allāh.「もし神が望み給うならば」)という文言を附す必要がないことを言う。この問題は後に特に章を設けて論ずる。

(58) 言い換えると、タスディークの中核そのものは損なわれずに残るものの、それを取り囲む諸部分はいつ何時でも容易に変化しうるものである。

(59) イブン・タイミーヤ『信の書』(Ibn Taymiyyah, *Kitāb al-Īmān*, pp. 257–260)。

訳注

〔1〕イブン・タイミーヤの再定式化にはやや無理がある。バーキッラーニーの言に明示されているように、イスラームの内訳として語られた各項目は、各々がイスラームだと解釈されているのであって、全てを兼ね備えて初めてイスラームとするわけではない。項目それぞれをイスラームと解する場合にはそれ相応の難点が生ずるが、イブン・タイミーヤの批判は全ての項目を兼ね備えたイスラームという概念に向けられるのであるから、ある種の藁人形論法に相当しよう。後に見えるイブン・タイミーヤの著作からの引用文には、イスラームに帰属する各項目をそれぞれイスラームだとする説を論駁する段もあ

るが、総じてイブン・タイミーヤの議論には、ある概念に相当する者（例えば、イーマーンという概念が当てはまる者、ムウミン）は、その概念に相当するもの（イーマーン）しか有さないという前提が組み込まれており、その議論が正当なものかどうかは疑わしい。アシュアリーやバーキッラーニーの説が完全に論破されたのではないことに注意する必要がある。

〔2〕こうして個々の行為を為すことがイスラームであれば、個々の行為を為す者はムスリムなのであって、前段の結論と併せると、個々の行為を為す者はムスリムであって、かつムスリムではないとの矛盾が生ずる。

〔3〕クルアーン第四九章第一四節に次のように見える。

アラブ人たち〔つまり、ベドウィンたち〕が「私たちは信じた」と言った。彼らに言え。「お前たちは実のところ信じていない（lam tu'minū）。むしろ、私たちはイスラームを受け容れた（aslamnā）と言え。信はまだお前たちのこころに入っておらぬ。神とその使徒に従順であれば、お前たちの行を減らしたりはせぬ。実に、アッラーは全てを赦す者、慈しみ深き者」。

〔4〕クルアーン第五一章第三五—三六節が引かれる。

イブラーヒーム（アブラハム）が自らの家を訪れた客たちから彼らの民の状況を聞き、神がそれに呼応してその民に罰を下す場面である。「そして我れはそこに住まう信ずる者たちを避難せしめたが、そこにはムスリムたちの家が一つあるばかりだった」。この章句では信ずる者とムスリムが同義に用いられていることとともに、神が実際に判断を下す場面であることに注目せねばならない。この章句において、神自らが判断を下す際に信ずる者とムスリムは区別されていないのである。

〔5〕「Aとaとd」の「と」はアラビア語のwaを表記する。もともとは「A wa a wa d」であり、第一のwaはandの意味ではなく、Aの説明句を導入することを意味する（第二のwaはandの意）。「（ここで言う）Aとは、aかつdの意で解されるAである」と訳せよう。中国の訓古でもよく見られる形式であり、語Aの意味を明確化する機能を第一のwaが担う。クルアーン注などの注釈伝統のなかでこの用法が定着してきたものと思われる。イブン・タイミーヤは全く新たな言語論を構築したというよりも、注釈伝統に内在する語法から言語論を抽出したとも言える。

〔6〕この段最後の文は唐突に見えるが、これ以降の引用箇所ならびに、それにつづくイブン・タイミーヤの説を解釈する地の文で少しずつこの文の内容が証明されてゆく。引用部のこの段と次段ではビッル＝イーマーンを証明し、つづく地の文の第

一段ではビッル＝タクワー、その第三段から第七段にかけてイーマーン＝サーリハート（善き行い）が導かれ、本文「この章句で神がビッルの意味として言うことは、ひとびとが神に向かうためのイーマーン、タクワー、善き行いに他ならない」ことが完全に証明される。この文は厳密には、ビッルは神に向かうためのイーマーンそのものであり、ビッルは神に向かうためのタクワーそのものであり、ビッルは神に向かうための「善き行い」そのものであるのを言い表している。

〔7〕前文と結びついて、この文脈では、ビッルの意味が条件づけられ、さらにはタクワーの意味が条件づけられて「信」という概念に含み込まれることを言う。「信」をAとし、ビッルをB、タクワーをCとすれば、「A（bとcと……）」となろう。ビッルとタクワー（「B」と「C」）が並置されて互いに限定しあうことで、「bとc」となり、Aの概念に組み込まれる。「B」と「C」が条件づけられない場合にはイブン・タイミーヤの見解では無論、A＝B＝Cとなる。

第五章　信という概念の本質的構造

一　ムルジア派とイーマーンの問題

既に第三章第二節において、重罪人の問題と関連づけてムルジア派について言及した。無差別にタクフィールを行使するハワーリジュ派に抗して、ムルジア派は立場をはっきりさせない態度、つまり、ある特定の個人が〈信ずる者にしてムスリム〉であるか、カーフィルであるかの問題に対して「判断を保留する」態度を採る。歴史的には、これが、イルジャーウ（irjā'「判断を保留する、ないし判断を延期すること」）という語のもともとの意味であって、そこからムルジア派、つまりイルジャーウの徒との名称が派生した。こうした語の成り立ちから見れば、このイルジャーウという概念は、純粋に神学的なものではなく、政治的な性質を帯びた概念であったことが確実である。

だが、この概念が時の経過とともにいかに神学的な概念へと展開したかについても既に見た。この第二段階でのイルジャーウはもはや、政治的中立の態度を含意する「判断の保留、ないし判断の延期」を意味せず、「信」の背後に「行」を置くこと、つまり、「行《アマル》」（'amal. 複数形は a'māl）はイーマーンとの連関において第二次的な重要性を帯びるにすぎず、イーマーンだけが本質的に重要だと見做すことを意味した。本章で注目するのは、ムルジア派のこの側面である。だが、イーマーンとアマルの連関の問題には、ムルジア派の神学者たちだけが関わるのではないことを思い起こす必要がある。この問題は、より射程の広い「イーマーンとは何か」という問いの一部にすぎない。

ムスリム神学の発展に対するムルジア派の最も注目すべき貢献は、何といっても直に、そして決定的なかたちでイーマーンの本質的構造の問題を提起したことである。ムスリムの思想家たち自身がそのことを記し、認めている。ただし、「善き行い」の重要性を軽んじ、それをイーマーンの領域から完全に除外したとして、彼らはムルジア派を烈しく攻撃することにその関心のほとんどを集中させた。以下に見るように、ムルジア派に対するこうした評価は概ね正しい。だがなおもムルジア派が、神学概念としてイーマーンの内的構造の問題に真摯に取り組んだ最初のムスリムの集団であることは揺るがない。

この点で、アシュアリーが自著『イスラームの徒の言説集』[1]においてムルジア派の教説を述べる章の冒頭に「イーマーンとは何か」(al-īmān mā huwa) との問いを掲げているのは、きわめて重要な意味をもつ。この問いこそが、第二の、つまり、理論的で純粋に神学的な段階に至った、ムルジア派の思索の出発点であり、中核なのである。だが、ムルジア派のイーマーン概念を分析する前に、この学派に属する主要な思想家たちが提示したさまざまな見解を俯瞰するのが適当であろう。次に掲げるのは、直前に言及したアシュアリーの文章を要約し、適宜文脈に合わせて注を加えたものである。アシュアリーは、イーマーンの問題へのさまざまな型の応答という分類原理に基づき、ムルジア派全体を十二の集団に分ける。

I　ジャフム・イブン・サフワーン (Jahm ibn Ṣafwān〔d. 746〕) 及びジャフミーヤ (Jahmiyah)、ないしジャフム派と呼ばれる彼の信奉者たち[2]。

(1) 神へのイーマーンは、神を知ること《マアリファ》（maʻrifah）、〈神の使徒〉を知ること、ならびに神に由来する全てを知ることのみからなる。

(2) この類の「知」以外の何ものもイーマーンではない。したがって、例えば、舌を用いた言葉での告白《イクラール》（iqrār）、こころで卑《ひく》くあって全てを委ねること《フドゥーウ》（khuḍūʻ）[3]、神と〈神の使徒〉への愛、彼らへの敬意《タアズィーム》（taʻẓīm）、彼らへの畏れ《ハウフ》（khawf）、外的な諸々の行などは完全にイーマーンから除外される。

(3) クフルとは神を知らぬこと《ジャフル》（jahl）である。

（以上がジャフム自身の教説である。以下の三条は彼の信奉者たちに帰される。）

(4) ある者が「知」を得たならば、たとえその者が舌でそれを否定しても、そうした言葉の上での否定がその者をカーフィルとすることはない。

(5) イーマーンは部分に分割されえない。（したがって）イーマーンに関して信ずる者たちのあいだに優劣はない。

(6) イーマーンもクフルもともに、こころに位置するのであって、身体の他の箇所には位置しない。

II　サーリヒー（Abū al-Ḥusayn Ṣāliḥī〔ca. 9 cent.〕）と彼の信奉者たち（サーリヒー派 Ṣāliḥiyyah）[4]

(1) イーマーンは「知《マアリファ》」（maʻrifah）以外の何ものでもなく、クフルは「無知《ジャフル》」（jahl）以外の何ものでもない。

(2) ここで言う「知」は、神への愛、神に全てを委ねることを意味する。

(3) 神を信ずること自体は、〈使徒〉を信ずることを含まない。したがって、ある者が〈使徒〉を信ぜずして神を信ずることは、理論的には大いにありうる。しかしながら、実際には、〈使徒〉を信ぜずして神を信ずることは誰にもできない。何故なら、〈使徒〉が、「私を信じない者は神を信ずることもない」と言っているからである。

(4) 拝礼《サラート》（ṣalāt）は神に全てを委ねる手段ではない。神へのイーマーン、即ち、神を知ることより他に、神に全てを委ねる術《すべ》はない。

(5) イーマーンは増減せず、〔変化しない〕一つの単位である。クフルの場合も同様である。

(6) 「神は三のうちの一である」（つまり、〈三位一体〉を信ずると告白すること）と言う者の発言それ自体はクフルを構成しないが、そうした言はカーフィルからしか発されえない。(5)

III ユーヌス（Yūnus al-Samrī〔Yūnus ibn 'Awn al-Numayrī 生没年不明のムルジア派代表的思想家〕）と彼の信奉者たち（ユーヌス派 Yūnusiyyah）(6)

(1) イーマーンとは、神を知ること《マアリファ》（ma'rifah）、神に全てを委ねること、神に対するあらゆる傲慢さ（istikbār）を棄て去ること、神を愛することである〔つまり、イーマーンは四項目から成る〕。

(2) 己れのうちにこれら全ての性質を備えた時、その者は信ずる者（イーマーンを有する者）となる。イブリース（つまり、〈悪魔〉）は神を知るが、(7) 神に高慢な態度を採ったが故にカーフィルとなったのである。（次の発言は、ユーヌスの信奉者たちの幾人かが有する見解であって、ユーヌス自身はそれを支持しなかった、とアシュアリーは言う。しかしながら、バグダーディーはその見解をユーヌスのものとする。(8)）

(3) 前に述べられた〔四つの〕性質の全てを己れのうちに備えない限り、誰も信ずる者たりえず、しかも、それらの性質のうちの一つでも欠けると、それだけでその者はカーフィルとなってしまうのである。

IV アブー・シムル（Abū Shimr〔Sālim ibn Shimr al-Murjī, ca. 7–8 cent.〕）と彼の信奉者たち（シムル派 Shimriyyah）(9)

(1) イーマーンとは、神を知ること、神に全てを委ねること、神をこころで愛すること、神は一であり神に似たものは何もないと言葉で告白《イクラール》すること（iqrār）である。[10]

(2) 預言者たちによる神についての証言がない限りにおいて、第一条が成り立つ。しかしながら、預言者たちが派されて、彼らによる証言が為された場合には、イーマーンは〔第一条の規定と異なり〕彼らを信ずること、彼らが言い述べることを是と認めること〔タスディーク〕から構成されるようになる。そのとき、神から我々のもとに至ったものを知ること（つまり、〈預言者〉の仲介なしに直に神を知ること）はイーマーンの部分を構成しない。

(3)（第一条で述べられた）全ての性質のうちのどの性質も、それだけではイーマーンと呼ばれないし、「イーマーンの部分」とも呼ばれない。全ての性質が集合して初めて、全体がイーマーンと呼ばれる。

(4) だが、これらの性質の全て、ないし一つでも棄て去るならば、それはクフルを構成する。

(5) イーマーンは分割しえず、増減もありえない。

（ムハンマド・イブン・シャビーブ（Muḥammad ibn Shabīb）とアッバード・イブン・スライマーン（ʻAbbād ibn Sulaymān al-Ṣaymarī〔d. 864. ムウタズィラ派バスラ学団に属する学者〕）の二者がアブー・シムルの個人的見解として伝えることに基づくとアシュアリーは言い添えて、これまでの条に更なる一条を加える。その一条はアブー・シムルとカダル派・ムウタズィラ派運動の連関を特に強調する。事実、アブー・シムルはムルジア派・カダル派と一般的に知られる運動を代表する思想家の一人である。）

(6) イーマーンとは、神についての知、ならびにその知を言葉で告白すること、そして神から〔我々のもとに直に〕至ったものについての知であり、加えて〈神の正義〉（ʻadl）、つまり神が「義《ただ》しくあること」を断言するあらゆることについての知、および神以外に「永遠」なるものの存在を否定するあらゆることについての知[11]のことである。その知は直に〈啓典〉に基づく場合もあれば、理性によって〈啓典〉から引き出す場合もある。以上の全てがイーマーンであり、以上の全てを知ることがイーマーンである。その知の内容に疑いを差し挟む者はカーフィルであり、さらにはその当の疑いを差し挟む者〔をカーフィルだと断じえず、その当の者がカーフィルであること〕に疑いを差し挟む者もまたカーフィルである。(12)

V　アブー・サウバーン（Abū Thawbān）とその信奉者たち（サウバーン派 Thawbāniyyah）(13)

(1)　イーマーンとは、神と〈神の使徒〉〔を信ずると言葉で告白し〕(14)、ならびにそれを為すことが〈理性〉(15)により義務と見做される全てのことを言葉で告白することを言う。それを為すことが〈理性〉により義務と見做されぬあらゆることはイーマーンの一部を成さない。

(2)　イーマーンは増えることがあっても、減ることはありえない。

VI　ナッジャール（Najjār）とその信奉者たち（ナッジャール派 Najjāriyyah）(16)

(1)　イーマーンは三つの項目から成る。第一項目は、神と神の使徒たち、ならびに、ムスリムたちのあいだに全員一致で合意された宗教的義務《ファラーイド》（farā'id）を知ることである。第二項目は、これら全ての事項に関して神に己れの全てを委ねること、第三項目は、言葉による告白である。(17)

(2)　第一条第一項目に言われた事項についての動かぬ証拠があるのにもかかわらず、それらを知らない〔つまり、認めない〕のであれば、その者はカーフィルである。またそれらの事項を知りつつ、言葉で告白せぬ者にもクフルの罪がある。

(3)　第一条に言われた三項目のどの一項目もそれ単独にはイーマーンと呼ばれえない。（三項目の全てが揃って実現して初めて、その三項目はイーマーンを構成する。）

(4)　イーマーンを構成するこれらの性質〔つまり、第一条の三項目〕の全てが実現した場合、これらの性質の各々は服従《ターア》（ṭā'ah）行為を構成する。だが、〔単独で服従行為を構成する〕その当の性質それだけが実現し、その他の項目が為されない場合には、その当の性質は服従行為を構成しない。例えば、言葉による告白が為されずに神を知ることが単独で実現した場合には、神を知ることは服従という行為を構成しない。それは、神が我々に「信ぜよ」との一言で命じており〔つまり「信ずること」は三項目全体で一つの事柄である〕、神の命に服従せざる者は誰であれ、神に「服従する者」ではない〔つまり、一項目でも欠けば、それは「信ずる」という事柄を満たさない〕からである。

(5)〔宗教的義務の〕いずれかの一項目でも疎かにすれば、それは「不服従」の行為に相当する。だが、いずれの者も〔宗教的義務の〕一項目を疎かにしただけでカーフィルとなるわけではない（つまり、一項目を疎かにするのは罪ではあるが、クフルではない）。信ずる者からイーマーンの名が除かれるのは、その者がクフルを犯したときだけである。

(6) ひとびとは各々の有するイーマーンに関して程度の違いがある。彼らのうちの幾人かは他の者たちよりも神を知る度合いが優り、他の者たちよりも多く〔神を〕是認《タスディーク》する。

VII　ガイラーン（Ghaylān al-Dimashqī）とその信奉者たち（ガイラーン派 Ghaylāniyyah）(18)

(1) イーマーンは四つの項目から成る。神を「第二次的に知ること」、神を愛すること、神に全てを委ねること、ならびに、使徒が持ち至ったものと神から〔直に〕至ったものの双方を信ずると言葉で告白すること、の四項目である。

(2)「第一次的な」知とは、「自然の衝動《イドティラール》」（iḍṭirār. つまり、神の直接の行為として〔ひとに〕あるもの「生得的なもの」）であり、したがって、イーマーンの範囲外である。(19)

（高名なムウタズィラ派思想家ナッザームの信奉者の一人ズルカーン（Zurqān, Muḥammad ibn Shaddād al-Mismaʿī〔d. ca.910/ca. 891〕）によると、ガイラーンは、ここの二条（(1)と(2)）に提示された己れの立場を次の仕方で定式化した。イーマーンは言語的にタスディーク（「是認」）を意味する。そして「是認」は「言葉での告白」に他ならぬ。したがって、イーマーンは「舌による告白」に他ならない。他方、神を「知ること《マアリファ》」(maʻrifah) は、神の直接の行為なのであって、イーマーンの部分たりえない[20]。）

(3) イーマーンのある一つの要素が、他から切り離された際には、イーマーンと呼ばれえないし、「イーマーンの一部」とさえ呼ばれえない。ガイラーン派はこの点においてシムル派 (Shimriyah) と同じ思想を有する。

(4) 事物が時のなかにおいて造られ、絶対的に「神の統轄」下にあることについての「知《イルム》」(ʻilm) は「生得的《ダルーリー》」(ḍarūrī) である。他方、それら事物を時のなかに造り、それら事物を絶対的な仕方で統轄する者が（一であって）二ではなく、まして三以上ではないことを知る (ʻilm) のは、獲得されたもの《イクティサーブ》〔後天的なもの〕(iktisāb) である。〈預言者〉について知ること、および神に〔直に〕由来するものについて知ることも同じく、「獲得された」知と見做されねばならない。後者の、神に〔直に〕由来する型の知は、ムスリムたちの〈合意〉に基づき、啓典に根拠を有する場合には、イーマーンを構成する。〔〈合意〉に基づいて、啓典に根拠を有するとされない〕第二次的な水準にある哲学的純粋神学《ディーン》(dīn[21]) の知に帰属するものは、イーマーンと見做されるべきではない。

(5) イーマーンは不可分である。したがって増えることも減ることもない。

VIII イブン・シャビーブ (Ibn Shabib) とその信奉者たち[22]

(1) イーマーンとは、神を言葉で認め、告白すること (iqrār)〔第一項目〕、ならびに、神が〈一〉であり、何ものも神に似ていないと知ること《マアリファ》(maʻrifah)〔第二項目〕である。

(2) イーマーンとはさらに、預言者たちと使徒たちを言葉で認めて、彼らを知ること〔第三項目〕、ならびに、彼ら〔即ち、預言者たちと使徒たち〕が神の許からもたらしたもの全て、そして、ムスリムたちに受け容れられてきたものや〈神の使徒〉〔ムハンマド〕が我々にもたらした、拝礼、斎戒その他の、ムスリムのあいだで見解の不一致や論争のないもの全てを、〔信ずると〕言葉で告白し、知ること〔第四項目〕である。

〔他方、〕例えば「もの」の性質に関する意見の相違など、哲学的神学[23]に適切なかたちで属している事柄について、真理と異なる説を奉ずる者はカーフィルではない。何故なら、それは、単に個人的信念や第二次的な理性的思索に関わるにすぎず、そのような者は、〈神の使徒〉が神からもたらしたものに関して、いかなる仕方においても〈神の使徒〉と対立することはなく、またムスリムたちが彼らの〈預言者〉〔ムハンマド〕から受け取り、明らかに受容した事柄に関しても、彼らと対立することもないからである。

(3)　イーマーンとは、神に全てを委ねることであり、傲慢さを棄て去ることである〔第五項目〕。イブリース〔悪魔〕は神を知り、神を信ずると告白したものの、それでもなおカーフィルとなったのは、ただただ神に対して傲慢であったためである。

(4)　イーマーンは分割しうる。そして、イーマーンに即して見れば、ひとびとのあいだにはさまざまな程度の違いがある。ある者がイーマーンの全ての要素を満たす場合に限り、その者は信ずる者である。というのも、ただ一つの要素〔を持つ〕だけでもそれは「服従《ターア》」（ṭāʿah）行為であり、イーマーンの「部分《バアド》」（baʿḍ）に相当するのだが、その者がそれをそのまま保持し、イーマーンの（別の）「部分」を棄て去ることでカーフィルとなりうる。例えば、ある者が、神は〈一〉であり、神に似たものは何もないと知り、己れの知ることが真実だと公に認めたとしても、その者が預言者たちを否認するのであれば、預言者たちを否認するそのたびごとにその者はカーフィルとなる。その者が神を知る限りにおいて、その者はイーマーンの要素を有する。それが神の為せと命じたことだからである。それでもなお、イーマーンの別の重要な要素を棄て去ったが故にその者はカーフィルである。その者は部分的にのみ神の命に従ったことになる。

IX アブー・ハニーファ（Abū Ḥanīfah）とその信奉者たち[24]

(1) イーマーンとは、神を知ることであり、神を（信ずることについての）言葉による告白、ならびに、〈使徒〉を知ることであり、（〈使徒〉を通じて）神に由来することの全てを、何ら解釈（tafsīr）を加えずに全体として（それらを受け容れて）、言葉で告白することである。

（アブー・ハニーファとウマル・イブン・アビー・ウスマーン・シンマズィー（Abū Ḥafṣ ʿUmar ibn Abī ʿUthmān al-Shimmazī〔ca. 8 cent. ムウタズィラ派神学者。アムル・イブン・ウバイド（ʿAmr ibn ʿUbayd, d. 761）の弟子〕）の会話についての有名な逸話が示唆するように、「何ら解釈を加えずに全体として」という表現は、アブー・ハニーファの場合にはきわめて特殊な意味を帯びる。その逸話は、この文脈での「解釈」が「特殊化」を意味することを示唆する。

例えば、神がムスリムたちに豚を喰うことを禁じたときに、それを命ずる文言は「全体として」つまり、〈個物〉ではなく、〈普遍〉に関わる抽象的思考の次元で解されねばならない。言い換えると、豚を喰うことの禁止は、この特定の豚、ないしあの特定の豚〔を喰うことの禁止〕を「意味する」のではない。

同様に、神が我々にカアバへの巡礼を宗教的義務として課すときに、我々はそれをこの抽象的次元でのみ受け容れねばならない。「カアバ」によってマッカにあるこの特定のカアバが意味されるのか、それとも別のカアバなのかを我々が知る必要はない。アブー・ハニーファの有する主知主義的傾向には本章第二節で立ち戻って論ずることになろう。）

(2) イーマーンは分割不可能である[25]。

(3) イーマーンに増減はない。そして、イーマーンに即して見た場合にひとびとのあいだに程度の違いはない。

（この条(3)こそが、「善き行い」がイーマーンの本質的要素とならないという典型的なムルジア派のテーゼから導かれる直接的な理論的帰結である。アシュアリーによる定式化はこの点を明らかにしないが、イブン・ハズムがアブー・ハニーファの立場を次のように定式化する際まさにこの点を特に強調する。「イーマーンはこころで知り、舌で告白することである。だから、己れのこころで宗教を知り、言葉でそれを認める者は完全なイーマーンと完全なイスラームを帯びたムスリムである。善き行いはイーマーンと呼ばれるべきではない。それらはイーマーンから派生した実践的な行為規則に過ぎ〔ず、イーマーンそのもので〕ないからである[1]」。）

(4) 純粋な哲学的神学に配置されるものはどれもイーマーンと見做されるべきではない。(26)

X　トゥーマニー（Abū Muʿādh al-Tūmanī）とその信奉者たち（トゥーマニー派 Tūmaniyah）(27)

(1) イーマーンとは、クフル（に陥ること）から（ひとを）護るものである。

(2) イーマーンは、一定数の構成要素に附された名である。もしある者がそれらの構成要素全てを、ないしそのうちの一つであってもそれを疎かにするならば、その者はカーフィルである。したがって、これらの構成要素の全体を疎かにするか、そのうちの一つであってもそれを疎かにすれば、その者はカーフィルとなる。これがイーマーンである。唯一つだけ構成要素があったとしても、それはイーマーンとは見做されないし、イーマーンの「部分」であるとも見做されないのである。

(3) ある者が不服従に相当することを為し、それが宗教的義務に関わることであった場合、その者は、（名詞形ではなく）「彼は罪を犯し《ファサカ》た」（fasaqa）という動詞の形で表現されねばならない。その者は（安定性や一定不変の性質の意味を含む名詞形である）ファースィク（fāsiq. つまり「罪人」）と表現されるべきではない。概して、為された行為がクフルの行いではない限り、重罪がひとをイーマーンの領野の外に追い払うことはない。

(4) ある者が、拝礼・斎戒・巡礼などの宗教的義務を、否定したり、反撥したり、蔑んだりする意図を明確にもったうえで、それを為さない場合には、その者は、その意図をもつが故にカーフィルである。反対に、そうした意図をもたず、単に仕事や遊びでその時に忙しかったという理由でそれらを為さないならば、その者が何時かその義務を果たそうと思っている限りにおいてはカーフィルではない。そうした場合、その者は「罪を犯した」に過ぎない。

XI ビシュル・マリースィーとその信奉者たち（マリースィー派 Marīsiyyah）[28]

(1) イーマーンとは、「是認《タスディーク》」（taṣdīq）であって、他の何ものでもない。言語的にイーマーンはタスディークを意味するからである。したがって、タスディーク以外の何ものもイーマーンたりえない。だが、ここでのタスディークは（「こころでの是認」との意味だけで解するべきではなく、）こころと舌の両方における「是認」である。

XII イブン・カッラーム（Ibn Karrām〔ca. 806–869〕）とその信奉者たち（Karrāmiyyah）[29]

(1) イーマーンとは、言葉による告白、つまり、こころではなく、舌のみでの是認である。こころで「知ること」（maʻrifah）、さらに言えば、「舌での是認」以外のことは何であれ、イーマーンの領域から除外されねばならない。

(2) クフルとは、舌による神の否認である。

(3) それゆえ、〈神の使徒〉の生前にいた〈舌で「私たちは信じます」と言うものの、こころでは信じない者たちとクルアーンにおいて叙述される〉ムナーフィクたち（偽善者たち）は語の実際の意味で信ずる者である。

（アシュアリーはこの章でクーファのガッサーンとその信奉者たちに対して独立した節を割り当てず、アブー・ハニーファを扱う節の末尾にガッサーンと、アブー・ハニーファの信奉者たちの一部が共有する見解としてガッサーンの主な条目の一つを提示するに過ぎない。だが、ガッサーンがムルジア派運動のなかで別個に節を設けるに値する重要な大物であることは確かである。ここでは、バグダーディーに依拠し、イーマーンの概念に関わるガッサーンの条目をXIIIとして提示する。[30]）

XIII　ガッサーン[2]とその信奉者たち（Ghassāniyyah）

(1)　イーマーンとは、神を〔信ずると〕告白すること、神を愛すること《マハッバ》（maḥabbah）、神を敬うこと《タアズィーム》（ta'zīm）、神の前で傲慢さ《イスティクバール》（istikbār）を棄て去ることである。

(2)　イーマーンに増はありうるが、減はありえない。

(3)　イーマーンの要素の各々はイーマーンの「部分」である。

ムルジア派の主たる下位諸集団の有するイーマーンの本質的性質に関する見解を概観したので、ムルジア派の思想家たちのこころのなかでイーマーンが一定の構造を備えた概念的実体として確立するさまを見るために、ここからは彼らの思想をより体系的に分析しよう。ムルジア派の思想のこの側面は歴史的にみてきわめて重要である。以下数章にわたって検討するように、ムルジア派の提起した諸問題により、イーマーンの概念に関わる主要な神学的傾向のほとんどが定められることになるからである。

二　イーマーンの本質的構造

この問題に取り組むに際して、イーマーン概念を一般的に理解するための主な参照点について、これ以前に述べられた内容をまず思い起こしておくことにしよう[3]。

「〔信ずる〕主体」「〔信ずる〕対象」そして「内的信」の三つの参照点から成る主構造に対して、ムルジア派のテーゼに相応しい図〔左頁〕を作成するために、ここでは「言葉での告白」と「外的な行」という二つの参照点が加えられる。だが、〔その基本となる〕三つ組みの主たる構造は、アラビア語のイーマーンに一致する何らかの、それを概念分析するのに相応しい構造をもつ。言い換えると、「信」なり「信仰」なりの概念には常に、ここで指摘された三つの視点から有効に迫ることができるのである。第一の参照点は、信ずる「主体」、つまり、何かを信じている者、ないし信ずる者である。歴史的にみて、この意味での信ずる「主体」を特に強調したのはハワーリジュ派であったとしてよかろう。いずれにせよ、彼らが主として関心を抱いたのは「誰が信ずる者《ムウミン》（muʾmin）であるのか」という問いであった。本書第一章で既に見たように、彼らはこの問題に消極的にしか取り組まなかった。「誰がカーフィルか」と彼らは先ず問い、ムウミンたらざる要素を排除することで、つまり、ムスリム共同体から全てのカーフィルを排除することにより、誰が信ずる者たちなのかを確定しようとした。そして、これは、ムスリム共同体（ummah）の理想的構成の問題に彼らが主たる関心を寄せたことに由来するのである。

イーマーンの概念構造にある第二の極は、信の「対象」である。クルアーンとハディースは〔イーマーンという〕現象のこの側面をきわめて強く主張する。ここでの問題は「信ずべき対象は何か」である。この問題への標準的な回答は、既に掲げたガブリエルに関わるハディースに見える「神、〈神の天使〉、〈神の書〉、神にまみえること、終末の日の復活」である。この有名なハディースでは、イーマーンがその対象に即して定義されていると記しておかねばならない。無論、回答は他の多くの形式でなされよう。事実、クルアーンは既に掲げた残りの四つの側面〔「主体」「内的信」「言葉での告白」「外的な行」〕にも同じく目を向ける。この視点から見れば、残りの参照点から生起する幾つかの重要な問題に取り組むことに忙殺されていたがために、ハワーリジュ派とムルジア派は第二の参照点にそれほど留意しなかったという方が、おそらくは実像に近いだろう[31]。

いずれにせよ、ムルジア派は第三の参照点、つまり、信ずるという行為そのものを理論的に展開させ、精致なものとしたのである。彼らの神学思想の中心問題は、「イーマーンをいかなる形で構造化するか」、「イーマーンの本来的なあり方は何か」であった。第四、第五の参照点、つまり「言葉での告白」と「行」は、言わば、最も基本的な問題である「イーマーンとは何か」が彼らのあいだで論ぜられる過程でおのずから生じた副産物である。

ここで言及するに足ることは、イーマーンの本質をめぐるムルジア派以降の議論の全てがほぼ不可避的に、もともとはムルジア派の設えたパターンにしたがう、ということである。事実、ムスリムの神学者たちがイーマーンのあり方を論ずる際の古典的形式は、イーマーン概念に三つの主たる要素を認めることに基づいている。それらは以下のとおりである。

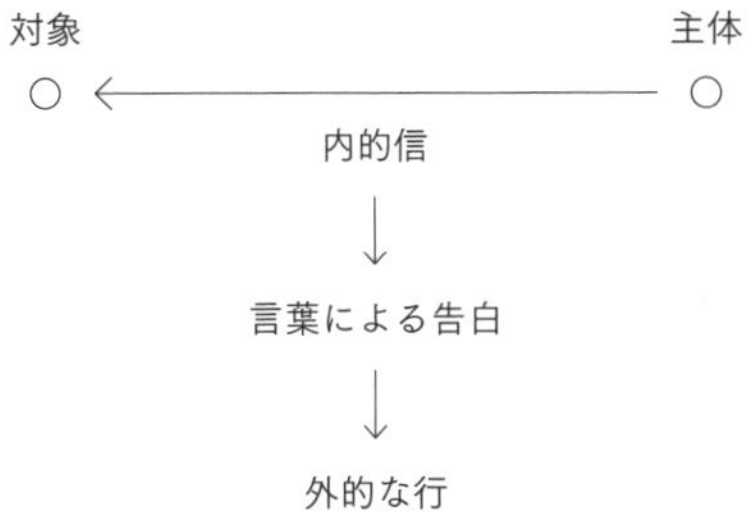

(1) タスディーク（・ビ・カルブ taṣdīq bi-al-qalb）……是認、ないし、こころにより認めること。

(2) イクラール（・ビ・リサーン iqrār bi-al-lisān）……言葉での是認、ないし、口を用いて言葉で告白すること。

(3) アマル（・ターアート ʿamal al-ṭāʿāt）……服従行為、ないし（善き）行。

第一の要素タスディークは、信ずるという行為そのものの内的構造に関わり、前掲図〔一四七頁〕に見える第三の参照点に相当する。言い換えると、これは、ムルジア派がイーマーンをこころの働きと解釈することを示している。しかしながら、より精確には、後代のほとんど全ての神学者たちがタスディークに即してイーマーンを理解するのに対し、ムルジア派自体はむしろ、「知ること《マアリファ》」（maʿrifah）に即してイーマーンを理解するのを好んだのである。

第二の要素であるイクラールは、己れのこころのなかにタスディークないしマアリファを有することを明示的に言葉で認めることである。イクラールが内的イーマーンを言葉で表現することであるのに対して、第三の要素であるアマル〔行〕（ʿamal. 複数形は aʿmāl）は全く同じ内的イーマーンを外側に表現する、つまり身体で表現することである。

即ち、ムルジア派は(1)と(2)の問題を積極的に、つまりこれら二要素の重要性を強く主張しつつ提起したが、その一方で(3)の問題は消極的に、つまりイーマーン概念においてそれが本質的に重要ではないとしたことは注目すべきである。次章以下で論じる極端な集団を除き、ムルジア派はアマルの価値を完全に否定するわけではなかった。だが、彼らは少なくとも、アマルをイーマーンの「柱《アルカーン》」（arkān. 単数形は rukn）の一つとは考えず、むしろ二次的重要性しか帯びないと見做した。したがって、さきに見たように、イルジャーウという名は字義的には、アマルの「延期」を意味する。現代的な用語で言えば、ムルジア派の立場は倫理学の動機説（motivation theory）だと言うことができよう。彼らは行為そのものよりも、動機――ハディースにおいて非常に重要な役割を担うアラビア語のニーヤ（niyyah）――に重心を置く。いずれにせよ、ムルジア派によるアマルに対するこの消極的な姿勢がムスリム共同体内部にそれに対する強い抵抗を惹起し、烈しい論争が引き続いて起こり、結果、間もなくアマルはイスラーム神学の鍵概念に成るに至ったのである。

イーマーンの主たる三要素のそれぞれに関わる重要度の高い理論的問題を精査する前に、本章第一節で述べたムルジア派の主要な諸集団に立ち戻って、彼らの考え方をより分析的に考察しておこう。

記すべき第一点は、イーマーンの定義で「知ること」（maʻrifah）に重心が置かれていることである。サーリヒーによる「イーマーンとは神を「知ること」だけである」との簡潔な発言[32]（前節Ⅱの(1)）がこの態度を代表するが、こうした同定（イーマーン＝マアリファ）そのものはほとんど全てのムルジア派に共通し、事実、イーマーンに関する彼らの最も典型的な考え方となっている。最も顕著な例外はイブン・カッラームのものである[33]（前節Ⅻの(1)）。

イーマーンのまさに本質を成すものとして「知ること」を明示的に強調するのは、ムルジア派の根柢的傾向の直接的な顕れに他ならないが、直前に見たように、もう一つの顕れは倫理学における動機説である。言い換えると、ムルジア派はイーマーンを外的な何かと見做すことに満足せず、人間のこころの奥深くに潜む何か、こころのきわめて深い処に生起する精神的な出来事であることを強く主張しようとしたのである。

この傾向をさらに推し進めて、神を「知ること」をさらに深い処に潜む何らかのものにせんと欲する者がムルジア派のなかにいた。その者の名はガイラーンといった[34]（前節Ⅶの(1)、(2)、(4)）。神を真に「知ること」は人間のこころに埋め込まれた生得的な何かであるとガイラーンは主張する。それは神の直接の働きであって、それに関してひとは何も為しえない。それは「必然的な」（ḍarūrī）[35]何か、自然の「衝動」（iḍṭirār）である。こころの深くに潜み、生まれながらに有する、この類の神を「知ること」をガイラーンは「一次的知《マアリファ・ウーラー》」（al-maʻrifah al-ūlá）と呼び、それにイーマーンの名を附すことを否定する。我々がイーマーンと呼ぶものは「二次的知」、つまり、ひとによって「獲得された」神に関わる知に他ならない。

バグダーディーによれば、この態度がガイラーンを、イーマーンは「言葉による告白」の問題にすぎないとの結論に導いた。このガイラーンのとっぴな結論はイブン・カッラームとだけ共有されたが、通常はカッラーム派の典型的立場とされる。しかしながら、ガイラーンにとって、イーマーンは「言葉による告白」ならびに二次的知から成る、とのアシュアリーの言がおそらく真相に近い。さもなくば、ガイラーンがより深い処にある類の知を「一次的」と呼ぶ意味がなくなるからである。

他のムルジア派のひとびとはガイラーンほどに極端なテーゼに至らなかったものの、概して、彼らもイーマーンを、奥深くにある何か、人間のこころの核心に触れる何かと見做すきわめて顕著な傾向を有した。彼らがイーマーンを定義する際に、神を「愛すること」、神に「全てを委ねること」といった感情的態度――実存的態度、とも言えよう――を表す語を好むことにその傾向が見てとれる。この視点から見て、サーリヒーが、イーマーンは全くもって「知ること」(maʻrifah)に他ならぬと言いながら、それに続けて「「知ること」によって神を愛すること、神にすべてを委ねることを意味する」と発言していることに注目すべきである[36](前節IIの(1)、(2))。ユーヌス、アブー・シムル、ガッサーンなどの他の思想家たちは単に、イーマーンの定義において「愛」「全てを委ねること」「傲慢さを棄て去ること」を「知ること」に並置するだけである。最も顕著な例外はジャフムであり[37]、意図的にそして明示的に、外的行に加え、全ての感情的態度をイーマーンの領域から排除する(前節Iの(2))。

ムルジア派のイーマーンに関する諸説について指摘すべき第二の特徴は、「言葉で是認すること」ないし「口から出る言葉による告白」(iqrār bi-al-lisān)に重要性を附すことである。これは前に区別したイーマーンの要素のなかで第二の主たる要素であった。ムルジア派の多くは彼らのイーマーン定義において「知ること」と「告白」を組み合わせる。この典型例はアブー・シムルである[38]。アブー・シムルは「告白」を「知ること」とともに用いてイーマーンを定義しただけではなく(前節IVの(1))、バグダーディーによると、「知ること」は「告白」を伴わねばイーマーンたりえないと主張した、という[39]。

同じく興味深いのは、ビシュル・マリースィーの立場である。彼は、イーマーンは「是認《タスディーク》」に他ならないが、タスディークは「こころでの是認」の意味のみで解してはならず、「舌での是認」も含むとする。

しかしながら、この点から見て他を絶して最も興味深いのは、さきにガイラーンとの連関で言及したイブン・カッラームの立場である。イブン・カッラームは「言葉による告白」の重要性を極端に強調した。イーマーンは「言葉による告白」だけであって他のものではなく、こころにより「知ること」はイーマーンと無関係だと公言したのである（前節XIIの(1)[40]）。

これはおのずからムスリム共同体の広範囲において烈しい憤りを惹起し、イブン・カッラームと彼の信奉者たちはありとあらゆる手段を用いた罵倒と苛烈な攻撃の的となった。カッラーム派のテーゼは怪しからん、さらには冒瀆だとすら感ぜられた。そのテーゼそのものがイーマーンを軽んじる態度を表現することに加えて、全ての偽善者を真の信ずる者とする恐るべき結論を導くからであり、そして実際にイブン・カッラーム自身がこの結論へと導かれたためである（前節XIIの(2)[41]）。カッラーム派に対する世評はハディースの形態を帯びた次の表現に見える。〈預言者〉〔ムハンマド〕は「ムルジア派の輩に七十人の預言者の口から呪いあれ」とかつて言った。ある者が〈預言者〉に「〈神の使徒〉よ、ムルジア派とは誰のことですか」と訊ねた。〈預言者〉はこれに答えた。「イーマーンとは発話《カラーム》（kalām）に他ならぬと主張する輩のことだ」と[42]。

このハディースにおいてムルジア派が端的にカッラーム派と同定されていることは指摘に値する。言い換えると、ここではカッラーム派のテーゼがムルジア主義の極端な形態と解されているのである。後に見るように、ムルジア派の論敵たちがムルジア派を攻撃する際にはしばしばこの同定を用いる。暗黙裡にカッラーム派をムルジア派の代表と見做し、カッラーム派を攻撃することによってムルジア派を攻撃する。これがムルジア派への論難をきわめて容易にするのは明らかであるが、こうした仕方での論敵たちの批判がカッラーム派以外の他のムルジア主義を奉ずるさまざまな集団に対して不当なものであったのは言うまでもない。

既に指摘したように、ムルジア派は信ずるという行為そのものの問題にほぼ全ての関心を向けるのであるが、さきに区別したイーマーンの第二参照点、つまり信ずる「対象」について数名のムルジア派思想家が関心を払うことに注意せねばならない。これが第三の点である。ほとんどのムルジア派はイーマーンを「知ること」と定義する。だが、何を「知る」のか。それが問題なのである。

神が「知る」第一の対象となることに議論の余地はない。次に〈使徒〉〔ムハンマド〕（ないし使徒たち）が第二位を占める。しかしながら、この第二の対象に関しては、ムルジア派内部で相当数の異論が存在する。ある者はただ単に「知る」対象として〈使徒〉を神と並置する（前節Ⅰのジャフム）[43]。他の者は躊躇しながらも、留保を附して〈使徒〉を「知る」第二の対象として認める（前節Ⅱ　サーリヒーの(3)がこれの最も際立った例である）[44]。これと連関して記すに値することは、バグダーディーによれば[45]、ユーヌスが特定の条件を附してイーマーンの定義に使徒たちを「知ること」を含めることである。つまり、使徒たちが遣わされて、彼らの使徒たる証拠が確立すると、彼らを是認し、彼らがもたらしたものを知ることがイーマーンの一部を成す。だがその時ですら、求められるものは彼らがもたらしたことについての概括的な知であって、詳細を具体的に知ることはイーマーンを構成せず、イーマーンの一部でさえないのである。ほぼ同じことをアシュアリーが「アブー・シムルとユーヌスの信奉者たち」に帰している[46]。だが、アシュアリーの記述に見えるアブー・シムル（ないしユーヌス、あるいはその双方）により採られた立場はより過激で徹底的なものである。預言者たちの〔預言者たる〕証拠が確立したならば、イーマーンは彼らをこころならびに舌で認めることだけに絞られ、預言者の仲介なしに神から至った知識はもはやイーマーンの一部と成らない。

ムルジア派の中には、神と〈使徒〉以外の他の何かを「知る」対象に割り当てるひとびとがいる。例えば、イブン・シャビーブは〈合意《イジュマーウ》〉（ijmāʿ）を強く主張する（前節Ⅷの(2)）[47]。彼にとって、「知ること」の第一の対象は神、第二の対象は〈神の使徒〉、そして第三の対象は、神により啓示され、拝礼、ザカート、斎戒、巡礼といった共同体の成員が全員一致で受容したことの全てである。

アブー・サウバーンは〈合意〉に替えて〈理性〉《アクル》（ʻaql）の権威を強く主張する（前節Ｖの(1)）[48]。神と〈使徒〉に次いで「知」らねばならない第三の対象は、〈理性〉が義務だと見做したあらゆることであるという。したがって、為すことが理性から見て義務ではないものは全てイーマーンの部分を成さない。

アブー・シムルは〈合意〉と〈理性〉というこれら二つの権威を組み合わせる。バグダーディーによれば、アブー・シムルは「知る」対象を次のように列挙する[49]。(1)神。(2)拝礼、ザカート、斎戒、巡礼、ならびに〈法〉にしたがわずして屠殺された動物の肉を食べることの禁止など、神から下されたものでムスリム共同体が全員一致で合意した事項全て。(3)〈理性〉を介して知りうること、それにより特に、(a)カダル派の主張する意味で理解された神の「義しさ《アドル》」（ʻadl）、(b)ムウタズィラ派の主張する意味で理解された神の「一元化《タウヒード》」（tawḥīd）、つまり、神のもつ永遠の諸属性の否定、(c)神と被造物とのあいだにいかなる「類似《タシュビーフ》」（tashbīh）も存在しないことを意味する。

第四に、ムルジア派によるイーマーン理論の特徴の一つとして、イーマーン概念の分割可能性《タバウウド》（tabaʻʻud）を指摘したい。問題は、イーマーンが分割しえない単一体であるのか、それとも幾つかの「要素群《ヒサール》」（khiṣāl. 単数形は khaṣlah）の複合体であるのか、である。これはムルジア派に典型的な問題である。この問題は、ムルジア派の思索に重要な位置を占めるとともに、ひとびとのあいだに分析的思考法の著しい発達を促した要因でもあった。ひとびとはイーマーンの枝《シュアブ》（shuʻab. 単数形は shuʻbah）について議論をはじめ、「一体いくつの枝がイーマーンを構成するのだろうか」と自問したのである。この問いに対してハディースが次の回答を与える。「イーマーンは六十余の部分から成る。倫理的な慎み深さ《ハヤーウ》（ḥayāʼ）はそのうちの一つとしてある[50]」。

これと類比的に、ハディースは「偽善《ニファーク》」（nifāq）の概念をその構成要素群（khiṣāl）に即して論ずる。例を挙げると、「(ニファークは四つの要素から成る。)これら四要素を己れのうちに有する者は直ちに偽善者である。

これらのうちの一要素《ハスラ》（khaṣlah）を有する者は、それを棄て去るまで、偽善の要素を己れのうちに有する。（四つの要素とは次のものである。）(1)何かを任され、それを裏切ること、(2)話せば、嘘をつくこと、(3)誰かと契約を結べば、その人を欺くこと、(4)議論すれば、正当ではない論法を用いること」[51]。

しかしいずれにせよ、イーマーンの分割可能性および分割不可能性がムルジア派にとってきわめて深刻な問題であったのは明らかである。ムルジア派のほとんどは、イーマーンは幾つかの部分から成り、したがって分割可能であるとの立場を採った。イブン・シャビーブ、ユーヌス、トゥーマニー、ガッサーンがこの立場を代表する。

イーマーンの本来的あり方が複合的であると認める者にとって、次なる重要な問いは、各々の要素はイーマーンの部分《バアド》（baʿḍ）であるのか、否かであった。ガッサーンは「然り。各要素（khaṣlah）はイーマーンの一部を構成する」と言う。イブン・シャビーブは一段、歩を進めて、「各要素はイーマーンの一部分であるのだから、いずれか一つの要素を放棄する者はカーフィルである。そのことにより、その者はイーマーンの一部分を棄て去ったからである」と主張する。これにイブン・シャビーブは次のように附記する。「しかしながら、イーマーンのどの部分もその部分を有するだけでは信ずる者とならない。全ての要素を併せもって初めて、その者は信ずる者となる」。

ムルジア派の中には、単独で他から切り離された一つの要素をイーマーンそのものと見做すのは言うに及ばず、イーマーンの部分とも見做さないひとびとがいる。ユーヌスとトゥーマニーがその立場を代表する。

イーマーンが構成要素に分割可能であると主張する者全てに抗して、この分割可能性を無条件に否定する者たちもいた。彼らは、クフル全体が単一体であり、分割不可能であるのと同じく、イーマーンも、その全体が単一体《ハスラ・ワーヒダ》（khaṣlah wāḥidah）であり、分割不可能であるとの立場を採った。サーリヒーがこの立場を採る典型例である。ジャフムもまたそうであった。

イーマーンの「増減」の問題はイーマーンの分割可能性と密接に連関する。これもまたムルジア派に典型的な思考様式である。直前に見た、イーマーンの分割可能性を否定するサーリヒーが、イーマーンの増減を否定するのは至極当然である。イーマーンには増減がないのであるから、イーマーンに即して見ればひとびとのあいだに程度の差は存在しえない。言い換えると、イーマーンに関してひとびとのあいだに優劣はない。これはアブー・シムル、ジャフム、ガイラーン、アブー・ハニーファが採った立場でもある。

イーマーンが部分に分割しうることを認める者たちの中にも、増えることの可能性だけを認めて、減ることの可能性を認めない者（ナッジャールやガッサーン）がいる。概してムルジア派が、イーマーンの増減を否定する明確な傾向をもったことは注目に値する。そして通常「イーマーンは増えも減りもしない」とのテーゼがムルジア派によるイーマーンの概念把握の特徴の一つとして言及される。この問題はムスリム共同体に多くの議論を喚び起こしたようだ。ハディースを収集しこれを学ぶ者たちがこの問題に熱心に関心を寄せた。例えば、ブハーリーはこの問題を『正伝ハディース集』「信の書」の冒頭の節に割り当てている。その箇所でブハーリーはムルジア派の傾向に抗する明確な立場を採って、「イーマーンは増えもすれば減りもする」とはっきりと述べている。

先に見たように、イーマーンの増減問題に対するムルジア派の立場が、イーマーンの分割不可能性の概念に連関するに留まらず、イーマーンの構造に関して「行」を低く見積ることに、より直接的に連関するのは注目せねばならない重要な点である。この最後の点が、ムルジア派によるイーマーンの概念把握に見える第五の特徴として取り出せるだろう。

本書では、ムルジア派の名称は同派の思想家たちが「外的な行を内的信の背後に置いた」ことに由来すると頻繁に指摘してきた。しかしながら、ムルジア派がイーマーンにとって全く無価値であるとの理由で「行」（'amal）を単純に否定したと考えるのであれば、それはムルジア派に対する甚だ不当な態度ということになろう。

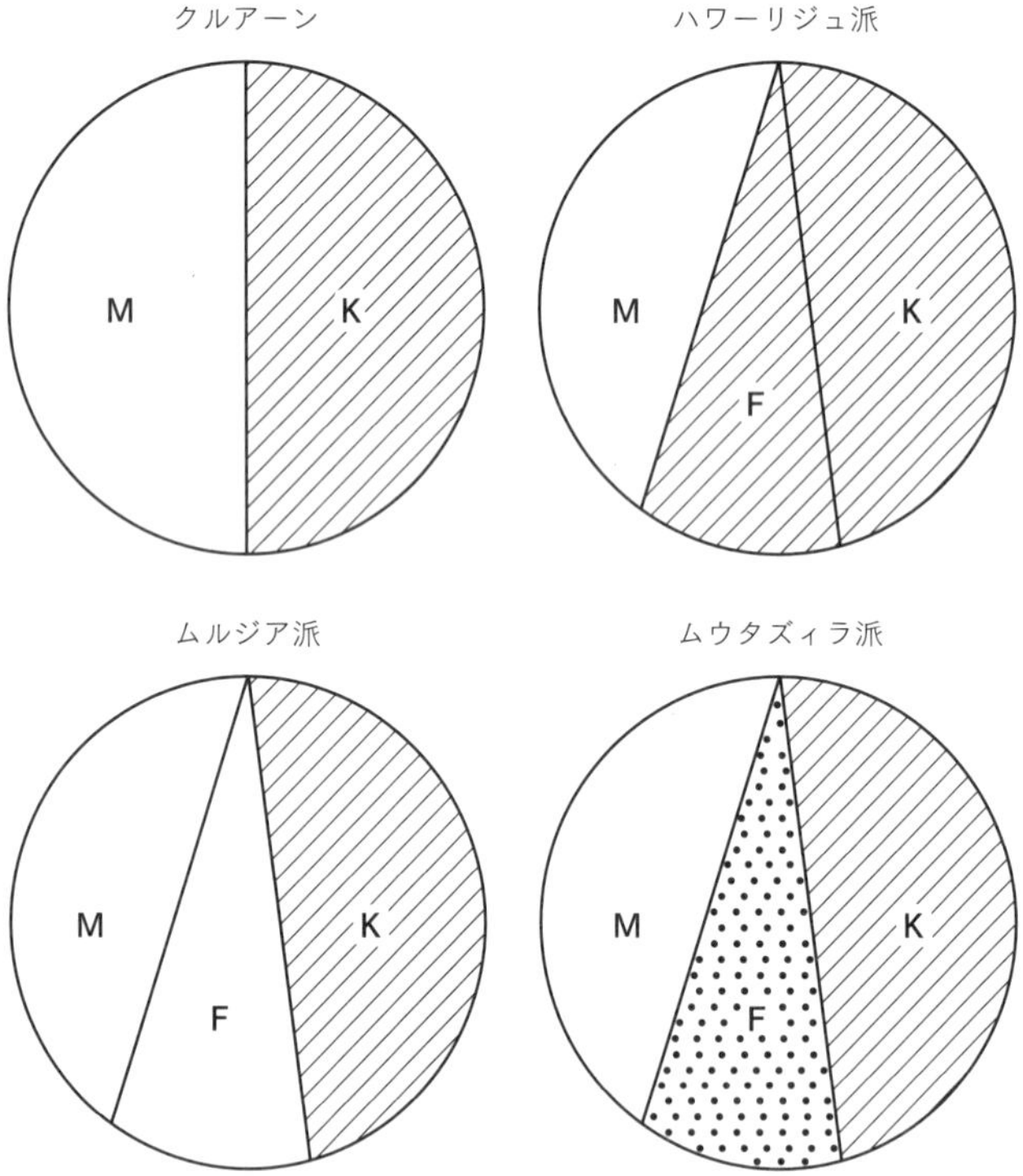

M＝Mu'min（信ずる者）　K＝Kāfir（不信心者）　F＝Fāsiq（罪人）

ムルジア派の概念把握におけるイーマーンの適切な「対象」についての議論の中で先に論じたが、イブン・シャビーブ、アブー・サウバーン、アブー・シムルといった主要な思想家たちが、イスラームのいわゆる五柱を含む服従行為を重視したと述べた。しかしながら、「行」を認めるムルジア派の徒の思索においても、第一次的に要求されたのは〔服従行為そのものではなく〕服従行為をこころによって「知ること」（ma'rifah）であることこそに注目すべきである。イーマーンは根柢的に「行」に関わるのではなく、知に関わる。あるムスリムが実際に善き行いをしているか、していないかは、第二次的な重要性しかもたない。ここにムルジア派の主知主義的な傾向がかなり興味深い仕方で顕れている。彼らはただ概念分析の対象としてのみイーマーンの本来的あり方を論ずることに関心を抱いているのである。分析のこの次元において、義務として課された行を「為すこと」それ自体ではなく、そうした行を「知ること」がイーマーンの概念に含まれる。というのも、実際に「為すこと」は全く違う別の次元、実践の次元に属するからである。イーマーン（という概念の領域）はアアマール（a'māl「諸行」）を含まない、という彼らの発言はこの仕方で理解されねばならない。だが、彼らに抗する者にとって、ムルジア派による信ずる者の概念は、神を知り、〈使徒〉を知り、さらには〈理性〉ないし〈合意〉によって義務として課された全ての行を知りつつも、これらの行を実践に移さぬ者であり、それは端的に誤りであって受け容れがたいものなのである。この意味において、ムルジア派の論敵たちが、「行」を本質的ならざる位置に格下げしたとしてムルジア派を非難するのは正当なことなのである。

イーマーン概念が「行」を含まないとのテーゼから導かれる最も重要な理論的帰結は、イーマーンが本質的に罪によって損なわれない、さらには重罪によっても損なわれない、ということである。イーマーンの「主体」の点からいうと、これは、信ずる者は罪を理由にカーフィルになることはないと言うことと全く同じである。この立場はウンマ、ないしムスリム共同体という意味論的領域に、諸概念の区分に関して注目すべき変化をもたらした。

クルアーンの概念把握はこの図〔右頁〕が示すように単純な二分法に基づく。ハワーリジュ派はFをKの部分とし、故にMの領域、つまりムスリム共同体の領域を可能な限り狭くしようとする。ムルジア派は反対に、FをMの部分とし、他方、前に見たように、ムウタズィラ派はFをMとKのあいだに位置する独立した領域とする。

以上、イーマーン概念に関するムルジア派の立場を概観し終えた。さきに指摘したように、ムルジア派は幾つかの根本的問題を提起し、後代にそれらを残した。これら諸問題を三つの項目に区分することができよう。(1)イーマーン＝タスディーク＝マアリファと同定することに関わる諸問題、(2)イーマーンの概念構造内でのイクラール（「言葉で認めること」ないし「告白」）の位置づけに関わる諸問題、(3)アマル（「行」）に関わる諸問題。次章以降、各々の章をこれら三つの主要問題群それぞれに割り当てて論じることにしよう。

注

（1）アシュアリー『イスラームの徒の言説集』（Ashʿarī, *Maqālāt al-Islāmiyyīn*, p. 132）。

（2）アシュアリー『イスラームの徒の言説集』（Ashʿarī, *Maqālāt al-Islāmiyyīn*, p. 132）。

（3）前章の最末尾で論ぜられたイブン・タイミーヤの見解と比較せよ。イブン・タイミーヤの見解では、「全てを委ねようとすること」がこころになければイーマーンはありえない、という。

（4）アシュアリー『イスラームの徒の言説集』（Ashʿarī, *Maqālāt al-Islāmiyyīn*, pp. 132–133）。

〔訳注〕アブー・フサイン・サーリヒーは、ジャーヒズ（al-Jāḥiẓ, d. ca. 776–ca. 868）と同世代の神学者。

（5）この見るからに奇妙な言説は、実はイーマーンとクフルはそれぞれ「知」と「無知」にそのまま相当するとのテーゼから導かれる直接の帰結に他ならない。誰かが言うことは本質的にイーマーンやクフルに影響を及ぼさない。こころの埒外で起こることだからである。したがって、サーリヒーはイーマーン概念から「言葉での告白」（iqrār）を除外するのである。イブン・ハズムは、この理論をジャフム派とアシュアリー派（！）に帰して言う（『諸宗派・諸党派・諸分派についての諸章』Ibn Ḥazm, *Fiṣal*, part III, p. 216）。彼らによれば、神を否定すること、神を中傷すること、〈使徒〉を否定することは「舌に関わる」限りにおいてクフルの構成要素ではない。だが、そうしたことは、それらを口にする者のこころにクフルがあることの決定的な証拠となる、と。

（6）アシュアリー『イスラームの徒の言説集』（Ashʿarī, *Maqālāt al-Islāmiyyīn*, p. 133）。

（7）つまり、イブリースは、イーマーンの基本的構成要素の一つである「知」をもっていたのである。

（8）バグダーディー『諸分派の分離』（Baghdādī, *Farq bayna al-Firaq*, p. 191）。

（9）アシュアリー『イスラームの徒の言説集』（Ashʿarī, *Maqālāt al-Islāmiyyīn*, pp. 134–135）。アシュアリーがこの第四範疇を「アブー・シムルとユーヌスの信奉者たち」とするのは書き留めておくに値する。

（10）既に見たように、アブー・シムルの第一条（1）はユーヌスの第一条（1）とほぼ同じである。ただし、アブー・シムルは、神を知ることと〈神が一である〉ことの告白とが組み合わされない限りイーマーンは成り立たないと強く主張しており、この点がユーヌスと異なる。

（11）容易に理解されようが、これは、ムウタズィラ派の基本的信条の二つである「義しくあること《アドル》」（ʻadl）、つまりひとに自由意志の存在を認めることと、「一であること」（tawḥīd）、つまり神には永遠の属性が存在しないと主張することに他ならない。

（12）アシュアリーは、アブー・シムルによるイーマーンのカダル派的な定義をほぼ同じ文章で提示している（Ashʻarī, *Maqālāt al-Islāmiyyīn*, p. 477）。

〔訳注〕文中の「カーフィルであることに疑いを差し挟む者」の連鎖的な無限遡行は本書第二章第一節でムウタズィラ派バグダード学団と同バスラ学団が相争う論題として既に提示されている。アブー・シムル自身はこれらの二学団よりも時代的に前の人物である。

（13）アシュアリー『イスラームの徒の言説集』（Ashʻarī, *Maqālāt al-Islāmiyyīn*, p. 135）。

〔訳注〕アブー・サウバーン（Abū Thawbān al-Murjiʼī. 生没年不明、詳細不明）。一説に預言者ムハンマドの解放奴隷アブー・アブドゥッラフマーン・サウバーン・イブン・ナジュダドに比定される。サムアーニー『貴顕たちの系譜』（al-Samʻānī, *al-Ansāb al-Ashrāf*, III, p. 151, No. 785）。

（14）バグダーディーが、実質的にこれと同じアブー・サウバーンのイーマーン定義を提示しているが、それに「知ること」を加えて「イーマーンは神、神の使徒たちなどを言葉で告白し、「知ること」である」とする（バグダーディー『諸分派の分離』Baghdādī, *Farq bayna al-Firaq*, p. 192）。

（15）アシュアリーの原文はやや混乱をきたしている。例えば、トリットン教授がリッター校勘テクスト（『イスラームの徒の言説集』Ashʻarī, *Maqālāt al-Islāmiyyīn*, p. 135）の句読点に忠実に次のように翻訳する。「信仰とは神と使徒たちへの〔信仰〕告白である。必ず為さねばならぬと理性が告げる全ての行為、為すべき必要はないと理性が言う行為は信仰の部分を構成しない」（トリットン『ムスリム神学』Tritton, *Muslim Theology*, London, 1947, p. 44）。しかしながら、この翻訳は、アブー・サウバーンが言わんとする論点を完全に覆い隠してしまう。シャフラスターニー、バグダーディーなどの作者たちがアブー・サウバーンについて伝えることとアシュアリーの記述を比較するならば、このことが直ちに明らかとなろう。マクリーズィーの次の記述が特にアブー・サウバーンの論点を明確にしている。「イーマーンとは「知ること」と「言葉による告白」であるとアブー・サウバーンは主張し、さらに、イーマーンは、〈理性〉が義務と見做す事項を為すことだとも言う。したがってアブー・サウバーンは、義務に関わるイーマーンのあり方を〈理性〉に依拠するものとし、〈神法〉がそれを課すより前に〈理性〉がそれを決定しうると考えたのである」（マクリーズィー『街区と遺跡の叙述に関する警告と省察の書』al-Maqrīzī, *Kitāb al-Mawāʿiẓ wa-al-Iʿtibār bi-dhikr al-Khiṭaṭ wa-al-Āthār*, al-Qāhirah, 1270 A.H., II, p. 350）。

（16）アシュアリー『イスラームの徒の言説集』（Ashʿarī, *Maqālāt al-Islāmiyyīn*, pp. 135–136）。
〔訳注〕フサイン・イブン・ムハンマド・ナッジャール（al-Ḥusayn ibn Muḥammad al-Najjār）はマアムーンがカリフ位にあった頃（r. 813–833）のムルジア派・ジャブル派神学者。

（17）バグダーディーは『宗教の諸原理』で、ナッジャール派がこの問題に関して採った立場をきわめて簡単に定式化する。彼は「イーマーンは「知ること」（maʿrifah）、「言葉による告白」（iqrār）、「全てを委ねること」（khuḍūʿ）の三項目から成る」と記す（Baghdādī, *Uṣūl al-Dīn*, p. 249）。

（18）アシュアリー『イスラームの徒の言説集』（Ashʿarī, *Maqālāt al-Islāmiyyīn*, pp. 136–137）。
〔訳注〕アブー・マンスール・ガイラーン・イブン・ムスリム・ディマシュキー（Abū Marwān Ghaylān ibn Muslim al-Dimashqī al-Qibṭī〔ca. 742〕）は、人間に自由意志が備わることを主張した最初の人物。

（19）ガイラーンによる「第一次的」知と「第二次的」知の区別はきわめて興味深い。次章でこの区別を論ずる。

（20）アシュアリー『イスラームの徒の言説集』（Ashʿarī, *Maqālāt al-Islāmiyyīn*, p. 137）。

（21）ディーンという語のこうした用法については、アシュアリー『イスラームの徒の言説集』（Ashʿarī, *Maqālāt al-Islāmiyyīn*, p. 137, ll. 10–11）（本文以下のⅧの(2)に相当する）を見よ。この文脈におけるディーンという語は、〈啓示〉や〈預言者〉の教えに直接基づく知とは対照的に、およそ哲学的問題を個人的に理性でもって自由に論ずることを意味するようである。

（22）アシュアリー『イスラームの徒の言説集』（Ashʿarī, *Maqālāt al-Islāmiyyīn*, pp. 137–138）。ムハンマド・イブン・シャビーブ（Muḥammad ibn Shabīb）はムルジア派のなかでカダル派型を代表する思想家である。

（23）原語はディーン（dīn）である。本章注21を見よ。

（24）アシュアリー『イスラームの徒の言説集』（Ashʿarī, *Maqālāt al-Islāmiyyīn*, pp. 138–139）。

（25）イーマーンは分割不可能だとアブー・ハニーファが揺るがぬ信念を有ったことをよく示すきわめて興味深い物語をヴェンスィンクが紹介している（Wensinck, *The Muslim Creed*, p. 140）。アブー・ハニーファの見解では、イーマーンは全体としてあるものであり、そのなかに見分けることのできる「部分」は存在しない。イーマーンが分割不可能だとする主張からはおのずと、ムスリムが己れの犯した重罪を理由にカーフィルになることはないとのテーゼが導かれる。このテーゼはハワーリジュ派の立場と対蹠的である。

（26）前記ガイラーン〔Ⅶ〕の(4)を見よ。これはアブー・ハニーファの個人的見解であって、それがアブー・ハニーファの信奉者たち全てに共有されるテーゼではない、とアシュアリーは言う。アシュアリー『イスラームの徒の言説集』（Ashʿarī, *Maqālāt al-Islāmiyyīn*, p. 139）。

（27）アシュアリー『イスラームの徒の言説集』（Ashʿarī, *Maqālāt al-Islāmiyyīn*, pp. 139–140）。

〔訳注〕アブー・ムアーズ・トゥーマニー（Abū Muʿādh al-Tūmanī. 生没年不明）。エジプトの小村トゥーマン出身とされるムルジア派の思想家。

（28）アシュアリー『イスラームの徒の言説集』（Ashʿarī, *Maqālāt al-Islāmiyyīn*, p. 140）。

〔訳注〕アブー・アブドゥッラフマーン・ビシュル・イブン・ギヤース・イブン・アビー・カリーマ・マリースィー（Abū ʿAbd al-Raḥmān Bishr ibn Ghiyāth ibn Abī Karīmah al-Marīsī, d. 833）。ムルジア派神学者で、ナッジャールの師。クルアーン創造説を採用したことでも知られる。

（29）アシュアリー『イスラームの徒の言説集』（Ashʿarī, *Maqālāt al-Islāmiyyīn*, p. 141）。

〔訳注〕アブー・アブドゥッラー・ムハンマド・イブン・カッラーム・シジスターニー（Abū ʿAbd Allāh Muḥammad ibn Karrām al-Shijistānī〔d. 869〕）。罪人は最後の審判の前に罰せられるとする「墓の中での罰（ʿadhāb al-qabr）」の思想を提唱。

（30）バグダーディー『諸分派の分離』（al-Baghdādī, *Farq bayna al-Firaq*, p. 191）。

（31）ハワーリジュ派が第一の参照点〔信ずる「主体」〕に注目したのに対して、ムルジア派は第一次的に第三の参照点〔「内的信」〕に、第二次的には第四、第五の参照点〔「言葉での告白」と「外的な行」〕に注目した。しかしながら、ムルジア派がイーマーンの「対象」の問題を練り上げなかったと言えば、それもまた真ではない。我々は直ちにこの問題に立ち戻ろう。
(32) 前節Ⅱの(1)〔本書一三五頁〕を参照。
(33) 前節Ⅻの(1)〔一四四頁〕を参照。
(34) 前節Ⅶの(1)、(2)〔一三九頁〕、(4)〔一四〇頁〕を参照のこと。
(35) バグダーディー『諸分派の分離』(Baghdādī, *Farq bayna al-Firaq*, p. 194)。
(36) 前節Ⅱの(1)、(2)〔一三五頁〕を参照。
(37) 前節Ⅰの(2)〔一三五頁〕を参照。
(38) 前節Ⅳの(1)〔一三六頁〕を参照。
(39) バグダーディー『諸分派の分離』(Baghdādī, *Farq bayna al-Firaq*, p. 193)に「マアリファはイクラールを伴うイーマーン以外のものではない」(al-maʿrifah lā takūnu īmān illā maʿa al-iqrār)とある。
(40) 前節Ⅻの(1)〔一四四頁〕を参照。
(41) 前節Ⅻの(2)〔一四四頁〕を参照。
(42) バグダーディー『諸分派の分離』(Baghdādī, *Farq bayna al-Firaq*, p. 190)。
(43) 例えばジャフムのⅠを見よ。
(44) これについての最も顕著な事例は、サーリヒーのⅡの(3)である。
(45) バグダーディー『諸分派の分離』(Baghdādī, *Farq bayna al-Firaq*, p. 191)。
(46) 前節Ⅳの(2)に加えて、注9を見よ。バグダーディーはこのテーゼをユーヌスだけに帰し、アブー・シムルについては、この種のことについて何も言及していない。
(47) 前節Ⅷの(2)〔一四〇―一四一頁〕を参照。
(48) 前節Ⅴの(1)〔一三八頁〕を参照。
(49) バグダーディー『諸分派の分離』(Baghdādī, *Farq bayna al-Firaq*, p. 193)。また前節Ⅳの(6)も参照のこと。アシュアリーはここに「〈神の正義〉を知ることと共に、イーマーンとは神を知ることであり……、また神よりもたらされたことを知ることである」とのみ記している。これらの言葉の持つ重要性はバグダーディーによってさらに明確に示されている。

（50）ブハーリー編『正伝ハディース集』「信の書」第九番〔本書三七八頁〕（Bukhārī, *Ṣaḥīḥ al-Bukhārī bi-Sharḥ al-Kirmānī*, bāb al-Īmān, No. 9)。

（51）ブハーリー編『正伝ハディース集』「信の書」第三四番〔本書三八七頁〕（Bukhārī, *Ṣaḥīḥ al-Bukhārī bi-Sharḥ al-Kirmānī*, bāb al-Īmān, No. 34)。「それらのうちのハスラを有する者は、己れ自身のうちにニファークの部分を有する」というムルジア派に特徴的な思考法に注目せよ。

訳注

〔1〕イブン・ハズム『諸宗派・諸党派・諸分派についての諸章』（Ibn Ḥazm, *Fiṣal*, part III, p. 188; part II, p. 111)。

〔2〕ガッサーン・クーフィー（Ghassān al-Kūfī. 生没年不明）。

〔3〕本書一七頁、第一章第三節を参照せよ。そこでは「信ずる主体」「信ずる対象」「信ずるという行為そのもの」「信ずることから生じる行」の四つの参照点が提示された。

第六章　信と知

一　イーマーンの定義における「知」の優越性

イーマーンの定義において「知《マアリファ》」（maʿrifah）に際立った役割を与えるのが主要なムルジア派思想家たちの共有する最も顕著な特徴であるのは前章に見たとおりである。ムルジア派の考え方を批判した後代の多くのひとびとがそうしたように、この立場が危険な極端主義であると解釈するのは容易い。こうした極端な形態を帯びれば、ムルジア派のテーゼは、イーマーンの唯一決定的な要素として「知」を称揚し、「言葉での告白」や外的な「行」にいかなる価値をも見出さないテーゼに他ならなくなる。例えば、マラティーは次の仕方で典型的なムルジア派の立場を描いている[1]。

ムルジア派の幾人かは、イーマーンはこころにより「知ること」であって、それ以外のものではない、と主張する。そこには、舌や、それ以外の身体器官の働きは含まれない。それゆえ、神は唯一であり、神のごときものは他にあらぬ、と己れのこころで知る者は、東や西に向かって祈ろうが、そして己れの腰に帯を巻いていようが、(2)（真の）信ずる者である。そうした者に舌で公然と告白することを課すのは、単に身体の行為を課すことを意味する、と彼らは言う。拝礼《サラート》（salāt）はイーマーンの弱さを示す徴なのであって、拝礼に参加する者はそうすることで己れのイーマーンを弱めているのだとまで主張する者もいた。

このようにムルジア派を冷めた眼で描いた後で、マラティーは彼らを容赦なく批判し始める。言うまでもないが、マラティーにとってそれはきわめて容易な作業である。しかしながら、ムルジア派が提示した真のイーマーン理論を客観的に知る者から見れば、マラティーの批判は、己れ自身が作り上げた幻想に戦いを挑むが如き印象を与える。マラティーの批判がなおも幾ばくかの関心を我々に与えるのは、ムルジア派の「忌まわしき異端《シャナーア》」（shanāʿah）を後代の正統派共同体がいかに描くか、その仕方を垣間見させてくれるからである。次章において、ムルジア派を代表するテーゼと目されたカッラーム派の立場を精査する際に、正統派〔スンナ派〕の側からムルジア派に対するこれと同じ態度に直面することになろう。ともかく、マラティーのムルジア派に対する評価をその発言のままに掲げておく。

(1)　信ずる者が東西に頓着せずに拝礼するということがどうして許されようか。神自身が言っている。「お前（ムハンマド）が諸天のあちらこちらに顔を向けるのを我は見る。今、お前が納得するであろう所定の拝礼方向を我がお前に授けよう。マッカにある〈拝礼〉の場にお前の顔を向けよ。そして、お前たち（信ずる者たち）はどこにいようと、そこに顔を向けよ」（クルアーン第二章第一四四節）。また〈預言者〉〔ムハンマド〕はかつてイエメンの民に次のように書き送っている。「我々と同じように拝礼を行い、己れの顔を我々と同じ方向に向ける者は、まさしくムスリムたる者に帰属する全ての義務と権利を携えたムスリムである」と。

(2)　「（たとえ羽織る着物であっても、ムスリムではない）民を真似る者は彼らの一員である」という〈預言者〉自らの言葉を我々が所有するのに、信ずる者がズィンミー（dhimmī）〔庇護民〕の帯を己れの腰に巻くということがどうして想像できようか。

(3)「言葉による告白」なしに、こころで「知ること」だけで十分であることがどうしてありえようか。神自身が言っている。「お前たち信ずる者たちよ。神に服せよ、〈使徒〉に服せよ、そして、お前たちのなかで権能を有する者に服せよ」（クルアーン第四章第五九節）。この類の「服従」は「言」と「行」によってしか起こりえない。

〈信《イーマーン》〉と〈知《マアリファ》〉を完全に同じものとし、そして信は知に他ならぬと主張するならば、紛うことなくそれは純正なる主知主義者にして理性主義者の態度である。[3] だが、前章で見た内容から判断して、ムルジア派の主要な思想家たちをこの型の純粋な理性主義者と描くことは誤りである。我々はすでに、ムルジア派のひとびとが「言葉による告白」の重要性をいかに認識しているかを見てきたし、また彼らが信の定義づけにおいて「知」とそれを同等視していることを知っている。この点で際立った例外はジャフムとイブン・カッラームだけである。ジャフムははっきりと「言葉による告白」を信から除外し、イブン・カッラームは「言葉による告白」以外の全てのことを信から除外する。

さらに、ムルジア派は「知ること」や「告白」の他に、信の本質的要素として、「神を愛すること」「神を畏れること」「人間の側の誇りや傲慢さを〔神に相対しては〕棄て去ること」「全てを委ねること」などについて頻繁に言及する。ひとのこころの動きを言い表すこれらの語はみな、深い敬虔なこころを指して言う。こうした深い敬虔なこころは、思索や理論的思考といった知的な次元で機能するときですら、信の働きのうちに含まれる宗教感情や情動といった、より主観的な側面を無視することはない。

こうした留保を附しつつも、ムルジア派に主知主義的かつ理性主義的傾向が優勢であることを認めねばならない。これとの関連で記しておくべき興味深い点は、アシュアリーによれば、[4] 真の信は省察《ナザル》（naẓar）抜きでありうるのか否かという問いに関してムルジア派全体が相対立する二つの陣営に分けられることである。「思考の働きなしに得られた〈神が一であること〉の確信は信を構成しないと一方の陣営が主張し、思考の働きなしに得られた〈神が一であること〉の確信こそが信だと他方の陣営は主張する」。本章の後半で見る様に、ひとたびそうした特殊な形態でこの問題が提起されると、生まれつき論理的な仕方で思考することが出来ない一般のひとびとは真の信ずる者たりえるか否か、というより切実な問題を引き起こすことになる。

ムルジア派の主知主義はアブー・ハニーファと彼の学団――これは後にトランスオクシアナにおけるマートゥリーディー主義へと展開する――が代表する。前に言及した有名な逸話にアブー・ハニーファ自身の主知主義的傾向が顕れている。アシュアリーはその逸話を次のように伝える。[5]

アブー・ウスマーン・アーダミー（Abū ʻUthmān al-Ādamī, ʻAmr ibn ʻĪsā al-Ḍubaʻī al-Baṣrī〔ca. 8 cent. ムウタズィラ派神学者〕）によると、ある時アブー・ハニーファとウマル・イブン・アビー・ウスマーン・シンマズィーはマッカで出会った。ウマルはアブー・ハニーファに訊ねた。「答えてください。神は豚を喰うことを禁じたが、豚を喰うことの禁止はこの特定の豚（つまり、その瞬間にその者の眼の前に具体的に存在している豚）に適用されるのか否か、私にはわからない、と言う者についてどう思うか。」と。アブー・ハニーファは「そうした者は信ずる者である」と答えた。

重ねてウマルはアブー・ハニーファに訊ねた。「神はマッカへの巡礼を宗教的義務としたが、その意味するものがこれ（マッカにあるカアバ）であるか、他処のカアバなのか私にはわからない、とその者がさらに言ったなら［そうした者をあなたはどう思うか］」。アブー・ハニーファは「そうした者は信ずる者である」と答えた。

さらに重ねて（ウマルは）アブー・ハニーファに訊ねた。「神はムハンマドを己れの〈使徒〉として派したことを私は知っている。だが、〔ムハンマドが誰であるかを〕どうして知ろうか。（神が念頭に置く〈使徒〉は）このアフリカ人の黒人奴隷であるかもしれないではないか」、とその者がさらに主張すれば〔そうした者をあなたはどう思うか〕」。アブー・ハニーファは「そうした者は信ずる者である」と答えた。

この逸話の真正性はしばしば疑われてきたのであるが、それは当然のことである。少なくとも、ここで語られる出来事全体に何らかの作意が潜むことは否めない。他方で、この物語がムスリムたちのあいだに広く伝播し、非常によく知られたことに留意せねばならない。その物語が全くの偽作であったとしても、つまり、アブー・ハニーファの思考方法を好まぬ誰かが偽造してアブー・ハニーファに仮託した物語であったとしても、アブー・ハニーファ自身にそうした批判を正当化する何かがなければ、この物語を偽造してアブー・ハニーファを揶揄せんとする目的は達されなかっただろう。この意味で、真実を伝えるのであれ、偽造されたのであれ、この逸話はアブー・ハニーファの思考法の最も重要な特質の一つを描くものと解さねばならない。

ではこの逸話によって明らかにされる最も重要な特質とは何か。この逸話はアブー・ハニーファの理性的ないし主知主義的立場を開陳するものと考えたい。事物を「知る」際の異なる二つの仕方についての基本的事実を見ることで、論点が明確にされよう。一般的に言えば、何かについての知は次の相異なる二つの思考の次元で得られよう。(1)〈普遍〉の次元。この次元は本質主義者型の知を作り出す。(2)〈個物〉、つまり具体的な個体としてある事物の次元。この次元は存在論者型の知を作り出す。第一の次元において、我々が得る知は分析的性質を帯びる。例えば、我々は人物Aを（直に）知るのではなく、人物Aについて（何かを）知る。つまり、我々はAがこれこれであることを知る。だが、この次元では、Aと個人的で親密な、絶対的に掛け替えのない関係のもとで、我々は彼を知るのではない。この第一の次元での知は、精確さと分節性〔分析可能性〕を獲得するが、深みを失うことになる。

知の真の深みには事物を知る第二の次元でのみ至りうる。この次元で我々が有するAの知とは、我々がAと個人的に密に交わることから得られる個人的知である。この型の知が至るべき最高度の理想は、己れの愛する者を最も親密な仕方で知る真の愛する者の知である。〈神秘家たち〉が己れの体験を描く際に艶かしい語、いわゆる「愛の言語」を用いることを好むのはこれに由来する。〈神秘家たち〉は神を知らんと狂おしいほどに願い、この次元で神を知ると主張する者だからである。

事実、神がこれら二つの型の知の対象を形作る際に、この基本的区別がきわめて明瞭に現れる。第二の次元において、我々は「〔掛け替えのない〕〈一なる神《アッラー・アハド》〉(Allāh al-aḥad) を知る」。そして〔掛け替えのない〕当の〈一なる神〉との個人的結び付きによってのみ、このことは可能である。第一の次元で我々は「〈神が一であること〉を知る」、つまり、ムルジア派のイブン・シャビーブが言うように〔前章第一節のⅧ(1)〕、我々は〈神が一〉であることを知る (anna Allāh wāḥid)。そして無媒介に直観的に、また個人的に深く〈一なる神〉を知ることは、神が〈一〉であることを知るのとは全く違った性質を帯びる。

通常、前者の型、つまり神秘家型の知はアラビア語でマアリファ (maʿrifah) といい、後者の方、つまり分析的な型の知はイルム (ʿilm) という。一般的にムルジア派が、イーマーンの定義において、ここで説明したイルムの意味を込めて、マアリファという語を用いたがる傾向にあることは注目に値する。ムルジア派は体系的哲学者ではないのであるから、この種の分析を押し進めすぎることが危険であるのは言うまでもない。だが、ムルジア派は「知」を本質論者型の「知」、つまり、通常は〈理性〉の働きを通じて得られる類の知、で諒解すると言ってよい。

ムルジア派が一般的に「知」を本質論者型の「知」で諒解することは[6]、ガイラーンの項目〔前章第一節Ⅶの(1)と(2)〕がそれと対照的な立場を提示することからわかる。前章で見たように、イルムの意味で解されたマアリファをイーマーンと同定するムルジア派の一般的傾向に対して、ガイラーンはいわば反旗を翻したのである。この型の知は確かに堅固であり、普遍的妥当性を有するものの、詰まるところ、それは形式的で表層的である。そしてこのことは、宗教と神に関わる事柄において特に明らかである。ガイラーンは「神を知ること《マアリファト・アッラー》」(maʿrifat Allāh)をより深くにある何かとした。こうしてガイラーンは「第一次的に神を知ること」と「第二次的に神を知ること」を区分する。前者は神を直観的にそして無媒介に諒解することである。この類の知は言語を絶したもので、マアリファ(＝イルム)の意味で解されるイーマーンを超えた存在である。イーマーンは、神についての概念知である「第二次的に知ること」に他ならず、言葉で定式化されうるものである。この解釈によれば、上で引用されたズルカーンの発言が理解可能となる。ガイラーンはイーマーンを「言葉での告白」と同等視し、イーマーンは「言葉での告白」に他ならぬと主張した。

ここで我々の主要な論点に立ち戻れば、本質主義者型の知は、〈普遍〉の次元で〈理性〉の働きを通じて得られうると特徴づけることができる。その知はその次元にとどまる。理論的に、〈個物〉の次元に降りて来ることはできないからだ。そうした知は、具体的な個別の物を個体の相のもとに捉えることができない。あるものを具体的な個体相のもとに知るためには、無媒介に、つまり、媒介なき個人的接触によってそれを知らねばならない。先に導入した型式を用いれば「Aを知ること」こそが、この類の知を得る唯一可能な仕方である。「Aがこれこれであることを知る」のは〈普遍〉の次元における知を得るにすぎない。

思うに、アブー・ハニーファの逸話は、この特殊な論点に関わるこの著名な思想家の教え、つまり、二つの型の知の理論的区別を反映するのではないだろうか。神に豚を喰うことを禁ずると言われたときに、我々はこれらの語を理解して、それらを客観的知の対象として受け容れる。そして、それがイーマーンである。この次元では、我々は〈普遍〉たるヒンズィール(khinzīr「豚」)が禁じられることだけを知るのであって、その禁止がこの特定のヒンズィール、ないしあの特定のヒンズィールに適用されるのか否かについては、我々はいまだに知らないのである。

以上に述べたことは道理に合わぬように聞こえ、単なる詭弁に見えるかもしれない。前の逸話が問題を極限にまで推し進めているからである。だが、きわめて重大な意図が根柢に潜んでいる。その物語が作られたものであれ、実際に起こった出来事を叙述するのであれ、いずれにせよ、その物語はアブー・ハニーファの教説の重要な側面を反映する。この逸話の中でアブー・ハニーファが極端な話をするのは、弁証家である限りにおいて、二つの次元の意味が混同されることに彼が堪えられないのを出来るだけ明瞭に示すためであることを明記せねばならない。事態をこの逆説の形に置くことでこの逸話がはっきりと述べているのは、アブー・ハニーファによると、「知」は必ず〈普遍〉の次元にとどまるということだ。つまり、この逸話は、アブー・ハニーファの徹底した主知主義を宣言しているのである。彼は何にも増して有能な弁証家〔対話の技術を持つ者〕であった。そして彼は弁証家として断乎として理性主義の態度を採ったのである。

いずれにせよ、ムルジア派が「知」に大きな重要性を附したことはきわめて重要な意味を有する。その主張はムスリムの思想家たちのあいだに数多の興味深い問題を提起することとなった。それらの問題のうちで最も重要なものを次節で扱おう。

二　理性と啓示

イーマーン＝「知」という理性主義者の理論を真に代表する者として、ムウタズィラ派をこの時点で引き合いに出して言及することが、当然ながら期待されるだろう。ムウタズィラ派がイスラームの産み出した最も急進的な理性主義者であるのは論ずるまでもないからである。この種の予想はすぐに裏切られる。イーマーン理論がムウタズィラ派の基本項目に含まれないことに留意せねばならない。〈神の永遠なる属性〉を否定すること、人間の自由と責任を肯定することなど、彼らは対処すべき他の課題を抱えており、イーマーンのあり方について理論を高度に練り上げることはなかったのである。

この問題に関するムウタズィラ派の代表的見解としてアシュアリーが提示する内容[7]を精査するならば、彼らの関心が他処にあったことが直ちにわかる。これらの見解の全てに共通するのは、イーマーンにおいて「行」が重要であることを強く主張することである。あまりにも強調されるため、ムウタズィラ派の考えでは、イーマーンはほぼ「行」と同一視される、という印象さえ持つほどである[8]。ムウタズィラ派がイーマーンを諒解する時に「行」が強く主張される理由を説明するのは難しくない。ムウタズィラ派の基本五項目の一つ「約束と威嚇《ワアド・ワ・ワイード》」（al-wa‘d wa-al-wa‘īd）の問題に「行」の概念が直に関わり、その問題の中核を担うからである。

そのうえ、彼らが彼ら固有の仕方で、イーマーンを本質的に「知」と同一視して概念把握することもまた明らかである。そしてこの点で彼らは完全な理性主義者である。基本的な問いは「ひとは何によって神を知るのか」であった。彼らの答えはきわめて単純であった。それは〈理性《アクル》〉（‘aql）によってである。彼らの概念把握においてアクルは全てのひとに共通し、全てのひとに等しくあるものである。カーフィルたちと信ずる者たちは全く同じ類の〈理性〉を有する。〈理性〉に関わる限り、〈預言者〉と通常のひとのあいだに違いはない。

「〈理性〉による知」でムウタズィラ派が意味するのは、推論と演繹（istidlāl）によって獲得した知、論理的議論に基づく知である。ヴェンスィンクが言うように、それは「宗教を理性で洞察すること」[9]であった。ムウタズィラ派の概念把握においてイーマーンが理性に関わるあり方をするのは、彼らがそれから導き出した深刻な結論によって議論の余地なくはっきりわかる。その結論とは即ち、他人の権威に基づくイーマーンをイーマーンとは認めないことである。イーマーン・ビ・タクリード（īmān bi-al-taqlīd）、即ち、権威に基づき伝聞によって信ずることの問題は特に次節の主題となる。弁証法〔対話の技術〕や哲学的思索と無縁な一般のひとびとの素朴な信の有効性をムウタズィラ派が否定するのは、〔一般のひとびとが有する〕この類の信が論理的議論に基づいていないことに理由があると見ることで、さしあたりは十分である。そしてそのことだけで、ムウタズィラ派が有した、「知」たるイーマーンという理性主義者の概念に光を当てることができよう。ムウタズィラ派の眼には〈啓示〉ですらもある類の「知」であり、〈啓示〉そのものはおのずからに理性的根拠を欠くものの、人間の理性を働かせることでそれが裏づけられねばならないものとして映る。ムウタズィラ派初期の思想家たちはイーマーンを首尾一貫した理論にまで展開させなかったのであるが、彼らが重要と見做した個々の問題を論ずるなかで、彼ら自身の〔イーマーンについての〕確信を詳細に開陳したのであった。

それよりも遥かに首尾一貫したイーマーンの理性主義的理論がトランスオクシアナにおけるアブー・ハニーファの信奉者たちであるマートゥリーディー派によって練り上げられた。とりわけ興味深いのは、「知」によってイーマーンを定義する際に生起する、イーマーンの概念に関わる〈理性〉と〈啓示〉の連関〔意味論的に言えば、イーマーンの領域内で〈理性〉という概念と〈啓示〉という概念がいかに連関するのか〕の問題に対する彼らの見解である。彼らはその「知」を〈理性〉の働きと理解する。マートゥリーディー派のテーゼの要諦は、神を知ることを義務とするのは何かという問いにある。それは〈理性〉なのか。それともそれは〈神法〉なのか。

ここでは、神を知ること《マアリファト・アッラー》(ma‘rifat Allāh) が義務であるのは当然のことと受け容れられている。またこの文脈ではマアリファはイーマーンと同義である。実際に考察されているのは次の問いである。ひとが成熟し理性を働かせる能力を獲得した瞬間に、神を知ることが義務として課されるのか。それとも〈使徒〉が共同体に遣わされてひとが知るべきことの全てを伝えた後に初めて神を知ることが義務として課されるのか。概してマートゥリーディー派は第一の選択肢を選び、アシュアリー派は第二の選択肢を選ぶ。マートゥリーディー派とアシュアリー派はこの点で鋭く対立する。[10]

『麗しき楽園』の著者〔アブー・ウズバ〕はアシュアリー派の立場を次のように記述する。(11)

神を知ることが義務であるとの性質を帯びることに関して両派のあいだに論争は全くない。唯一の違いは次のことである。〈啓示〉ないし〈神法《シャルウ》〉(sharʻ)によって神を知ることが義務とされる、とアシュアリーが言うのに対して、マートゥリーディーは、それは〈理性《アクル》〉(ʻaql)によると言う。アシュアリーによれば、神を知ることが義務であるのは〈神の言葉〉の証のみに基づく。それが義務であるのは、クフルとシルクが罰するに値し、彼ら〔クフルやシルクを犯した者たち〕が間違いなく〈火獄〉で罰されるであろうこと、それに対して、「知る者たち《アーリフーン》」(ʻārifūn. maʻrifah と同じ語根から派生した ʻārif〔知る者〕の複数形)は〈楽園〉ならびに〈神による善しとの評価〉が報酬として与えられることに由来する。

「神を知ること」が義務であるとの性質を帯びることは〈理性〉とは何ら関係がないとアシュアリーは続けて言う。〈理性〉が何かを義務とするという見解は、善悪は(神によってではなく)〈理性〉の判断で決定されるとの原則(12)に基づく。しかしながら〈理性〉は法の五範疇に何ら影響力を及ぼさない。……

イーマーン〔ここでは「知ること」(maʻrifah)と同義(13)〕が〈理性〉〔の判断〕によって義務であるならば、神が〈使徒〉を送る以前であってもイーマーンが義務であっただろう。〈理性〉は神が〈使徒〉を派することに先行するからだ。もし〈使徒〉の到来以前にイーマーンが義務であったならば、〈使徒〉の到来以前に(神を知るのを)怠った者どもは〈神罰〉に値することになろう。だが、「我が〈使徒〉を遣わすまで、我は決して罰さぬ」(クルアーン第一七章第一五節)との神の発言によってこの結論は偽とされる。神が〈使徒〉を派す以前に神が誰をも罰さないならば、〈理性〉が「知」(＝イーマーン)を義務とするとのテーゼは必然的に否定される。つまり、神を知る義務は〈神法〉だけに由来するのである。

マートゥリーディー派の立場はこのアシュアリー派の立場の正反対に位置する。神を知ることが義務であるとの性質を帯びるのは〈理性〉に基づく。言わば、〈啓示〉がいまだない時であってもひとは己れの〈理性〉で神を知らねばならない。ここで〈理性〉が最も重要なキー・ワードであることは明らかである。まずはマートゥリーディー派による〈理性〉の概念把握を説明せねばならない。次に掲げるのは、ハナフィー派・マートゥリーディー派神学者バヤーディーが理性について言っている内容である[14]。

〈理性〉（ないし〈知性〉）とは、二つの異なる視点から観側されうる、霊魂の認識論的原理である。二つの異なる視点とは、(1)その〔認識機能を担う霊魂の〕志向（〔ラテン語で〕intentio.〔アラビア語は〕tawajjuh. つまり、その対象を把握することへの傾向のこと）と、(2)その〔認識機能を担う霊魂の〕力《クウワ》（quwwah）である〔すなわち、霊魂が認識の対象である何かに向かうときの向かうという側面およびその霊魂が実際に何かを認識する際に力を発揮するときのその力の発揮という側面が〈理性〉であると言う〕。第一の側面における理性は、感覚的知覚を通じて眼の前にある感覚対象がそれによって把握され、また証明と推論といった間接的手段を通じて眼の前にない対象がそれによって把握される実体である。第二の側面における理性は、ある類の光であり、その働きは感覚という最も下層の段階に始まり、その光によって把握された対象が明瞭にこころに照らし出されるものである。

哲学者たちはアクルを四つの類に区分する。(1)質料的〔アクル〕（〔ʻaql〕hayūlānī）、(2)持ち前としての（ラテン語の in habitu に相当する）〔アクル〕（〔ʻaql〕bi-al-malakah）、(3)現実態としての（ラテン語の in actu に相当する）〔アクル〕（〔ʻaql〕bi-al-fiʻl）、(4)獲得された〔アクル〕（〔ʻaql〕mustafād）。第一のアクルが意味するのは、霊魂が事物を知る能力を有しつつも現実態としての（実際には）知を全く有さない時の、その霊魂の状態である。第二のアクルは、何ら媒介なしに真であることが明白な諸命題（ḍarūriyyāt〔字義的には必然的諸命題〕）だけが霊魂のうちにある時の霊魂の状態を指している。第三のアクルは、霊魂が理論的諸命題《ナザリーヤート》（naẓariyyāt.

つまり、媒介なしに明白なのではなく、霊魂にそれが生じる前に省察的思考過程を要する事物の知識）を有するときの霊魂の状態を指す。この段階のアクルはこれらの対象を把握しようと志向するにすぎないと考えられている。第四のアクルが指すのは、理論的諸命題がもはや可能態ではなく、現実態として霊魂にある時の霊魂の状態である。

哲学者たちによる〈理性〉の四分類には全く根拠がない。〈理性〉の唯一真なる説は次の通りである。ひとは当初から〈理性〉を展開させる可能性と、把握されるべきものを知的に把握しようとする志向を有する。この可能性、ないし準備ができている状態が、可能態としての〈理性〉（ʻaql bi-al-quwwah）や生得的な〈理性〉（ʻaql gharīzī）と呼ばれる。次に、この〈理性〉が神の創造活動によって、少しずつ展開し完全な状態に至る。こうして完成された〈理性〉が「獲得された〈理性〉」（ʻaql mustafād）と呼ばれる。

今や、「知」の意味で理解されたイーマーンに関する〈理性〉と〈啓示〉、ないしアクルとシャルウのあいだにある基本的連関の問題に対するマートゥリーディー派の立場を理解するのによりよい場所にいたった。アブー・ユースフによって伝えられたアブー・ハニーファの言葉「神が人類に一人も〈使徒〉を遣わさなかったとしても、〈理性〉によって神を知ることが要求されたであろう」がキー・テクストを提供する。このキー・テクストに対するバヤーディーの解釈が次の文章である。(15) ここでは、アブー・ハニーファの元のテクストにバヤーディーの解説文を［ ］に挿入して再構成した。

> 神が人類に対して［人類に義務として課されたであろう全てのことを説明したであろう］〈使徒〉を遣わさなかったとしても、〈理性〉［つまり、上で定義された「獲得された理性」のことで、経験を積む期間に省察と推論の義務が課されるのはこの〈理性〉に対してである］によって神を知ることが義務として課された

であろう[16]［神を「知ること」とは、つまり第一に神の存在を知り、次に、〈神が一であること〉、〈神の知〉、〈神の力〉、〈神の語り〉、〈神の意志〉、〈神が世界を創造する者であること〉などの、〈神の存在〉に後続する全てのことである］[17]。

マートゥリーディー派の〈理性〉論についてバヤーディーとアブー・ウズバが書いていることに基づいて幾つかの重要な見解を附しておこう。

(1)〈理性〉はひとの有する道具《アーラ》（ālah）に他ならない。それによってひとは神について知らねばならないことを知るに至る。それは知るための道具であって、精確に言えば、ひとはその目的のために〈神法〉を必要としない。

では、マートゥリーディー派の立場は、〈啓典〉の権威すらも超えた権威を〈理性〉に与えることで名高いムウタズィラ派のそれと全く同じであるのだろうか。少なくとも、マートゥリーディー派の視点から見れば、両者のあいだにはきわめて微かではあるものの、根柢的な違いがある。まさにこの点を指摘すべく、『麗しき楽園』の著者アブー・ウズバは以下のように説明する[18]。

マートゥリーディー派とムウタズィラ派——神よ、彼らを破滅させたまえ——の違いは、ムウタズィラ派が〈理性〉を、「知ること」を必須のものとすることにおいて自己充足的なものであると見做した［つまり「〈理性〉こそが「知る」を「知らねばならない」に変えた」のに対して、マートゥリーディー派にとって、〈理性〉は、「知ること」を必須のものとするための道具に他ならず、それを真に必須のものとする者は神自身である、つまり、神は人間の〈理性〉を手段として用いることで（「知ること」を必須のものとする［つまり、「知る」が「知らねばならない」という必然性を帯びる］）点である。（人間の側に）〈理性〉が存在せねば神はいかなる義務をも真に必須のものとすることはない。〈理性〉の存在はその基本条件である〔つまり、「「知らねばならない」が成立するためには〈理性〉があるだけでは不十分であるが、「知らねばならない」が成立するには〈理性〉が必要であることを言う〕。同じことが〈使徒〉の役割にも当てはまる。〈使徒〉は何ものをも必須としない〔「為さねばならぬ」と〈使徒〉が己れの権能で附したのではない〕。〈使徒〉は必須のもの〔為さねばならぬ〕をひとびとに知らしめるにすぎない。ここでも再び、義務諸項目を真に課する者は神自身である。神は〈使徒〉という媒介を通じてひとびとに義務諸項目を課すのである。

上記の全過程は燈籠の働きに喩えることができる。燈籠〔神〕は光であって、眼〔〈理性〉ないし〈使徒〉〕が事物〔「知ること」ないし義務諸項目〕を見るときにその光があってこそ眼は事物を見る〔眼は事物を見るための十分条件ではなく、必要条件である〕。燈籠こそが視覚を必須のものとする。〔1〕

我々は「神が人類に一人も〈使徒〉を遣わさなかったとしても、彼らの〈理性〉によって〔bi-ʿuqūli-him〕、神を知ることが義務とされていたであろう」というアブー・ハニーファの言葉をこの意味で理解せねばならない。以上の説明から、ビ・ウクーリ・ヒム（文字通りには、「彼らの理性によって」、あるいは、「彼らの理性を用いて」）という（この文でアブー・ハニーファが用いている）句のなかにある「によって」「を用いて」を意味する前置詞「ビ」（bi）が、因果関係《サバビーヤ》（sababiyyah）の「ビ」であるのは明らかである。[19] この文は次の意味で理解せねばならない。ひとびとが〈理性〉を有するが故に、神を知ることはひとびとに課された義務である。ただし、真にそれを義務とする〔「知る」を「知らねばならない」にする〕のは（〈理性〉ではなく）神である〔つまり、〈理性〉を有しているならば神を知らねばならないのだが、それは〈理性〉そのものだけに由来するのではなく、さらに遡って神に由来する〕。

ムウタズィラ主義とマートゥリーディー主義の類似性と同様、両者の相違も、成熟する前の子供や、預言者を介した神の啓示がいまだ至っていないひとびとが「知」とイーマーンを欠く責を負うか否かの問題に関して両者がそれぞれ採用する立場から明瞭にわかる。

この点に関して、アシュアリー派とマートゥリーディー派の相違が、マートゥリーディー派とムウタズィラ派の相違よりも遥かに大きいとアブー・ウズバは見る。彼は、マートゥリーディー派とムウタズィラ派はともに〈理性〉の役割を強く主張するが故に、幾つかの重要な点で見解を同じくすると言う。

高い山の頂上に生まれ、そこで育ち、（〈使徒〉のことを聞きつけて神を）信ずる機会を持たなかった者がいたとしよう。もしその者がその状態で死んだならば、その者は、信じなかったことを理由として（来世で）罰されるのだろうか、それとも罰されないのだろうか。

アシュアリー派の回答は次の通りである。その者は罰されないだろう。その者の生存中に神を信ずることを必然化する条件〔「信ずる」を「信ぜねばならない」に変える条件〕が欠けているからだ。その条件とは〈啓示〉である。

他方、マートゥリーディー派は次のように主張する。その者は罰される。イーマーンを必然化する条件が満たされているからだ。その条件とは〈理性〉である。

我々はムウタズィラ派からマートゥリーディー派と全く同じ回答を得る。[20]

マートゥリーディー派とムウタズィラ派がきわめて微妙な仕方で見解を同じくし、また見解を違えるさまを、子供のイーマーンの問題が明らかにする。我々はその問題を、今しがたアブー・ウズバから習い憶えた、〈理性〉という原理の両学団による扱いを描く実例と見做そう。この問題についてアブー・ウズバは次のように記す。

ムウタズィラ派によると、〈理性〉を有する者は、小さな子供であれ、成人であれ、「知」が獲得されないことの罰を免れない。（その者の〈理性〉が）真理の探究をその者に課すからである。そのため、〈理性〉を有する子供は、その子供が〈理性〉を有するが故に必ずイーマーンを有さねばならない。もしその子供が信ずることなく死んだのなら、その子供は罰されるだろう。

マートゥリーディー派によると、思春期前の子供には何も義務として課されない。「〈筆〉は三つのことから遠ざかっている。その内の一つは思春期前の子供である」との〈使徒〉の言葉に当てはまるからである。マートゥリーディー派の見解では、そうした子供が信ずることなく死んだ場合、その子供は罰を免れる。

しかしながら、〈理性〉が備わった子供には神を「知ること」が義務として課される、とのマートゥリーディーの言がある。この解釈にしたがうならば、マートゥリーディー主義とムウタズィラ主義のあいだには、原則を実際に適用する限りにおいて、違いがない。だが、（この場合であっても）原則そのものに鑑みれば、彼らのあいだには違いがある。その違いは、ムウタズィラ派によると、〈理性〉はそれだけで「知ること」を必然化する力を有するのに対して、マートゥリーディー派によると、〈理性〉がそのような独立した力をもたないことにある。[21]

(2) しかしながら、マートゥリーディー派の〈理性〉強調の姿勢が、彼らの見解では、我々がひとたび〈理性〉を有したならば、〈神法〉は無用になるということを意味すると解すべきではない。バヤーディーは、アブー・ハニーファの文（「神が人類に一人も〈使徒〉を遣わさなかったとしても……」）が仮定法の構造を有することに注意を促す。[22]その文の構造は、ちょうど正反対の状況が現実であることを明瞭に示す。つまり、使徒たちは神によって、実際の事柄として遣わされたのである。では神が使徒たちを遣わしたことの意義は何であるのか。〈理性〉には、その対象を広く一般的な仕方で概括的にのみ理解できる能力がある。〈理性〉が既に一般的な仕方で把握したことを具体的で個別的にするために使徒たちが遣わされる。彼らはその特別な詳細を開示する。こうして、「知ること」の必然性は使徒たちが遣わされることでより堅固な基礎の上に置かれるのである。

(3)　実際のところ(2)で提起された問題はその扱いがきわめて難しい論点である。この点は、歴史的にマートゥリーディーの信奉者たちをブハラ学団とサマルカンド学団に分かつ際に大きく寄与した。概してサマルカンド学団はアブー・ハニーファの主知主義に対してより忠実でありつづけた。

現時点で注視する問題に関して、ブハラ学団はアシュアリー派と同じ立場を採用した。アシュアリー派の主張の要諦は、神が〈使徒〉を遣わす前、預言者によるひとびとへの呼びかけが彼らの耳に届く前には、いかなる義務もありえない、ということであった。したがって、そうした状況であれば、クフルが禁ぜられることもなければ、イーマーンが義務として課されることもない。アシュアリー派の主張を支持する証拠となる最も重要なテクストは前に掲げた章句「我が〈使徒〉を遣わすまでは、我は決して罰を下さぬ」（クルアーン第一七章第一五節）である。〈法〉の到来以前に〈神罰〉が下ることを、この章句は明確に否定する。

しかしながら、サマルカンド学団に属する神学者たちはこの章句のそのような解釈を受け容れない。ムウタズィラ主義に対して前記の議論が通用しても、サマルカンドのマートゥリーディー主義には通用しない、と彼らは主張する。ここで言われる「罰《アザーブ》」（ʻadhāb）は「根絶やしにする《イスティウサール》」（istiʼṣāl）という最も重い罰だからである。前掲章句の直後にある章句によりこれが証明される。「我がある邑を破滅させようと欲したなら、先ず、そこで安穏と暮らす者どもに命を下す。そうすれば彼らは（破滅させるとの〈我の決定的な）言葉〉に値するさまざまな罪を犯す。そのとき我は完膚なきまでにその邑を破滅させるだけのこと」（クルアーン第一七章第一六節）。

この章句に照らして見れば、この一つ前の節〔第一七章第一五節〕は、神がある共同体の民に〈使徒〉を通じて警告する以前に、その共同体全体を完全に消滅させる、究極の、最も重い罰を下す手段に訴えないことだけを意味する。したがって、たとえ〈使徒〉を遣わす前であっても（〈理性〉により）義務である事柄を果たすのを怠った個人個人に対してより軽い罰を下す可能性があることをその章句〔第一七章第一五節〕は否定してはいない。言い換えると、第一五節（「……我れは決して罰を下さぬ」）に見える罰の否定は、処罰を否定するものではなく、〈使徒〉を遣わす前に最も重い類の罰を下すことが〈神の叡智〉と〈神の慈しみ〉に相応しくないと言わんとするにすぎない。そして、〈神法〉の補助なしに己れの〈理性〉だけで知りうる事柄を「知る」ことのない者は神から罰を下される蓋然性が高い。これが結論である。(23)

（アブー・ユースフにより伝えられた）次のアブー・ハニーファの発言も同じようにブハラのひとびととサマルカンドのひとびととでは全く違う仕方で理解される。問題となるアブー・ハニーファの発言は「己れ自身の〈創造者〉について、天と地の創造〔つまり、万物が生成しゆくさま〕、および己れ自身と他の者どもの創造を目の当たりにしつつ、その〈創造者〉について（知るべきことを）知らない、というのは、誰にとっても弁解の余地はない」というものである。これが当てはまるのは〈使徒〉が到来した後であるとブハラの学団が主張するのに対して、サマルカンドの学団はそうした条件づけを認めない。サマルカンドの学団によれば、この発言の正しい解釈は次のものである。

〈理性〉を賦与された各人は、天と地の創造、ならびに己れ自身と他の者たちの創造を目の当たりにするのであるから、〔己れが見たそれらの内容から〈創造者〉を導き出す〕推論をする過程を経た後には必ず〈創造者〉が存在することを知るに至らねばならない。(24)「推論をする過程（あるいは、期間）を経た後に(25)」という句は、マートゥリーディー派にきわめて典型的な概念把握を言い表す。その概念把握はクルアーン第三五章第三七節に基づく。そこには「省察する能力を有する者に対して省察するに十分なほどに長い生の期間を我は与えなかったか」とある。

前置詞「マー」（mā）（ここでは「十分なほどに長い」と訳されている）は省察し推論する期間を言い表

す。[26] この不定の期間を言い表す語が用いられているのは、全てのひとに共通する一定の期間がないことを示すためである。ひとによって〈理性〉の程度が異なるので、〔省察の結果〈創造者〉の存在に至るために〕要する期間は各人の場合に応じて神が割り当てる。[27]

ここに引いた章句（クルアーン第三五章第三七節）には、最も〈高き処〉にある〈創造者〉の存在、ならびに〈創造者〉が〈完全なる〉全ての属性を有することを知るために行う省察《ナザル》（naẓar）と推論《イスティドラール》（istidlāl）を怠ったカーフィルたちへの断乎とした非難の趣旨が示されている。カーフィルたちがこれほど厳しく非難されるのは、彼らが己れの有する〈理性〉の力で推論しうるだけの長い期間を神が彼らに与えていたからである。[28]

(4)　これまでの議論が明らかにしているように、神を「知る」ために行う省察と推論の義務がマートゥリーディー主義におけるあらゆる義務《ワージバート》（wājibāt）のなかで最も重要な義務である。これが全ての根柢を成すのであって、他の全てはそれに依拠するにすぎない。この点についてバヤーディーは次のように記している。[29]

アブー・ハニーファの見解において、全ての宗教的義務は、推論を通じて神を知るという第一次的義務に依拠する。第一の絶対的義務は、創造された事物を省察し、それら事物を創造した〈一なる者〉の存在を、それらの事物から推論により導き出すことである、との立場をアブー・ハニーファは採る。

したがって、法的能力を有するあらゆるムスリムに課された全ての義務のなかで第一の義務は、神、〈神の諸属性〉、〈神の唯一性〉〔tawḥīd〕、〈神の正義〉、〈神の叡智〉を「知る」ことに導く類の思考と推論である。第二位に置かれる義務は、〔神が〕使徒たちを遣わして〈己れの僕《しもべ》たち〉に義務を課すことがありうることを認めるに導く類の思考と推論である。

次いで、第三位に置かれる義務は、〔使徒たちが起こす〕奇跡という証拠によって〔使徒たちが〕現に〈使徒としてある〉ことを認め、〔神の〕命と義務を認めるに導く類の思考と推論である。

次に第四位に置かれる義務は、〈神法〉の主要項目を具体的に知ることに導く類の推論である。

最後に置かれるのは、〈法〉によって課された事項にしたがって振舞う義務である。


この文章でバヤーディーは〈理性〉が〈神法〉に優先するとはっきりと断言する。無論、(2)で見たように、バヤーディーにとって〈神法《シャルウ》〉(sharʿ)もきわめて重要である。だが、バヤーディーは、ひとが己れの〈理性〉の行使を通じて、神についての知、神への信、〈預言者〉の真実性と〈預言者〉への絶対的信頼を獲得して初めて、シャルウが機能することを強調する。言い換えると、シャルウが機能するためにはアクル〔理性〕が予め整えた領域がなければならない、その一点においてシャルウはアクルに依拠する。[30] バヤーディーのこの発言はアブー・ハニーファの言葉に基づいている。アブー・ハニーファのその言葉の翻訳を、バヤーディー注を［ ］に挿れるかたちで次に掲げておく。[31]

神を「知ること」［つまり、神が必然的に存在すること、〈神が唯一であること〉、ならびに〈神の属性〉――〈神の本質〉に帰属する属性と〈神の行為〉に関わる属性がある――を知ること。なお〈神の行為〉に関わる属性には〈使徒〉を遣わすこと、〈使徒〉を通じて奇跡を創造することが含まれる］が〈使徒〉［の教え］から至るのであれば［つまり、使徒のもたらす〈神法〉によるのであれば、そしてこのように〔「知ること」の〕全てが使徒によるのであれば］、神を「知る」という格別の恩恵を神ではなく〈使徒〉が人類に与えることになってしまう［。だが、実のところ、それは神が、そして神唯ひとりがひとのうちに〈理性〉を設け、ひとが推論することを可能にすることで与える恩恵である］。〈使徒〉にその〈使徒〉自身の〈主《あるじ》〉を知らしめることで［イブラーヒームに見えるように、推論させることによる場合もあれば、幾人かの〈使徒〉

に見えるように、霊感を吹き込みその者を教え導くことや、格別な思し召しによる場合もある〕神がその〈使徒〉に恩恵を与えることこそが真理である。したがってこの場合の〔つまり、人類が神を「知る」場合の〕恩恵は〔たとえ使徒たちを仲介にして実現するとしても〕ただ神から〔そして神唯ひとりから〕至るのである。その恩恵が人類に与えられるのは、神が〔彼らに〈理性〉を備え、推論を可能ならしめることで〕、〈使徒〉〔によりもたらされた真理〕を是認せねばならないと理解させることによるのである。[2]

(5)　この特定の文脈で言及すべきことが二点残っている。第一点はきわめて単純である。「知る」べしという義務のあり方はいかなるものか、またそれはどの程度の義務なのかという問いに関わる。バヤーディーによると、「〔具体的で詳細な論拠ではなく、概括的な論拠を用いた〕概括的推論に基づく類の（神を）「知ること」[32]」、さらには、権威に盲目的に追従するという最下の次元の上に、考えて推論する者を押し上げる類の（神を）「知ること」はあらゆる個々のムスリムに課された義務である、という。つまり、それはファルド・キファーヤ（farḍ kifāyah）〔即ち、共同体全体に課された義務であり、共同体のなかの誰かが行えばよいもの〕ではなく、ファルド・アイン（farḍ ʻayn）〔即ち、個々人が為すべき義務〕である。[33]

第二の問題は推論することがいかなる仕方で「知」を導くのかに関わる。正しい推論はいかにして正しい「知」を生み出すのか。この問いに対して、ムウタズィラ派は「〔推論することが有するおのずからの〕産出作用《タウリード》（tawlīd）によって」と答える。哲学者たちの回答はこれとは異なる。彼らは「論理的必然性《イージャーブ》（ījāb）によって」と言う。

マートゥリーディー派はこれら二つの代表的な回答に抗して、正しい推論を経た後に「知」が生起するのは神の設えた習慣《アーダ・イラーヒーヤ》（ʻādah ilāhiyyah）による、と主張した。「知ること」と推論することが結びつくのは本質的に神により確立された習慣に関わるのであって、それは論理的に連関するのでも、おのずからに産み出されるもので

もないのである。(34)

三　他人の権威による信《イーマーン・ビ・タクリード》（īmān bi-al-taqlīd）

前節で明らかにしたように、ムウタズィラ派とマートゥリーディー派はイーマーンにとって論理的思索ないし推論《イスティドラール》（istidlāl）がきわめて重要であると強く主張した。彼らの主張するようにイーマーンが本質的に「知ること」に還元されうるならば、そして正しい類の知ることが論理的証明に基づくのであれば、真のイーマーンは推論することに基づくイーマーンでなければならぬのは明らかである。

イーマーンについてこのような諒解は、当初からきわめて深刻な帰結を孕んでいた。推論と論理的証明ではなく他人の権威のみに基づくイーマーンの価値が必然的に問われることになるからである。この理論にしたがえば、推論や弁証技術の訓練を全く受けていない大多数のムスリム、つまり一般のひとびとが信ずる者《ムウミン》（muʾmin「イーマーンを帯びた者」）として不適格であることになるが故に、この問いは共同体に深く関わる。この形態のテーゼは、カウル・ビ・クフル・アーンマ（al-qawl bi-kufr al-ʿāmmah）、即ち、一般のひとびとをカーフィルと非難するテーゼ、として知られる。このテーゼが一般の感覚からして完全に不条理であることを措くにしても、専門的なムタカッリム（mutakallim「弁証家」〔神学者〕）のみが真の信ずる者たりえる、というさらに驚くべき結論を導きかねない。そうした者だけが己れのイーマーンを堅固な論理的論証に基づかせることができるからである。無論、ほとんどの場合、これは含意されるに留まった。だが、そうした含意は実際にそこにあり、その危険性が実際に看取されたのである。

我々の予想に反して、推論の重要性をあれほど強く主張したマートゥリーディー派がクフル・アーンマを主張するには至らなかった。彼らが「権威によるイーマーン」〔īmān bi-al-taqlīd〕を価値なしとして、ないし誤りとして拒絶することはなかった。不思議なことに、クフル・アーンマを主張すると非難されたのはアシュアリーとアシュアリー派であった。

しばしばこのテーゼはムウタズィラ派に帰属すると見做され、ムウタズィラ派テーゼと呼ばれるが、それは全くの誤りである。先ず、既に見たように、ムウタズィラ派はタクフィールの問題に関してマンズィラ・バイナ・マンズィラタイン（manzilah bayna al-manzilatayn〔二つの極端な立場のあいだにある中間の立場〕）の立場を採る。権威によるイーマーンがもっぱら否定すべきものであったとしても、権威によって信ずる者は、ファースィク（罪人）であって、カーフィルでも信ずる者でもない。さらに、きわめて精確を期せば、真の「知ること」が推論だけによって獲得されるとの主張に、ムウタズィラ派の全ての主要な思想家が合意していたわけではない。幾人かの者は、神、〈神の諸書〉、神の使徒たちを「知ること」は省察と推論を通じて獲得されたもの《イクティサーブ》（iktisab）だと主張する。これらのひとびとの見方において、推論することを怠った場合、おのずとその者はファースィクである[35]。だが、ムウタズィラ派の他の者たちにとって、「知ること」は獲得されたものではなく、生得的に得られる何か、直接的に証される何か、論理的な思考過程を要請しない何かである[36]。

ムウタズィラ派の幾人かは権威によるイーマーンを拒絶することが全くない。シャフラスターニーによると、ジャーヒズ〔3〕に並ぶあるムウラズィラ主義の喧伝者は次のように説く。「形のうえでイスラームの宗教に帰属する者のなかには、神は肉体でもなく、形相でもなく、眼に見えるものでもないと確信し、さらに神は義しき者であって、些かも不義を行わず、不服従の行為を（ひとの側に生ぜしめようと）意図することもない、と確信する者がいる。これらのひとびとがこの確信に加えてそれを言葉で告白すれば、語の真の意味でムスリムである。……だが、これらの事柄に関して決して推論せず、神が己れの〈主〉であり、ムハンマドが〈神の使徒〉であると単純に信ずるのであっても、そうした者は信ずる者だと見做される。そうした者は（推論を怠ったことで）非難されるべきではないし、彼らがそれ以上のことを為せと求められるわけでもない[37]」。

だが、イーマーン・ビ・タクリード〔他人の権威による信〕の拒絶がアシュアリーならびに彼の信奉者たちに帰されたことはより深刻で扱いにくい問題を提起する。解決されるべき問題は、アシュアリー自身がそうした見解を主張したかどうかである。

「アシュアリー自身がムウタズィラ派の見解を共有することは全くない」とヴェンシンクは記す。だが、アシュアリーは相当の範囲でムウタズィラ派の見解を共有する。バグダーディーによると、アシュアリーは「他人の権威によって真理を信ずる者はムシュリク（多神主義者ないし偶像崇拝者）でもなければカーフィルでもない」と説いたからである。そうしたひとは信ずる者なのか。この重要な問いに「私は無条件にその者を信ずる者と呼ぶことはない」とアシュアリーは答える。[38] アシュアリーによるイーマーンの概念把握を論ずる次章でこの問題をより詳しく論ずる。さしあたり、アシュアリー主義に対するムスリムの批判者がこの点について何を言うのかを知ることがここでの関心の対象となる。クフル・アーンマを主張したとアシュアリー派が苛烈に攻撃されるさまを見てみよう。

先ず、アシュアリー主義に抗する典型的なマートゥリーディー派の議論を精査しよう。『最も大なる洞察・第一』へのマートゥリーディー派の注釈者——それが誰であれ——は、[39] 権威によるイーマーンが〔イーマーンの領域から〕否定されないことを、推論の優位性を認めることと組み合わせようとする。議論の出発点は、「行」（'amal）が本質的構成要素としてイーマーンに含まれないとのテーゼを支持する際にしばしば引かれるアブー・ハニーファの次の言である〔文中の［ ］はバヤーディーによる〕。「トルコ人の国の遥か彼方に住むひとがいるとしよう。その者は広く一般的な意味におけるイスラームを認めるものの、その者は宗教的義務や、信条の項目、そして〈書〉を知らない［。その者がこれらに接することがなかったからである］。また彼はそれらをどれも認めない［。その者が己れの〈理性〉でそれらを理解しなかったからである］。だが、その者は神と［最も基本的な形態での」イーマーンを認める。そうしたひとは間違いなく信ずる者である［そのひとのイーマーンには報酬が与えられ、「行」の懈怠《かいだい》を許されるであろう］」(40)。

この発言を『最も大なる洞察・第一』注釈者は次のように解釈する(41)。

> たとえイスラームという（より高次の形態に）至っていないとしても、それにもかかわらず権威によるイーマーンが〔イーマーンとして〕受け容れうることをこの発言は含意する。この立場は、権威によるイーマーンを認めず、さらには一般のひとびとはカーフィルであると公言するムウタズィラ派やアシュアリー派が採る立場と対立する。〔ムウタズィラ派やアシュアリー派が唱える〕このクフル・アーンマというテーゼは認められえない。このテーゼが、使徒たちや預言者たちを遣わす際の〈神の叡智〉を無意味なものにするからである。〈使徒〉としての務めや〈預言者〉としての務めを託された者は先ず、不信者にイスラームを勧めよと命じられてきた。そうであるから、（〈使徒〉の側の）勧告により獲得されたイスラームと、（共同体の側の）無条件にそのまま受容することが正しくないのであれば、使徒たちを遣わした〈神の叡智〉は全くの無駄となろう。
>
> しかしながら（これ〔前段に述べたこと〕は二類のイーマーンが全く同価値であることを意味しない）、推論の有する〔イーマーンの〕位次は、無批判に受容することのそれよりも一千倍も高い。また、ひとは推論と演繹を為せば為すほど、己れのイーマーンがますます証明される。アブー・バクルのイーマーンについて述べる有名なハディースはこの意味で理解されねばならない。もしアブー・バクルのイーマーンを人類全体のイーマーンよりも重いとするならば、確かにアブー・バクルのイーマーンが勝るだろうと、〈預言者〉はそのハディースで述べる。アブー・バクルのイーマーンはより明るく輝くが故に勝るのである。その違いは（通常そうであるように）「増減」（つまり、イーマーンの性質の多寡の違い）に関わると理解してはならない(42)。

「光《ヌール》」（nūr）に即したイーマーンの概念把握は、ガザーリーにもクフル・アーンマのテーゼを批判する礎を提供する。(43) スコラ神学においてガザーリーはアシュアリー派に属するが、彼はこのテーゼに対して断乎とした攻撃を向ける。ただしこのテーゼをアシュアリー主義のものとせず、(44) きわめて曖昧に「神学者たちのなかのある集団」の見解としており、明らかにガザーリーはこの語句でムウタズィラ派を意味している。ガザーリーは言う。これらの神学者たちは、自分たちのようにスコラ神学（kalām）を知らない者、または自分たちが確立した論理的証明でもって〈神法〉の詳細を知らぬ者はカーフィルなのだと主張して、教養を持ち合わせぬ素朴なムスリムをカーフィルと非難した、と。

そうした見解は無限に拡がる〈神の慈しみ〉をきわめて狭くし、専門的な神学者だけが〈楽園〉という報酬を受け取るに値するとの誤った帰結を導いてしまう、とガザーリーは言う。

ガザーリーは続けて、ひとのこころにイーマーンが生まれることとスコラ神学はほとんど関係がないと指摘する。イーマーンは、抽象的な論拠を確立する、体系的に分類する、議論を細分化するなどの〈理性〉の働きによって得られるようなものではないのである。

否、イーマーンは、神自らが〈己れの僕《しもべ》たち〉のこころに無償の賜物として挿し入れる類の、周りを照らし出す「光」である。ある場合には、魂の奥底から湧き上がる確乎とした抗いがたい確信、言葉にしようのない確信の姿を帯びてその「光」は発現する。敬虔な者の何らかの徳性に触れた結果としてその「光」が生起することもある。敬虔な者と同席して語らうときに、突如として閃光がその敬虔な者から迸《ほとばし》り、それに打たれたと感ずる場合がそれである。また、ある個人的な状況がそれを惹き起こす場合もある。かつて烈しい敵意を剝き出しにして〈預言者〉〔ムハンマド〕に対抗したことのある〈ベドウィン〉が彼のところにやって来た。〈預言者〉の輝かしい顔にその者が眼をやると、〈預言者たること〉の火花がその顔から迸り出るのが見えた。そのベドウィンはその時「神にかけて、これは嘘つきの顔ではない」と言った。彼は〈預言者〉にイスラームについて語ってくれと頼み、ムスリムとなったのである[45]。

この類の素朴に信ずる者たちは信仰告白《シャハーダ》(shahādah)の型式を教えられ、拝礼やザカート〔喜捨〕といった事柄を学び、その後、通常は、彼ら自身の仕事を再開するために元いた場所に送り返された、とガザーリーは続ける。スコラ神学の提供する論理的証明がある型《タイプ》のひとの場合にイーマーンの原因として機能することがあるのは無論、否定できない。だが、それは唯一の原因ではない。さらに言えば、そうした事例は稀である。大抵の場合に、神学的議論は、高い教養をもたぬ一般のひとびとを混乱させるためにわざわざ拵えられたのではないかとの印象を与える。神学の専門家の議論は、ひとびとのこころにイーマーンを生起させるよりもむしろ、人心に頑なさを生み出しがちであり、その結果、イーマーンへの強い反感をも生み出しかねないものなのである。

ガザーリーはこれまでの考察から、己れのイーマーン論を簡潔に定式化した、きわめて興味深い結論を引き出している[46]。

ある定まった信仰を持ちつつ〈預言者〉の教えとクルアーンの内容を受け容れる者は誰であれ、たとえその者がその論理的証明を知らずとも、信ずる者である。これは疑いを挿れることのできない真理である。これに対して、スコラ的議論から得られたイーマーンはきわめて脆弱であり、思索に少しでも難があれば、いつでも崩れ落ちてしまうだろう。

むしろ、深く根を張ったイーマーンは一般のひとびとのイーマーンである。そのイーマーンは、〔論理的推論によるのではなく〕何らかの権威によって子供の頃に彼らのこころにしっかりと植えつけられたものかもしれないし、成年に達した後に、言い表し難い個人的体験を経て得られたものかもしれない。

内に敬虔さを保ちつつ常に〔神に〕身を捧げて振舞う。これによりこの型のイーマーンが育ち、完成へと至る。長期にわたって〔神に〕身を捧げる経験をし、神を唱名《ズィクル》（dhikr）しつづけると、ついには語の最深の意味におけるタクワー（taqwá「神を畏れることに基づく敬虔なる信」）に至る。そうすれば、「知《マアリファ》」（maʻrifah）[47]の圧倒的な光がその者に注がれる。事ここに至って、当初はその者が権威に盲目的に従うことで受け容れた事柄が、いわば個人的考察と経験の対象に転化する。そしてこれこそが、神の光により形式的な信の結び目が解かれて「こころが拡張され[48]」た後にのみ獲得しうるに至る、真実の「知」なのである。

ガザーリーよりもさらに理論的にそして徹底的にクフル・アーンマのテーゼを批判するのがイブン・ハズムである。彼が批判対象とするのは、ムハンマド・イブン・ジャリール・タバリー（Muḥammad ibn Jarīr al-Ṭabarī〔839–923. イスラーム初期の大歴史書『使徒たちと諸王の歴史』の著者〕）と、シムナーニー（al-Simnānī, Abū Jaʻfar Muḥammad ibn Aḥmad〔972–1052. アシュアリー派神学者〕）を除く全てのアシュアリー派である。[49]

イブン・ハズムはその問題を次のように定式化する。推論を用いることなくイスラームに改宗した者は誰であれ信ずる者たりうるのか。それとも、推論を用いることがなければ誰も〈信ずる者にしてムスリム〉たりえないと考えるのが正しいのか。イブン・ハズムによると、タバリーは次のように言う。少年少女は七歳になると、論理的推論の訓練を始めねばならない。思春期に至ってもなお、推論を通じてさまざまな名と属性を帯びた神を知るに至っていなければ、その者は純然たるカーフィルであり、生命と財産は〈法〉によって護られない、と。無論、これは、タクリード（taqlīd）、即ち他の者の権威に盲目的に従うことに基づくイーマーンには何の価値も効力もないという見解の裏側を見ているにすぎない。

イブン・ハズムは反タクリードを掲げる議論の要点を列挙し、次にそれらを一つずつ論駁する。[50]

(1) タクリードが非難されるべきであるのはクルアーンそのものから知られる（第二章第一七〇節、第三三章第六七節、第四三章第二二節など）。「宗教に関して自分たちの父親や先祖、そして指導者たちの足跡を盲目的に辿る者ども」を、神はそれらの箇所で厳しく叱責する。このようにタクリードが悪であるならば、イスティドラール（推論）が唯一の正しい道であると結論づけねばならない。タクリードの対概念はイスティドラールであり、両者のあいだに第三項はないからである。

(2) 論理的証明に基づかず、またそれに支持されないテーゼは単なる「主張《ダアワー》」（daʿwá）にすぎない。主張自体は真や偽と関わらない。それ故、論理的証明に基づかないテーゼが妥当であることの保証は何もない。したがって、そうした主張はひとびとのこころにイーマーンを生じさせることはない。

(3) 「知《イルム》」（ʿilm）ではない何らかのものとは、「疑念」や「憶測」に他ならない。「知」とは、ひとがあることを直接的な感覚知覚（ḍarūrah）によって、ないし論理的推論によって、それが真にあるがままそうであると確信すること（iʿtiqād）である。さて、正しい宗教と誤った宗教を区分する問題にこれを適用すると、正しい宗教の正しさが直接的感覚知覚によっては知られえないということに我々は直ちに気づく。それ故、その正しさは推論によってのみ知られうると結論づけねばならない。ある宗教が真であることについてひとが己れの〈理性〉を働かせない限り、その者はその宗教を「知る者」ではない。そしてその者が「知る者」ではない限りにおいて、その者は単に「疑う者」であり「誤りを犯す」者である。

(4) ハディースによれば、各人の霊魂は墓で天使に尋問される、という。ムハンマドを指差してその天使は

「この男についてお前は何と言うか」と尋ねる。地上で信ずる者であった者はそれに対して「彼はムハンマド、〈神の使徒〉だ」と答える。だが偽善者や〈疑う者〉であった者は「私にはわからない。ひとびとが何かを言うのを偶々聞き、ただ（それを真似て）同じことを言い始めただけだ」と答える。

反タクリード派が指摘するこれら四点に抗して、イブン・ハズムは次の仕方で論ずる。

(1) 彼らの主張する第一点が立脚する二分法、即ち、第三項が許容されないというかたちでタクリードとイスティドラールへと二分することは詭弁に他ならない。それが詭弁であるのは、この議論ではタクリードの語があるべき場から恣意的に、秘密裡に移された結果、それが不適切に用いられているからである。

（「権威に盲目的に従う」との意味での）タクリードが真に意味するところは、〈神の使徒〉以外の者で、その者に従えと神が命じておらず、またその意見を受け容れよと命じていない人物の意見を受け容れ、認めることである。より明確に言うならば、タクリードとは神が我々に従うことを禁じた者に従うことである。したがって、ある者が〈神の使徒〉ではない者に従い、その特定の者の見解であるという理由だけでその見解を採り、さらには、その「誰か」がそのテーゼを支持せず、己れ自身もそれを支持しないならば、その時に限り、その者はムカッリド（タクリードを行うひと）である。神にも〈神の使徒〉にも従わない、そうした者は、その者がこのような仕方で主張する特定のテーゼが神や〈神の使徒〉の言うことと一致する、しないにかかわらず、不義であり罪深い者である。その者が罪人《ファースィク》であるのは、従えと命ぜられていない人物の足跡を辿ること、ならびに、神がその者に為せと命じたことと違う何かを為すことに由来する。[51]

クルアーンが「父祖たちの意見に盲目的に従う」者たちを非難するのはこの意味においてである。〈神の使徒〉に従うことはこれと全く性格を異にする。精確に言うならば、〈神の使徒〉に従うことは全くもってタクリードではない。

上記の場合とは対照的に、ある者が〈神の使徒〉の見解を受け容れ、それを支持する場合、その者が為すことはタクリードではない。それはイーマーンそのものであり、それは「是認《タスディーク》」であり、真理に従い、神に服従し、義務を果たすことである。神が我々に〈神の使徒〉に服従せよと命じ、〈使徒〉に従い〈使徒〉の言の全てを是認することを義務とし、〈使徒〉の命に服さないことがあってはならぬと警告し、もし〈使徒〉に服従しないことがあれば、必ずや厳罰が下されると言って我々を威嚇したからである。(52)

(2)　第二点は、論理的証明のみが真偽の判定基準であり、したがって証明なしには真のイーマーンはありえないというテーゼである。イブン・ハズムは、これこそ特殊事例を、一般的普遍的に妥当する何かとする誤謬の好例であると言う。彼はひとびとを二つの型に大別することでこれを示す。

第一の範疇――この一団はほとんど意味をもたないほどの少数しかいない――に属するのは、論証《ブルハーン》(burhān) へと駆り立てる生来の衝動を魂のうちに有する者である。そうしたひとの魂は〈神の使徒〉が持ち至ったものを是認することでは満足せず、その論理的証明を耳にするまで決して安らぐことはない。この型《タイプ》のひとには証明を求めることが義務づけられている。もしその者が証明を耳にし、その者の魂が安らぐ前に、疑念を抱いたまま、ないし〈使徒〉が持ち至ったものを否認したまま死ぬならば、その者はカーフィルとして死に、永遠に〈火獄〉に留まらねばならないからである。

論証を求めることがこの型のひとに義務として課されると判断するのは、その者が己れの魂をクフルから救済する宗教的義務を負っているからにすぎない。

第二の範疇は、男であれ女であれ、商人であれ、職人であれ、農夫であれ、一般のひとびとと、ならびに、敬虔にも己れの全てを捧げるひとびとと、〈伝承主義者たち〉、スコラ神学や弁証論を蔑む偉大なる師匠たちから成る。

この集団に属するのは、〈神の使徒〉がもたらしたものを是認する際に、魂が変わらずに平穏であり、そのこころがイーマーンによって非常に安らいだ状態であり、己れの魂に論証を求めんとする衝動を感ずることがない者である。これは、その者が容易に善と徳へと向かえるように道を示した、神による格別の恩寵と助力の結果である。この型のひとは論証を必要とせず、わざわざ理性を働かせることもない。

「神が己れの溢れ出る気前のよさと恩恵により、そのこころにイーマーンを好ましく思わせ、クフルと〔罪を犯すことと〕不服従を憎むべきものと思わせた」ひとびとを、当の神は「正しく導かれた者ども」(al-rāshidūn)という名で呼ぶ(クルアーン第四九章第七—八節)。そしてこれこそ、我々が、神による、こころのなか、そして舌の上へのイーマーンの創造と呼ぶことであり、神の側からの純粋な恩寵の行為である。そして、それ〔「正しく導かれた者ども」という名〕に関しては、「推論すること」(istidlāl)に神が言及することさえなかった。この型のひとは父祖たちや師匠たちに対するムカッリド(muqallid「盲目的に服従する者」)とは全く異なるひとである。(53)

(3) 反タクリード派のひとびとによる「知ること」の定義は完全に誤りである。彼らの「知ること」の定義は、ひとが、直接の感覚知覚を通じて、あるいは論理的推論によって、あることを現にあるがままにそうであると確信することである。イブン・ハズムは、この定義の「直接の感覚知覚を通じてか、論理的推論によって」という句が誤りであり、必要のない附加条件だと考える。それは、クルアーン、スンナ、〈合意〉〔イジュマーウ〕に抗しており、さらに、アラビア語の通常の用法によっても、生得的な〈理性〉によっても支持されないためである。

「知ること」は端的に、あることを実際にあるがままそうであると確信することと定義されねばならない。故に、あることを実際にあるがままそうであると確信し、疑念に駆られることのない者は誰であれ、そのことを「知る者」である。その確信が感覚によって直接に証されるか、知性的直観によるか、必然的に正しい論証によるか、あるいは〈神の恩恵〉によって、つまり、その者の魂にまさにその確信を〈神が創造すること〉によるかは本質的に「知」の定義には関わらない[54]。

(4)　墓のなかで天使がひとびとを尋問することを述べるハディースについて、それは反タクリード派に与する論拠ではなく、むしろそれに抗する論拠である、とイブン・ハズムは主張する。天使の尋問に「彼はムハンマド、〈神の使徒〉だ」と言って答える者がこのハディースでは信ずる者と呼ばれる。〈預言者〉〔ムハンマド〕はその者をムスタディッル（mustadill）、「推論する者」と呼んではいない。このことは、その者のイーマーンの起源や出所が何であれ、信ずる者は確かに救われるとの意を含む。さらに、〈預言者〉は〈疑念を抱く者〉や偽善者をガイル・ムスタディッル（ghayr mustadill「推論せざる者」）とも呼ばないことに注意せねばならない、とイブン・ハズムは言う。「私にはわからない。ひとびとが何かを言うのを偶々聞き、ただ（それを真似て）同じことを言い始めただけだ」という、この型のひとの応答は、(1)で説明した、語の精確な意味でのタクリードにきわめて特徴的である。つまり、これはまさに、〈神の使徒〉以外の誰かの見解を受け容れ、認める者の典型的な振る舞いである。この類の真のタクリードは断乎として棄却されるべきものである。だが、反タクリード派のひとびとが語るタクリードは全くもってタクリードではない。したがってそのハディースは実のところ彼らの見解を支持

するハディースではなく、彼らの見解に抗するハディースなのである。(55)

これまで論じられた四点に、イブン・ハズムはさらに批判を一つ加える。その批判においてイブン・ハズムはこの問題に関わるアシュアリー主義の、彼の言を借りるならば、最も醜い側面を露にする。イブン・ハズムがこの箇所以外にも『諸宗派・諸党派・諸分派についての諸章(56)』の二箇所でほぼ同じ語句を用いて同じ批判を繰り返していることから、彼がこの点をきわめて重大と見做しているのがわかる。

イブン・ハズムがこの「醜いテーゼ」をアシュアリー派のものとするに至った経緯を確認するのはきわめて容易である。真のイーマーンには論理的論証が不可欠であるということに重きが置かれると、おのずと、論証を行う以前にはイーマーンが存在しえないことが含意されることになる。さて、このテーゼを論理的限界にまで推し進めるならば、このテーゼは、ひとが己れの信を論理的証明に基づいて確立しない限り、その者は決して信ずる者ではなく、むしろ〈疑念を抱く者《シャーック》〉（shākk）であることを意味すると解釈できる。しかしながら、何かに疑念を抱き、それについて確実さを見出せない状態でなければ、誰もそれを筋道立てて証明しようとしないのであるから、神や〈神の使徒〉について疑念を抱いたことがなければ、実際には誰も信ずる者ではないことを前記のテーゼが含意することになる。

イブン・ハズムはこの結論を端的にアシュアリー主義に帰属させる。イブン・ハズムによると、アシュアリー派は、成年に達した後に、先ず〈疑念を抱く者〉や〈信を欠く者〉とならない限り、誰も正しいイスラーム（とイーマーン）をもちえないと厚かましくも主張する、という。

神に掛けて〔言う〕。神について、ならびに〈預言者の職務〉が真理であることについて疑念を抱かずに、つまり、〈神の使徒〉が真実を語るのか嘘つきなのかについて疑念を抱かずに、ムスリムたりえる者など一人もいないと主張する者ども以上に、心底カーフィルである者のことを聞いたことがない。……彼らの議論はこうだ。クフルを経由する以外では語の真の意味においてイーマーンはありえず、否認を経由する以外では真の「是認《タスディーク》」はありえない。つまり、神に疑念を抱いて初めて神の満足を得ることができる。つまり、已れのこころで確乎として信ずるに至り、神は已れの〈主〉である、神より他に神はない、ムハンマドは〈神の使徒〉である、イスラームという宗教こそが神の宗教であると舌を用いて告白するに至った者はカーフィルであり、ムシュリクなのである。(57)

「疑念」は真のイーマーンが存在するに不可欠だとこれらのひとびとは言う、とイブン・ハズムは指摘する。そうであるならば、疑念を抱き、その後どんなに努力を重ねてもそれを解決しえない者はどうなるのか。(58)

何たる恥知らず。何たる愚かさ。彼らは論理的証明に費やすべき期間を定めることもしない。この理論によると（この論を、この論を支持する者どもに、この論を他人に奨める者どもに神の呪いがありますように）、これらのひとびとからこの助言（それは呪われし〈悪魔〉の助言に過ぎない）を受けて、実際に神と〈預言者の職務〉に疑念を抱き、已れ自身で何日も、何ヶ月も、何年も論証を求めてその甲斐なく死ぬに至る者は実に惨めな状態になろう。(59)その者の終の住処は何処か。その者の運命は間違いなく〈火獄〉であって、神によってその者はそこに永遠に留まるのである。

そうしたテーゼを支持する者どもは、したがって、イスラームのひとびとを罠にかけようとし、彼らをクフルに誘い込もうとする、イスラームに対して陰謀を企む者に他ならないのである。(60)

さらにイブン・ハズムは批判を続ける。もし、ここで問われている論証が実際にそうあるべきであるように完全無欠であるならば〔あらゆる反論に答えられなければならないので複雑多岐に亙るものとなり〕、大多数のひとびとはそうしたイーマーンに到達することが出来ないだろう。他方、彼ら〔このテーゼを支持するひとびと〕がその論証はそれほど厳密なものではないと言うのであれば、容易に論駁される論証に如何なる価値があろうか(61)〔論証を厳密なものと採るにせよ、緩いものと採るにせよ、論証することがイーマーンであるとの説は成り立たない〕。

附記すれば、彼らは彼らの神学上の論敵もまた彼らと同程度に推論を行っているという事実を思い起こさねばならない。彼らの論敵もまた推論を行っているが、その推論は誤っていると彼らは主張する。よろしい。そうであるならば、彼らの論敵は推論を行うにもかかわらず、最終的には、推論を全く行わない者と同じである。つまり、推論（イスティドラール）はイーマーンの正しさを保証しない〔と彼らは主張していることになる〕。このことからイブン・ハズムは次のように結論づける。

推論する者はしばしば誤りを犯す。無論、推論する者が真理に至ることもしばしば起こるが、それは神が格別に配慮した結果である（のであって、その者が推論したことに由来するのではない）。同様に、推論しない者もしばしば誤りを犯す。そうしたひとが神の助けにより、真理に達することもしばしば起こる。実に、「個々人に、その当の者が創造された目的へと向かうために歩きやすくされた途がある」。

したがって、真のテーゼに偶々（つまり、推論なしに）至った者は、他の者がそのテーゼの正しい論理的証明を確立するがゆえに、正しい。推論するという過程を経由する、しないにかかわらず、その者は真理を有する者である。そして、〔推論なしに〕誤った見解へと至る「途を歩きやすくされた」者は、他の者どもが〔推論の〕誤りを犯していることを論理的論証によって明らかにしているがゆえに、誤ったテーゼを有する者である。その者は推論したか否かにかかわらず、誤りを犯した者であるばかりではなく、カーフィルでさえある。

私は次のように結論づける。己れのこころにおいてイスラーム（が真であること）を確信し、己れのその確信を舌で表現する者は誰であれ、語の十全な意味で信ずる者であり、〈楽園〉の民の一人である。その者の確信が単に（所与の教説を）受け容れることに由来するか、幼少時に受けた教育に由来するか、論証に由来するか、は一切問題とならない(62)。

四　イーマーンのあり処

イーマーンの主たる三要素のうちの第一の要素を(63)「知ること」と諒解するのであれ、「是認」と諒解するのであれ、それを特に強く主張することにより、マートゥリーディー派のなかに別の興味深い概念把握が生み出された。この概念把握のキー・タームは、文字通りには場所を意味するマハッル（maḥall）ないしマウディウ（mawḍiʻ）、つまりイーマーンの「あり処《か》」である。そして特に「こころ《カルブ》」（qalb）がイーマーンの適切なあり処として割り当てられる。

無論、その考え方がマートゥリーディー派に固有のものであることを上記の文章が意味していると解してはならない。事実、どの学派に属そうがどの集団に属そうが全ての神学者が、イーマーンの要素として「知ること」ないし「是認」を語る場合には、ほぼ不可避的に、ビ・カルブ（bi-al-qalb「こころで」）との句を附す。しかしながら、「知ること」ないし「是認」に強調点があることには疑いの余地がない。「是認」という現象が起こる特定の「場所」として、「こころ」が明確に意識されて言い表されるわけではない。興味深いのは、マートゥリーディー派が、明らかに神秘主義の影響の下にある「あり処」という特別な論を展開し、それに体系的一貫性を与えている点である。

その考え方はマートゥリーディー自身に遡りうる。著書『神的一元化の書』において、彼は「こころ」がイーマーンの「あり処」であると繰り返し強く主張する。そして「こころこそがイーマーンのあり処（mawḍiʻ）であることははっきりしている」と公言する。[64] 思うに、この考え方は、イーマーンは舌による告白に他ならぬとしたカッラーム派のテーゼがムスリムの思想家たちのあいだに惹き起こした烈しい論争に端を発する。先に見たように、そして第八章でより詳細に見るように、「私は信じます」と言った瞬間に、まさにそう公言することでその者は真の信ずる者となり、その者にはそれ以外の何ものをも要求されないとの説をカッラーム派は採る。

　カッラーム派が採るこのイーマーン説に対してほぼあらゆるところから反論が寄せられたことはきわめて容易に理解できる。その説に反論を寄せたのは、決してマートゥリーディーとその信奉者たちだけに限られない。例えば、アシュアリー派の有名な理論家の一人、バグダーディーはカッラーム派にマートゥリーディー派と同じ反論を全く同じ形式で提起する。「クルアーンの章句には、イーマーンの根《アスル》（aṣl）はこころ《カルブ》（qalb）のなかにあることをはっきりと証するものが数多あり、カッラーム派の説を駁している」[65] とバグダーディーは言う。こうしたバグダーディーの言が、「こころ」こそがイーマーンのあり処だと述べているのは明らかである。

　マートゥリーディーにも同じことが当てはまるようである。マートゥリーディーは「イーマーンは舌による告白《イクラール》（iqrār）だけであって、こころには何もないと主張するひとびとがいる」とまずは述べる。この主張に抗して、マートゥリーディーは「〈啓示〉と〈理性〉の双方によって、イーマーンに最も相応しい場所はこころである（つまり、舌ではない）」[66] との立場を採る。マートゥリーディーもまたこのテーゼを支えるためにクルアーンの章句を幾つか引いて、ある者がどんなに舌で己れの信を表明したとしても、その者のこころがその者の発言と矛盾するならば、それは何の役にも立たないと結論づける。

〈預言者〉が「カーフィルたちが舌で告白するまで容赦なく彼らと戦えと命ぜられた」ことを我々に語るハディースが実際には、〔己れの信を〕言葉での証言それ自体がイーマーン（つまり、こころでのイーマーン）である、ということを我々に語るわけではない。以上のように、マートゥリーディーは指摘する。そのハディースが我々に語るのは、言葉での告白は〔内にある〕イーマーンの外面的な顕れであって、誰も他人のこころの内側に入り込むことは出来ないのであるから、そうした告白をする者は誰であれ、形式的にも外面的な意味でもムスリムとして扱われる、ということだけである。

この視点から見て、マートゥリーディーの立場が本質的に他の思想家のそれと違わないことがわかる。彼の立場はもともと、カッラーム派のイーマーン説への理論的な異議申し立てであった。だが、カッラーム派を批判するなかでマートゥリーディーは「あり処」という概念を強く主張する傾向を有した。そしてこれが興味深い局在論に導かれていく。局在論とは、宗教的なこころの主要な諸機能の各々に特定の「あり処」を割り当てる理論である。

次に示す体系は、前に言及したようにマートゥリーディーに帰される『最も大なる洞察・第一[67]』の注釈から再現したものである。この注釈のマートゥリーディー派の著者が誰であれ、この注のなかでその著者は、その体系はマートゥリーディー自身のものであり、イーマーンとイスラームを区分する唯一つの正しい方法だと公言する。いずれにせよ、我々がここで精査する体系はマートゥリーディー派のあいだで広く受け容れられていた。その証拠は、ある短いマートゥリーディー派信条[68]――これもマートゥリーディーその人に（誤って）帰される――の中に全く同じ体系が掲げられることに見える。

その体系は神を「知ること」（ma‘rifah）の四つの類から成り、その四類の「知」のそれぞれが生じる「あり処」が身体でどれだけ内にあるかに応じて、四類の「知」が順に並べられる。

(1)　最も外側にある類の「知」はイスラームである。イスラームによって意味されるのは「理論的にはいかなる特定化もされない神を知ること」である。そのあり処は「胸《サドル》」（ṣadr）である[69]。

(2)　第二段階は「神が〈神としてあること〉（ulūhiyyah）に即して神を知ること」である。そしてそのあり処は、「胸」の内にある「心臓《カルブ》〔こころ〕」(qalb) である。つまり、この類の「知」は第一段階の「知」よりも内面的である。

(3) 第三段階は「〈神の諸属性〉に即して神を知ること」である。これが端的に「知ること」(maʿrifah) と呼ばれる。そのあり処は「内なるこころ《ファアード》」(fuʾād) であり、「内なるこころ」は「心臓」(qalb) の内にある。

(4) 第四段階は「〈神が一としてあること《ワフダーニーヤ》〉(waḥdāniyyah) に即して神を知ること」である。この第四段階の「知」は「一元化すること《タウヒード》」(tawḥīd) と呼ばれ、それに割り当てられたあり処が「内奥に秘されたこころ《スィッル》」(sirr) であり、「内奥のこころ」は「内なるこころ」(fuʾād) の内にある。

『最も大なる洞察・第一』を注釈したマートゥリーディー派の人物はここでクルアーン第二四章第三五節を引き、この章句ではこれら四段階の「知」が象徴的に言及されていると主張する。きわめて美しい像を結ぶその章句には次のように見える。「神は諸天と地上の〈光〉である。〈神の光〉は、燈籠が置かれた壁龕に喩えられる。燈籠は硝子のなかにあり、硝子はあたかも輝く星のごとし。それ(即ち、燈籠)には祝福された木から(採られた油で)火が点っている。祝福された木は東方のものでも西方のものでもないオリーブの木であり、それから採られた油は、火がそれに触れてもいないのにみずから燃え出でんばかり。光の上に光がある。実に、神は〈己れの光〉の上に己れの望む者を導く。こうして神は寓話でひとびとに語るのだ」。

この寓話的な文章のなかで、「壁龕《ミシュカート》」(mishkāt) が「胸《サドル》」(ṣadr)、第一段階の「知」のあり処を象徴する。同様に、「硝子《ズジャージャ》」(zujājah) が「心臓《カルブ》」(qalb) を、「燈籠《ミスバーフ》」(miṣbāḥ) は「内なるこころ《ファアード》」(fuʾād) を、「木《シャジャラ》」(shajarah) は「内奥のこころ」(sirr) を象徴する。

しかしながら、「内奥のこころ」(sirr) が一連の究極の終端なのではない。「内奥のこころ」にはまだ内側に何かがある。この何かはハフィーユ (khafiyy) と呼ばれる。文字通りには「隠れてあるもの」を意味するハフィーユは、即ち「内奥のこころに隠れた芯」である。これが〈神の導きの光《ヌール・ヒダーヤ》〉(nūr al-hidāyah) のあり処である。ひとは己れのうちにハフィーユを担うも、それはそのひと自身が絶対に制御できないものである。

信ずるという正しい路から逸れた者がイーマーンへと導かれ、次第に完全なムスリムになる過程が、「知」が内面深くに入り込んでゆく順を遡ることで描かれる。その過程は六段階に区分される。

(1) 第一段階は人間のこころのなかでのイーマーンの眼覚めであり、それは直前で見たように、ひとの能力を完全に超えた出来事のことである。誤ったひとを正しい路に導こうとする際に神が〈己れの光〉をこころの内奥の「隠れた芯」に投げ入れる。その「隠れた芯」に火が点り、輝き始める。そして、これが、前に引かれたクルアーンの章句中の「己れの〈主〉からの光で導かれたひと」(huwa ʿalá nūr min rabbi-hi. クルアーン第三九章第二二節) という語句が言い表す意味である。[70]

(2) 次に第二段階で、この光が「内奥のこころ」に至る。これが起こると、その者は「一元化《タウヒード》」(tawḥīd) の作業を始める。つまり、その者は神が絶対的に一であることを悟り、偶像を崇めることを止める。

(3) その光は第二段階に留まらず、その輝きを拡げ続け「こころ」に至る。その時、その者は「知」を得る。つまり、その者は〈その全ての属性〉を帯びた神を知るに至るのである。

(4) そこからその光はさらに輝きを拡げ続け「心臓」に至る。これがイーマーン、つまり、神が〈神としてあること〉に即して神を知ることの段階である。

(5) そこからその光は「胸」に至る。それはイスラームが現実化する段階である。

(6) 最後に、その光は身体の器官全てに拡がる。この段階に至ると、その者は不服従の行いを為すことを避け、神の命に応ずるよう努める。その者がこの実践的要求に能動的に答える時に限り、その者は次のクルアーンの章句「実に、神の視点から見てお前たち全てのなかで最も高貴な者は、最も神を畏れる者である」（クルアーン第四九章第一三節）に即した、神を畏れる《タキーユ》（taqīyy）信ずる者である。(71) 反対に、それに答えなければその者はタクワー（taqwá）という性質を欠く。不服従の行いを為せば、その者は「罪を有すること《フィスク》」（fisq）の性質をもつとされる。己れのフィスク故にその者の運命は危ういが、なおも救われる望みがある。その者がイーマーンを有するからである。

「知ること」の四段階、タウヒード、マアリファ、イーマーン、イスラーム、は「四綱目《ウクード・アルバア》」（ʻuqūd arbaʻah）と呼ばれる。四綱目は全く同じではないが、かと言って互いに全く違うわけでもない。四綱目が組み合わさって「宗教《ディーン》」（dīn）を成す。そして、これこそ「実に、神の視点から見て宗教はイスラームである」というクルアーンの章句が意味することである。(72)

注

（1）マラティー『分派集団と異端集団への勧告ならびに批判』（Malaṭī, *al-Tanbīh wa-al-Radd*, pp. 142–143）。

（2）ズンナール（zunnār）は、キリスト教徒、ユダヤ教徒、マギ教徒〔即ち、ゾロアスター教徒〕がズィンミー（dhimmī〔庇護民〕）たる徴として身に着ける帯のこと。

（3）ただし、これは我々が「知」（maʻrifah）という語を、神を「個人的にそして直観的に知ること」とのスーフィーが用いる意味で解さない限りにおいてである。ムルジア派の文脈において「知」は通常、神がクルアーンで己れ自身を描くままに神を知ることを意味する。ハンバル派の術語としてのマアリファの意味に関してアンリ・ラウースト博士が附す興味深い注を見よ（『イブン・バッタの信条』（Henri Laoust, *La profession de foi d'Ibn Baṭṭa*, al-Dimashq, 1958, p. 3, note 1）。

〔訳注〕イブン・バッタ（ʻUbayd Allāh ibn Muḥammad Abū ʻAbd Allāh al-ʻUkbarī, d. 997. Ibn Baṭṭah として知られる）はハン

バル派神学者（ここで神学者と言うのは信条を書き残したとの意味においてである）、法学者。ハンバル派法学の文献的礎として有名な『ハンバル派法学摘要』（al-Khiraqī, *Mukhtaṣar al-Khiraqī ʻalá Madhhab al-Imām al-Mubajjal Aḥmad ibn Ḥanbal*）（一説には三百の注が附されたと言う）の著者アブー・カースィム・ヒラキー（Abū al-Qāsim al-Khiraqī, d. 946）やヒラキーと対立した同じくハンバル派のグラーム・ハラール（Abū Bakr ʻAbd al-ʻAzīz ibn Jaʻfar〔d. 974〕. Ghulām al-Khallāl として知られる）などのもとで学び、アッバース朝カリフ・ラーディー（al-Rāḍī billāh, r. 934–940. 二十代カリフ）によるハンバル派禁令の発端となったバルバハーリー（al-Ḥasan ibn ʻAlī ibn Khalaf Abū Muḥammad al-Barbahārī, d. 941）とも親交があった。要するにハンバル派揺籃期に活躍した人物の一人だと考えてよい。大小二種の信条（『大説解書』*al-Ibānah al-Kabīrah* と『小説解書』*al-Ibānah al-Ṣaghīrah*）を著したことで知られる。

大信条は失われており、アンリ・ラウースト著『イブン・バッタの信条』がテクスト校勘・訳注の対象とするのは小信条である。参考のため『イブン・バッタの信条』（Laoust, *La profession de foi d'Ibn Baṭṭa*, p. 3, note 1）の注釈（『信条』序文のフランス語訳中のマアリファに附す）を訳しておく。

マアリファ、ないし神を知ることは神を個人的に直観的に知るという意味ではなく、クルアーンのなかで神そのものが己れの預言者に啓示したそのままの仕方で神を知るという意味で諒解されている。神を知ること、それは「神自身がクルアーンで己れを描くのと同じように、そして〈神の預言者〉が神をスンナにおいて描くのと同じように描くこと」である。マアリファという語はハンバル主義の術語の一部を成す。イブン・ハンバル『信条第二』〔アブー・フサイン・イブン・アビー・ヤアラー『ハンバル派列伝』（Abū al-Ḥusayn Muḥammad ibn Abī Yaʻlá, *Ṭabaqāt al-Ḥanābila*, 2 vols., al-Qāhira, 1952, I, p. 25)〕を参照。

このマアリファを深めてゆくことに潜む危険をバルバハーリーが次のように指摘する（『ハンバル派列伝』*Ṭabaqāt al-Ḥanābila*, II, p. 23)。神について考察《フィクラ》すること（fikrah）は次のハディースによって、ビドア（bidʻah〔新奇なもの、転じて異端〕）である。ハディースに言う。「神の創造《ハルク》（khalq）については考察せよ。だが神に関して考察してはならぬ。そうした考察はこころに疑念《シャック》（shakk）を生むからである」（wa-al-fikrah fī Allāh bidʻatun li-qawl rasūl Allāh ṣallā Allāh ʻalay-hi wa sallam tafakkarū fī al-khalq wa-lā tafakkarū fī Allāh fa-inna al-fikrah fī al-rabb taqdaḥu al-shakk al-qalb)。

ハンバル派の立場は次のイブン・タイミーヤの文章（『ワーシト信条』*al-ʿAqīdah al-Wāsiṭiyyah*, pp. 1–2）に見事に明確化される。「神を知るとは、何よりも先ず、神が己れの書のなかで己れ自身について与えた描写、ならびに〈神の使徒〉であるムハンマドが〔神について〕与えた描写を、文字を換えること（taḥrīf）なく、〔所記のことを〕否認すること（taʿṭīl）なく、様態を問うこと（takyīf）なく、何かと較べること（tamthīl）なく、信ずることである。神は誰よりも己れのことをよく知る。そして誰よりも、己れではない者をよく知る。被造物のどれにも増して神は誠実に言葉を発し、麗しい言説《ハディース》（ḥadīth）を連ねる。他方、己れの知らぬことを神について言い立てる者どもと違って、神の使徒たちは、真実を語る者（ṣādiq）であったし、真実を語ると見做される者（muṣaddaq）でもあった」。

（4）アシュアリー『イスラームの徒の言説集』（Ashʿarī, *Maqālāt al-Islāmiyyīn*, p. 144）。

（5）アシュアリー『イスラームの徒の言説集』（Ashʿarī, *Maqālāt al-Islāmiyyīn*, pp. 138–139）。

（6）本書第五章〔第一節の〕ⅠとⅦ(1)と(2)を参照。

（7）アシュアリー『イスラームの徒の言説集』（Ashʿarī, *Maqālāt al-Islāmiyyīn*, pp. 267–269）。

（8）例えば、アブー・フザイル（Abū al-Hudhayl Muḥammad ibn al-Hudhayl ibn ʿUbayd Allāh ibn Makḥūl al-ʿAllāf〔d. 840. ムウタズィラ派バスラ学団の思想家〕）の定義がアシュアリー『イスラームの徒の言説集』に「イーマーンとは、服従行為——根幹的行為《ファルド》〔farḍ〕と〔根幹的行為を超えて為す〕余分の行為《ナフル》〔nafl〕の双方を含む——の総体である」と見える（Ashʿarī, *Maqālāt al-Islāmiyyīn*, p. 266）。アッバード・イブン・スライマーン（ʿAbbād ibn Sulaymān）が与える定義は「イーマーンは、神がひとに果せと命じた根幹的義務、ならびに神が為すことを奨める余分の義務の総体である」（アシュアリー『イスラームの徒の言説集』Ashʿarī, *Maqālāt al-Islāmiyyīn*, p. 268）。ナッザームのそれは「イーマーンとは、重罪を避けることである」（Ashʿarī, *Maqālāt al-Islāmiyyīn*, pp. 268–269）。

（9）ヴェンスィンク『ムスリムの信条』（Wensinck, *The Muslim Creed*, p. 135）。

（10）マートゥリーディーの信奉者たちのなかのブハラの学団は別である。この論点にはまもなく〔本節末尾で〕触れる。

（11）アブー・ウズバ『麗しき楽園』（Abū ʿUdhbah, *al-Rawḍah al-Bahiyyah*, pp. 34–35）。

（12）ムウタズィラ派に固有の、そして特徴的な原則である。

〔訳注〕アブー・ウズバの文章は全体としてアシュアリー派とマートゥリーディー派の立場を対比させているが、アシュアリーの発言は無論、マートゥリーディー派ではなく、ムウタズィラ派を念頭に置いているのでムウタズィラ派の原則に言及するわけである。アブー・ハニーファならびに彼の信奉者たちの説の詳細は本文直後に論ぜられる。

(13) この文章ではイーマーンの語とマアリファの語が区別なく用いられており、同義であることに注意。

(14) バヤーディー『先師〔アブー・ハニーファ〕の表現に込められた意味が指示すること』(Bayāḍī, *Ishārāt al-Marām min ʻIbārāt al-Imām*, al-Qāhirah, 1949, pp. 77–78)。

〔訳注〕引用形式で記されている文章は、バヤーディーの原文そのままではなく、それを再構成したものである。

(15) バヤーディー『先師の表現に込められた意味が指示すること』(Bayāḍī, *Ishārāt al-Marām*, p. 75)。

(16) ここで語られる「知」が、先にアブー・ハニーファの理性主義と関連づけて説明した本質主義者型の知であるのに注意せよ。言い換えると、その「知」は神についての知、つまり、神が存在することの、神が〈一〉であることの知である。

(17) 本文以下で記される、マートゥリーディー派による〈理性〉論への注記(3)を見よ。

(18) アブー・ウズバ『麗しき楽園』(Abū ʻUdhbah, *al-Rawḍah al-Bahiyyah*, pp. 36–37)。

(19) 厳密に言えば、アブー・ウズバはサバビーヤ〔因果関係〕ではなく、アーリーヤ(ʼāliyyah「道具としてあること」)と言うべきであった。

〔訳注〕原注は、この箇所が、前段の「マートゥリーディー派にとって、〈理性〉は、「知ること」を必須のものとする道具に他ならず」という文を受けて、結論を述べているとの理解に基づいている。だが後文との続きがやや不明確になる。理性がひとびとに備わることに起因して、神を知ることが義務づけられる。この因果関係は間違いなく主張されている。ムウタズィラ派との違いは、ムウタズィラ派が「理性がひとびとに備わることだけに起因して、神を知ることが義務づけられる」というかたちで理性を第一次的原因とするのに対して、マートゥリーディー派が第一次的原因を神として理性があることを二次的原因とすることに求められよう。これは前段で述べられたことを言い換えたにすぎない。このことから、ここでのサバビーヤはイッリーヤ(ʻilliyyah「第一次的原因」)と対比されて二次的原因を意味するとの理解がアブー・ウズバの文章に込められていると推察される。

（20）アブー・ウズバ『麗しき楽園』（Abū ʻUdhbah, *al-Rawḍah al-Bahiyyah*, p. 39）。

（21）アブー・ウズバ『麗しき楽園』（Abū ʻUdhbah, *al-Rawḍah al-Bahiyyah*, p. 37）。

（22）バヤーディー『先師の表現に込められた意味が指示すること』（Bayāḍī, *Ishārāt al-Marām*, p. 77）。

（23）バヤーディー『先師の表現に込められた意味が指示すること』（Bayāḍī, *Ishārāt al-Marām*, pp. 79–80）。クルアーン第四章第一六五節にも似た解釈が適用される。

〔訳注〕アシュアリー派の第二反論において、第四章第一六五節が用いられる。「使徒たちをして善き知らせ、ならびに警告を持ち至る者としたのは、使徒たちが遣わされた後にひとびとが神に対してあれこれと反論しないようにするためである」（rusulan mubashshirīna wa-mundhirīna li-allā yakūna li-al-nās ʻalá Allāh ḥujjat baʻda al-rusul）。

（24）バヤーディー『先師の表現に込められた意味が指示すること』（Bayāḍī, *Ishārāt al-Marām*, pp. 82–83）。

（25）baʻda muḍiyy muddat al-istidlāl 本文中に提示。

（26）神がひとに「徴」（āyāt）を示すと、その徴を示された人はその徴を考慮し、神の存在を、徴に基づき、その者の理性の行使によって推論すること、をいう。より詳細には、拙著 *God and Man in the Koran*（pp. 52–57〔新版 pp. 133–201.『クルアーンにおける神と人間』一八三—二七六頁〕）を参照のこと。

（27）バヤーディー『先師の表現に込められた意味が指示すること』（Bayāḍī, *Ishārāt al-Marām*, p. 77）。

（28）バヤーディー『先師の表現に込められた意味が指示すること』（Bayāḍī, *Ishārāt al-Marām*, p. 83）。

（29）バヤーディー『先師の表現に込められた意味が指示すること』（Bayāḍī, *Ishārāt al-Marām*, p. 84）。

（30）バヤーディー『先師の表現に込められた意味が指示すること』（Bayāḍī, *Ishārāt al-Marām*, p. 99）。

（31）バヤーディー『先師の表現に込められた意味が指示すること』（Bayāḍī, *Ishārāt al-Marām*, p. 102）

（32）先に述べたように、具体的な事実についての詳細な知は〈理性〉の行使のみで得られるものではなく、〈使徒〉によってのみ与えられるものなのである。

（33）バヤーディー『先師の表現に込められた意味が指示すること』（Bayāḍī, *Ishārāt al-Marām*, p. 76）。

（34）バヤーディー『先師の表現に込められた意味が指示すること』（Bayāḍī, *Ishārāt al-Marām*, p. 84）。

（35）シーア派・ムウタズィラ派思想家のイブン・アビー・ハディード（Ibn Abī al-Ḥadīd, ʻIzz al-Dīn Abū Ḥāmid ʻAbd al-Ḥamīd ibn Hibat Allāh〔d. 1257–1258〕）は『修辞の道』*Nahj al-Balāgha* に対する注釈（『修辞の道注』Ibn Abī al-Ḥadīd, *Sharḥ Nahj al-Balāgha*, Beirut, 1957, vol. I, p. 34）で、アリーに帰せられる格言「宗教の第一段階は神を知ること」（awwal al-dīn maʻrifat-hu）に説明を加えているが、彼は以下のように書いている。この格言は、タクリードは無効であり、全ての宗教的義務の第一は「知」であることを示している。中にはこのことに抗して、「しかし、お前はスコラ神学において、最初の義務は神についての知を得るという目的のために推論を用いることであると主張したではないか。また時折、推論を意図することが第一の義務であるとも主張していた。この主張とアリーの格言とは両立可能であるのか」と問う者がいるだろう。これに対しての応答は「〈推論〉と推論を行う意図は、本質的にではなく、ただ偶然的に義務なのである。というもの、両者は知を獲得する手段であるから。真に義務であることは知そのものである。信徒の長（アリー）は、本質に即して宗教の第一の義務は神を知ることである、と言おうとしたのである。こうした理解故に、アリーの発言と神学者たちの見解の間に矛盾は存在しないのである。

（36）バグダーディー『宗教の諸原理』（Baghdādī, *Uṣūl al-Dīn*, p. 255）。

（37）シャフラスターニー『諸宗派と諸分派』（Shahrastānī, *al-Milal wa-al-Niḥal*, vol. I, p. 101）。

（38）ヴェンスィンク『ムスリムの信条』（Wensinck, *The Muslim Creed*, p. 136）。

（39）先に述べたように、注釈はアブー・マンスール・マートゥリーディーその人に帰せられる。

（40）アブー・ハニーファの言葉は、ここではバヤーディーによって引用される形で示されている（バヤーディー『先師〔アブー・ハニーファ〕の表現に込められた意味が指示すること』（Bayāḍī, *Ishārāt al-Marām*, pp. 74–75）。カッコ内に置かれた解釈文はバヤーディーのものである。

（41）アブー・ハニーファ『最も大なる洞察・第一』（Abū al-Ḥanīfah, *al-Fiqh al-Akbar* I, p. 8）。

（42）これはムルジア派のイーマーン論への反論である。「光」と「輝き」に即したイーマーンの概念把握——明らかにスーフィーに由来する——はマートゥリーディー主義の特徴である。次節でこの点に立ち返って論ずる。

（43）ガザーリー『分派弁別論』（Ghazālī, *Fayṣal al-Tafriqah*, pp. 202–204）。

(44) アシュアリーが今までそうしたことを説いていたことをにべもなく否定する者たちがいる。例えば、アブー・ウズバは著書『麗しき楽園』(Abū ʻUdhbah, *al-Rawḍah al-Bahiyyah*, p. 23) において、「タクフィール・アワーンム takfīr ʻawāmm (ʻawāmm は ʻāmmah の複数形) のテーゼは、カッラーム派によってアシュアリーに帰せられた捏造である〔al-qawl bi-takfīr al-ʻawāmm min mufatarayāt al-Karrāmiyyah ʻalá al-Ashʻarī〕」と主張するアブー・カースィム・クシャイリー (Abū al-Qāsim al-Qushayrī, ʻAbd al-Karīm ibn Hawāzin〔986–1072. ホラーサーンで活動した神学者、神秘家〕) の発言を引用する。アブー・ウズバは言う。アシュアリーは推論 (istidlāl) を真のイーマーンの条件として求めていることは否定できない。しかし、それは単に簡単で評判の良い型のイスティドラールで、ハディース中に教養のないベドウィンの言葉によく示されている。ハディース曰く、諸天と地上の輝きはそれらを創造した〈唯一者〉の存在を証明する。それはちょうど、排泄物の形状がその場を通過したラクダの類を示すようなものである、と。この類のイスティドラールはムウタズィラ派が要求する論理的イスティドラールの型とは完全に異なる者である、と(『麗しき楽園』Abū ʻUdhbah, *al-Rawḍah al-Bahiyyah*, p. 22)。

(45) ガザーリー『分派弁別論』(Ghazālī, *Fayṣal al-Tafriqah*, p. 262)。

(46) ガザーリー『分派弁別論』(Ghazālī, *Fayṣal al-Tafriqah*, p. 204)。

(47) ここでガザーリーが用いているマアリファの語は、直接的でごく親しい個人的な知のスーフィー的な意味をもち、通常の理性の活動とは完全に異なるものであることに注意せよ。

(48)「胸の開かれ、喜び」(inshirāḥ al-ṣadr) を参照せよ (クルアーン第六章第一二五節)。

(49) イブン・ハズム『諸宗派・諸党派・諸分派についての諸章』(Ibn Ḥazm, *al-Fiṣal*, part IV, p. 35)。

(50) イブン・ハズム『諸宗派・諸党派・諸分派についての諸章』(Ibn Ḥazm, *al-Fiṣal*, part IV, pp. 35–40)。

(51) イブン・ハズム『諸宗派・諸党派・諸分派についての諸章』(Ibn Ḥazm, *al-Fiṣal*, part IV, pp. 36–37)。

(52) イブン・ハズム『諸宗派・諸党派・諸分派についての諸章』(Ibn Ḥazm, *al-Fiṣal*, part IV, p. 36)。

(53) イブン・ハズム『諸宗派・諸党派・諸分派についての諸章』(Ibn Ḥazm, *al-Fiṣal*, part IV, p. 37–38)。

(54) イブン・ハズム『諸宗派・諸党派・諸分派についての諸章』(Ibn Ḥazm, *al-Fiṣal*, part IV, p. 40)。

(55) イブン・ハズム『諸宗派・諸党派・諸分派についての諸章』(Ibn Ḥazm, *al-Fiṣal*, part IV, p. 40)。

（56）イブン・ハズム『諸宗派・諸党派・諸分派についての諸章』（Ibn Ḥazm, *al-Fiṣal*, part IV, pp. 41–44; part IV pp. 216–217）。
（57）イブン・ハズム『諸宗派・諸党派・諸分派についての諸章』（Ibn Ḥazm, *al-Fiṣal*, part IV, p. 41; part IV p. 216–217）。
（58）イブン・ハズム『諸宗派・諸党派・諸分派についての諸章』（Ibn Ḥazm, *al-Fiṣal*, part IV, p. 41）。
（59）時（sāʿāt）とあるところを、年（sanawāt）と読んだ。
（60）イブン・ハズム『諸宗派・諸党派・諸分派についての諸章』（Ibn Ḥazm, *al-Fiṣal*, part IV, p. 217）。
（61）イブン・ハズム『諸宗派・諸党派・諸分派についての諸章』（Ibn Ḥazm, *al-Fiṣal*, part V, p. 42）。
（62）イブン・ハズム『諸宗派・諸党派・諸分派についての諸章』（Ibn Ḥazm, *al-Fiṣal*, part IV, p. 44）。
（63）「知ること」ないし「是認」、「口頭による承認」、「行」。
（64）マートゥリーディー『神的一元化の書』（al-Māturīdī, Abū Manṣūr Muḥammad ibn Muḥammad, *Kitāb al-Tawḥīd*, ed. Fathalla Kholeif, Beyrouth: Dar el-Machreq Éditeus Sarl, 1982, p. 375）。
（65）バグダーディー『宗教の諸原理』（Baghdādī, *Uṣūl al-Dīn*, pp. 250–251）。例証されたクルアーンの章句は第四〇章第一四節、および第五章第四一節である。またバグダーディーは、預言者が「イーマーンは外形的な顕れないし単なる願望的な考えには存しない。しかし、それはそれ自体を確固たるものとして確立し、行によって確かなものとした重大なものである」と発言したハディースを例示する。
（66）マートゥリーディー『神的一元化の書』（Māturīdī, *Kitāb al-Tawḥīd*, p. 373）。
（67）アブー・ハニーファ『最も大なる洞察・第一』（Abū al-Ḥanīfah, *al-Fiqh al-Akbar* I, pp. 6–7）。
（68）マートゥリーディー『信仰箇条についての論考』（Māturīdī, *Rasāʾil fī al-ʿAqāʾid*, ed. Y. Z. Yörükân, Istanbul, 1953, pp. 15–16.）。
（69）これはクルアーン三九章二二節に基づく。その章句に次のように見える。「その者の〈全てを捧げ（イスラーム）〉（islām）、その結果、己れの〈主〉からの光により導かれるようにと神がその者の胸（ṣadr）を開いた、そうした者であろうか」〔a-fa-man sharaḥa Allāh ṣadr-hu li-al-islām fa-huwa ʿalá nūr min rabbi-hi〕（そうした者はカーフィルと同じと見做されるべきであろうか、との意味）。
（70）クルアーン第三九章第二二節。本章注69を参照。

（71）クルアーン第四九章第一三節。
（72）クルアーン第三〇章第一九節。

訳注

〔1〕つまり、見えて然るべき、見えねばならぬ状況を作り出すのは燈籠であり、眼にそうした「然るべき」「ねばならない」を附す機能はない。ちなみにムウタズィラ派の考え方によると、眼があれば、眼が正常に機能しさえすれば、見えて然るべきであり、見えねばならないとなる。「然るべき」「ねばならない」の位置づけが違うのがわかろう。
　また、この段は二様に解釈しうる。一つは、例えば夜に何かを見る際には燈籠が必要だといった具合に通常の視覚状況を述べるとする解釈。本文中の補いはこれにしたがった。別の解釈はクルアーン第二四章第三五節に見える燈籠の比喩に言及すると解する。これに関しては本章第四節「イーマーンのあり処」で論ぜられる。マートゥリーディー派がイーマーンはここにあるとする際の根拠となるのが、クルアーン第二四章第三五節である。
〔2〕アブー・ハニーファの発言およびバヤーディー注釈の英語訳は特に後半部分がやや混乱している。アラビア語原文の直後に見えるバヤーディーのパラフレーズを示し、アラビア語原文を訳しなおすことで精確を期したい。バヤーディーのパラフレーズは次のとおり。
　神を知ること、ならびに預言者が真実を語ると見做さねばならないと知ることが、もし使徒たちに由来する、つまり〈神法〉に依拠するのであれば、そうした「知」をもたらすという恩恵を〈神法〉が与えていることになる。そうであれば循環が帰結するか、無限遡行が帰結してしまう〔ので、恩恵を与えるのが〈神法〉ないし預言者だと考えることは誤りである〕。したがって、そうした「知」は理性によって把握されねばならない。
〔3〕ジャーヒズ（al-Jāḥiẓ, d. ca. 776– ca. 868）は、アッバース朝初期に活躍した文筆家で、カリフ・マアムーンによるムウタズィラ派神学思想の擁護に一役買った人物。

第七章　是認としての信

一　知と是認

ここまで我々はイーマーンの第一構成要素を「知ること《マアリファ》」（maʿrifah）と見做してきた。イスラーム神学史上、イーマーンの第一の要素を「知」と同定することに、しばしば意識的に、そして積極的に対抗するもう一つの重要な流れがあることに気づく。この第二の傾向を帯びた神学者たちはイーマーンを「知ること」ではなく「是認《タスディーク》」（taṣdīq）によって定義することを好む。こうした神学者たちは一様に、イーマーンという語そのものが語源的に「是認」を意味し、それこそがイーマーンという用語の神学における基本的意味であると指摘する。

前章に見たように、「知ること」の重要性をあれほど主張したハナフィー神学派のなかにあっても、マートゥリーディーほどの神学者が、イーマーンは「知ること」に即してではなく「是認」に即して理解されるべきだとの立場を採ったことは実に注目すべきことである。

『神的一元化の書』においてマートゥリーディーは先ず、通常そう規定されるように、イーマーンはアラビア語で「是認《タスディーク》」を意味すると指摘する。[1] この言語的事実に基づきつつ、マートゥリーディーは続けて、信ずる者のこころのなかに生起したものは「知」のみであると主張する者たちに抗する彼独自の議論を展開する。
イーマーンという概念がクフルという概念と対立する位置に配されることに、マートゥリーディーは何にも増して注目させる。イーマーンとクフルが概念的に対立することはムスリムの誰もが認める。さて、「知ること」は「知らぬこと《ジャハーラ》」(jahālah) と対立する概念である。したがって、イーマーンが「知ること」と等しいのであれば、クフルは「知らぬこと」と等しくなければならない。だが実際、クフルは「知らぬこと」を意味しない。クフルは「嘘つき呼ばわりすること」(takdhīb) ないし「(真実を)蔽い隠すこと」(taghtiyah) を意味し、カーフィルは、何らかの真理を否定する者、「誰かを嘘つき呼ばわりする者」(mukadhdhib. 文字通りにはタクズィーブを為す者)である。真理を知らぬ者がそれを理由にムカッズィブと呼ばれることは決してなく、その者は単にその真理を「知らぬ者《ジャーヒル》」(jāhil) である。

しかしながら、このことは、「知ること」が何らイーマーンと関係をもたぬことを意味するわけではない。「知ること」とイーマーンは互いに密に結ばれている。そしてその連関は因果的なものである。つまり、「知らぬこと」がしばしばクフルの原因であるように、「知ること」はイーマーンの原因である。

> こころでのイーマーンは、厳密に言えば「知ること」ではない。「知ること」は「是認」を惹き起こす原因であるにすぎない。それはちょうど「知らないこと」が多くの場合において「嘘つき呼ばわり」の態度の原因であるようなものである。……
>
> 何かあることを知らぬ者が皆、直ちにムカッズィブと性格づけられうるかと言うとそうではない。また何かあることを知る者が「そのことを是認する者」と性格づけるのが妥当かと言うとそうでもない。しかしながら、「知らぬこと」が否認を喚び起こすのと同じように「知ること」が「是認」を喚び起こすが故に、イーマーンはその「原因」に即して「知」と呼ばれるのである。「知ること」が事実イーマーンそのものだと

いうことを意味するのではない。

　さもなくば、次のクルアーンの章句（クルアーン第一六章第一〇六節）「神を信じた後に（文字通りには、イーマーンの後に）神を信じなくなり——ただし、信ぜざることを強要されたものの、こころが喜んでイーマーンに満足している者は除かれる——、クフルに喜びを感ずる者ども、彼らには神の怒りが下ることであろう」を我々はいかに解せばよいというのか。こころにあるのが「知ること」のみであれば、クフルがそれを無化し、排斥することは出来ないだろう。さらに言えば、この章句で言及される（彼らのこころがイーマーンに満足して喜ぶという）状態が全く意味を成さなくなるだろう。事実はこうだ。ひとが、酷い仕打ちを被ることから己れ自身を護るために、己れが真理だと知るものとはかなり異なる何かを自己の見解として採用することがしばしば起こる。その者がそうするのは自衛のためである。そうした場合には、〔クルアーンの文言に言う〕「こころが喜んで満足していること」がその者の状態である（つまり、その者がなおも己れのイーマーンをそのままに維持していることの証しである）[2]。

　つまり、マートゥリーディーによると、イーマーンは実際に「知ること」によって引き起こされることがあるかもしれないが、「知ること」はイーマーンの本質を構成することからかけ離れたものである。むしろイーマーンは「是認」であって、しかも、是認することで、ゆるぎない確信から湧き起こる深い満足《トゥマアニーナ》（tuma'nīnah）を己れの内に感ずる、そうした「是認」である。

　イーマーンと「知ること」を同等視することに抗する、より理論的に練り上げられた議論の典型例として、タフターザーニーが『ナサフィー信条注』でこの問題について展開した議論を考察しよう。

カダル派[3]の者たちのなかには、イーマーンは「知《マアリファ》」(maʻrifah) に他ならぬと主張する者どもがいる。我が学派[4]の権威ある者たちはこの立場を擁護しえないと評する点で見解を同じくする。

この立場が維持しえないと考える理由は次のとおりである。(ムハンマドの時代の)〈啓典〉の民[5]は、ムハンマドが〈預言者〉であったことを、「彼らが、己れの息子たちを知るように」[6]きわめてよく知っていた。だが、それでも彼らがカーフィルであったのはまさにそのものであると認めること (taṣdīq) を欠いたからである。

もう一つの理由は、クルアーン(第二七章第一四節)「彼らの魂がそれら(つまり、徴)が真であることに些かの疑いも抱かぬものの、頑なさと傲慢さ故に彼らはそれらを否認する」[1]に見えるように、カーフィルどものなかには、真理を完全に知りながらも、頑なさと傲慢さ故にそれを否認する者がいたことである。

このように、単に幾つかの命題を〔客観的に〕「知ること」、ならびに〔客観的に〕それらの命題が真であると確信を抱くこと〔istīqān〕と、それらを〔主体的に〕「是認」すること、ならびに〔主体的に〕それらを信ずること (iʻtiqād) のあいだに根柢的な違いがあるのは明らかであって、前者ではなく、後者こそがイーマーンの名に値するのである。[7]

しかしながら、タフターザーニーの意図は、「知ること」をイーマーンとは無縁の何かとして単に切り捨てることではない。マートゥリーディーが「知ること」を、イーマーンを惹き起こす原因と見做すように、タフターザーニーも「知ること」をイーマーンの根柢と見做す。イーマーンは単に「知ること」に附加される何かを内包するのである。そしてその何かが「己れの意思で選び取ること」(ikhtiyār) ということである。誰かがある情報をあなたにもたらしたとしよう。あなたはそれを知る。だが、それはまだあなたが信じているという状態ではない。あなたが真であると既に知っているその情報を「己れのこころに結びつけた」時に限り、「あなたが知る」

はイーマーンとなる。そしてそれこそが「是認」の意味なのである。

権威ある学者たちの幾人かが言うように、「是認」とは、他人から与えられた一片の情報に、それを真だと知ったうえで、己れのこころを結びつけることである。この意味で、「是認」は、是認する者が自由かつ自発的に選び取ることによって実現される、〔己れ自身が主体的に〕獲得する行為（kasbi）なのである。それが獲得する行為であるがゆえに、（神により）報酬を与えられるであろうし、全ての宗教的義務の頂点に配置される。この側面から見て、それは「知ること」とかなり異なる。「知ること」はひとの側の、獲得するという〔主体的な〕行為なしにしばしば起こる。例えば、ある物体をたまたま眼にすると、そのことが直ちにそれは壁だとか、それは石だとかと「知ること」を産み出す〔アラビア語原文は自動詞。「知ること」がその者に生ずる〕。

「是認」とは〔真理を確定した者のなかのある者たちによれば〕次のことだ。あなたが己れの意に従って自発的に選び取ることによって、ある情報に真理を結びつけることであり、そうした規定は、まったく同じ情報が己れの意に従って自発的に選び取ることなしにこころに生起したのであれば、それは「知る」ということであるかもしれないが、「是認」ではないことを含意する。[8]

タスディークの問題は、タスディークが論理学の最も基本的な術語の一つであることにより、複雑なものとなっている。純粋に論理学的な意味におけるタスディークは何らかの心理的状態が生起することである。そしてその意味においては、そこに何ら自発的行為は含まれない。我々が己れのこころに二項[9]〔主語となる項と述語となる項〕の（論理的）連関を思い浮かべて、その連関を肯定するのか、否定するのか、について疑念を抱き、その後、我々のこころにその連関を肯定する証明が成り立った場合に、タスディークが生起する。そうした場合に我々のこころに生起することは二項の間にある連関の存在を理性的に認知することである。そしてこれこそが論理学的なタスディークの意味である。純粋に論理的過程である限り、そのタスディークは自由で自発的な選び取りの行為を何ら含まないように見える[2]。

然りながら、ここで問題となっている心理的状態の生起が、自由で自発的な行為によって惹き起こされるという側面がある。そうした心理的状態が、複数の可能な原因を精査し、思索し、障害を取り除くなどの過程を伴うというのがその側面である。この側面において、イーマーンはひとに課された義務という性質を帯びる。この側面があるが故に、イーマーンは獲得の問題であり、自発的な選び取りの問題であると言われるのである。単に「知ること」がこの意味においてタスディークを生み出すに十分ではないのは、「知ること」が後者なしに生起しうるからである。

こうしてタフターザーニーは、タスディークとは「自由な選び取りにより得られる、確実に知るという働き[3]」であり、イーマーンとはそれに他ならないとの結論に至る[10]。

では、イーマーンをタスディークと完全に同じと見做すことは妥当であろうか。タフターザーニーの議論はこうした同一視を認めるように見える。幾人かの神学者はそれに異を唱える。イブン・ハズムはその一人である。ここでもまた彼の反論は独自の言語理論に基づくものである。これ以前の文脈で見たように、イブン・ハズムの言語理論は、簡潔に言えば、神がクルアーンに見える啓示の言語としてアラビア語を用いる場合に、神はそれぞれのキー・タームを一定の仕方で特定する、きわめて固有の意味をそれぞれに割り当てたのであると主張することにあった。ある語がもともと有した所与の意味を起点として、神は意味論的にその語を本来の位置から〔別の場に」移し、特殊な類の術語を作り上げる。神がこうした仕方で組織した術語群を、我々はクルアーン中に見出だす。そしてこれらの術語の各々の意味は神自らによって定められたのであるから、誰もそれらの意味に口出しする権利をもたないのである。

こうして、この類の語群に即して、イブン・ハズムは辞書的意味と術語的意味を区分する。彼の見解では、これら二つの意味を混同することは、神学の分野における思考の混乱の主たる要因となる。イーマーンという語がそれの典型例である。

辞書的にみて、イーマーンの最も基本的な意味はタスディーク――こころでのタスディークと舌でのタスディークの両義を含む――である。この意味では、ひとが何かを是認するならば、それはイーマーンである。その者が是認する対象に関していかなる特定もなされていない。

しかしながら、神は〈己れの使徒〉を介して、特に限られた数の事柄に関して、こころで信ずることにイーマーンという語の意味を狭めた。この特殊な意味においては、何でもよいからそれを信ずることは、もはやイーマーンではない。さらに言うと、神はイーマーンの意味に、狭く特定されたこれらの事柄を言葉で認めることを含めた。[11] また神は、もっぱら神に服従することを表現するものとして、四肢を用いて為される「行」をイーマーンの意味に含めた。[12]

〈神法〉の文脈において、神はイーマーンの名をアラビア語内のもともとの場所から移し（naqala）、神学と法学の領域においてこの語を単なるタスディークに適用することを禁じた。この語を〈神が移し替え〉なければ、地上にいる全てのカーフィルたちが信ずる者（イーマーンを帯びた者）と呼ばれなければならず、彼らのうちにイーマーンがあることを認めねばならないことになろう。彼らもまた疑う余地なく、この世にある多くの事物を認めており、それらを〔事実そこにあると〕是認しているからである。[13]

しかしながら、神がクルアーンに示した全ての条件が満たされなければ、誰も信ずる者と呼ばれるに値しない、ということが真実である。イブン・ハズムは続けて主張する。キリスト教徒とユダヤ教徒たちが語の真の意味で信ずる者ではなく、彼らの信が真のイーマーンと見做されえないのは、このことに由来する。例えば、ユダヤ教徒は〈神が一であること〉を認め、ムーサー（モーセ）が預言者であることを認めるが、そのことが彼らを信ずる者とするわけではない。

あるカーフィルがタスディークという意味において神を信ずるかもしれないこと、ならびにその限りにおいて、その者が神に関してムサッディク（muṣaddiq「〔神を〕是認する者」）であるのを我々は直ちに認める。だが、そのことはその者を信ずる者としないし、そうした者にイーマーンがあるわけでもない(14)。

神自らが意味論的特定化を行った結果、イーマーンはもはや単なるタスディークではなくなり、ひとは信ずる者であることなしに、ムサッディクたりうる。だが、タスディークという語そのものが神により意味論的特定化を被ったのではなく、タスディークが有するもともとの意味は何ら変化することなく維持されている。

タスディークの意味論的価値（ḥukm）は常にアラビア語のなかにもともとそうであったまま、常に残されている。タスディークに即して見れば、人間であっても、ジンであっても、カーフィルであっても、信ずる者であっても、違いはない。何かを是認する者は誰でもムサッディクである。神と〈神の使徒〉を是認するも、イーマーンの本質的条件を構成するそれら以外の全ての事柄を是認しない者は単に、神と〈神の使徒〉に関してムサッディクなだけである。その者は信ずる者でも、ムスリムでもない。否、その者はカーフィルでありムシュリクである[15]。

二　アシュアリーのイーマーン論

タスディークの概念が中心的な役割を担うイーマーン論の例として、アシュアリーのテーゼをここで採り上げて、注意深くそれを分析したい。ムスリム神学においてアシュアリー主義が帯びる途轍もない歴史的重要性から見ても、アシュアリーの立場は注意深く扱うに値する。加えて、イーマーンという概念に関するアシュアリーの立場が、見た目よりも遥かに見定めるのが難しいこともその理由である。

イブン・ハズムはアシュアリーを正統派の指導者としてではなく、忌まわしき異端の代表的人物と見做した。彼はアシュアリーをジャフムと同列に置き、イーマーンは「こころで固く信ずること」（ʻaqd bi-al-qalb）に他ならず、ある者がイスラームの領域においてタキーヤ（taqiyyah.〔身の危険を避けるために信仰を隠すこと〕）をもちださずに、舌でクフルを表明しようが〈三位一体〉を表明しようが、〈十字架〉を崇めようが、本質的にはイーマーンに関わらない、とするテーゼを両者に帰す[16]。このテーゼをアシュアリーに帰すことは確実に間違いである。それではアシュアリーが実際に説いたことは何だったのか。この基本的な問題に適切に答えることは、直前で述べたように、見かけよりもかなり難しい。

今しがた述べた難点は、我々に伝わっているアシュアリー派の立場についてのさまざまな記述が存在するという事実に由来する。先ず、アシュアリー自身が完全に異なるイーマーンの二つの定義を、己れの主要な神学作品、『宗教の根本を解明する書』と『閃光』で与えている。加えて、後世のアシュアリー信奉者たちのあいだでは、アシュアリーがさまざまな局面でイーマーンにさまざまな定義を与えたことはもはや常識になっていた。例えば、

『麗しき楽園』では、アシュアリーがイーマーンの意味をタスディークで解したが、タスディークという語そのものの意味に関しては、彼はさまざまに回答した、とはっきりと述べられている[17]。

『宗教の根本を解明する書』において、アシュアリーは意識的に正統派〔スンナ派〕の代弁者として、次のように形式的に述べる。

イスラームはイーマーンよりも広い概念〔内包が豊かな概念〕であり、全てのイスラームがイーマーンではなく（、他方、全てのイーマーンは必ずイスラームである）、さらには、イーマーンは「言」と「行」であり、増減しうる[18]。

我々の現在の関心にとってこの発言のなかで最も重要なことは、イーマーンは「言」と「行」である（al-īmān qawl wa-ʻamal）との一文である。アシュアリーがタスディークに言及すらしないのは実に注目すべきことである。言い換えると、イーマーンの基本三要素のうち、アシュアリーは第二要素の「言葉での告白」と第三要素の「善き行い」に言及するに留まり、第一要素を完全に省いているのである。『閃光』において示されたもう一つのイーマーン定義の考察によって明らかとなることは、『宗教の根本を解明する書』において第一要素を省略したからといって、アシュアリーがタスディークを本質的ではないと考えてはいなかったことである。むしろ、言葉で明確化する必要がないほどタスディークは重要で本質的だとアシュアリーは見做している。イーマーンの第一定義においてアシュアリーが目指すのは主として論争的な定義であることを我々はこころに刻まねばならない。アシュアリーはただ、ムルジア派に抗して論ずること、つまり第二要素と第三要素がイーマーンの概念構造から除外されるべきではないと強く主張することに関心を持ったにすぎないのである。

自著『閃光[19]』においてアシュアリーは「言」にも「行」にも言及しない。アシュアリーはそこで「イーマーンは……神へのタスディークである」と定義する。彼は、これが言語的にイーマーンという語の唯一正当な解釈だと強く主張する。クルアーンがアラビア語で啓示されたことは、クルアーンのキー・ワードを解釈する際に、アラブ人たちが通常用いる言語用法を尊重せねばならないことを意味する、とアシュアリーは我々に思い起こさせる。例えば、アラブ人たちは「誰それは墓での処罰、ならびに（〈預言者〉〔ムハンマド〕による）執り成しを信ずる《ユウミヌ》（yuʼminu）」と言う。（ユウミヌはイーマーンの動詞の形である。）ユウミヌという語はこうした文脈ではユサッディク（yuṣaddiqu）を意味するとアシュアリーは言う。ユサッディクは「彼はそれを真と見做す」を意味するタスディークの動詞の形である。

　では、アシュアリーがイーマーンを完全なかたちで定義するに際して、実際のところ何を説いたのであろうか。アシュアリーの学統に属する後代の神学者たちがこの問題に関して伝えることから、おそらくは幾つかの積極的な手掛かりを得ることができるだろう。

　アシュアリーにとって、タスディークこそが唯一本質的なことであって、「言」と「行」はイーマーンの定義から除外されるべきではないとしても、第二次的な重要性を帯びるのみである、とシャフラスターニーは明確に述べる。

　アシュアリーは次のように主張する。イーマーンは本質的にこころでのタスディークであって、舌で「言うこと」、主要な義務《アルカーン》（arkān）を「行うこと」はタスディークの「枝葉」にすぎない。したがって真の信ずる者とは、己れのこころで〈神が一であること〉を是認し《サッダカ》（ṣaddaqa）、使徒たちが神の許からもたらしたことに即して、彼ら使徒たちは嘘をついていないということを受け容れる《タスディーク》（taṣdīq）者である。そうした者のイーマーンは真の信である。(20)

この記述は『宗教の根本を解明する書』と『閃光』に見える二つの違う定義を一つにまとめて、三要素のそれぞれを適切な場所に配したものである。

バグダーディーがこれと少し違う記事を著書『宗教の諸原理』に載せている。シャフラスターニーの記事と異なるのは、「知ること」(maʻrifah) をタスディークの根柢を成すものとして導入している点である。だがこの点を除くと、バグダーディーの記事はシャフラスターニーの記事と一致する。そこでもタスディークの強調が見られ、「言」と「行」については全く言及されない。

アブー・ハサン・アシュアリーは言う。イーマーンとは、神へのタスディーク、ならびに使徒たちが伝えることに即して彼らにタスディークすることである。だがこのタスディークは神を「知ること」が伴わなければ正しくない。アシュアリーの見解において、クフルは「嘘つき呼ばわりすること」、タクズィーブ(takdhīb. つまり、神とその使徒たちを嘘つき呼ばわりすること)である。(21)

バグダーディーは著書『諸分派の分離』において、このことをより明確に述べる。〈スンナの民〉全てが共有する十五の本質的教義を列挙する章で、バグダーディーは言う。

イーマーンの根柢を成すのが「知ること」(maʻrifah) とこころでの「是認」(taṣdīq) であることについては、彼らは見解を同じくする。彼らが見解を異にするのは、予め定められた服従行為が義務として課されていること、ならびに義務を超えた行為だと定められたことを為すのが好ましいこと、については彼ら全員が認めてはいるが、「言葉での告白」(iqrār) と身体の表面にある諸器官が行う「服従して為す振る舞い」(ṭāʻāt)

も果たしてイーマーンと呼ばれるのか否かという問題である。[22]

「彼らは見解を異にする……」という表現でバグダーディーが言外に、アシュアリーは「言」と「行」をイーマーンの概念にとって第一次的に重要なものと見做さなかったことを示すのであれば、バグダーディーのこの説明は前掲のシャフラスターニーの記事を補強するにとどまる。

シャフラスターニー自身は著書『〔先人たちが〕歩み至った処』[23]においてアシュアリーの立場をより詳しく述べる記事を載せる。多くの者が現にそうするようにシャフラスターニーも、イーマーンという語の有するもともとの意味（wadʻ al-lughah）[4]はタスディークだと先ず言う。〈神法〉がこの意味を認め、確証したとシャフラスターニーはつけ加える。

そこで解くべき問題は、我々が具体的にタスディークで諒解すべきものは何かである。シャフラスターニーによれば、アシュアリーはこの問題に多くの回答を与え、そのうちの主要な回答は次の三つである。

(1)　タスディークとは、〈創造者〉が存在すること、〈創造者の神性〉、〈創造者の永遠性〉（始原に関わる永遠）、〈創造者の諸属性〉を「知っていること」である。

(2)　タスディークは（第一次的に）「知ること」を含み持つ、こころのなかでの語り（qawl fī al-nafs）である。次に（第二段階において）こころでのこの語りは舌で言葉にされる。そしてこの言葉での告白もまたタスディークと呼ばれる。

(3)　基本的な宗教的義務を「為すこと」もまた、それが（タスディークの）外側への示唆である意味において、タスディークの類である。それはちょうど、言葉での告白が、こころにおける是認の外側への提示の意味において、タスディークであるのと同じである。[24]

このことからシャフラスターニーは、アシュアリーの見解では、こころのうちにある考え方が根であって、「言葉での告白」と「行」はその根を外側に示すものに他ならないと結論づけるのである。

次に、シャフラスターニーはイーマーンのもう一つの定義を示す。この定義はシャフラスターニーが言うように、アシュアリーの信奉者たちのうちの幾人かがアシュアリーに帰した定義であり、それはイーマーンとシャハーダ（shahādah）、ないし「形式的に信仰を告白すること」を同等視するものである。

> イーマーンとは本質的に、神ならびに〈神の使徒〉の言ったことを、両者が真なることを語ったのだと「知ること」である。あるひとを〈形式的に〉信ずる者とする最小の基準は、通常のひとびとと学者たちの双方に課された一般的義務〔al-taklīf al-ʿāmmah〕であり、その者が、神より他に神はない、〈神の王国〉〔つまり、神の力が及ぶ範囲〕に仲間は存在せず、神を〈神たらしめる諸属性〉に関して、それらのどれも神と共有する者はおらず、〈神のさまざまな行為〉を分かち持つ者などいないと証言し《ヤシュハド》〔yashhad. シャハーダの動詞形〕、ムハンマドが〈神の使徒〉である、神は導きならびに真理の宗教を授けて遣わし、〈使徒〉がそれ〔即ち、その真理の宗教〕をもって他の全ての宗教を排するようにした[5]〔クルアーンのテクストが言う意味において〕、と証言することである。[25]

アシュアリーによると、このことは、シャハーダ、ないし舌による形式的な信仰告白が最も根柢的な部分であることを意味するのであろうか。シャフラスターニーは「否」と言う。ここで再びシャフラスターニーは、重要なことは単にシャハーダを行うことではなく、内的に受け容れて認めていることを直接的に表現する手段としてのシャハーダであると、我々に確信させようとする。言い換えると、「こころでのタスディークこそが最も根柢的な要素である」(al-taṣdīq bi-al-qalb huwa al-rukn al-aʻẓam)[26]。タスディークと呼ばれる特定のこころの様態に基づかない、単なる言葉での告白には価値がないのである。

「神の他に神はない」および「ムハンマドこそが〈神の使徒〉である」という二つの部分から成るシャハーダを言うよう、〈預言者〉〔ムハンマド〕がはっきりとひとびとに勧めたことを我々はみな知っている。しかしながら、ひとびとがシャハーダと矛盾することをこころに抱きながら、単に言葉の上でシャハーダを言うことにムハンマドが満足しなかったことも我々は知っている。クルアーンと〈預言者〉はそうしたひとびとを「偽善者」と呼び、彼らのなかにイーマーンが存在することをクルアーンは否定し、「嘘をつく」として彼らを非難し、彼らを「嘘つき」と呼ぶ。

このことから、こころでのタスディークこそが重要なのであって、舌での告白は単にそれを表現するにすぎないことが確実に知られている。こころで受け容れること(ʻaqd)こそがイーマーンの真の源であり、「言」はそれを外面的に表現する手段を供するにすぎない。舌で〔己れの信念を〕証することができない場合には、こころで受け容れるだけで十分である[27]。

シャフラスターニーによると、アシュアリーは、言葉で表現されたときにシャハーダのかたちを帯びる分だけの内的確信を、真のイーマーンが存在するために要求される最小部分と見做していた。これは、我々が引いた二つの引用文から明らかである。二つの引用文を見較べると最初の引用文の冒頭に見える「知ること」(maʻrifah)がこの内的確信、すなわちタスディークに他ならないことがわかる。ここでの「知ること」が神を詳細に至るまで完全に知ることを意味するわけではない。神を完全に知るなどということをひとびとに要求するのは行き過ぎである。

〈預言者〉が、〔ひとびとが〕内的確信に基づかないシャハーダを単に口にするだけで満足しなかったのは確実であるが、他方で〈預言者〉は、神を実際にあるがままに「知る」という義務を全てのひとに課したのではないことも確実である。それが全てのひとの能力を超えたものであるのが明白だからである。

　このことを確信するための最良の仕方は次のことである。神は、〈己れの知〉の対象全てを仔細に知り、個体として創造された事物全てにとっての〈創造者〉であることを知り、被造物から己れが何を望むか、被造物のために己れが何を望むかを全て知る。他方、ひとはこれらのことを知らないし、知ることも出来ない。ひとに要求されるのは、神より他に神はないと知ることに尽きる。

　この類の「知ること」〔の内容〕は、〈神の啓示〉そのものがひとに与えた最も明らかな証拠の数々による。さもなくば、「知ること」を義務として課すことが、通常の人間の能力の至る範囲を超えたものを要求することになってしまうからである[28]。

一般のひとびとの至りうる範囲という理解の水準において「知ること《マアリファ》」と「是認すること《タスディーク》」が完全に同定されるのがこの引用文からわかる。同時に、シャフラスターニーによるアシュアリー派の立場を伝える記事が真であるならば、アシュアリーにクフル・アーンマのテーゼを帰すことが全くの誤りであることもわかる。いずれにせよ、アシュアリーにとってタスディークに裏打ちされたシャハーダこそが、ある者が信ずる者であるか否かを判定するための実践的基準であった。無論このことは、シャハーダを有意味な仕方で言う者が誰であれ、直ちにカーフィルと呼ばれるべきではないことを含意する。

　〈預言者〉がもたらしたもの、ないし神が啓示したものの何ものをも否定することなく、それ（即ち、シャハーダ）を為す者は皆信ずる者である。そうしたひとがこの状態で死ぬなら、その者は神の視点とひとの視点の双方から信ずる者とされる。ある者――神はこの者を許さぬ！――この類のイーマーンと矛盾したことを為す場合にのみ、その者はカーフィルと判断されるべきである。

ある者がある思想学派に帰属し、その学派固有のある理論的原理故に、その者がイスラームの根本を成すものと対立する見解を有せざるをえない場合には、その者は絶対的な意味でのカーフィルと判断されてはならない。その者はむしろ、誤りを犯した者、新奇な説を立てた者と見做されねばならない。その者が〈火獄〉に永遠に留まるか、一時的にのみ〈火獄〉にいるのかに関わる〈来世〉におけるその者のあり方の最終判断は神の手の内にある。(29)

この二段落はシャハーダという概念を導入している。さて、その語をいかなる仕方で諒解するにせよ、シャハーダがある類の「言《カウル》」（qawl）であるのは確実である。幾度か言及したように、カウルはイーマーンという概念の第二の構成要素である。次章はイーマーンのこの側面がムスリム神学史に惹き起こしたさまざまな問題を論ずることにしよう。

注

（1）マートゥリーディー『神的一元化の書』（Abū Manṣūr al-Māturīdī, *Kitāb al-Tawḥīd*, p. 375）。

（2）マートゥリーディー『神的一元化の書』（Abū Manṣūr al-Māturīdī, *Kitāb al-Tawḥīd*, pp. 380–381）。

（3）即ち、ムウタズィラ派を指す。

（4）タフターザーニーはここで、アシュアリー派正統神学の代弁者として語っているのである。

（5）ユダヤ教徒やキリスト教徒などのことをいう

（6）クルアーン第二章第一四六節に「我らが啓典を授けた者たちは、自分たちの子供を見分けるように（クルアーンを）見分ける。それにもかかわらず、彼らの一部は「それを承知の上で」真実を隠す」（alladhīna ātaynā-hum al-kitāb yaʿrifūna-hu ka-mā yaʿrifūna abnāʾ-hum wa inna farīqan min-hum la-yaktumūna al-ḥaqq wa-hum yaʿlamūna）とある。

（7）タフターザーニー『ナサフィー信条注』（Taftāzānī, *Sharḥ ʿalá al-ʿAqāʾid al-Nasafiyyah*, p. 446）。

（8）タフターザーニー『ナサフィー信条注』（Taftāzānī, *Sharḥ ʿalá al-ʿAqāʾid al-Nasafiyyah*, p. 446）。

（9）それによって二つの言葉を意味する。一つは平叙文の主語を、もう一つは述語を意味する。

（10）タフターザーニー『ナサフィー信条注』（Taftāzānī, *Sharḥ ʿalá al-ʿAqāʾid al-Nasafiyyah*, pp. 447–449）。

（11）これらタスディークの特別な対象については、イブン・ハズム『諸宗派・諸党派・諸分派についての諸章』（Ibn Ḥazm, *al-Fiṣal*, part III, p. 190）に示されている。それらは、神、〈神の使徒〉、クルアーンにおいて説かれている全てのこと、最後の審判、〈楽園〉、〈火獄〉、拝礼、ザカート、そしてそれ以外にウンマが合意していることである。

（12）イブン・ハズム『諸宗派・諸党派・諸分派についての諸章』（Ibn Ḥazm, *al-Fiṣal*, part III, p. 192）。

（13）イブン・ハズム『諸宗派・諸党派・諸分派についての諸章』（Ibn Ḥazm, *al-Fiṣal*, part III, p. 205）。

（14）イブン・ハズム『諸宗派・諸党派・諸分派についての諸章』（Ibn Ḥazm, *al-Fiṣal*, part III, pp. 205–206）。

（15）イブン・ハズム『諸宗派・諸党派・諸分派についての諸章』（Ibn Ḥazm, *al-Fiṣal*, part III, p. 212）。

（16）イブン・ハズム『諸宗派・諸党派・諸分派についての諸章』（Ibn Ḥazm, *al-Fiṣal*, part II, pp. 111–112; part III, p. 188）。彼はアシュアリー派のテーゼを述べる際に、「こころで固く信ずること」（ʿaqd bi-al-qalb）の代わりに、こころによって神を知ること（maʿrifah）という表現を用いる。ここで再び、イブン・ハズムは、アシュアリーとジャフムを同じ異端の集合に置き、「（ジャフム、そしてアシュアリーとアシュアリー派によれば、）イーマーンはこころによって神を知ることに他ならない。ある一人の人間がその舌によって、そしてユダヤ教やキリスト教の拝礼の仕方でもって、ないしその他のクフルの形式でもってそれを表明するかどうかは問題ではない。その者がこころでもって神を知るかぎり、そのものは楽園の人々に属するムスリムなのである」と述べる。

（17）アブー・ウズバ『麗しき楽園』（Abū ʿUdhbah, *al-Rawḍah al-Bahiyyah*, p. 24）。
（18）アシュアリー『宗教の根本を解明する書』（Ashʿarī, *Kitāb al-Ibānah*, Ḥaydarābād, 2nd ed., 1948, p. 7）
（19）アシュアリー『閃光（逸脱と異端の徒への反駁の閃光の書）』（Ashʿarī, *Kitāb al-Lumaʿ fī al-Radd ʿalá Ahl al-Zaygh wa-al-Bidaʿ*, ed. J. McCarthy, Beirut, 1953, section 180）。
（20）シャフラスターニー『諸宗派と諸分派』（al-Shahrastānī, *al-Milal wa-al-Niḥal*, vol., I, pp. 138–139）。
（21）バグダーディー『宗教の諸原理』（Baghdādī, *Uṣūl al-Dīn*, p. 248）。
（22）バグダーディー『諸分派の分離』（Baghdādī, *Farq bayna al-Firaq*, p. 343）。
（23）シャフラスターニー『〔先人たちが〕歩み至った処』（Shahrastānī, *Nihāyat al-Iqdām*, ed. Alfred Guillaume, London, 1934, pp. 471–473）。
〔訳注〕アルフレッド・ギョーム（Alfred Guillaume）はこの作品の書名を *Nihāyat al-Iqdām* とするが、*Nihāyat al-Aqdām* が正しく、現在ではほぼこの書名が用いられる。底本はギョームの読みに倣い、*Nihāyat al-Iqdām* とするが、*Nihāyat al-Aqdām* に改めて『先人たちの歩みが至った処』と訳した。
（24）シャフラスターニー『歩み至った処』（Shahrastānī, *Nihāyat al-Iqdām*, p. 472）。
（25）シャフラスターニー『歩み至った処』（Shahrastānī, *Nihāyat al-Iqdām*, p. 472）。
（26）al-taṣdīq bi-al-qalb huwa al-rukn al-aʿẓam. シャフラスターニー『歩み至った処』（Shahrastānī, *Nihāyat al-Iqdām*, p. 473）。
（27）シャフラスターニー『歩み至った処』（Shahrastānī, *Nihāyat al-Iqdām*, pp. 473–474）。
（28）シャフラスターニー『歩み至った処』（Shahrastānī, *Nihāyat al-Iqdām*, pp. 473–474）。
（29）シャフラスターニー『歩み至った処』（Shahrastānī, *Nihāyat al-Iqdām*, pp. 472–473）。

訳注

〔1〕wa-jahadū bi-hā wa-istayqanat-hā anfus-hum.
〔2〕この段はタフターザーニーの議論をパラフレーズしたものである。原文を訳したものを掲げておく。

これ〔タスディークが自発的行為を含むのかどうか〕は難問（mushkil）である。タスディークは〔学問把握に繋がる〕「知」（ʻilm）を分類したときの一項目であって、したがって〔「知」が、霊魂が帯びる様態であるとの規定に従うと〕霊魂の様態の一つであって、そうである限りにおいて自発的行為ではないからである。我々が、二項が連関することを概念把握して、それが、一つの項目が他の一項目に肯定されるのか、或いは一項目が他の一項目から否定されるのかに関して疑念を抱き、その結果、その連関を肯定する論証を立てるのであれば、そのときに、我々に生起するのはその連関を喜んで受け容れることである。これこそがタスディークすること、言い換えると、判断し、肯定し、〔ある結論を〕生起せしめることの意味である。

こうした霊魂の様態を生じさせる行為は、間違いなく、さまざまな原因を洗い出し、それらを比較考量し、さらには対立する命題が成立しないことを確定してゆくなどといった己れの意に従った自発的行為を経由する。この自発的行為があるが故に、イーマーンがひとに義務として課される。これこそが「タスディークが獲得に関わること、自発的行為に関わることだ」と述べられたことの意味である。（『ナサフィー信条注』（Taftāzānī, *Sharḥ ʻalá al-ʻAqāʼid al-Nasafīyyah*, pp. 446–449)

〔3〕al-maʻrifah al-yaqīniyyah al-muktasibah bi-al-ikhtiyār.

〔4〕井筒が原文で“proper original meaning”と説明している waḍʻ al-lughah は、言語（アラビア語）における語への意味の置き定めを意味し、転じて、日常言語用法を意味することもある。

〔5〕シャフラスターニー（ないしアシュアリー）はこの箇所でクルアーン第九章第三三節をそのまま引用する。その全文は huwa alladhī arsala rasūla-hu bi-al-hudá wa dīn al-ḥaqq li-yuẓhira-hu ʻalá al-dīn kull-hi wa-law kariha al-mushrikūna であり、下線部の arsala rasūl-hu を arsala-hu と換えてアラビア語原文に引かれる。なお、文中の li-yuẓhira-hu の接尾代名詞 hu はムハンマドを指すとの解釈と、真理の宗教（dīn al-ḥaqq）を指すとの解釈がある（ザマフシャリーとバイダーウィーが両説を併記する）。井筒訳『コーラン』が後者の解釈を採るので日本語訳ではそのように補った。また yuẓhiru... ʻalá... の英語訳は make it overcome であるが、同訳書『コーラン』では「高く掲げる」。おそらく井筒訳『コーラン』は有名な、二人のジャラールによる注『ジャラーライン』(Jalāl al-Dīn al-Maḥallī and Jalāl al-Dīn al-Suyūṭī, *Tafsīr al-Jalālayn*) の yuʻliya-hu（高くする）を採用し

たと推測される。バイダーウィー注には「アッディーン (al-dīn) の語のラーム (つまり、定冠詞の al) は類を表現する用法であり、〔イスラーム以外の〕あらゆる宗教（adyān）を廃棄し（yunsikh）、〔イスラーム以外の〕全ての宗教をこころに抱くひとびとを押し退ける（yukhdhul）ことを言う」というより強い解釈がある。本文の解釈はこれに近い。

第八章　信ずることと言葉で告白すること

一　タスディークとイクラールのどちらが重要か

前章で見たように、アシュアリーの見解においてイーマーンのなかで飛びぬけて最も重要な構成要素は、間違いなく「是認《タスディーク》」（taṣdīq）、つまり内的確信であった。タスディークこそがイーマーンの「柱」（rukn）である。残りの二要素「言葉での証言ないし告白」（iqrār）と「行」（‘amal）も重要ではあるが、タスディークに並ぶ構成要素——我々がイーマーンの「諸柱」（arkān）と呼ぶもの——の位次までには至らない。イーマーンにはただ一つの「柱」があるのであって、イクラールとアマルは詰まるところ、第二次的重要性しか帯びない。そうした見解が、実際にアシュアリー自身の有した個人的見解であったかどうか、我々は絶対的な確信を持てない。それは、我々に伝わるアシュアリーの諸作品のなかで、イーマーンの本質的な概念構成の問題を論じることに、彼がそれほど関心を寄せているようには見えないからである。だが、少なくともシャフラスターニーの記述から理解する限り、アシュアリーの見解はそうしたものであった。

既に言及した『ナサフィー信条注』において、タフターザーニーはこの問題に関してアシュアリーと同様の解釈を提示する。彼は、イーマーンとは神が下したものをタスディークし、それをイクラール〔告白〕すること、というナサフィーの発言――この発言はタスディークとイクラールの二要素を等しく重要と見做す陳述である――に注釈を施す。そして、その解釈によってタフターザーニーは、二要素のあいだにある顕著な差異を、我々に強いて認めさせようとするのである。以下の引用は、彼が提示する解釈である。

しかしながら（タスディークとイクラールには次の違いがある。）タスディークがいついかなる時でも欠くことが許されない「柱」であるのに対して、例えば〔イクラールをしないことを〕強制される場合にはイクラールを欠いても許される。……確かに、ナサフィーがそうしたように[1]、タスディークとイクラールを等しく含むものがイーマーンであると主張する学者もいる。だが最も信頼のおける権威ある者どものほとんどが、イーマーンは本質的に、こころでのタスディークに他ならず、イクラールは、現世での生に関わる限りで、ある者がムスリムだと形式的に見做されるための条件にすぎないとの立場を採る。彼らの見解において、こころでのタスディークは、何かの徴が外側に顕れることを必然的に要求する、こころの様態に関わる〔つまり、内面のタスディークがあって初めてイクラールやアマルなどの外面的行為がある〕からである。

このことに照らして見ると、こころでタスディークを為すものの、舌でいまだそれを表現しない者は、現世に固有の条件の観点からすると、信ずる者ではないのであるが、神の視点から見れば信ずる者と見做されねばならない。偽善者の場合のように、信ずるとの告白を舌で行うも、こころでタスディークを行わない者はこれと対極に位置する（つまり、その者はこの世で信ずる者として通用するかもしれないが、神の視点から見れば信ずる者ではないことになる。これがアブー・マンスール（・マートゥリーディー）に代表される立場である[1]。

これに対して、次のように反論されるかもしれない。「よろしい。確かにイーマーンはタスディークである。だが、通常のアラビア語の言語用法にしたがえば、タスディークは舌でタスディークすること以上のものではありえない。さらに言えば、〈預言者〉〔ムハンマド〕と預言者の教友たちはシャハーダの二文を、信ずる者であることの明確な徴とすることに至極納得し、シャハーダの二文を言う者が己れのこころに隠すものにさらに立ち入ることなくその者のイーマーンを直ちに認めたではないか」と。タフターザーニーによるこの反論への応答は次のとおり。

> 舌で告白するのみの者は純粋に言語的視点から見れば信ずる者と呼ばれるに十分値する。そこに論争はない。そうした者は社会生活を営む上での外面的規則に関わる限り、信ずる者として扱われる。しかしながら、実際の争点は、そうした者が神の前で信ずる者であるか否かの問題に関わる。
> 〈預言者〉と彼に従う者たちが、シャハーダの定型文を発話した者を往々にして信ずる者と判断したのは事実である。だが、彼らが全ての偽善者をカーフィルと判断したのもまた事実である。このことは、単なる舌の働きではイーマーンを構成するに全く十分ではないことを示す。
> 　さらに言えば、こころにタスディークを有して、言葉でそれを告白しようとするも、生まれながらに唖であるなどの障害によりそれが出来ない者がイーマーンを有すると〈合意〉は認めている。
> 　したがって、イーマーンの本質は、カッラーム派がそう主張するように、単にシャハーダの定型文を発するだけに関わるのではないことが明らかとなる。[2]

今しがた掲げた文章の最後の一文が、ムハンマド・イブン・カッラーム[3]の信奉者たちである。彼らカッラーム派は、イーマーンがシャハーダの定型文を発することに関わるにすぎないと主張する者として言及する。

事実、カッラーム派が、イーマーンは「言《カウル》」（qawl）に他ならないとのテーゼを主張する者をまさに代表する。彼らがムスリム神学史でひと際異彩を放つのは、彼らがこの考え方をきわめて極端なかたちで定式化したことに由来する。だが、多少なりとも穏健な仕方では、「言」の要素はしばしばカッラーム派ではない者によっても強く主張された。中には、カッラーム派と同程度に極端に至った者もいた。

イブン・ハズムによると、(4) 例えばハワーリジュ派の下位集団であるスフル派のさらに下位集団に当たるフダイル派、ないしフダイリーヤ（Fudayliyyah）が次のように主張した。

「神より他に神はなく、ムハンマドは〈神の使徒〉である」と舌で言う者は、その者がたとえ己れのこころにおいてそれを信じていなくても、いや、クフルや、物質主義を標榜する無神論や、ユダヤ教や、キリスト教を信じていようとも、神の眼から見て真のムスリムであり、真の信ずる者である。その者が己れのこころで何を信じていようとも、真に相当することを舌で言う限りにおいては何の問題もない。

アシュアリーはシーア派ラーフィド派（Rawāfiḍ）を〔イーマーンの解釈に即して〕三つの主要な集団に区別し、ラーフィド派の大多数から成る第一の集団が次の立場を採ったと言う。(5)

イーマーンとは本質的に、神、〈神の使徒〉、〈イマーム〉、ならびにこれら三者に由来することの全てをイクラール〔告白〕することである。

だが、これら全てを「知ること」（maʻrifah）も義務である。言葉で認め、さらには義務として課される類の「知」を有する者は信ずる者でありムスリムである。だが他方で、単に言葉で認めるだけで「知ること」のない者は、ムスリムであるものの、信ずる者ではない。

「言」を穏健なかたちで強調する例として、アブー・ハニーファの学派に固有の態度を指摘できると思われる。この視点から見て、ハナフィー派のさまざまな信条が通常「言」をイーマーンの定義の筆頭に置くことは特に注目すべきである。この事実の重要性を理解するために、広く受け容れられた正統派の定義は常にタスディークを筆頭に置き、次にイクラールを、そして最後にアマルを置くということを念頭に置かねばならない。この順序は三つの要素の相対的な重要性の指標となっているのである。

このことに照らして見るならば、ハナフィー派の諸信条が通常「言」を筆頭に置くことには重要な意味がある。例えば『アブー・ハニーファの遺言』は次のようにイーマーンを定義する。イーマーンとは、(1)舌によるイクラール、(2)こころによるタスディーク（「タスディークならびにマアリファ」とする異読もある）である。[6] この型のハナフィー派諸信条は、カッラーム派が為すように他を排して言葉での告白だけを強く主張するわけではない。直前に引いた定義はイーマーンの第二構成要素としてタスディークとマアリファに言及する。それ以外にも、その信条は定義の直後に次のように続けて、己れ自身の立場を明らかにする。「イクラールだけがイーマーンを構成するのではない。もしそうであれば、全ての偽善者が信ずる者となってしまうからである。またマアリファだけがイーマーンを構成するのではない。もしそうであれば、全ての〈啓典の民〉が信ずる者となってしまうからである。実際に問題となるのは、タスディークとイクラールの相対的な重要性である。イクラールを筆頭に置くことでその信条は、それこそがイーマーンにおいて最重要な要素であることを示唆する。

ハナフィー派の神学者たちがイクラールにきわめて大きな重要性を附したことは『最も大なる洞察・第二』により明瞭に示されている。その注釈者〔アブー・ムンタハー・マグニーサーウィー（Abū al-Muntahá al-Maghnīsāwī）〕がかなりの紙幅を割いて、イクラールはイーマーンの「柱」であるとはっきりと述べていることは特に注目すべきである。

（イーマーンはタスディーク、イクラール、アマルから成るとの）イーマーンの通常の定義の形式を採用する代わりに、この信条はきわめて独自な仕方でイーマーンを定義する。冒頭から、この信条は、一神教的《タウヒード》な信（tawḥīd）の中枢として「言」が重要だと強く主張し、次に、真の信ずる者であれば信じていると「言う」であろう枢要な信条を列挙する。

> 一神教的な信の根、ならびに真の信仰がよって立つ礎は、ひとが「私は、神、神の天使たち、〈神の諸書〉、神の使徒たち、死後の復活、神が善か悪かを予め定めていること、最後の清算、秤、〈楽園〉と〈火獄〉を、そしてこれらの項目は全て真であることを信ずる」と言うことにある。(7)

「……とひとが言うことにある」という表現に、ハナフィー派注釈者は次のきわめて興味深い注を附す。

> 作者がここで「一神教的な信の根……は、ひとが神を信ずることにある」と言わないことに注目せよ。作者は代わりに「……は言うことにある」と言う。その根柢にはイクラールがイーマーンの「柱」であることを示す意図が潜む。イーマーンの本質はイクラールと、言及された六項目のタスディークにあるからである。(8)

同様に、マートゥリーディーのものとされる『信仰箇条についての論考』(9)においても、舌によるイクラールとこころによるタスディークが等しく本質的と見做されながらも、前者が筆頭に配され、後者はそれに次ぐ地位に配される。

> イーマーンは、舌によるイクラールとこころによるタスディークにある。もしある人物が舌で告白する能

力を有しながら（つまり、唖のような先天的な障害がない場合に）、それを為さぬなら、その者は信ずる者ではない。同じく、内的確信を欠いたまま告白し、そのままの状態で死んだ場合、その者は信ずる者ではない。何らかのもっともな理由がないのにはっきりと言葉に出すことを怠るのは、その者が事実上タスディークを全く有していないことの徴なのである(10)。

ハナフィー派がイクラールを筆頭に置くのは、単に心理的に強調するにすぎないことは明らかである。言い換えると、イーマーンの二要素のうち、タスディークよりもイクラールが心理的にやや強く主張される。その点を除けば、両者は等しく本質的である。イクラールは第一次的な重要性を帯びるものの、内的確信がなくとも成立するほどの重要性を有しているわけではない。イクラールの重要性をそれほど極端なまでに拡張すると、カッラーム派の典型的なテーゼを得ることになってしまう。

二　カッラーム派によるイーマーン論

イーマーンは舌で「言う」ことであって、それ以外のことではないとのテーゼを主張したことでカッラーム派は悪名高い。この視点から見て、ムルジア主義という同じ枠内において、イーマーンは内的確信であり、それ以外のことではないと説いたジャフム派と際立って対照関係にある。

イブン・ハズムは、カッラーム派とジャフム派を同じムルジア派の陣営において対峙する二極と見做して、次の仕方でその基本的な対照関係を明るみに出す。

カッラーム派は主張する。イーマーンは舌で「言うこと」に他ならぬ。（ある者が已れは信ずると言葉で公言する限りにおいて）その者は、たとえ内的確信がクフルであったとしても神の視点から見て信ずる者である。その者は神の「友」であって、（〈来世〉において）〈楽園〉の民のなかにいることになろうと。

ジャフム派は主張する。イーマーンはこころでの確信（ʿaqd bi-al-qalb）の問題にすぎない。ある者がタキーヤ〔身の危険を避けて己れの信を公言しないこと〕をもちださずに、己れは信じないとクフルを公に宣言したとしても、その者がイスラームの領域内で偶像を崇め、ユダヤ教やキリスト教を奉じたとしても、またその者がイスラームの領域内で十字架を崇敬し、三位一体を信ずると口にしたとしても、（己れのこころのなかに正しい類の確信を宿す限りにおいて）その者は完全なイーマーンを有する信ずる者であって、神の「友」、〈楽園〉の民の一員であると。[11]

イブン・ハズムによって為されたこのカッラーム派のテーゼの描写は、一般のひとびとが思い描くカッラーム派の典型的な像を言い表したものである。この意味において、イブン・ハズムの引用文は、カッラーム派の異端に抗するひとびとの最も一般的な反応がいかなるものであったかを我々に教えてくれる。しかしながら、カッラーム派のテーゼを歴史的事実として描くものとして見るならば、それは特にある一点において正しくない。

イクラールを為したならば誰でも真の信ずる者であるとイブン・カッラームが説いたという事実から、彼が、「私は信ずる」と舌で言った者は、こころにタスディークを有さずとも、神の視点から見て信ずる者であり、〈来世〉で〈楽園〉に永遠に住まうだろうとの見解を有した、という飛躍した結論を多くの者が導いたのである。だが、この結論は端的に、カッラーム派の立場を歪めて描き出したものである。その結論が、意図的にか、無意識的にか、カッラーム派がイーマーンを概念把握する際の最も重要な一点を見落としているからである。最も重要な一点とは、現世の視点と〈来世〉の視点をカッラーム派が明瞭に区分することである。次に掲げるのは、シャフラスターニーがそれについて記した文章である。

カッラーム派は主張する。イーマーンは舌によるイクラールであって、それ以外のことではない。イーマーンはこころによるタスディークを含まないし、何らかの外的行も含まない。

だがカッラーム派は、現世における形式的な事柄、そして宗教的な生を営む上での義務に関わる限りである者を信ずる者と呼ぶか否かの問題と、〈来世〉でいかなる生を営むか、最終的な報酬と罰がいかなるものかに関わる限りである者を信ずる者と呼ぶか否かの問題を区別した。したがって、彼らの見解では、偽善者は、その者がこの世で生を営む限りで、語の真の意味において信ずる者であるが、〈来世〉においては（〈火獄〉で）永遠の罰を被ることが運命づけられているのである。[12]

この視点から見て、イブン・タイミーヤによるカッラーム派理解はイブン・ハズムのそれよりも遥かに精確である。イブン・タイミーヤはこうした二つの視点の区別を十分に考慮した上で、〔イスラームの根幹を〕脅かすかに見えるカッラーム派のイーマーン論を評価する際に、その区別に重心を置く。カッラーム派がこの根柢的区別を為しているがゆえに、カッラーム派のテーゼは一般的にそう思われているほどには悪くない、とイブン・タイミーヤは考える。確かにそれは「新奇な説《ビドア》」(bid'ah) であって、誤った見解である。だがジャフム派のテーゼはそれよりも遥かに悪いのである。

カッラーム派は、偽善者（munāfiq）は信ずる者であると主張する。だが、彼らは、その者は単に形式的に、ないし外面的に信ずるにすぎないのであって、内的には信じていないため、永遠に〈火獄〉に居ることになろうと附言する。外的に信ずるとともに内的にも信ずるものだけが〈楽園〉に入るだろう。[13]

偽善者には〈地獄〉が運命づけられているというカッラーム派の考えを理解することが肝要だとイブン・タイミーヤは言う。現世において、偽善者は公には信ずる者に分類されるが、〈来世〉でのその偽善者の運命は、真の信ずる者のそれと全く異なるものとなろうことを意味する。事実、己れのこころの内にはタスディークを抱くものの、舌によって告白することを決してしなかった者は信ずる者の名に値しない。だが、告白を欠くタスディークこそが、ジャフム派にとってのイーマーンの基準であった。この意味で、カッラーム派のテーゼはジャフム派のテーゼよりも遥かに良い。カッラーム派が偽善者を信ずる者と呼ぶことから、幾人かの者は、カッラーム派のテーゼによれば偽善者が〈天国〉に行くと結論づけるが、そうしたことを言うのは端的に、カッラーム派に対して嘘をつくことになる。彼ら自身はそうしたことを全く言ってはいない[14]。

己れのこころによって「是認する」ものの、公に己れの是認を告白しない、そうした者は、現世であれ〈来世〉であれ、イーマーンのあらゆる側面と全く無関係である。そうした者は、神が「汝、信ずる者よ」との〈己れの言葉〉を告げた者の内には入らない。

したがって、もしカッラーム派のイーマーン論が根柢において誤った見解であり、彼ら以前に誰も主張したことのない「新奇な説」であるならば、ジャフム派の論はさらに誤っている。少なくとも、ジャフム派に較べれば、カッラーム派はアラビア語の用法と、クルアーンの教えと〈理性〉に合致する。

〈神法〉、アラビア語、〈理性〉の視点から見れば、多くの側面で、疑いなくジャフム派はカッラーム派に劣るのである[15]。

だが無論、イブン・タイミーヤは、以上のことは全て相対的な優劣の話にすぎないと直ちに附言する。二つのイーマーン論はともに誤りだというのが端的な真理である。ではこの特定の問題に関する正しい見解は何か。この問いにイブン・タイミーヤは以下の回答を提示する。

カッラーム派のテーゼが誤りであることを証明するための幾つかの論拠――確かに、ジャフム派のテーゼに比べてこの類の論拠は数が多いのであるが――をひとびとは示してきた。例えばその論拠の一つは「ひとびとのなかには、実際には信じていないにもかかわらず、私たちは神と〈終末の日〉を信ずると言う者どもがいる」(クルアーン第二章第八節)。そうした論拠を示すひとびとは、この箇所で神が偽善者の内にイーマーンが存在することを明瞭に否定していると指摘する。私の見るところ、これは正しい。偽善者である者が信ずる者たりえないことは真実だからである。偽善者である者を信ずる者と呼ぶ者は確実に誤っている。同様に、[16] 己れのこころの内に「知ること」とタスディークを有するも、(外面的に)〈使徒〉を否認し、〈使徒〉に頑なに抗するユダヤ教徒やその他のような者どもは、神自身によってカーフィルと呼ばれる。神は決して彼らを信ずる者と呼ぶことはない。そうした者どもがイーマーンのどの側面とも〔つまり、イーマーンを有することから帰結するさまざまな事柄のいずれにも〕形式的に関係がないのに対して、偽善者は少なくとも、イーマーンの現世における形式的状況の下には置かれる。

事の真相は、こうである。(カッラーム派とジャフム派の両者は誤りを犯している。というのも、)神は、それに対応する「行」を為さないにもかかわらず、舌による告白とこころによる(是認)を為すものどもにイーマーンの名を附すことを否定した。

神は言う。「ベドウィンたちは「私たちは信ずる」と言う。(彼らに)言え。「お前たちは信じていない。むしろ「私たちは服従しています」と言え……」と。(真の)信ずる者とは、神ならびに〈神の使徒〉を信じて決して疑わず、己れの財産と生命を懸けて神の道に奮闘する者どもである。彼らこそが誠実な者ども(信ずる者ども)である」(クルアーン第四九章第一四―一五節)[17]。

このように、神は、これらのひとびとに属さない者にイーマーンの名を附すことを認めていない。クルアーンとハディースの双方には、偽善者たちにイーマーンの属性があることを否定する多数の箇所がある。同様に、正しい仕方で「振舞う」ことのない者どもにイーマーンがあることを否定する箇所も多数ある[18]。

イブン・タイミーヤの議論の結論は、「行《アマル》」（ʿamal）がタスディークやイクラールと同じく本質的要素であり、したがって、ある者が己れの内に三要素を兼ね備えて初めて、その者が語の十全な意味で信ずる者と呼ばれるに値するというものである。この視点から見て、ジャフム派のテーゼが誤りであるのと同じく、カッラーム派のテーゼも明らかに誤りなのである。

カッラーム派のイーマーン論のなかには、幾人かの異端論説集作家がカッラーム派に特徴的だと述べる、第一級の重要性を有する論点がもう一つある。それは事実、奇妙な説ではあるが、イーマーンとは本質的に言葉で認めることに関わるという基本テーゼに基づいてカッラーム派がそこへとたどり着いた結論への論理的過程を丁寧に考査するならば、十分に理解可能なものである。

議論全体の出発点は、常識を揺るがす類の何かではない。問題は、最初の信仰告白の有効性に関わる。ある者が己れは神と〈使徒〉を信ずると公に告白することでムスリムになるとしよう。その者のこの最初の告白はその者の残りの生全体に有効なのだろうか。それとも、時折、同じ告白を繰り返すべきなのだろうか。

（決定的なのは）最初の時に為される一つの告白《イクラール・ファルド》（iqrār fard）だけであるとカッラーム派は主張する。その後、告白を繰り返しても、棄教した者が棄教した後の最初に為す同じイクラールを除いて、イーマーンを生じさせることはない[19]。

ここまではよい。全てはきわめて理に適っている。だがここで、カッラーム派を、非常に興味深く、しかし奇妙な概念把握へと導く考察が挿入される。最初の告白行為だけが有効であり、それが事実上、それ以後の告白行為を無効にする、との主張に彼らを導いたのは、クルアーン第七章第一七二節である。そこには次のように見える。

お前の〈主〉がアーダム（アダム）の子供たちから、彼らの腰部から、彼らの子孫たち〔つまり、種〕を造り出し、彼らに彼ら自身についての証言をさせたとき（のことを思い起こせ）、「我れはお前たちの〈主〉ではないか」〔と問うと〕、「はい、その通りです」（balā）と彼らは答えた。お前たちが〈復活の日〉に「実のところ、これに私たちは気づきませんでした」と決して言わないように（、この出来事が起こった[2]）。

人類の歴史の始まりにおいて、「彼らの腰から」生じたアーダムの子孫たちが、神を彼らの〈主〉であると言葉で認めたことを、この章句は意味してはいないだろうか。そしてこれは、ありとあらゆる言葉での告白のまさに端緒ではないだろうか。もしそうであれば、言葉によるこの最初の証言は、個人個人によって為される全ての証言行為を無効かつ不要なものとしよう。全人類はすでに歴史の端緒において、いわば、集団での信仰告白を為しているからである。だが、これはカッラーム派のイーマーン論そのものを端的に論破することになろう。この解釈によれば、己れ自身が個人的に己れの信仰を告白したか否かにかかわらず、ありとあらゆる者は信ずる者となるからである。カッラーム派はこの論理的帰結に気づいていたのだろうか。バグダーディーは彼らの立場を次のように述べる。

イーマーンとは一度の告白に関わる、とカッラーム派は主張する。そしてこの主張によって、「我れはお前たちの〈主〉ではないか」との最初の世代に対する神の問いへの「はい、その通りです」との人類の返答のことを指す。

たとえ沈黙していようと、唖であろうと、告白する者全てにおいて、この最初の告白は〈復活の日〉まで永遠に効力を有しつづける。棄教した場合を除いて、その有効性は存在し続けるのである。

ある者が棄教し、その後もう一度告白する場合、その者が棄教後に為した最初の告白だけが有効である。その後の全ての告白行為がイーマーンを引き起こすことはない[20]。

シーア派（イマーム派）の名高い文献学者であり、神学においてムウタズィラ派の立場を採ったことでも知られるシャリーフ・ムルタダー（al-Sharīf al-Murtaḍā〔d. 1044〕）が、カッラーム派イーマーン論のこの部分に関して興味深い解釈を提示する。全てはクルアーンの前掲章句に対する重大な誤解に基づく、とシャリーフ・ムルタダーは考える。

彼によれば、カッラーム派の主張は以下のとおりである。即ち、この章句が意味するのは、神が（原初において）アーダムの腰から、彼の子孫たち全てを（つまり、全人類を）種の状態で取り出し[21]、彼らがいまだ種の状態であるうちに、神について知ると彼らに告白させ、彼らに自身への証言を行わせたことである。

さて、この解釈では、種の状態から現実存在へと実際に移行させられたアーダムの子供たち〔即ち、この世に生を享けて産まれた人間たち〕は、彼ら自身が種の状態にあって神の前で為した証言を完全に忘れてしまっていることが暗に指摘されているように思われる[22]。ムルダターは、この解釈がクルアーンの章句の平明な意味そのもの、および〈理性〉に反していると言う。それを証明するために次の諸点に注意を促す。

先ずクルアーンは、「お前たちの〈主〉は、アーダムの子どもたちから、彼らの腰部から……を造り出したとき」

と言っているのであって、「アーダムから、アーダムの腰部から」とは言っていない。さらに言えば、神は「彼らの、彼らの子孫たち」と言っている。そして、神がこの仕方で物事を順序づけているのは、彼らが〈終末の日〉に「実のところ、私たちはこれに全く気づきませんでした」（第一七二節）や「過去に私たちの父たちは多神主義者であり、私たちは彼らにつづく種《たね》にすぎません。あなたは悪しき振る舞いをする者ども（つまり、我らの父たち）が過去に為したこと故に、（今まさに）私たちを滅ぼすのですか」（第一七三節）と言わないようにするためである。ムルタダーが言うには、この章句は、己れの父たち故に多神主義者であった者のみが問題に直面することを明らかにしている、とのことである。つまり、ここで問題となるのはアーダムの子供たちの子孫の一部だけなのである。

注視すべき第二点目は、カッラーム派によるこの章句の解釈が〈理性〉にも矛盾することである。〔カッラーム派が〕アーダムの腰部から（アーダムの子孫の腰部から）造り出され、神によって語りかけられて告白したとされる「種」は、その段階において既に、成熟した〈理性〉とさまざまな宗教的義務が課されるに必要な全ての条件を完全に備えていなければならない。さもなくば、神としては、彼らに語りかけ、告白させようとすることが意味を成さなくなるからである。だが他方で、彼らが完全に成熟した〈理性〉を与えられており、宗教的義務が課されるための全ての条件を十分に満たしていたとするならば、必ず、これらのひとびとは以前の（出生前の）状態で起こったことの全てを、仮に、彼らが実際にこの世に生を享け、成長し、成熟した〈理性〉を獲得する段にあっても、憶えているはずである。一般的に言って、〈理性〉を備えた者は、長い時が経過した後であってもこの類の出来事を忘れることはない。それは、睡眠・酩酊・放心状態などが差し挟まれたとしても、それらが知性あるひとの記憶から何ものも消し去らないのと同じことである。(23)

では、このクルアーンの章句の正しい解釈は何か。それはきわめて単純である。ムルタダーは次のように答える。実際のところ、第七章第一七二節は相異なる二つの解釈を許容する。そしてどちらの解釈を選ぼうとも、その章句はカッラーム派による奇妙なテーゼに対していかなる根拠も与えない。

第一の解釈は以下の通り。神はこの章句で人類の一部について述べているにすぎない。神は彼らを創造し、彼らを成熟した年代にまで育み、彼らの〈理性〉を完全なものとし、その後、神について知らねばならないこと、ならびに義務である服従行為を告げる〈使徒〉を派す。そうして、彼らはそれら全てを認め、型どおりの信仰告白を行ったのである。

第二の解釈によれば、この章句は次のことを意味する。神は幾人かのひとを創造し、その際彼らが己れ自身の構成でもって〈神の知〉の存在を証明し、〈神の力〉のあることを、そして神を崇める必要があることを証明する、あらゆるものを彼らに備えつけた。仮に、彼らが実際に舌で告白せずとも、彼ら自身の内なる「徴」が、言わば、彼らに代わって〈神の知や力〉を証し告白するようにと、彼は彼ら自身の内側と、〔彼らの〕外側の世界の双方にきわめて多くの「徴」を彼らに示したのである。このように諒解されるならば、その章句は決して〔カッラーム派が言うようには〕歴史的出来事を描いてはおらず、神の驚嘆すべき創造の働きを描いているにすぎないことが分かるだろう。そしてそれはシャハーダという現実の行為を意味するわけでもないのである。(24)

数段落に亙って論じてきたカッラーム派のイーマーン論の一部は、「最初」の信仰告白（だけがひとの生における有意味なイクラールの行為である）を人類の父祖たちが為した最初の歴史的告白にまで遡ろうとする試みである。その理論の一部は、カッラーム派のテーゼが一般的に流布し理解されるなかで考察されずに残されてきた。カッラーム派にとって人生における最初のイクラールだけが有効であることすらも通常は考慮に容れられない。カッラーム派のテーゼは通常「イーマーンとは、舌によるイクラールであり、それ以外の何ものでもない」との極端に単純化されたかたちで提示され、偽善者はみな真の信ずる者であるという、その極端に単純化されたテーゼからの必然的な帰結がそのテーゼに添えられて、論ぜられ、批判された。これが過度に単純化されたものであるのは既に見たとおりである。

注

（1）タフターザーニー『ナサフィー信条注』（Taftāzānī, *Sharḥ ʻalā al-ʻAqāʼid al-Nasafiyyah*, pp. 437–439）。

（2）タフターザーニー『ナサフィー信条注』（Taftāzānī, *Sharḥ ʻalā al-ʻAqāʼid al-Nasafiyyah*, pp. 440–443）。

（3）本書第五章第一節〔のⅫ〕を参照。

（4）イブン・ハズム『諸宗派・諸党派・諸分派についての諸章』（Ibn Ḥazm, *al-Fiṣal*, part Ⅳ, p. 190）。

（5）アシュアリー『イスラームの徒の言説集』（Ashʻarī, *Maqālāt al-Islāmiyyīn*, p. 53）。

（6）『アブー・ハニーファの遺言』（*Waṣiyyat Abī Ḥanīfah*, Ḥaydarābād, 1980, p. 75）。ヴェンスィンク『ムスリムの信条』（Wensinck, *The Muslim Creed*, p. 125）を参照せよ。ところで、この信条は「行」をイーマーンと本質的に無縁と見做す（*The Muslim Creed*, pp. 125–126 にある第五条を参照せよ）。この論点については次章で再び扱うこととする。

〔訳注〕ヴェンスィンクは『アブー・ハニーファの遺言』をほぼ偽作と見做す。以下に彼が『アブー・ハニーファの遺言』の成立時期をいかに推定したかが分かるよう関連箇所を引用しておく。

　『アブー・ハニーファの遺言』が真作であると真剣に擁護することは決してできない。そうした文献がアブー・ハニーファから我々に伝わった経路については何も知られていない。幾つかの写本の序文に、偉大なイマームが息を引き取ることになる病床で従者たちに次のように語った、と見える。「正統派の信条は十二条からなる。これらの条項を堅守する者は新奇を成す者でもなければ派を分かつ者でもない。それゆえ、我が従者たちよ、これらの条項を堅く守れ。そうすれば、復活の日に我らが預言者の執り成しを享受できよう」。

　だが、この序文は『アブー・ハニーファの遺言』のテクストとこれ以上の連関を有するわけではなく、『アブー・ハニーファの遺言』のテクストはアブー・ハニーファと少しも結びつきをもたない。信仰の条数である十二はキリスト教徒の信条に倣ったと考えられる。テクストそのものは十二条ではないからである〔『アブー・ハニーファの遺言』は二七条から成る〕。『アブー・ハニーファの遺言』の神学は『最も大なる洞察・第一』よりも後の段階のそれを表現するように見える。しかしながら、この点は文献そのものを全体として性格づけることと連関させて初めて論ずることができよう。（『ムスリムの信条』*The Muslim Creeds*, p. 185）

……以上に行った『アブー・ハニーファの遺言』の内容の考察から暫定的にこの信条の起源を定めることが出来る。その信条は、主としてアブー・ハニーファ〔d. 767〕の著作と考えられる『最も大なる洞察・第一』の内容を遥かに超えている一方で、『最も大なる洞察・第二』で重要な位置を占めるアッラーの存在と属性に関する議論の痕跡が示されていない。ただし、これらの議論の原初的な形態が創造されざるクルアーンについての条に反映する。同じく、アッラーと出会うことと連関して用いられるカイフィーヤ（kayfiyyah）〔如何に、と問うこと〕、タシュビーフ（tashbīh）〔神を人間のように描写すること、あるいは擬人神観ないし神人同形論〕、ジハ（jihah）〔（ものごとの）側面〕などの術語は、共同体がまだ神人同形論的表現を支持しつつも、もはやそれらを文字通りの意味では捉えていない時期——この態度を表明する代表的人物がアフマド・イブン・ハンバル〔d. 855〕である——を指し示している。

したがって、『アブー・ハニーファの遺言』はアブー・ハニーファとアフマド・イブン・ハンバルのあいだの時期に成立したように思われる。そしておそらくその時期の後半に書かれたのであろう。（『ムスリムの信条』*The Muslim Creeds*, p. 187）

（7）アブー・ハニーファ『最も大なる洞察・第二』（*al-Fiqh al-Akbar* II, pp. 31–33）。

（8）アブー・ハニーファ『最も大なる洞察・第二』（*al-Fiqh al-Akbar* II, p. 32）。

（9）マートゥリーディー『信仰箇条についての論考』（Māturīdī, *Rasāʾil fī al-ʿAqāʾid*）については、第六章注68で言及した〔本書二一二三頁〕。

（10）同上、セクション20を見よ。最後の一文は、当然のことながら、舌による告白を行わない者の場合について述べている。

（11）イブン・ハズム『諸宗派・諸党派・諸分派についての諸章』（Ibn Ḥazm, *al-Fiṣal*, part IV, p. 204）。

（12）シャフラスターニー『諸宗派と諸分派』（Shahrastānī, *al-Milal wa-al-Niḥal*, vol., I, p. 168）。

（13）イブン・タイミーヤ『信の書』（Ibn Taymiyyah, *Kitāb al-Īmān*, p. 118）。

（14）イブン・タイミーヤ『信の書』（Ibn Taymiyyah, *Kitāb al-Īmān*, p. 118）。

(15) イブン・タイミーヤ『信の書』（Ibn Taymiyyah, *Kitāb al-Īmān*, p. 118）。

(16) ジャフム派のテーゼを指す。

(17) クルアーン第四九章第一四―一五節。

(18) イブン・タイミーヤ『信の書』（Ibn Taymiyyah, *Kitāb al-Īmān*, pp. 119–120）。

(19) バグダーディー『諸分派の分離』（Baghdādī, *al-Farq bayna al-Firaq*, p. 211）。アブラハム・ハルキン博士にしたがって（『ムスリムの分派と宗派』（Abraham Halkin, *Moslem Schisms and Sects*, Tel-Aviv, 1935, p. 28）、bi-qudrati-hi に代えて、baʻda riddati-hi との読みを採用した。

(20) バグダーディー『宗教の諸原理』（Baghdādī, *Uṣūl al-Dīn*, p. 250）。

(21) 言い換えると、彼らはみな現実的にではなく、可能的に（in potentia）造り出された。彼らはこの段階では、いわば歴史の流れのなかで次々と現実化されていくのを待つ、出生以前の状態でしかないのである。

(22) これはさらに次のことを意味しよう。ありとあらゆる者が、己れ自身が出生以前に為した証言を完全に忘れているが故に、いわば棄教の状態にある。だからこそ、生を享けた後の最初のイクラールが、イーマーンを成立せしめる行為として有効なのである。

〔訳注〕この原注はきわめて重要な注である。主要なポイントは、一つはイクラールという行為の重要性を根柢から説明すること、第二に聖典のテクストの読みが文章の意味の解読ではなく実存的なそれであること、第三にイーマーンの概念把握全体の理解を覆すことである。

(23) シャリーフ・ムルタダー『講話集』（Sharīf Murtaḍá, *Amālī*, Miṣr, 1907, vol. 1, pp. 20–23 (Majlis 3)）。

(24) シャリーフ・ムルタダー『講話集』（Sharīf Murtaḍá, *Amālī*, vol. 1, pp. 23–24 (Majlis 3)）。ここでのシャハーダという語の使い方についてムルタダーは、クルアーン第九章第一七節を我々に提示してくれる。

訳注

〔1〕アラビア語原文は madhhab baʻḍ al-ʻulamāʼ wa-huwa ikhtiyār al-imām shams al-aʼimmah wa-fakhr al-islām であり、英語訳はこ

の部分をややぼやかしている。shams al-aʾimmah がシャムス・アインマ・カルダリー（al-Kardarī, d. 1244–1245）を、fakhr al-islām はアブー・ハサン・バズダウィー（パズダウィー）（Abū al-Ḥasan Bazdawī/Pazdawī, d. 1089）を指す。後ろの文章にマートゥリーディーの名が見えることから、タフターザーニーはマートゥリーディー派内部の見解の対立に言及しているものと考えられる。

〔2〕 wa-idh akhadha rabb-ka min banī ādam min ẓuhūr-him dhurriyat-hum wa-ashhada-hum ʿalá anfus-him a-lastu bi-rabb-kum qālū balá shahidnā an taqūlū yawm al-qiyāmah innā kunnā ʿan hādhā ghāfilīn.

第九章　信と行

一　ムウタズィラ派とムルジア派

ムルジア派が掲げた最も重要な争点となる問いの一つがアマル（ʻamal. 複数形は aʻmāl）、つまり、「行」ないし「行為」の重要性に関わる問いであった。アマルはイーマーンという概念の本質的な構成に含まれるのか。それともアマルはイーマーンに必然的に随伴するにすぎないと見做されるべきか。はたまたアマルはイーマーンの構成には不適切であるとして、完全に退けられるべきか。これらは、ムルジア派以降の神学者たちのあいだで烈しい議論の的となった問いである。およそジャフム・イブン・サフワーンの名が、アマルは〔イーマーンには〕全く必要ないとの異端的見解を象徴している。この視点から見れば、ジャフムはムルジア主義の一方の極端を代表し、他方の極端を代表するイブン・カッラームと明確な対称関係をなす。前章で見たように、イブン・カッラームが擁護するテーゼは、イーマーンとは舌で「言うこと」に他ならぬというものであった。ジャフム派のテーゼは、イーマーンは内的確信に他ならず、「言」であれ、「行」であれ、他の何ものもイーマーンの構成要素に数えられないというテーゼである。イブン・ハズムが前に掲げた文章で述べているように、「ある者がクフルを公言したとしても、ユダヤ教やキリスト教の形式にしたがったとしても、十字架を崇めて己れは三位一体を信ずると言葉にしたとしても、そしてさらにはそうした状態で死んだとしても、神の眼から見て、その者が己れのこころに固い内的確信を有する限り信ずる者である」。

ジャフムとその信奉者たちの営為がなかったならば、おそらく「行」の問題はイスラームにおいてそれほどまでの議論を惹き起こすことはなかったであろうし、スコラ神学の体系にそれほどまでに確乎とした重要な位置づけが与えられることもなかったであろう。しかしながら、ジャフム派だけがひとびとを「行」の問題へと注目させることに貢献したのではなかった。事実、〔神学が起こる〕きわめて初期のころからハワーリジュ派の活動がその問題を提起していた。ハワーリジュ派の「重罪人《ムルタキブ・カバーイル》」（murtakib al-kabāʾir）論は、結局のところ「行」の理論であり、彼らによる「非難」（タクフィール）はひとの行為に基づいて行われた。こうしたことは、多少なりとも理論的に発展させ、イーマーンの概念把握に組み込んだムウタズィラ派に受け継がれた。アブー・フザイル（Abū al-Hudhayl〔d. 840〕）[1]、ヒシャーム・フワティー（Hishām al-Fuwaṭī〔d. 825〕）[2]、アッバード・イブン・スライマーン（ʿAbbād ibn Sulaymān〔d. 864〕）[3]、ナッザーム（al-Naẓẓām〔d. 836/843〕）[4]、ジュッバーイー[5]、アブー・バクル・アサンム（Abū Bakr al-Aṣamm〔d. 892〕）[6]といったムウタズィラ派の主要な思想家たちのほとんどが服従行為、つまり宗教的義務に即してイーマーンを定義する。この視点から見て、ムウタズィラ派のイーマーンの概念は、すでに見たようにそれ以外の幾つかの重要な側面を有するものの、法的な性質を帯びると考えてよいだろう。ハワーリジュ派とムウタズィラ派とジャフム派の基本的な違いは、ジャフム派が「行」の重要性に対して消極的な態度を採るのに対して、ハワーリジュ派とムウタズィラ派はイーマーンにおいて「行」が決定的に重要であることを積極的に強調することのみにある。

ムウタズィラ派が一般的に行うイーマーンの概念把握について、タフターザーニーが次のように手短に述べる。

「服従行為を怠った者は誰であっても信ずる者ではない。こうした仕方で、服従行為が真のイーマーンの本質という「柱」を構成する」[7]。またムウタズィラ派の思想家ザマフシャリーは、クルアーン第一〇章第九節[8][1]に注釈を附して言う。「この章句は、〈復活の日〉において、〈神の導き〉、助け、光を得るに値する類のイーマーンは、ある一つの条件により特定されたイーマーン、つまり善き行を伴ったイーマーンであると言う。己れのイーマーンに善き行いが伴わない者は〈神の助け〉も〈神の光〉を与えられないことが含意されている」。

容易に想像されようが、「行」を強く主張することがムウタズィラ派内部にワイーディーヤ（Waʻīdiyah「ワイード派」〔ワイードは神による威嚇を意味し、ワイードを人間の側で遵守することを強く主張する一団をワイード派という〕）の名で知られる急進的な一団を生み出すに至った。彼らのテーゼの中心点は、あるムスリムが不服従の行為を一つでも為せば、そのムスリムはカーフィルたちとともに〈火獄〉に落とされ、そこに永遠にとどまるであろうこと、また、服従行為を一つでも怠れば、それだけでその者にイーマーンがあることが否定されることである[9]。ワイード派のこのテーゼをシャフラスターニーが次の仕方で論駁し、否定する。

そうしたテーゼはクルアーンの章句、ハディース、スンナの大部分を無価値と見做し、〈神の慈しみ〉の門戸を閉じ、ひとを絶望へと導く。……もう一点挙げるならば、クルアーンがイーマーンの語とアマルの語を区別する[10]。

イーマーンとアマルは各々に互いにはっきりと区別されるそれ自体の本質を有すると知れ。神はしばしば（クルアーンにおいて）〈重罪人たち〉に信ずる者どもよと呼びかけて「お前たち、信ずる者どもよ。これこれのことを為してはならぬ」と語りかける。このことから、もしイーマーンがアマルと同じことであるならば、ないしイーマーンの本質的構成においてアマルが根柢的な「柱」であるならば、神は決して、イーマーンとアマルをこのように明瞭に区別することはなかったであろうことが確実に分かる。

さらに言えば、ワイード派のテーゼからは、無謬の〈預言者〉以外に世界に信ずる者はいないことになろう。預言者たちを除いて誰も誤りから逃れえないからである。また、そのテーゼからは、信ずる者という名が冠されるのは、ある者が己れの内に「行」と「言」双方において全ての美徳を一つ残らず集めたときに限られるという結論が帰結する。これは、信ずる者の名が冠されるか否かは（ある者が過去と現在において為した行のみならず、未来において）、その者が為すであろう全ての行に懸かっていることのみを含意しよう。[11]

アマルとイーマーンとの本当の関係はどのようなものなのか。この問いに対するアシュアリー派の回答については、前章で見たように、アシュアリーがイーマーンを第一次的にタスディークとして、第二次的にカウル（「言」）とアマル（「行」）として概念把握することから容易に推測できよう。シャフラスターニーはその問題を次のように提示する。

一方で、アマルを欠く者が直ちにカーフィルとなり、現世においてその者から信ずる者の名が剝ぎ取られ、〈来世〉における〈火獄〉での永遠の懲らしめがその者に定められるといった具合にアマルが「柱」としてイーマーンに入り込み、その構成要素とはならないことは確実である。だが、他方で、アマルを怠る者があの世において処罰を免れるに値すると言われるほどには、アマルとイーマーンは無関係ではない。[12]

「行」を重要だと主張し、ある者が為した他の善き行いゆえに罰が軽減（takhfīf）されるかもしれないのに、唯の一つでも重罪を犯すならばその者は永遠の〈地獄〉に送られるとするワイード派のテーゼは誤りである、とシャフラスターニーは考える。

服従行為が（唯一つの不服従の行為により）無効となるならば、服従行為が罰を軽減させうると、どうして考えることができようか。その者が〈地獄〉に永遠に住まうのならば罪の軽減はいかにありえようか。さらに言えば、時間的に限定されたある一つの行為に対して、永遠の罰を〈地獄〉で与えることが、どうして正当と認められようか。例えば、あるカーフィルが百年間カーフィルであったとして、その者を永遠に地獄送りとすることは全くもって不正であろう。

なぜその者に百年間の罰が割り当てられないのか。ある者が百ディーナールを盗んだとするならば、その者から二百ディーナールを取り戻すことは公正であろうか[13]。

さて、シャフラスターニーは、ムルジア派のアマル論を、ワイード派の立場と正反対の位置にあるアンチ・テーゼと見る。ある意味で、ワイード派型のムウタズィラ派は「ムルジア派」、つまり「後に置くものども」の名で呼ばれるに十分値するとシャフラスターニーは言う。ムルジア派がアマルをイーマーンの後に置くのと同様に、彼らは「イーマーン[14]をアマルの後に置く」からである。ムルジア派のテーゼについての考察に進む前に、ムウタズィラ派の立場についていくつか述べておかねばならない。結局のところ、ワイード派は、この特定の問題に即せばムウタズィラ派のなかで極端に至った者たちであり、彼らはムウタズィラ主義全体を代表しているわけではない。

例えば、ザマフシャリーは正統派の立場にきわめて近い方法でイーマーンを定義する。

真のイーマーンは、先ずある者が真理を確信していること、次に己れの内的確信を舌で表明すること、そして次に、その告白を己れの行いで確証することにある。

内的確信を欠く者は、いかに言葉で証言しようとも、いかに善き行いを為そうとも偽善者《ムナーフィク》である。言葉での告白を欠く者はカーフィルであるのに対して、「行」を欠く者は罪人《ファースィク》である。(15)

前に言及した有名なシーア派・ムウタズィラ派の思想家シャリーフ・ムルタダーは、ムウタズィラ派は「行」の重要性を強調するものの、「行」がひとの運命を絶対的に支配するとは信じていないと指摘する。ひとは「行」なしには信ずる者たりえないが、「行」のみがひとを〈天国〉へと導くわけではない。これを明文に基づいて証明するために、ムルタダーは「行」の価値を最小化するがごときハディースを独特な仕方で解釈する。

アブー・フライラ（Abū Hurayrah〔d. ca 678. 預言者の教友で最も数多くのスンナを伝えた人物〕）に遡るハディースに次のようにみえる。「（〈預言者〉〔ムハンマド〕が）かつて言った。「ひとが何を為そうとも、(16) それがその者を〈楽園〉に入らせるわけではなく、またそれがその者を〈火獄〉から救うわけでもない」と。そこで誰かが「〈神の使徒〉よ、あなた自身でさえもそうか」と〈預言者〉に訊ねた。彼は「私であってもそうだ」と答え、それにつづけて「神が慈しみと恵みで私を覆わない限りは」と言った。この最後の文を彼は三度繰り返した」。（以下はムルタダーの注解である。）このハディースの要諦は、法的責任を担う全ての者は（独立して存在しているのではなく、）神を必要とすること、彼らが〈神の恩恵〉や助けを必要とするのを明らかにすることにある。神が全ての助けと恩恵をひとから切り離して、ひとを自立させたならば、ひとが己れのアマルで〈楽園〉に入り、〈火獄〉を逃れることなど出来ないことをも、このハディースは示そうとする。それ故、ハディース（の前半部）は、〈神の助け〉、恩恵、導きがなければひとが己れの為す行で〈楽園〉に入ることなど決してないとの意味で理解せねばならない。(17)

ムルタダーの注解が二重の目的に資するよう組み立てられているのは明らかである。一つは、アマルを軽視する傾向にある者がこのハディースを用いて、アマルが本質的にイーマーンの埒外にあるとのテーゼを正当化するのを阻むことである。もう一つは、あらゆる〈神の介入〉から独立して自由に振舞うことが出来る、自立した存在としてひとは造られているとの説をムウタズィラ派が有しているという非難――実際にムウタズィラ派は他の多くの論点においてそうした非難を招いている――に対して、彼らムウタズィラ派を擁護することである。

ムカーティル・イブン・スライマーン（Muqātil ibn Sualymān〔d. 767〕）[18]が簡潔な形式で提示するムルジア派のテーゼ――イブン・ハズムの『諸宗派・諸党派・諸分派についての諸章』に採録されている[19]――は「行」の価値に関してムウタズィラ派の立場と真っ向から対立する。「イーマーンがある限り、重罪であれ軽罪であれ、いかなる悪行もその者に害を為しえない。これはいかなる善き行いもシルクとともにあっては何ら効力を有さないのと同じことである」。

既に述べたことであるが、特にそのように極端な形態を採ったテーゼをムルジア派全体に無差別に帰することは誤りである。事実はそれに反し、主要なムルジア派の思想家たちの多くが「行」の重要性を認めている。だが、ムルジア派はほぼ一貫して「知ること」を強く主張し、「行」を第二次的な位置に落とす傾向にあり、これ故に論敵たちは、もともと本質的には政治的であったムルジアという名を「アマルを軽視する者ども」との意味で解釈するに至ったのである。ムルジア派のこの傾向にはジャフム派とカッラーム派によってきわめて大胆な表現が与えられて、当のジャフム派とカッラーム派、ならびに彼らの論敵により多くの驚くべき帰結が引き出された。前章で既にカッラーム派の立場について十分に検討し、「カッラーム派にとって、イーマーンを構成する唯一の決定的要素は「言」である」ことを理解した。ジャフム派は、イーマーンの決定的要素は「知ること」であり、「知ること」の他には何ものもイーマーンの概念に含まれないと主張した。[20]どちらの立場を選ぶにせよ、「行」がイーマーンに全く関わらないという一点に即せば、我々は全く同じ結論に至る。この理論的帰結によって、反ムルジア派の思想家たちはあらゆる類の具体的悪行を想起し、「見よ、これらの者どもは恥知らずにも、いかなる悪行も己れのイーマーンの完全さを損なわないと言い張る」とひとびとに語り、広く大衆の怒りを煽る、限りない余地を得たのであった。この種の議論の例として、マラティーによるムルジア派の立場への批判を挙げておく。

ムルジア派のなかのある者どもは次のように主張する。己れは最も完全な信ずる者であって、いかなることも己れのイーマーンを損なうことがない。仮に、己れの母親や姉妹と性交したとしても、仮に、ありとあらゆるおぞましい犯罪、死に値する罪、恥ずべき行為に及んだとしても、仮に、葡萄酒を飲み、殺人を犯し、禁ぜられたものを食べ、高利を受け取り、定めの拝礼やザカートを怠ったとしても、否、ありとあらゆる宗教的義務を全て怠ったとしても、仮に、ひとを誹謗中傷して悪しき噂を垂れ流すことに耽ったとしてもそうである。(21)

イブン・ハズムによる同じテーゼの批判は、扇情的な側面が抑えられており、より理論的である。彼の議論にはこのテーゼを積極的に捉える側面があり、それは、「言」や「是認」と同程度に「行」がイーマーンの本質的構成要素であるとの単純明快な確信に基づいている。「敬虔さを以って為すあらゆる行はイスラームであって、イスラームはイーマーンと全く同じである。したがって敬虔さをもって為すあらゆる行はイーマーンである」。この主張を証明する明文として、イブン・ハズムは、クルアーン第四章第六五節「否、お前の〈主〉に懸けて、彼らのあいだで起こった論争が何であれ、彼らがお前（ムハンマド）をその論争の裁定者とするに至るまでは、彼らは真の信ずる者ではない」(2)を引く。「誰々を裁定者とする」は「こころで是認する」とかなり異なるが、イブン・ハズムが指摘するところによれば、このクルアーンの章句が主張することは、是認とは、それなしにはイーマーンが存在し得ないものである、ということである。イーマーンが〈聖法〉の全ての分枝にある全ての行為を網羅する名であるのはこのような仕方で明らかなのである〔つまり、一部のムルジア派が言うように是認が根柢にあるのは確かであるが、まさにそのことが行為全般をイーマーンに結ぶことを正当化する〕とイブン・ハズムは言う。[22]

彼の批判的側面はより独特で興味深い議論が展開されている。彼はまず、言語的考察に基づいて、イーマーンから「行」を看過する者たちの議論がある一つの根柢的な論点に要約されると主張することから始める。

> クルアーンは「平易なアラビア語で」啓示された。（クルアーン第二六章第一九五節）そして神と〈神の使徒〉はともにアラブ人たちの言語で我々に語りかけた。さて、アラビア語においてイーマーンは「是認《タスディーク》」のみを意味するのであって、それ以外ではない。「身体的な行」は、アラビア語ではタスディークと表現されない。したがって「身体的な行」はイーマーンではない。（より特殊なイスラームの文脈においては、）イーマーンは「一つにすること」（タウヒード、つまり、純粋な一神教信仰）を意味する。だがいかなる「行」もアラビア語でタウヒードと表現されることはない。したがって「行」はイーマーンではありえない。
>
> （彼らの議論の骨子はこうである。）だが、（言語的）事実は彼らが思い描くようなものではない。先ず、アラビア語において、舌によるタスディークを伴わない、こころによるタスディークは、イーマーンとは決して呼ばれない。あることを真と認める（タスディーク）が、己れが偽と考える見解を舌で表明する者がいるとしよう。真のアラブ人はそうした者をムサッディク（muṣaddiq. 文字通りには「タスディークを為す者」）、ないし信ずる者と呼ぶであろうか。断じてそうではない。同じように、こころによるタスディークを伴わない、舌によるタスディークを、アラビア語ではイーマーンとは呼ばない。したがってアラブ人たちの言語用法にしたがえば、あることが真であると、こころと舌で認めた場合に限り、それがタスディークやイーマーンと呼ばれるのである。[23]

この見解に抗して、論敵が次のような反論をすることを、イブン・ハズムは想定する。「行」がイーマーンを構成するのであれば、一部でも「行」を欠いた者はイーマーンそのものも欠き、したがってもはや信ずる者ではないことになってしまう、と。この反論に対してイブン・ハズムは、先立つ章で説明された、彼が得意とする神に由来する名づけ《タスミヤ》（tasmiyah）論を援用して答える。その論の要諦は、神そのものがクルアーンにおいて特殊な名を与えた事物に対して、その名づけ方に介入することは何人にも許されていないと強く主張することにある。神が名を割り当てた場からその名を取り去ることは、イフティラーウ・カズィブ（iftirāʾ al-kadhib）、つまり（神に抗して）嘘を拵《こしら》えることの名の下に行うクフルという非道な振る舞いであると、クルアーンの中で非難される。

> 神が信ずる者と呼ばない限り、我々は誰をも信ずる者と呼んではならない。また、ある者にイーマーンの名が冠された後では、神自身がその名をその者から取り去らないかぎり、我々はイーマーンの名を取り去ってはならない。
>
> さて、神は多くの「行」をイーマーンと呼んだ。ただし、これらイーマーンを構成する諸行のなかには、ある者がそれを為すのを怠ったとしても、神がイーマーンの「名」をその者から取り去らない行もある。そうした場合には、我々はその者からイーマーンという名を取り去ってはならない。その代わり我々は単純に、その者は己れのイーマーンの一部を失ったのであってイーマーン全てを失ったのではないと言わねばならない。(24)

ここで問題となっているムルジア派のテーゼに抗して、イブン・タイミーヤは、イブン・ハズムの言よりも遥かに包括的で徹底して体系化された議論を提示した。彼のムルジア主義批判は、「行」の重要性を格別に強く主張しつつ構築された彼のイーマーン論の一部を成す。この視点から見れば、イブン・タイミーヤの理論は以前に論ぜられた文脈において、既に異なった角度から部分的に検討されている。次節では、ムルジア派の体系的論駁を試みたイブン・タイミーヤの理論を検討しよう。

二　イブン・タイミーヤのイーマーン論

イーマーンの意味を論ずるに際して、ほぼあらゆる者が文献学的ないし意味論的考察を出発点とする。何度も見たように、一般原則として、アラビア語の「是認《タスディーク》」という語だけがイーマーンの精確な同義語である。イブン・タイミーヤはこの同定に抗する。が、そうするとともに、彼が、アラビア語におけるイーマーンとタスディークの二語の性質を意味論的に検討することを己れの議論の第一の礎とすることは興味深い点である。

ムルジア派は、〈神の言葉〉と〈神の使徒の言葉〉についての真の知識に直接触れる機会を失ったため、全く恣意的な仕方でイーマーン、イスラーム、その他に関して語り始めた。例えば、イーマーンに関して、彼らは次のように論ずる。イーマーンは言語的にはタスディークに他ならず、〈使徒〉はその用法を違えずにアラビア語でひとびとに語り伝えた。したがってイーマーンという語によって意味されるのは、タスディークでなければならない、と。

さて、彼らの主張によれば、タスディークはこころと舌の双方によって起こるか、それともこころのみによって起こるかのいずれかであるが、いずれにせよ、「行」はイーマーンに含まれない。

そしてイーマーンとタスディークを同じと見做すことを証明するために彼らが依拠する明文は「私たちが真実を語ったとしても、あなたは私たちの言葉を信ずる者《ムウミン》（mu'min）[25]ではないでしょう」[3]（クルアーン第一二章

第一七節〔4〕）である。この箇所でムウミンという語がムサッディク（muṣaddiq）[26]と同義であるように見える。

これに抗して、前に述べたように意味論的考察に基づいてイブン・タイミーヤは次の議論を提起する。

先ず、イーマーンはタスディークの同義語ではない。ある情報が眼に見える世界についてのものなのか、〈眼に見えないもの〉についてのものなのかについて、タスディークは本質的に違いがない〔つまり、タスディークはどちらの情報にも関わる〕。ある者が可視のものであれ、不可視のものであれ、何らかのものについて情報を与えた際、我々は「彼は真実を語った」（ṣadaqa）と言うか、「彼は嘘をついた」（kadhaba）と言うか、のいずれかである。つまり、我々は「その者の言葉を真と見做す」（taṣdīq）か、「その者の言葉を偽と見做す」（takdhīb）か、のいずれかを為すのである。

　これに対して、イーマーンという語は〈眼に見えないもの〉についての報告に関してのみ用いられる。例えば、誰かが我々に「太陽が昇る」ないし「太陽が沈む」と言ったとしよう。我々はその者の言葉を真と見做すかもしれないが、その者の言葉を決して「信ずる」わけではない。問題が眼に見える現象に関わるからである。

　イーマーンという語がアムン（amn）からの派生語であり、「安全で護られていると感ずる」「こころが平穏に安らいでいる」という意味を有することが前段の内容を支える。したがって、イーマーンという語は、信用でき、信頼するに足る人物からもたらされた情報に即してのみ用いることができるのである。〈眼に見えないもの〉に関する情報はまさにその場合に相当する。同様に、二人の人物があることに関して同じ知を共有する場合に、その事態を我々は「彼らは互いにサッダカ（ṣaddaqa）している〔つまり、認め合っている〕」と言うのであって、「彼らは互いにアーマナ（āmana）している〔つまり、信じ合っている〕」とは言わないのは、それが〈眼に見えないこと〉に関わっていないからである。もし物事が〈眼に見えないこと〉に関わる場合には、彼らはあることを見ることなしに、互いに信用し、信頼するのでなければならないだろう。クルアーンにおけるイーマーンの用例全てがこのことを証する。

したがって、イーマーンという語はタスディークという要素に加えて「信頼を置く《イウティマーン》」（i'timān）と「頼みにする《アマーナ》」（amānah）の意味を含む。そして前掲のクルアーンの章句はこの意味で、つまり「あなた（父）は我々の情報を真と見做さず、あなたはそれを信用せず、あなたのこころもそれを聞いて安らがない」との意味で理解せねばならない。そうであるのは、彼らの父の眼から見て、彼らは信頼を置くに足る者どもではないからである。

イブン・タイミーヤはつづけて、イーマーンとタスディークのあいだに本質的な違いがあることは、反対側からそれらの二語を眺めたときに明瞭にわかると指摘する。タスディークの対義語はタクズィーブ、即ち「何かを虚偽だとする」であるが、タクズィーブはイーマーンの対義語ではない。

通常のアラビア語の用法において、サッダクナー・フ（ṣaddaqnā-hu「我々は彼が真実のことを語ると見做す」「我々は彼の言を真だと見做す」）と、カッザブナー・フ（kadhdhabnā-hu「我々は彼を嘘つきだと見做す」）はある情報をもたらした者について言われる二者択一の選択肢である。アーマンナー・フとカッザブナー・フの対には、それが当てはまらない。イーマーンの正反対はクフルであるが、クフルは必ずしもタクズィーブを含意しないからである。[27]

「お前の言うことが真であるのは十分にわかっているが、私はお前には従わない。むしろ私はお前と戦い、お前を嫌い、お前に敵対する。私はお前なんぞに決して同意しない」とある者が言うことは十分にありえる。その者のクフルは単なるタクズィーブよりも遥かに悪質である。したがって、イーマーンの正反対に位置するクフルは、タクズィーブとは厳密に同じではない。故に、イーマーンがタクズィーブの単なる否定ではないのは明らかである。

クフルがタクズィーブである場合も確かにあるが、それはタクズィーブを欠いた敵対、対立、拒絶でもありうる。したがって、イーマーンは必然的に、タスディークに合意、協調、全てを委ねることが加えられたものでなければならない。つまり、単なるタスディークはイーマーンたるに十分ではないのである。

こうして、イスラーム（つまり、「屈服すること」と「全てを委ねること」の意味におけるイスラーム）がイーマーンの意味の一部を成すことと、タスディークしながらも全てを委ねることを拒むことがクフルの意味の一部を成すことが同じとなる。そしてこのことから導かれるのは、あらゆる信ずる者は、〈神の〉命〉に従い服するムスリムである、という結論である。そしてこの言の後半はアマル（「行」）に相当する。(28)

イブン・タイミーヤは言う。仮に、ムルジア派に妥協し、イーマーンは端的にタスディークの同義語であることを認めたとしても、それでもなお、ムルジア派のテーゼは受け容れがたい。このテーゼがタスディークという語の誤った理解に依拠するからである。（イーマーンと同じ意味の）タスディークはこころや舌によってしか生じないとムルジア派は主張する。権威あるハディース群において、「行」はしばしばタスディークと呼ばれるため、ムルジア派の主張が誤りであることとわかる。そうした場合に、タスディークは、ひとが己れの「行」に拠り、己れの言葉を「真とする《ユサッディク》」（yuṣaddiq）ことを意味する。(29)

そしてイブン・タイミーヤはハサン・バスリーの次の有名な言を引く。「イーマーンの要諦はこれ見よがしの振る舞いや単なる願いにあるのではない。それはこころ深くに打ち立てられた深刻な何ものかであり、現実に為したことによって「真とされた」ものである」。そして彼はこの引用について以下のように解釈する。

神は、口では麗しきことを言いつつ悪事を為す者に、その言葉を撞き返す。麗しいことを言い、善きことを為す者のその振る舞いは、その者を（神へと）高く揚げる。これこそ、「善き言葉は神のところに昇り行き、善き行いは〈彼〉がそれらを高く掲げる」[5]（クルアーン第三五章第一〇節）という神の言葉の意味するところである。

「イーマーンの要諦は単なる願い《タマンニー》(tamanni)にあるのではない」という発言によってハサン・バスリーが意味するのは、イーマーンが単に「言」なのではないということであり、「これ見よがし《タハッリー》」(taḥallī)という言葉で彼が意味するのは、こころのなかに何も対応するものがないのにもかかわらず外側を美しく見せかけることである。それ故、ハサン・バスリーの発言全体は「イーマーンとは、何かを外に向かって言うことに関わるものでもなければ、外側を飾ることでもない。そうではなく、こころの内奥に確立され、行いにより確証される重大なものなのである」と言い換えることが出来よう。この発言の後半部は次の考察に基づく。こころにあるものは「行」によって外側に表現されねばならない、そして〔あるものから〕おのずと生じてしかるべき結果の欠如は、それの元となるものの欠如の証となる(30)。

したがって、イーマーンの最も基本的な要素がタスディークであると認める場合、拝礼《サラート》(ṣalāt)は特殊な類の祈りであり、(マッカへの)巡礼は特殊な類の意識の向け方であり、(ラマダーン月の)斎戒は特殊な類の節制であるのと同じ意味合いで、イーマーンはきわめて特殊な類のタスディークであるということをも認めねばならない。そしてこの特殊な類のタスディークは、「絶対的な仕方で(31)」タスディークの語が用いられた際にその語の意味の構成要素となる、おのずから生じてしかるべき多くの結果を有するということも認めねばならない。あるものから生じてしかるべき結果が欠けるということは、そのもの自体が欠けていることを示すからである。こうして、「行」がイーマーンに含まれるか、それとも「行」はイーマーンから生じるしかるべき結果にすぎないか、をめぐる議論は言葉をめぐる問題に還元されるのである(32)〔したがって実質的な問題ではなくなる〕。

先に予備的に分析しておいたことであるが、「行」をイーマーンの本質的構成要素とするか否かの問題を論ずることは、イブン・タイミーヤがしばしば好んで提示するイーマーン＝イスラーム論にたどり着く。これらイーマーンとイスラームの二語のあいだの区別そのものが「行」概念のその構図への導入に依拠し、またそれによって区別が可能となる。イーマーンをイスラームから分けるイブン・タイミーヤの議論は、この「行」の概念をめぐって為されるため、その議論は「行」の価値についての理論化であると言いたくなるほどである。

　このテーゼの要諦は、ある者に固く揺るがぬタスディークがあれば、その者がムスリム（イスラームを帯びた者）たるに十分なのであるが、善き行いを伴わなければ、そのタスディークがその者を信ずる者（イーマーンを帯びた者）たらしめないことにある。

　イブン・タイミーヤの見解では、イスラームとはきわめて形式的で皮相なものである。剣を怖れるが故にイスラームに改宗する者はこの意味においてムスリムである。この例は、形式的で外的な類のイスラームを際立たせるが、最低の位次のイスラームではない。最も皮相的なイスラームには、こころのうちにイーマーンと「偽善《ニファーク》」（nifāq）を併せ持つ者はおろか、偽善者さえもが含まれるからである。否、場合によっては、クフルがあまりにも強すぎるがゆえにイスラームの宗教共同体から放逐される、ということには至らないまでも、あるひとのこころのうちにクフルとイーマーンとが共存することもありえるのである(33)。

　無論このことは、そうしたムスリムはムスリムであると見做されるものの、その者が完全なムスリムと同程度に良いムスリムであることを意味しない。これに関わる完全性が常に追い求められるべきである。揺るがぬタスディークがそうした完全性に至る第一歩である。

　だがなおも、我々には心にとめておかねばならない事がある。イーマーンはタスディークだけで構成されるのではなく、タスディークには必ずこころのさまざまな働き《アアマール・カルビーヤ》（aʻmāl qalbiyyah）が伴うということ、翻ってこれらの働きは必ず外側に顕れる身体活動が求められるということである。したがって、神と〈神の使徒〉

を愛することはイーマーンの一部である。神がひとに為せと命じたことを愛し、神が禁じたことを憎む。それにも全く同じことが当てはまる。そしてこれら〔こころの働き〕がイーマーンの有する最も特徴的な性質に含まれる。きわめて多くの〈預言者〉のハディース群がこれに言及している。例えば「己れの善き振る舞いに喜びを感じ、己れの悪しき振る舞いに悲嘆する者は信ずる者である」〔と〈預言者〉は言う〕。そうした者は善き振る舞いを愛し、善き振る舞いによって喜びを感じる。そうした者は悪しき振る舞いを憎む、仮に、抗いがたい衝動に駆られてそれを為したのだとしても、悪しきことを為したのであれば、悲しみに暮れて己れを苛む。この類の愛憎がイーマーンの特性に含まれるのだと、私は言っているのだ。

イブン・タイミーヤがここで、全く内面的で静的なタスディークと、全く外面的で動的な身体のアマル〔働き〕を結ぶ環としての「こころの働き」（‘amal qalbi）の概念を導入しているのは興味深い点である。イーマーンは（身体の動作として理解された）アマルに関わらないと主張する者たちに抗して、イブン・タイミーヤは、反対に、身体の外側にある器官よりも深い次元であってもアマルが始まっており、こころ《カルブ》（qalb）自体にもそれ固有の振る舞いがあると指摘する。例えば、神と〈使徒〉を愛することは心理的「行為」であり、外側での身体的行為がアアマール〔さまざまな働き〕であるのと同じく、さまざまな類の心理的行為も語の真の意味においてアアマールである。ひとたび、これを認めると、内的アアマールと外的アアマールという二類のアアマールを本質的に峻別し、外的アアマールを我々のイーマーン定義から無化する理由はそこに存在しえなくなる。

実際のところ、この心理的行為に関するテーゼは、ハディースに反映されるきわめて古いイーマーンの概念把握を理論的に練り上げたものにすぎない。ハディースに見えるイーマーンの概念把握は、外的行為としてのアマルと内的な何かとしてのタスディークをはっきりと区別していない。多く例を挙げうるなかから一つ二つ挙げておこう。ブハーリー編『正伝ハディース集』に次のように見える。

〈預言者〉は）「いずれの《アイユ》行為《アマル》が最良《アフダル》か」（ayy al-ʻamal afḍal）と問われた。彼は「神と〈神の使徒〉へのイーマーンだ」と答えた。「次は何か」とその男が問うた。彼は「神の道において（カーフィルたちと）戦うことだ」と答えた。「次は何か」とその男は続けて問うた。彼は「滞りなく行われる（マッカへの）巡礼だ」と答えた[34]。

重要度の高い方から順に、(1)神と〈神の使徒〉へのイーマーン、(2)ジハード（jihād）、(3)巡礼の三つの項目がここに記されている。後代の神学者たちが区分する場合には通常、(2)と(3)は間違いなく身体の振る舞いという意味でのアマルの範疇に帰属させ、(1)をタスディークとする。しかしながら、このハディースにおいて、三つの項目は全ていずれの行為が最良かとの問いへの回答として与えられる。言い換えると、イーマーンはアマルとして扱われているのである。

アカバ（ʻAqabah）での夜に交わされた誓いを活写し、ムスリムによるイーマーンの概念把握のおそらくは最も古い形態を反映する次の有名なハディースにおいても、内的行為と外的行為が全く区別されていない。

教友たちの一団が取り囲むなか〈神の使徒〉は言った。「私に忠誠を誓え。（お前たちに提示する）条件は次のもの。(1)神に何者をも併置しない、(2)盗まない、(3)姦通を犯さない、(4)己れの子たちを殺さない、(5)根拠のない嘘を拵《こしら》えて口に出すことがない、(6)善きこと（を為せと命じられたなら、その命）に服さないことがない。お前たちのなかで、これらの条件全てを満たす者は己れの報酬を確実に神から得るだろう[6]。

このハディースでは、ムハンマドの周りに新たに生起した宗教共同体の一員として認められるための基本六条件のうち、(1)だけがタスディークに関わり、それ以外の条件は全て正しき振る舞いに関わる命令である。

タスディークないしマアリファが「こころの行」であるとの考え方は、同書の二〇番〔『信の書』第一三章、本書三八一頁〕を導入する発言にきわめて明瞭に見える。[7]

> 〔「私はお前たちよりも神のことを良く知る」という〈預言者〉の言葉、ならびに〕「知ること」（maʿrifah）が「こころの行」であることは「だが、〈彼〉は、お前たちのこころが得たことの責をお前たちに負わせる」[8]（クルアーン第二章第二二五節）という神の言葉に由来することについての章。

さて、イブン・タイミーヤの文章に立ち戻り、タスディークと外的行為のあいだを結ぶ環としての心理的行為という概念を彼が巧みに用いて、イーマーンの意味論的構造のうちに、いかなる仕方でタスディークと外的行為を取り込んだかを見よう。

本書第四章末尾に引いたイブン・タイミーヤの『信の書』の長い文章を参照されたい。その引用においてイブン・タイミーヤは、姦通する者が姦通を犯すのは偏に姦通を犯すまさにその時に、こころでその行為を愛するからだと指摘する。己れのこころのなかに己れの色欲を抑えるに十分な神への真の畏れ《ハシュヤ》（khashyah）が存在するならば、ないし、色欲に克つほどに神への愛が強ければ、その者は姦通を犯さなかったであろう。そしてこれこそが、「このようにして我れは彼を悪しきことと恥ずべきことから逸らせた。実に、彼は我れの誠実にして忠実な僕《しもべ》の一人であった」（クルアーン第一二章第二四節[35]）と、神がヨセフについて言ったことの意味に他ならない、とイブン・タイミーヤは言う。

このように、真に神に誠実で忠実な者は決して姦通を犯すことがない。ひとが姦通を犯すのは、その者がその性質を欠くからである。そしてこれは、人が失ってしまうかもしれない類のイーマーンである。もっとも、そのひとは決してタスディークそのものを失わないのであるが。これ故に、そうした者は、「彼はムスリム（イスラームを帯びた者）であるものの、信ずる者（イーマーンを帯びた者）ではない」と言われるのである。それ故、〈神の報酬〉に真に値するムスリムであるならば、必ずタスディークを帯びた者でなければならない。さもなくば、その者は単に偽善者であるにすぎないからである。しかしながら、タスディークを帯びた者であるからと言って、神と〈神の使徒〉に寄せる全き愛、神への深い畏れ、己れの振る舞いにおいて神に完全に誠実であること、絶対的な神への信頼といった、イーマーンに必要な諸状態（al-aḥwāl al-īmāniyyah al-wājibah）がその者のこころに確立されているわけではない。

タスディークを有するものの、イーマーンに必要な全ての状態をこころに有さぬ者こそ、〈使徒〉によってイーマーンがあると見做されない類の者である、とイブン・タイミーヤは言う。タスディークはイーマーンの一部にすぎず、タスディークに加えて、神への愛、神への畏れといった他の要素がなければならない。これらの要素を欠いたタスディークは全くもってイーマーンではない[36]。

この問題に関してワキーウ・イブン・ジャッラーフ（Waqīʿ ibn al-Jarrāḥ〔d. 746. 有名なハディース学者〕）の遺した幾つかの寸言を、イブン・タイミーヤは己れの見解を支持するものとして引用する。それらの一つに次のように見える。「スンナの徒が、イーマーンは「言」と「行」から成ると言うのに対して、ムルジア派は、イーマーンは「言」だと言い[37]、ジャフム派は、イーマーンは「知ること」だと言う（が、そうした見解はクフルである）[38]」。もう一つの寸言は多少なりともより独特であり、より興味深いものである。「ムルジア派は、「言葉での告白」（iqrār）によって「行」が不要となると主張する。だが（私の見解では）そうした主張をする者は誰であれ、地獄行きが運命づけられるのに対して、「意図」（niyyah）によって「行」が不要となると主張する者は紛れもないカーフィルである。後者こそ、ジャフムが採った立場である」。ワキーウの見解はまさにアフマド・イブン・ハンバルのそれでもある、とイブン・タイミーヤは附言する[39]。

直前に見たように、「こころの行」ないし「身体の行」と区別されるものとしての「心理機構」とでも言いうる概念がイブン・タイミーヤの思想内で決定的な役割を担っている。神への愛や神への畏れといった、こころ《カルブ》(qalb) それ自体の行や行為があること、ならびにそれらの行がイーマーンの構造そのものに入り込んでいることを一度なりとも認めるのであれば、身体の行もまたイーマーンの構造に含まれることを認めなければならなくなる。身体の行はこころの動きを外的に表現するもの、こころの動きから必然的に生ずる結果に他ならないからである。こころは「根」(aṣl) であるからして、こころがこの上なく重要であることを認めねばならない、とイブン・タイミーヤは言う。しかるに、こころは「知る」機能のみを有するわけではない。こころは固有の「行」を有する。否、それはそれ自身の「言」をも有するのである。

こころの内にあるイーマーンこそがイーマーンのまさに根柢を成すことは疑いない。だが、こころの内にあるイーマーンが次の二つの事から成るのを心に留めておかねばならない。(1) こころによるタスディークと、(2) そのタスディークをイクラールし (己れの事として引き受け)、よって来る所以を知る (マアリファする) ことの二つである。(2) は「こころの言」と呼ばれる。[40] (この二つに加えて、こころの行もある。) ジュナイド・イブン・ムハンマド (Abū al-Qāsim al-Junayd ibn Muḥammad al-Khazzāz〔d. 909-910. 初期のスーフィー〕) は言った。「タウヒード (つまり、神に対する純粋に一神教的な〈信〉) が「こころの言《カウル・カルブ》」(qawl al-qalb) であるのに対して、タワックル (tawakkul. つまり神に全き信頼を置くこと) が「こころの行《アマル・カルブ》」(ʿamal al-qalb) である」と。

したがって、こころの「行」だけではなく、それとともにこころの「言」があることに何ら疑いを差し挟む余地はない。……「こころの行」とは、神と〈神の使徒〉への愛、神への畏れ、神と〈神の使徒〉が愛することをそのまま愛し、神と〈神の使徒〉が憎むことをそのまま憎むこと、己れの全ての行為を神だけに捧げること、そのこころが神に全き信頼を置くこと、ならびに神と〈神の使徒〉が宗教的義務として課し、イーマーンの一部としたその他の心理的行為である。

　こころはこの仕方においてまさに（イーマーンの）「根」である。だが、（こころだけでイーマーンの全てが尽きるわけではない。その理由は次のとおり。）「知」と「意」がこころにあれば必ず、「知」と「意」は身体に捌け口を求める。身体はこころが意図することから離れてはありえない。

「知ること」と「こころの行」の二つをともに含んだ状態の真のイーマーンがそこ〔こころの中〕に存在するという意味において、こころがまことに善きもの（ṣāliḥ）である場合、その善きこころは、（こころにある）真のイーマーンに応じて外的な（つまり、言葉での）「言」と（外的な）「行」を伴って機能する善き身体に結実せざるをえない。……外側（ẓāhir）は常に内側（bāṭin）に付き随う。内側が善であれば、必ず外側も善となる。内側が損なわれていれば、外側も損なわれる。このことは、拝礼に参列するときの振る舞い方が見掛け倒しの者について述べた〈預言者の教友〉の一人の「この男のこころが卑しければ、身体も卑しい……」との言に示されている。

　こうして、ジャフム・イブン・サフワーンと彼の信奉者たちのテーゼの誤りが我々の眼に露わになった。彼らは、イーマーンがこころによるタスディークとこころにおいて「知ること」に尽きると主張し、「こころの行」の全てをイーマーンから除外（し、その結果、「身体の行」の全てをイーマーンから除外）する。もしある者がタスディーク（と「知ること」）をこころに有するのであれば、その者は完全なイーマーンを有する信ずる者である、というのが彼らの見解である。また彼らの見解では、この者が神と〈神の使徒〉を罵り、神の友に敵意を示し、神の敵と交遊し、預言者たちを殺し、モスクを壊し、〈書〉の写しを侮辱し、最大の礼を尽くしてカーフィルたちを遇し、〈信ずる者たち〉を最大限に見下し蔑んだとしても、何ら問題にならないという。

これらは、こころに存在するイーマーンに影響を及ぼさない、不服従の行為にすぎないと彼らは主張する。そうした者は己れの「内側」において神の眼から見て善き信ずる者としてありつつも、これらのこと全てを為す場合があると言うのである。[41]

己れが「こころの行」と呼ぶものとスーフィーたちの言う「状態《アフワール》」(aḥwāl) との類似性に、イブン・タイミーヤが言及しているのは至極興味深い点である。一般的にスーフィズムにおいて「状態」、「階梯《マカーマート》」(maqāmāt)、神へと向かう旅人の「停留所《マナーズィル》」(manāzil) といった名で知られるものが指し示すのは、「こころの行」に他ならない。スーフィーが言う心理的「状態」の幾つかは神と〈使徒〉が義務として課した「こころの行」である、とイブン・タイミーヤは言う。それらは「義務としてのイーマーン」の一部を構成する。他の幾つかは神と〈使徒〉が好みつつも、義務としては課さなかったことである。これらは「好ましいイーマーン」に帰属する。第一範疇の心理的行為はありとあらゆる信ずる者に課されるが、第二範疇のそれは「神の傍まで近寄ることが許された者」(muqarrabūn) のためだけにある。だが、無論、あらゆる信ずる者がそうした高い位次に至ることが想定されているわけではない。第一範疇の心理的行為に己れを専念する者はまさに真の信ずる者、〈右側の徒《アスハーブ・ヤミーン》〉(aṣḥāb al-yamīn)[42] の一人である。イブン・タイミーヤに言わせれば、スーフィーたちとスーフィーではない者たちがともに認める第一範疇の心理的行為をイーマーンの本質的部分と見做さなかったことが、ムルジア派の犯した群を抜いて大きな誤りである。[43]

しかしながら、直前に言われたムルジア派への非難が過度に単純化されたものであるのは明らかだ。ムルジア派の主要な思想家たちのほとんどが神への愛、神への畏れ、卑《ひ》くあって己れを委ねることなどの「こころの行」

にかなりの重要性を附したことは、本書第五章で既に見た。上記の発言を為すに当たって、イブン・タイミーヤがジャフム派の立場を念頭に置いているのはきわめて明瞭である。また、同書〔『信の書』〕の数頁後に、より包括的にムルジア派のイーマーン論を批判しはじめており、彼自身もそれを意識していたことがわかる。

イブン・タイミーヤはまず、イーマーンの構造をめぐる問題に即してムルジア派を、(1) イーマーンとはこころにあるものに他ならないと主張する者たち、(2) イーマーンとは舌による「言」だけであると主張する者たち、(3) イーマーンとはこころによるタスディークと舌による「言」から成ると主張する者たち、の主要な三つの集団に分ける。

第一集団はさらに二つの下位集団に分けられる。一つ目の下位集団はイーマーンに「こころの行」を含む者たちであり、ムルジア派諸集団の大多数はこの型の集団である。そして第二の下位集団は、〔第一集団が念頭に置く〕「こころにあるもの」から「こころの行」を看過する者たちである。この立場はジャフムと、サーリヒーなどのジャフムの見解に従う者たちが採った。

ムルジア派をこのように主要な三集団に区別した後、イブン・タイミーヤは続けて彼らのイーマーン論に対して徹底的に批判検討を加える。彼はそこに三つの根柢的な誤りを見て取る。

(1)　イブン・タイミーヤが指摘する第一の大きな誤りは、ムルジア派が全てのひとのイーマーンを同一だと見做すことである。この点についてイブン・タイミーヤは以下のように記す。

彼らが犯した誤りのうちの主な誤りの一つは、神が己れの僕《しもべ》に課したイーマーンはどの人物においても等しく同一である、言い換えると、ある一人のひとに課された類のイーマーンは他の全てのひとに等しく課される、と彼らが考えたことである。これは誤りである。〔ムハンマドに〕先立つ世代の預言者たちに附き随う者たちに対して神が要求した類のイーマーンは、ムハンマドに附き随う者たちに神が要求するものとは異なる。それは、〔同時代的に〕神がムハンマドの〈共同体〉に他の者どもには課さなかったことを課したのと同じである。さらに言えば、クルアーン全体が啓示される以前に義務として課されたイーマーンは、クルアーンが完全に啓示された後に義務として課されるようになったイーマーンとは全く異なるはずである。

加えて、〈使徒〉が伝えたことの具体的詳細の全てを知る者に義務として課されるイーマーンは、〈使徒〉が伝えたことを概括的にしか知らない者に義務として課されるイーマーンとは必然的に異なるものとなる。これは次の事実に由来する。〈使徒〉がその当の者に伝えた全てのことをその者が真と見做すこと（タスディーク）を欠いては、イーマーンはありえない。だが、例えば、（最初に）〈使徒〉を、真を語る者として受け容れながらも、（さらなる教宣を待たずして）改宗直後に亡くなった者はそれだけの分のイーマーン以上は要求されない。対して、具体的詳細全てを備えたクルアーンとハディースが至った者は個々の情報、個々の命の全てを具体的かつ詳細にタスディークすることが要求される。不完全な知しか持たずに亡くなり、したがって概括的なイーマーンを有することだけが要求された者に課された義務とは全く異なる義務がそうした者に課されているのである。

（クルアーンとハディースに見える詳細を知るに十分なほど長く）生きることがありとあらゆる者に許されていると仮定するにしても、一般のひとびとの各々が〈使徒〉により与えられた命令、禁止、教宣の全てを知ることを要求されると考えるのは誤りである。ありとあらゆる者に要求されているのは、（個々の者の状態に応じて、それぞれに）義務として課され、また禁じられたことを知ることだけである。

例えば、財を持たぬ者はザカート〔喜捨〕に関わる命令の詳細を知ることを求められない。巡礼に行くことが不可能な者は、巡礼に関する儀礼的行の詳細を知ることを求められない。婚姻関係を結ばぬ者は、婚姻生活に関わる詳細な準則を知ることを求められない。したがって、要求されるイーマーンの類は、タスディークと「行」と、ともに、ひとによって異なるのである。(44)

これらの考察からイブン・タイミーヤはきわめて興味深い〈プラトン的イデア論〉批判に導かれてゆく。彼の議論の要諦は、全てのひとに同一のものとしてのイーマーン、全てのひとに一挙に定められており、いかなる個人的な偏差も許さぬものとしてのイーマーンは〈普遍〉にすぎないということである。〈普遍群〉は人間のこころのなかだけに存在し、外界には全く存在をもたない。外界、つまり物理的な現実の世界では、〈個物群〉〔個体ないし個体にある性質〕だけがあり、〈個物〉のそれぞれがそれ固有の個別的性質を帯びている。イーマーンもこの原則を免れない。

全てのひとに義務として課される類のイーマーンが唯一の種である〔つまり、イーマーンという類のもとに包摂される種は一つしかない、即ち、一類一種である〕、とムルジア派は根拠もなしに考える。彼らのうちの幾人かは、それは唯一の種なのであるから、程度に違いがあることを許容しないとする。かつて、彼らのうちの一人が「イーマーンは、イーマーンとしてある限りにおいて、増えたり減ったりしない」と私に言った。私は次の仕方で彼に答えた。

あなたが語っているのは普遍概念としてのイーマーンである。人間として見るかぎりの「人間」、動物として見るかぎりの「動物」、存在として見るかぎりの「存在」、「黒さ」として見るかぎりの「黒さ」などと、それは全く同じである。こうした事柄は増減を許容しない〔つまり、より多く人間になる、より多く動物になる、より多く黒くなるなどということがない〕。我々は、これらの事柄が、全ての（個物化させるための）条件、ならびに属性を欠いた絶対的存在を有するということを認める。ところが、それらは外界においてはどんな実在も持たない。それらは、ひとが己れのこころのなかで置き定めたことにすぎない。それはちょうど、永遠のものでもなければ一時的なものでもなく、またそれ自体としてあるのでも、それ以外の何かによっているのでもない絶対的存在者（an existent）を、その者が（己れのこころのなかで）置き定めるのと全く同じである。ひとは、存在する者でもなく、存在を欠く者でもない何者かを置き定めて、「本質《マーヒーヤ》」（māhiyyah）それ自体は、存在によっても、存在を欠くことによっても性質づけられないものだと言うことすら出来る。しかしながら、「本質」そのものは、こころによって置き定められたものにすぎないのであって、それが外界に何ら実在を持たないことを、我々は念頭に置いておかねばならない。

どの信ずる者の属性でもない、あらゆる限定を欠いたイーマーンを置き定めることにも全く同じことが当てはまる。これは、存在する者でも存在を欠いた者でもないひとを置き定めるようなものである。

否、現実には、ある特定の個人としての信ずる者のイーマーンであることのないイーマーンは存在しない。「人間であること」が、それが性質づけるところのいかなる個人〔つまり、「人間である」と言われる個人〕からも離れては存在しえないことと同じである。各個人は、己れに固有の「人間であること」を有する。同じ仕方で、各々の信ずる者は己れに固有のイーマーンを有する。したがってザイドが「人間であること」とアムルが「人間であること」は似ているものの、二つの「人間であること」は全く同じではない。もし、二つの「人間であること」が唯一無二の人間性を分けもつと言われるとしても、その発言は、二つの「人間であること」が外界に二つの存在者としてあるかのごとくに見えて、こころのなかにのみ存在する〈普遍〉に関わることを意味するのである。[45]

この類の議論は興味深くはあるが、本節の論ずる特定の文脈からは少し逸れるかもしれないので、イーマーンの増減問題を扱う次節でこの議論を検討することにしよう。直前に引いた文章の中で触れられていたイーマーンに即してひとびとのあいだに程度の違いがあるか否かを問う問題も次節で論ずることになろう。しかしながら、前記の議論は本節の主題と直接の関連がないわけではない。重要なのは次の点である。イブン・タイミーヤの見解では、イーマーンが個々人で異なるのは、主にイーマーンの意味内容が「行」を含むことに由来する。タスディークをそれ自体として、また抽象的存在として見れば、全く同一のものであるかもしれないが、しかしタスディークは無数の個別の形態において、「こころの行」と「身体の行」を通じて具現化されるものである。

ムルジア派の犯す第二の大きな誤りは、タスディークによってイーマーンの心理的側面が論じ尽くされるジャフム派のテーゼに見える。このテーゼは「こころの行」の存在と機能を完全に無化する。[46] この論点はこれまでにも十分に論ぜられたことである。

第三の誤りは、こころにあるイーマーンはそれだけで完全であり、それを完全にするためのいかなる「行」も必要ない、と彼らが主張することにある。無論、実践において各々の信ずる者によって善き「行」が為されるのであるが、それら善き「行」は、いわばイーマーンの「果実」(thamarah)であって、イーマーンそれ自体が常に要請するものではない。

既に見たように、イブン・タイミーヤはこの見解に抗して、こころにある完全なイーマーンがそれに応じた外側の行為を要請すると強く主張する。[47] イーマーンが「行」と連関することの内実が次のように説かれる。

イーマーンが「行」と連関するのは、こころが身体と連関するのと同じであると見做しうる。二つのもののうち、どちらも他方なしには存在しえない。こころを持たずして生きた身体を有して存在する者がいないように、身体なくしてこころを有して存在する者はいない。それでもなお、それらは二つの異なるものである。それらは、いかに働くか、ならびにどのように概念把握されるかに即して互いに区別される。

イーマーンと「行」の関係は穀物の外側と内側に喩えることができる。(穀粒の外側と内側は異なるものであるが、それでも）それらは一つである。穀粒の外側と内側が各々に異なる特性を有するからといって、誰も一つの穀粒を二つの穀粒と見做したりはしない。

同じように、イスラームの「諸行」〔つまり、全てを委ねて為す「諸行」〕はイーマーンの外側にすぎない。それらは身体の「諸行」である。これに対し、イーマーンこそがイスラームの内側であり、それはこころの「諸行」である。

以上が、「イスラームは外側に関わり、他方、イーマーンはこころにある」という〈預言者〉の言葉が意味するところである。[48]……ここでイスラームが意味するのは、イーマーンの「諸行」に他ならず、イーマーンはイスラームの内的確信に他ならない。「行」なしにイーマーンはありえず、内的確信《アクド》（ʻaqd）なしに「行」はありえない。

「行（の価値）は意図（ないし動機 niyyah）によって計られる」という別のハディースにも同じ考え方が表現されている。

そのハディースが意味するのは端的に、「行」は内的確信ないし意図が後ろから支えなければ、（宗教的意味での）「行」はありえない、ということである。これにより、〈神の使徒〉は身体の「行」と、こころの「行」、つまり「意図」とを共に主張し認めている。

「行」がイーマーンに連関するのは唇が舌に連関するようなものだろう。

唇と舌なしに発話はありえない。唇がさまざまに異なる音を合せて、舌がそれらを発話の形で外に出すからである。唇と舌のいずれかが損なわれると、発話そのものができなくなる。全く同じ仕方で「行」が脱落するとイーマーンも消失するのである。[49]

数段落前で記したように、イーマーンの増減の問題は、「行」がイーマーンの概念に含まれるか否かの問題と分かちがたく結ばれているので、次節ではその問題を検討することにしよう。

三　イーマーンの増減

「イーマーンは増えうるのか」、「イーマーンは減ることもあるのか」、「ひとびとのあいだで個々人の有するイーマーンについて、程度の違い《タファードゥル》（tafāḍul）はあるのか」。これらは、ムスリム神学がムルジア派から引き継いだ問いである。本書第五章で見たように、イーマーンが増減するか否かの問題にムルジア派のほとんどの思想家が興味を抱いたのは特徴的なことであった。この問いの提起そのものは、イーマーンにおいて「行」が重要であることをムルジア派が論じた、その議論の直接の結果であった。この問いへの回答は、当然のことながら、イーマーンの本質的構成に「行」を含むとするか、あるいは「行」を除外するかに応じて変わる。イーマーンの本質的構成から「行」を除外する者はおのずと否定的に答え、「行」がイーマーンの欠くべからざる部分だと認める者はおのずと肯定的に答える。

この意味で、イーマーンの増減問題はアマルの問題から生ずる問題系の一つである。さらに言えば、イーマーンにさまざまな程度が存在するか否かの問題はイーマーンの増減問題から生ずる問題系の一つである。というのも、イーマーンが増減しうる、つまりイーマーンが一様ではないことを認めるならば、イーマーンにさまざまな程度が存在することをほぼ機械的に認めるのに対して、イーマーンが増減しえないのであれば、全てのひとびとにおいてイーマーンが全く同じでなければならないことが必然的に導かれるからである。

したがって、イーマーンが増減するとのテーゼの根柢に潜むのは、タスディークそのものは不変で、常に同じであり続けるのに対して、もう一つのイーマーンの構成要素である「行」は常に変化する、つまり増減するという考え方である。言い換えれば、このように概念把握されたイーマーンは、変わらざる恒常的な核心の周りを、いわば変化し続ける諸要素からなる広大な領域が囲むことで構成される。これが、イーマーンの増減に関する最も広く認知された素描である。

タスディークそのものは決して変わらないという考え方についてイブン・ハズムは次のように述べる。

いかなる類のタスディークにも、つまり、(宗教的な事柄であれ、それ以外の事柄であれ) 何らかのタスディークに増減が起こることは絶対にありえない。〈神が一であること〉ならびにムハンマドが〈預言者としてあること〉のタスディークもこの原則を免れない。このタスディークにも増減はありえない……。このことは、あるひとが真だと考えるものの存在に対する揺るぎない確信を有することがタスディークの意味に他ならないことに由来する。その者の有するこの類の特性に「より多く、ないし、より少なく」がありえないのは明らかである。己れが正しいことにそのひとが絶対的確信を抱かないならば、その者は疑う者であって、ムサッディク (つまり、タスディークを帯びた者) ではないからである。そしてもしその者がムサッディクでないのであれば、その者は信ずる者ではないということになる。[50]

これに抗して、誰かが反論を提示し「タスディークがいかなる差異も許容しないことにあなたはどうして確信を抱きうるのか」と言うかもしれない。タスディークは詰まるところ属性なのであって、属性は一般的にさまざまな程度を許容する〔ものである〕。

(論敵は続けて論ずる。) ある緑色は他の緑色と較べて「より緑色」である。ある勇気は他の勇気と較べるとより大きい。これらは日常的に経験されることである。特に注目に値するのは、勇気とタスディークはともにこころの「様態」であって、こころの属性という同じ範疇に属することである。〔勇気とタスディークが「より多く、ないし、より少なく」を有する可能性があることに即した場合に、あなたはいかにしてそれらを互いに区別することができようか。〕

（この反論にイブン・ハズムは次のように答える。「性質《カイフィーヤート》」（kayfiyāt）はこの視点から見て二類に区別されうる。「より多く、ないし、より少なく」を許容する性質と、それを許容しない性質の二類である。）幾つかの性質が「より多く、ないし、より少なく」を許容する場合、単純にそうであるのは、それらが本性上、何か他の性質がそれらに混入するのを許容するからである。ある性質とそれと対立する性質がさまざまな割合で混ぜ合わされるか〔つまり、現代的に言えば混合〕、あるいは両者が直接混ざることで〔現代的に言えば化合〕、相対立する二つの性質のあいだに多くの中間段階が存在する場合にのみこのことは起こるのである。

だが、いかなる混合〔化合〕をも決して受け容れない性質の場合には、程度の差異はありえない。神はそれらをそのように創造した……。例えば、「真であること《スィドク》」（sidq）という性質は他の何かが混ざれば、たちどころに「嘘《カズィブ》」（kadhib）に転ずる。同様に、タスディークに他の何かが混ざれば、たちどころに「疑い《シャック》」（shakk）に転じ、タスディークそのものが成り立たなくなる。(51)

このように、タスディークはわずかな差異も許容しえない恒常的要素なのである。だがなおも、イーマーンが「増える」(52)ことに言及する多くの箇所がクルアーンに見える。それ故、イーマーンには、実際に変化する何かがあらねばならない。その変化する要素が「行」なのである。これが、「行」をイーマーンの本質的構成要素と見做す者たちの典型的な回答であるのは既に述べたとおりであり、イブン・ハズムはそう述べる一人である。こうして彼は次のように結論づける。イーマーンはタスディークであるだけではなく、タスディークに寄り添う多くの他の事柄（つまり、「行」）をも含む。そしてこれらの事柄の多寡を通じて「より多く、ないし、より少なく」

がイーマーンのなかに入り込むと。(53)「増《ズィヤーダ》」（ziyādah）の概念は「量」と「数」にのみ適用される。イーマーンという概念が及ぶ領域内では「行」の要素のみが「量」と「数」を受け容れることになる。(54)

〈預言者〉が、女は「〈理性〉（ʿaql）と〈宗教〉（dīn）の双方に不足がある」と述べる有名なハディースがこのことの好例を提供している、とイブン・ハズムは言う。「〈宗教〉に不足がある」とは何を意味するのかと訊ねられ、〈預言者〉は次のように答えた。「お前は見ないか。斎戒もせず、拝礼にも参加しないまま女たちがある一定の数の昼夜(55)を過ごすのを。これが〈宗教〉において彼女たちに不足があるということだ」と。イブン・ハズムによると、このハディースが言及するのは、ここでは日数に即して把握されている「行」に不足があることだけであって、女のタスディークそのものに不足があることを意味しているのではない。タスディークには部分がないため、それがほんの少しでも欠けると、タスディーク全体が損なわれるからである。(56)

さて、このように諒解されるならば、イーマーンの不完全さ〔不足があること〕と完全さが相対的概念であるのは明らかである。そしてその程度の数に限りはありえない。例えば、全ての為しうる敬虔な「行」のうちA—B—C—Dを為す者のイーマーンは、A—B—Cしか為さぬ者のイーマーンよりも完全である。その違いはDだけである。だが、前者は、A—B—C—D—Eを為す者に較べれば不完全である。これはみな、当然のことながら、三者が同一のタスディークを共有するという基本的な仮定に基づいている。イーマーンに「行」を含めない論敵と己れのあいだに想定された問答によってイーマーンの完全性が相対的であることを、イブン・ハズムは説明するのである。

〈論敵は言う。〉教えてくれまいか。「神より他に神はなく、ムハンマドは〈神の使徒〉である」と言って、イスラームより他の宗教から己れを隔て、〈預言者〉が持ち至ったあらゆることを真と見做し、己れのこころでそれを信じ、この後ただちに死んだ者についてあなたはどう考えるか。その者は信ずる者なのか、そうではないのか、あなたはどちらだと思うか。

（イブン・ハズムは言う。）私の答えは、然り。神の視点から見ても、ひとの視点から見ても、その者は紛れもなく信ずる者である。

（論敵は言う。）それならば教えてくれ。その者のイーマーンは不完全か、完全か、どちらであるか。その者のイーマーンは完全だとあなたが答えるならば、それはまさしく私たちが主張することと同じである。だが、その者のイーマーンが不完全だと言う場合には、改めて問おう。その者のイーマーンには何が不足しているのか。そしてその者のイーマーンにはなおも何が残っているのか。

（イブン・ハズムは言う。）その者は、その者が為さなかった行為によりその者よりも多くのイーマーンを有する者に較べるならば、イーマーンに不足がある信ずる者である。

　より一般的に言えば、どんなひとでも、「行」に即して見てその者に優る他の者と較べるならば、イーマーンに不足が生じる。そしてその比較の連鎖は、ついに〈神の使徒〉に至る。〈神の使徒〉が「行」に即して見て他のどの者よりも優るという意味で、誰もイーマーンの完全さにおいて〈神の使徒〉に敵わない。

　したがって、「その者のイーマーンの何処に不足があるのか」という問いには、「他の者が為す（も、その者が為さなかった）行為において不足があり、その不足の量は神が最も良く知りたまう」と答えねばならない[57]。

　イブン・ハズムが提示するのは、正統派諸学団でイーマーンの増減問題が扱われる際の典型的な議論だ。ただし、各々の場合でその詳細がかなり異なる。もう一つ例を挙げると、この問題は、服従行為（ṭāʿāt）がイーマーンの一部であるか否かという、より根柢的な問題の分枝だとの立場を、タフターザーニーも採用している。ナサフィーによる「「行」そのものは増える。だが、イーマーンは増えることも減ることもない」に注釈を附して、タフターザーニーは次のように記す。

イーマーンの本質そのものは増えも減りもしない。……それ（即ち、イーマーンの本質）はまさに、己れのこころを定め、己れの全てを委ねることの極致へと至った、こころにあるタスディークだからである。この類のことに増減があるなどとは考えられえない。ある者がひとたび、語の真の意味でのタスディークに至ったならば、服従行為の全てをその者が行おうとも、服従せざる罪を犯そうとも、もはや何の違いもない。〔服従行為を全て行う場合と服従せざる罪を犯す場合の〕いずれの場合でもその者のタスディークは些かの変化もなく同じ状態に堅く定まってあり続けるからである。(58)

クルアーンの数箇所で言及されるイーマーンの「増」（ziyādah）は、この根本的な洞察に沿うように理解せねばならない。タフターザーニーは、己れはアブー・ハニーファがこれらの章句を次のように解するのに全面的にしたがうと言う。

（クルアーンが少しずつ啓示されつつあったイスラームの最初期に、）ひとびとはきわめて大まかな決まり〔al-jumlah〕だけを信じた。その後、一つずつ宗教的義務が啓示され、ひとびとはそれらの義務が啓示されるままに一つずつ信じ、歩を進めた。その結果、信ぜねばならない対象の数が増すにつれてイーマーンは増え続けた。しかしながら〈預言者〉の存命中を除いてそうした状況は考えられえないことである。

だが、この最後の文章には問題がある（とタフターザーニーは言う）。個々の宗教的義務の具体的知識を一つずつ得てゆくことは〈預言者〉の存命中ではなくとも十分起こりうるからである。概括的にのみ知りうることに関しては概括的な仕方でイーマーンが義務として課され、詳細な仕方で知られる事柄に関しては詳細な仕方でイーマーンが義務として課される。具体的で詳細な仕方で義務として課されたイーマーンには「増」があり、さらに言えば、そうしたイーマーンは（概括的なもの）より完全である[59]。

ガザーリーが同じ問題にもたらす解決法は[60]これまでに見た二者とはやや異なるが、概して全体として見れば、三者は同一の思考線上にいる。ガザーリーの出発点はアリストテレスによるイシュティラーク（ishtirāk「多義性」）論である。ガザーリーの見るところ、この問題における見解の相違はイーマーンという語の多義性に対する無知から生じる。したがってこの語が実際に担う三つの意味を明瞭に区分するならば、直ちにそうした混乱は取り除かれよう。語の多義性に起因する問題は先ず同一の語のもとに一塊にされているさまざまな意味を腑分けることに努めねば、相争っても意味がないのである。

ガザーリーは神学的に考察を進めながらイーマーンの主要な三つの意味を析出する。その三つの意味とは、(1)論証的証明に基づいてしっかりと確立されたタスディーク、(2)本来的に、検証なくして権威によることに基づき、確信が堅く定まったある段階に至るタスディーク、(3)タスディークそのものが要請する「行」を帯びたタスディーク、である。

第一の類のイーマーンは、例えば、ある者が論理的証明によって神の存在を知るときに起こる。第二の類のそれは、イスラームのなかで通常のひとびとが有するイーマーンである。第三の類のそれは、主として、身体的行為もイーマーンの意味に含まれると言うハディース群に基づく。

さて、第一の意味でのイーマーンは、ある類の絶対的確実性《ヤキーン》（yaqīn）であり、増減は、そこでは思いもよらないことである。ひとたび絶対的確信が完全さに至ったならば、その絶対的確信は増えることを許容せず、〔他方で〕絶対的確信が完全な状態に至らない場合には、それはいまだ絶対的確信ではないからである。この意味でのイーマーンは、「増」が明晰さを増しゆく度合い、つまり主体側でそれに依拠しうると感じるときの感じ方が増し、こころの安らぎが増すことを意味しない限り、増えもしなければ減りもしない、一様一単位なるものである。

第二の意味でのイーマーンは「より多く、ないし、より少なく」を許容する。そのイーマーンが日常的経験に関わるがゆえに、誰もそれを否定することはできない。ユダヤ教徒であれ、キリスト教徒であれ、ムスリムであれ、一部のひとびとは己れの宗教的確信に揺るぎがなく、どんなに脅迫されたり、説得されたりしても決して動じないのに対して、別のひとびとは己れの有する確信が弱く、より〔外からの〕影響を受けやすく、動揺しやすい。そうしたさまを我々はよく見かける。結び目が堅くも緩くもありうるのと同じように、より強い確信とより弱い確信があるのである。

第三の意味でのイーマーンに関して、「行」が個々のイーマーンの異なりを許すのは言うまでもない。問うべきは次のことである。ある「行」を勤めて行うこと（muwāẓabah）がタスディークそのものに影響を及ぼし、タスディークを個々に異なったものとするのか、どうか。この問題に対するガザーリーの回答は、是である。

私は次のように考える。服従行為を勤めて行うならば、それはタスディークに多大な影響を及ぼす。つまり、勤行によって、その主体が感じている、権威に基づいて確信を得ている場合の絶対的確信の感じ方を強め、その絶対的確信を魂のより深い処に根づかせることを助けるのである。

このことを知るための最良にして唯一の方法は、己れ自身のこころの状態を省みて、服従行為を我々が勤めて行っているその瞬間の意識の状態と、それをいい加減に行っているその瞬間の意識の状態とを較べることである。我々は省察することにより、明らかに違いのあることを観取しよう。こうして、ある行為を勤めて行うことは、我々が信じている対象への親近感を増大させ、それに依存する気持ちとこころの平安を強くするのを知るに至る。その結果、何かに確信を抱き、己れの確信〔する内容〕に応じてあるさまざまなことを長い期間に亙って為し続ける者は、そうしなかった者と較べて遥かに屈強に、外側から来るその確信〔の内容〕を変えんとする、ないしそれを疑わしきものとしようとする誘惑に抗することになる。[61]

イブン・タイミーヤは、「増」、ないしイーマーンの程度に差があることの意味内容をより理論的に練り上げたかたちでより詳細に検討する。我々は今や、この理論の要諦がイーマーンの概念に「行」を含みこむことにあることを知っている。イーマーンが多くの度合いを有し、個々に違うことを許容するとの理論は、このイーマーン理解から導かれる当然の帰結にすぎない。イブン・ターミーヤが眼の当たりにする問題は、イーマーンが「より多く、ないし、より少なく」を有しうると言う時に、我々が実際に意味しているのは何か、である。彼はイーマーンが増える、ないし減ると言われる幾つかの視点を析出する。

(1)　言及すべき第一の視点は、イジュマール（ijmāl）とタフスィール（tafṣīl）の対比、つまり、概括的に知ることと、より具体的かつ詳細に知ることとの違いであり、より具体的かつ詳細に知ることが〈神の命令〉に関わることである。

神と〈神の使徒〉へのイーマーンが全てのひとに課された義務であること、また、各共同体には、自分たちの〈使徒〉が為せと命じたことに概括的な仕方で服従するのが義務として課されることの二項目は真である。だが、他方で、（歴史的に見て）イスラーム勃興期の義務諸項目とクルアーンが啓示され尽くした後の義務諸項目のあいだにはかなりの違いがある。そして、ひとが信ずべき事柄の詳細に即せば、ひとは個々に違いがある。

こうして、クルアーンとスンナの全体、ならびにそれらが含意することの全てを知る者は、他の者には課されることがない、細目を帯びたイーマーンを有することが義務として課される。それ故、もし誰かが神と

〈神の使徒〉を内面と外面双方において信ずるに至るも、宗教的〈法〉の諸項目を知る機会に恵まれずに死んだ場合、その者は、己れに課されたイーマーンの全てを遂げた信ずる者として死んだことになる。そうした者に課された内容とそうした者が為した内容は、〈法〉の全項目を知り、それらを信じ、それらに沿って振舞う者のイーマーンと同じではない。反対に、課されたことと為したことの双方に即して、後者のイーマーンは（前者のイーマーンよりも）完全である。

「この日、私はお前たちのためにお前たちの宗教を完全なものとした」（クルアーン第五章第三節）という〈神の言葉〉はただ、ひとの為すべきこと、ならびに為すのを禁じられたことの細則全てを神が定め終わったことを言う。その章句は、共同体の個々の成員の各々が、他の成員に課されたこと全てを為すのが義務づけられたことを意味するのではない(62)。

(2)　イーマーンが個々人で違うという事態は、神がひとに為せと命じたことを為すか為さぬかに由来する。これは再び、イジュマールとタフスィールの問題であるが、今度は、特にひとが実際に為すことに言及する際のそれである。

（次のような三人がいたとしよう。その一人は）〈使徒〉のもたらしたことを躊躇なく信じ、決してそのうちのどれをも否定しないが、〈使徒〉がその者に為せと命じたこと、ならびに〈使徒〉がその者に為すことを禁じたこと〔の細則〕を知ろうと勤めるのを怠る。またその者は、〈使徒〉について知ろうと勤めることもなく、さらには、その者に義務として課された〔細則を〕知ろうとすることもない。それ故、その者は義務として課されたこと〔の細則〕を知らないし、したがってそれを為すこともなく、ただ己れの欲求に随うばかりである。二人目は、〈使徒〉がその者に為せと命じたこと〔の細則〕を知ろうと勤め、知った内容を実行に移す者である。三人目は、〈細則を〉知ろうとし、〈細則の〉知を獲得して、それを信ずるも、実行に移さない者である。

これら三者が義務として課されたこと（の最小限）を共有するのは明らかである。だがなおも、（命令と禁止の）細則を知ろうと勤め、その知に随って振舞う者（つまり、第二のひと）は、義務として課されたこと全てを知り、それに服従してそれを認めるも、決して実行に移さない者（つまり、第三のひと）のイーマーンよりも、完全な類のそれを有する。

そして、〈使徒〉のもたらした全てを認めるも（その知に随って振舞うことがなく、だが）、己れの罪を自覚しており、行を怠ったが故に下される〈神罰〉を怖れる者は、[63]〈使徒〉がもたらしたものを知ろうと勤めることが決してなく、来るべき罰を怖れることもなく、さらには〈使徒〉がもたらしたものの詳細に全く気に懸けず〔つまり、為すべき行を全く為さない〕、それでも〈使徒〉が〈使徒としてあること〉（Prophethood）を内的にも外的にも認める〔つまり、こころで認め、さらには舌で認める〕者（つまり、第一のひと）のイーマーンよりも完全なそれを有する。

〈使徒〉のもたらしたもの、ならびに〈使徒〉が命じたことを人間のこころが知ろうとし続け、（各項目を）義務として受け容れ続ける〔つまり、各項目や細目を次第に増やしつつ、為してゆく〕過程は、ある者がこれらのこと全てを概括的な意味での義務として認めるものの、己れの知ったことを具体的な行としない場合と較べて、実際にイーマーンが「増」えている。（否、「知ること」それ自体の領域内においてすら、イーマーンが「増」えうる。）例えば、神の全ての名と、それらの名の意味を全て知り、それらを信ずる者は、個々の〈神名〉の全てないし一部（の精確な意味）を知ることなく、曖昧に〈神の名〉を信ずる者よりも完全なイーマーンを有する。こうして、ある者が〈神の名〉、〈神の属性〉、〈神の徴〉についての知を獲得し続けてゆくと、その者のイーマーンもまたそれに応じて増えていくのである。[64]

(3)　タスディークは変化しない、そしてもしイーマーンに個々人で差異があるならば、それは変わりうる「行」をイーマーンが含むことに由来する、との主張については既に検討を加えた。イブン・タイミーヤはこの見解に抗する。彼は、タスディークそのものもさまざまな程度を許容するとの立場を採る。

「知ること」とタスディークはともに個々の違いを許容する。ある人物のタスディークは他の人物のそれより強くも弱くもありえる。ある人物のタスディークは、他の人物のタスディークよりもしっかりと定まり、疑念や躊躇から遠く隔たっていることもありえる。

誰もが省察することでこの個人差を知覚しうる。同一の対象を多くの者が感覚で捉える場合を想定するのがよい。例えば、一団のひとびとが新月を見ているとしよう。新月という特定の出来事に彼ら全員が参与しているにもかかわらず、見える像の完全性はひとによって異なる〔つまり、新月とは月の光が見え始める瞬間のことであるが、それが見え始めたのか、それともまだ見え始めていないのかの判断はひとによって違いうることを言う〕。同一の音を（多くの者が）耳にする場合、同じ匂いを知覚する場合、同じ食べ物を味わう場合にも同じことが当てはまる。そして「知ること」とタスディークはひとによって変わる。否、「知ること」とタスディークは多くの点で、感覚で知覚する場合よりも個人差が大きいのである。

諸々の〈神の名〉が各々いかなる意味を有するのか、〈神の語り〉とは何を意味するのかに関して、ひとびとが「知っていること」の差は、それ以外の事柄についての知よりも遥かに大きな差がある。

(4)　タスディークは個々人によって差異があると見做しうる別の視点がある。「こころの行」を要請する類のタスディークは、そうではない類のタスディークに較べてより完全である。

「こころの行」を必然的に惹き起こすタスディークは、何をも惹き起こさないタスディークよりも完全であり、ある行為に結実する「知」は、実行に移されない「知」よりも完全である。

神がまさに〈真〉であること、〈神の使徒〉が真であること、〈楽園〉が実際に存在すること、〈火獄〉が実際に存在することを知る二人の人物がいたとしよう。さらに、この同一の知が二人の内の一人に、神への愛、神への畏れ、〈楽園〉に行きたいとの欲求、〈火獄〉を免れたいとの欲求を必然的に惹き起こすものの、他の一人においてその知がその種のことを何も惹き起こさなかったと仮定しよう。前者は後者よりも明らかに完全である。我々は結果の強さによって原因の強さを判断することができるからである。[65]

(5)　一旦「こころの行」がイーマーンに含まれることを認めるならば、イーマーンには個々人によって差異のあることを認めねばならない。ひとびとは互いに、神と〈神の使徒〉への愛や神への畏れなどの事柄において著しく異なるからである。

(6)　外的な「行」、つまり身体の「行」は内的な「行」〔つまり、こころの行〕に附き随う。そして、外的な「行」には多くの個人差がある。

(7)　イーマーンに「より多く、ないし、より少なく」を惹き起こすもう一つの要因は、ひとびとが〈神命〉を気に懸けることの程度の差である。

ある者がこころで神が己れに為せと命じたことを思い起こし、決してそれを忘れずに常に己れのこころのなかでありありと保っておくならば、その者のタスディークないし「知」は、それ〔神が己れに為せと命じたこと〕を真と見做す（タスディーク）ものの、それを忘れてしまう者よりも完全である。忘れること、ないし気を逸らすことは、「知」、タスディーク、意識することの完全さと対立する。そして何かを常にこころに留めておくことは、「知ること」ならびに確信を完成へと至らせる。

以上が、〈預言者の教友〉の一人であるウマル・イブン・ハビーブ（ʿUmar ibn Ḥabīb）が「私たちが神を思い起こし、神を讃える度に、イーマーンは増える。また我々が気を散らし、忘れ、散漫になれば、イーマーンは減る」と発言した際に念頭に置いたことである。

ムアーズ・イブン・ジャバル（Muʿādh ibn Jabal）がしばしば仲間たちに呼びかけて言った「私たちが信ずるに至るよう、しばし私たちとともに座らないか[66]」という言葉にも同じように真がある。神は「お前たちのなかで我れがそのこころを忘れっぽくさせた者に附き随ってはならない」（クルアーン第一八章第二九節）、「（彼らに）思い出させよ。思い起こすことは信ずるものどもの益となるのだから」（クルアーン第五一章第五五節）等と言う。……

（次のことはみなが経験することである。）ある者がクルアーンを何度も読み返したならば、「〈開扉の章〉（のごとき短い章《スーラ》）であっても、その過程でその者はこれまで決して思い浮かばなかった〔クルアーンの章句の〕新たな意味に思い至る。そしてこの新たな気づきはその者をしてまさにそのときに恰もスーラが初めて啓示されたかのごとくに感じさせることになる。その者はこれら（新たな）意味を信じて、その者の「知」と「行」が増える。クルアーンを注意深く読まない者はこうした経験をすることがないが、多少なりとも意識を集中させてクルアーンを読む者であれば、この類の経験を有する。そして、その者が命ぜられたことを実践し続ければ、為すべしと命ぜられたとの意識がさらにさらにと鋭くなってゆき、その者のタスディークはますますしっかりと確立される。そうした段階に至れば、その者は己れのこころのなかに、それまでは明瞭に意識に上らせていなかったことを、仮にその者が拒否していたことであったとしても、タスディークの対象として有するようになるのである。[67]

(8)　ある者が、それまで抗していたことが事実、〈神の命令〉であったことを悟るに至り、それに対する態度をすっかり変える場合にも、イーマーンが増える。

次のような場合もしばしば起こる。〈使徒〉がそれをひとびとに伝え、ひとびとに為せと命じたことを知らない状態で、ある者があることを拒否して嘘と見做すが、もしその者がこのことを知ったならば、決してそれを拒否することはない。〈使徒〉は真たること以外は何も告げず、実に義務として課されるもの以外は何も命じないことを、その者のこころが堅く信ずるからである。

そうした者がたまたまクルアーンのある章句やあるハディースを聞くか、〔嘘だと考えてきた〕当の事柄を己れ自身でじっくりと考えてみるか、その当の事柄が他の誰かによって説明されるか、それの真の意味を別の何らかの方法で理解し、その結果、偽だと考えてきたことを真だと見做し、己れが拒否していたこと（が真であること）を知るに至るならば、これは新たなタスディークの誕生であり、（それ以前に有していた）イーマーンからの増加分に相当する新たなイーマーンの誕生の瞬間を画する。無論、その者がそれまでカーフィルであったことを意味するのではない。その者は単に知らなかった《ジャーヒル》（jāhil）にすぎない。[68]

この場合は、第一の場合、即ちイーマーンが個々に異なることは、概括的な知《ムジュマル》（mujmal）と詳細知《ムファッサル》（mufaṣṣal）のあいだの違いに帰されていたこととさわめてよく似ていると言いたくもなろう。だが二つの場合は同じではない。その理由は次のことに求められる。

多くのひとは、最も敬虔で最も学識ある者であったとしても、〈使徒〉の教えに抗するとは露知らず、〈使徒〉の教えと対立する仔細な事項を数多く己れのこころに抱くことがある。そうした場合には、彼らがこれに気づくに至れば、彼らは己れの誤った見解から間違いなく身を引くであろう。〈使徒〉を信じ、彼の教えを知り、その教えを信じて、それから逸れることがないものの、間違いと判ぜられる神学的テーゼを提起したり、誤りである何らかの「行」を為したりする者は全てこの範疇に属する。一般的に言って、〈使徒〉に忠実に随わんとする善きこころ構えをもって振舞う、「新奇なものを作り出す者」は皆、この範疇に帰属する。

（これが正しいなら、おのずと、イーマーンには程度の差がある。）〈使徒〉の教えを知り、それに応じて振舞う者が、この視点から見て間違いを犯した者よりも完全であるのは明らかだからである。間違いを犯していたものの、真たることを知るに至り、その真たることに応じて振る舞い始める者は、いまだ誤っている者よりも完全である[69]。

ここまで、個々の違いがイーマーンに起こらざるを得ない八つの場合を詳細に分析した。我々は今や、イブン・タイミーヤが何故〈プラトン的イデア論〉をあれほど厳しく批判するのか、その理由を理解するにより良い立場にある。イブン・タイミーヤが特に強く主張しようとするのは、イーマーンが厳密に個人的で、個々人に関わるということである。ザイドのイーマーンはアムルのイーマーンと同じではない。各個人のイーマーンはその者にとって、その者にとってのみ格別なものである。この意味でのイーマーンは「増減」を許容する。

このこと、およびこれに似た事柄に関して程度の存在を否定する者どもは、こころのなかで全ての個別的属性を欠いた「絶対的イーマーン」、ないし「絶対的な人間」、ないし「絶対的存在」を思い描くひとびとである。そして、次に彼らは、これが、全てのひとに存在する唯一無二のイーマーンだと考える。無論、このように諒解されたイーマーンは、程度に差がなく、いかなる多様性も許容しない。そうしたイーマーンはそのように思い描く、こころに内在するある特定の表象にすぎないからである。

これが、同一のものに参与する多数の事物もまた[70]、〈個々のひとびと〉と〈個物ども〉から成る領域において同一であらねばならないとの誤解を多くのものに生ぜしめる。

その結果、最も学識の高い者の幾人かが、「存在」それ自体がそれと同じ性質を帯びると考えるに至った。彼らは、全ての存在する事物を「存在」というイデアに参与するものとして、こころのなかで表象し、次いで（それを外界に投影して）、そうした「存在」が己れのこころに描かれたままに現実の世界に存在すると考える。さらに彼らは歩を進めて、それ（つまり「存在」そのもの）を神だと考え、こうして彼らは己れの〈主〉を、外界に見当たらぬ、だがそれを思い描くこころの中にのみ存在する「存在」（の〈イデア〉）に転化せしめる。

同様に、哲学者たちは抽象的な数〔つまり、数学的な量と数というときの数、しかも現実世界に内在するのではなく頭のなかで抽象化された数〕と抽象的な実体〔質料から離在する存在物〕を己れのこころの中に描き、それらを「プラトン的イデア論」(al-muthul al-aflāṭūniyyah) と呼ぶ。彼らはこのように、現実の運動にも現実の動くものにも言及しない〔抽象的な〕「時」、さらには物体にも物体の属性にも何ら言及しない〔抽象的な〕「次元」〔つまり、三次元物体などと言うときの「次元」〕を思い描き、次に、現実の世界に存在するものとしてこれら抽象的なものどもを措き定めた。これらのひとびとは皆、こころのなかにある存在物と現実にある存在物とを混同することの犠牲者なのである。……

イーマーンは、アーダム（アダム）の子孫たち皆に同一であるような単一の存在物であると主張する者どもにも全く同じことが当てはまる。彼らの誤りは、イーマーンが一つである、イーマーンが同じであると考えたことにある。

この視点から見れば、イーマーンの問題においてジャフムと彼の信奉者たちが陥った誤りは、全ての信ずる者が信ずる〈主〉、その〈主の語り〉、その〈主の属性〉に関して彼ら〔前述の学識ある者のほとんど、ならびに哲学者たち〕が陥った誤りと同じ性質を帯びる。神は実のところ、悪事を為す者どもが彼について言う全ての言説を遥かに超えたところにある。[71]

この章を終えるに当たって、我々がこれまでに検討してきた理論と著しく異なる方法でイーマーンの「増」の可能性を認める二つの立場について簡単に言及しておきたい。

一つは、タフターザーニーが言及する〈原子論者〉の立場である。〈原子論者〉によると、イーマーンとはまさに、無数のイーマーンが次々に更新していくことによりありつづける偶有である。更新していく無数のイーマーンの各々は先立つイーマーンに類似する。彼らの見解では、他の原子と同じく、各イーマーンは創造されたのち、ある一つの単位時間しか存在を続けず、その後に新たなそれに似たイーマーンに置き換えられて消滅する。それでもなお、〈原子論者〉のなかにイーマーンが増えることを認める者がおり、彼らは次のように主張する。この継続的に更新する過程が続くと、ある類のイーマーンへのしっかりとした持続性がおのずと造られる。そしてこれが時間ごとの「増」であり、したがって時が増しゆくにつれてある者のイーマーンは全体として増え続ける、と彼らは言う。

この見解に抗してタフターザーニーは、今まさに消滅したものと似たものが起こることがどんなに繰り返されようとも「増」を成すことは全くないと指摘する。

第二の立場はマートゥリーディー派のものである。マートゥリーディー派によるイーマーンの概念がスーフィズムに固有の霊魂論（psychological theories）の影響を被ったさまについて、我々は既に注目した。また、彼らが「光」の比喩を非常に好むこと、ならびに、彼らがこの比喩に基づいて固有のイーマーン論を展開したことも見た。

この節で論じてきた問題もこの特殊な角度から接近される。彼らは、イーマーンの「増減」を認めない。しかしながら、これは、いかなる意味においてもイーマーンに「より多く、ないし、より少なく」が存在することを認めるのを拒んでいることを意味しない。反対に、イーマーンに個々別々の違いがあることをマートゥリーディー派は直ちに認める。ただ、その個々別々の違いは「光」と「明るさ」に即しての違いである。幾人かのこころは、他の者たちのこころに較べて〈神の光〉でより多く照らされている。

「アブー・バクルのイーマーンと、全人類のイーマーンを両天秤に懸けたなら、アブー・バクルの秤皿が間違いなく後者よりも下がるであろう」との有名なハディースがこの仕方で説明される。アブー・バクルのイーマーンの秤皿が下がるのは、アブー・バクルのイーマーンが「光」と「輝き」においてひとびとの全てのイーマーンを併せたものに勝るという意味においてであって、彼らは、そのハディースが「増減」に即して理解されてはならないと附言する。[72]

注

（1）アシュアリー『イスラームの徒の言説集』（Ashʻarī, *Maqālāt al-Islāmiyyīn*, pp. 266–267）。
〔訳注〕本書第六章注8を参照のこと。

（2）アシュアリー『イスラームの徒の言説集』（Ashʻarī, *Maqālāt al-Islāmiyyīn*, p. 268）。

〔訳注〕本書第一〇章注12を参照のこと。

（3）アシュアリー『イスラームの徒の言説集』（Ashʿarī, *Maqālāt al-Islāmiyyīn*, p. 268）。

〔訳注〕本書第五章Ⅳの5を参照のこと。

（4）アシュアリー『イスラームの徒の言説集』（Ashʿarī, *Maqālāt al-Islāmiyyīn*, pp. 268–269）。

〔訳注〕本書三四頁第二章第一節を参照のこと。

（5）アシュアリー『イスラームの徒の言説集』（Ashʿarī, *Maqālāt al-Islāmiyyīn*, p. 269）。

〔訳注〕本書六一頁第三章第一節を参照のこと。

（6）アシュアリー『イスラームの徒の言説集』（Ashʿarī, *Maqālāt al-Islāmiyyīn*, p. 269–270）。

〔訳注〕アブー・バクル・アブドゥッラフマーン・イブン・カイサーン・アサンム（Abū Bakr ʿAbd al-Raḥmān ibn Kaysān al-Aṣamm〔816–892〕）ムウタズィラ派神学者。

（7）タフターザーニー『ナサフィー信条注』（Taftāzānī, *Sharḥ ʿalá al-ʿAqāʾid al-Nasafiyyah*, p. 444）。

（8）「そうしたひとびとの終の棲家は火獄となろう。彼らが獲得してきた（つまり、為してきた）事ゆえに」（ザマフシャリー『明らかにするもの』Zamakhsharī, *al-Kashshāf*, p. 457〔クルアーン第一〇章第九節について〕）。

（9）シャフラスターニー『歩み至った処』（Shahrastānī, *Nihāyat al-Iqdām*, p. 474）。

（10）クルアーンの常套句の一つに「信じて善き行いを為す者ども」（alladhīna āmanū wa-ʿamilū al-ṣāliḥāt）がある。

（11）シャフラスターニー『歩み至った処』（Shahrastānī, *Nihāyat al-Iqdām*, pp. 474–475）。

（12）シャフラスターニー『歩み至った処』（Shahrastānī, *Nihāyat al-Iqdām*, p. 475）。

（13）シャフラスターニー『歩み至った処』（Shahrastānī, *Nihāyat al-Iqdām*, p. 475）。

（14）より正確には、イーマーンではなく、タスディークとすべきである。

（15）ザマフシャリー『明らかにするもの』（Zamakhsharī, *al-Kashshāf*, p. 38〔クルアーン第二章第二―四節について〕）。

（16）ʿamalu-hu. 文字通りには「彼の行」である。

（17）シャリーフ・ムルタダー『講話集』（Sharīf Murtaḍá, *Amālī*, vol. 2, p. 20（Majlis 25））。

（18）アブー・ハサン・ムカーティル・イブン・スライマーン・イブン・バシール・アズディー（Abū al-Ḥasan Muqātil ibn Sulaymān ibn Bashīr al-Azdī〔d. 767〕）バスラ出身でムルジア派の指導的な思想家。
（19）イブン・ハズム『諸宗派・諸党派・諸分派についての諸章』（Ibn Ḥazm, *al-Fiṣal*, part IV, p. 205）。
（20）本書第五章第一節〔の(1)〕。
（21）マラティー『分派集団と異端集団への勧告ならびに批判』（Malaṭī, *al-Tanbīh wa-al-Radd ʻalā Ahl al-Ahwāʼ wa-al-Bidaʻ*, p. 145）。
（22）イブン・ハズム『諸宗派・諸党派・諸分派についての諸章』（Ibn Ḥazm, *al-Fiṣal*, part III, pp. 195, 221）。
（23）イブン・ハズム『諸宗派・諸党派・諸分派についての諸章』（Ibn Ḥazm, *al-Fiṣal*, part III, pp. 189–190）。
（24）イブン・ハズム『諸宗派・諸党派・諸分派についての諸章』（Ibn Ḥazm, *al-Fiṣal*, part III, p. 191）。
（25）イーマーンの現在分詞。
（26）こちらはタスディークの現在分詞で、文字通りには「何かを真であると見做すこと」を意味する。ムルジア派のイーマーン解釈を示すこの文全体はイブン・タイミーヤ『信の書』（Ibn Taymiyyah, *Kitāb al-Īmān*, p. 243）に基づく。
（27）イブン・タイミーヤ『信の書』（Ibn Taymiyyah, *Kitāb al-Īmān*, pp. 246–247）。
（28）イブン・タイミーヤ『信の書』（Ibn Taymiyyah, *Kitāb al-Īmān*, p. 247）。
（29）イブン・タイミーヤ『信の書』（Ibn Taymiyyah, *Kitāb al-Īmān*, p. 248）。
（30）イブン・タイミーヤ『信の書』（Ibn Taymiyyah, *Kitāb al-Īmān*, pp. 248–249）。
（31）キー・タームの「絶対的」な使用と「条件付きの」使用の間にイブン・タイミーヤが根柢的な区別を設けたことに付いては、本書第四章において詳細に説明を施しておいた。
（32）イブン・タイミーヤ『信の書』（Ibn Taymiyyah, *Kitāb al-Īmān*, p. 251）。
（33）イブン・タイミーヤ『信の書』（Ibn Taymiyyah, *Kitāb al-Īmān*, pp. 258, 264）。
（34）ブハーリー編『正伝ハディース集』「信の書」第二六番（Bukhārī, *Ṣaḥīḥ al-Bukhārī bi-Sharḥ al-Kirmānī*, bāb al-Īmān, No. 26）。
（35）ka-dhālika li-naṣrifa ʻan-hu al-sūʼa wa al-faḥshāʼa inna-hu min ʻibād-nā al-mukhlaṣīna.「我れの誠実にして忠実な僕の一人であった」のアラビア語原文は min ʻibād-nā al-mukhlaṣīna である。動詞 akhlaṣa から受動分詞 mukhlaṣ（複数形所有格は mukhlaṣīna）

が派生するが、これは「何か（ないし誰か）を純粋で誠実なものとする」ことを意味する。ここでは受動の形で用いられ、意味は「純粋で誠実なものとされた人」となる。

（36）イブン・タイミーヤ『信の書』(Ibn Taymiyyah, *Kitāb al-Īmān*, pp. 259–260)。

（37）ここで、ワキーウは明らかにムルジア派とカッラーム派を同一視している。またジャフム派は非ムルジア派の分派として扱われていることも指摘しておく。

（38）括弧内は複数の版から補った。

（39）イブン・タイミーヤ『信の書』(Ibn Taymiyyah, *Kitāb al-Īmān*, p. 260)。

（40）「舌による言」についてのより一般的な考え方とは対照的である。

（41）イブン・タイミーヤ『信の書』(Ibn Taymiyyah, *Kitāb al-Īmān*, pp. 155–157)。

（42）クルアーン第五六章第二七節を参照のこと。

〔訳注〕クルアーン諸章のなかで第五六章は一貫した内容を有する点で稀である。

（43）イブン・タイミーヤ『信の書』(Ibn Taymiyyah, *Kitāb al-Īmān*, pp. 158–159)。

（44）イブン・タイミーヤ『信の書』(Ibn Taymiyyah, *Kitāb al-Īmān*, pp. 163–164)。

（45）イブン・タイミーヤ『信の書』(Ibn Taymiyyah, *Kitāb al-Īmān*, pp. 346–347)。

（46）イブン・タイミーヤ『信の書』(Ibn Taymiyyah, *Kitāb al-Īmān*, p. 170)。

（47）イブン・タイミーヤ『信の書』(Ibn Taymiyyah, *Kitāb al-Īmān*, pp. 170–171)。

（48）本書第四章注（9）を参照のこと。この文章固有の文脈において、この有名なハディースが独特の色合いを帯びていることは指摘しておくべきことだろう。

（49）イブン・タイミーヤ『信の書』(Ibn Taymiyyah, *Kitāb al-Īmān*, p. 283)。

（50）イブン・ハズム『諸宗派・諸党派・諸分派についての諸章』(Ibn Ḥazm, *al-Fiṣal*, part III, p. 193)。

（51）イブン・ハズム『諸宗派・諸党派・諸分派についての諸章』(Ibn Ḥazm, *al-Fiṣal*, part III, pp. 220–221)。

（52）例えば、「あるスーラが啓示される時は常に、彼らのうちの幾人かが『お前たちのうちの誰がこれでイーマーンを増やしたのだ』と言う。」というクルアーンの章句（第九章第一二四節）がある。

(53) イブン・ハズム『諸宗派・諸党派・諸分派についての諸章』(Ibn Ḥazm, *al-Fiṣal*, part III, p. 221)。

(54) イブン・ハズム『諸宗派・諸党派・諸分派についての諸章』(Ibn Ḥazm, *al-Fiṣal*, part III, p. 194)。

(55) 月経期間についての言及である。

(56) イブン・ハズム『諸宗派・諸党派・諸分派についての諸章』(Ibn Ḥazm, *al-Fiṣal*, part III, p. 197)。

(57) イブン・ハズム『諸宗派・諸党派・諸分派についての諸章』(Ibn Ḥazm, *al-Fiṣal*, part III, pp. 210–211)。

(58) タフターザーニー『ナサフィー信条注』(Taftāzānī, *Sharḥ ʻalá al-ʻAqā'id al-Nasafiyyah*, pp. 444–446)。

(59) タフターザーニー『ナサフィー信条注』(Taftāzānī, *Sharḥ ʻalá al-ʻAqā'id al-Nasafiyyah*, p. 445)。

(60) ガザーリー『中庸の神学』(Ghazālī, *al-Iqtiṣād fī al-I'tiqād*, pp. 225–228)。

(61) ガザーリー『中庸の神学』(Ghazālī, *al-Iqtiṣād fī al-I'tiqād*, p. 228)。

(62) イブン・タイミーヤ『信の書』(Ibn Taymiyyah, *Kitāb al-Īmān*, pp. 193–194)。

(63) これは、正しく振舞うことがないものの、己れに罪があることを明らかに意識している人物という、特定の条件下にいる第三の人物について言及していると思われる。

(64) イブン・タイミーヤ『信の書』(Ibn Taymiyyah, *Kitāb al-Īmān*, pp. 194–195)。

(65) イブン・タイミーヤ『信の書』(Ibn Taymiyyah, *Kitāb al-Īmān*, pp. 195–196)。
〔訳注〕これまでに多数引用されてきたイブン・タイミーヤの文章からわかるように、彼は議論中で因果論（原因・結果連関に関わる理論）に大きな役割を担わせている。

(66) つまり、共に座し、宗教のことについて語り合おう、そうとすれば、当座我々はイーマーンを増やせよう、という趣旨の発言である。

(67) イブン・タイミーヤ『信の書』(Ibn Taymiyyah, *Kitāb al-Īmān*, pp. 196–198)。

(68) イブン・タイミーヤ『信の書』(Ibn Taymiyyah, *Kitāb al-Īmān*, p. 198)。

(69) イブン・タイミーヤ『信の書』(Ibn Taymiyyah, *Kitāb al-Īmān*, p. 198)。

（70）つまり、こころの中に思い描くものであり、普遍的なものである。

（71）イブン・タイミーヤ『信の書』(Ibn Taymiyyah, *Kitāb al-Īmān*, pp. 347–348)。

（72）『最も大なる洞察・第一』(*al-Fiqh al-Akbar* I, p. 8)。

訳注

〔1〕注8引用のクルアーンは第一〇章第八節である。ただ文脈上第九節前半までは関連した議論と見ることができる。

〔2〕fa-lā wa-rabb-ka lā yu'minūna ḥattā yuḥakkimū-ka fī-mā shajara bayna-humā.

〔3〕wa-mā anta bi-mu'min la-nā wa-law kunnā ṣādiqīna.

〔4〕クルアーン第一二章第一七節はヨセフの物語の一部を成し、ユースフ（ヨセフ）の兄弟たちが彼を井戸に投げ込んだ後、父のヤアクーブ（ヤコブ）にユースフが狼に喰われたと報告する場面である。引用文自体はユースフの兄弟たちの発言である。ややわかりにくいが、「私たちが真実を語ったとしてもあなたは私たちの言葉を信ずることはないでしょう」の「信ずる」を「真と見做す」と置き換えて、「私たちが真実を語ったとしてもあなたは私たちの言葉を真と見做すことはないでしょう」とすれば、置き換え前の文と置き換え後の文が同じ内容を言い表すのが明瞭であろう。つまり、「信ずる」と「真と見做す」はクルアーンのアラビア語法上同義と見做しうるのである。

〔5〕ilay-hi yaṣ'ad al-kalim al-ṭayyib wa-al-'amal al-ṣāliḥ yarfa'u-hu.

〔6〕ブハーリー編『正伝ハディース集』「信の書」第一八番（Bukhārī, *Ṣaḥīḥ al-Bukhārī bi-Sharḥ al-Kirmānī*, bāb al-Īmān, No.18. 本書附録三八一頁）。

〔7〕本書三八一頁第二〇番ハディースには次のように見える。「〈神の使徒〉が彼らに命ずる時には、彼らが為しうる分だけのことを命じた。彼らが「〈神の使徒〉よ、私たちはあなたのようではありません。実に、神はあなたが前に行った罪もそれ以降の罪も許されました」と言うと、〈神の使徒〉は怒りが顔に顕れるほどに怒り、そして「お前たちよりも神を畏れ、お前たちよりも神を知るのが私だ」と言う」。

〔8〕wa-lākin yu'khidhu-kum bi-mā kasabat qulūb-kum.

第十章　私は信ずる者だ。もし神が望み給うならば。

本章で我々が論ずる問題は、術語的にはイーマーンにおけるイスティスナーウ（istithnāʾ）の問題として知られるものである。イスティスナーウという語は、字義通りに訳すと「何かに例外を設けること」となる。しかしながら、ムスリム神学における術語としては、きわめて狭く限定された意味に用いられる。つまり、ムスリム神学でいうイスティスナーウは、信仰を定言的に言う「私は信ずる者である《アナー・ムウミン》」（anā muʾmin）に「もし神が望み給うならば《イン・シャーア・アッラー》」（in shāʾa Allāh）という短い節を附して、それを条件文に転化させることを言うのである。

言い換えると、その問題は、「私は信ずる者である」ないし「私は実に（ḥaqqan）信ずる者である」と公言して己れの固き確信を表現すべきなのか、それとも「私は信ずる者である、もし神が望み給うならば」と言うことで、そのひと自身の個人的な信を含めた全てのことが究極的には神の意志に依拠することを示して、表現を和らげるべきなのかということである。後者の態度は次のクルアーンの章句にほのめかされている。クルアーン第一八章第二三―二四節に「どんなことであれ、「もし神が望み給うならば」と附言することなく「見ていろ、私は明日それを行う」と言ってはならない」と見える。

ひとによっては瑣末なことに見えるであろうこの問題がきわめて深刻な争点となるのは、その問題が、己れ自身のイーマーンという主体的側面のまさに核心に触れるからである。それは、己れの信仰についての個人的な実存的決定に関わる。歴史的に言えば、イスラームにおいてそれが活発な議論の焦点となったのは、この問題に関してアシュアリー派とマートゥリーディー派とのあいだで見解が鋭く対立したからである。事実問題として、この見解の対立は、〈正統〉を担う、競合関係にある二つの学団の神学上の主要な相違点に数え挙げられる。アシュアリー派は条件節が必要だと主張し、マートゥリーディー派はそれを否定する。

先ずマートゥリーディー派の立場を紹介しよう。マートゥリーディー派がさまざまな問題に即して採る立場のほとんどがそうであるように、それは大抵の場合にはアブー・ハニーファの教えにまで遡る。

アブー・ハニーファに帰される『アブー・ハニーファの遺言』で以下のように明確に述べられるのが分かる。

> 信ずる者なる者は真に信ずる者であって、カーフィルなる者は真にカーフィルである。イーマーンに何ら疑義を呈しえないか、そうでなければクフルと見做すか〔のいずれかでしかありえない〕からである。そして、これは「これらの者どもは実に信ずる者である」（クルアーン第八章第七四節）と「これらの者どもは実にカーフィルである」（クルアーン第四章第一五一節）という〈神の言葉〉に基づく。(1)

この陳述に基づくハナフィー派・マートゥリーディー派の議論は次のように簡便に提示できる。恒常的に強く主張される最初の点は、イスティスナーウ、つまり条件節の附加は、「〔信ずる対象への〕疑い《シャック》（shakk）」〔が当の者にあること〕を示唆する、ということである。しかしながら、「疑い」を暗に示すのであれば、『アブー・ハニーファの遺言』の〔信ずる者は実に信ずる者だとの〕言に抗することになる。それはまさに、イーマーンに「疑い」はありえないとする一般的な〈合意〉に抗することになる。「私は神を信ずる、もし神が望み給うならば」あるいは「ムハンマドは〈神の使徒〉であると私は証言する、もし神が望み給うならば」と言う者が〈合意〉に基づいてカーフィルと見做されることにより、このことがわかる。[2]

第二の点。通常の社会生活においてさえ、その条件節は約定と取引を無効にしてしまう。例えば、「私はこの約定のもとにこれこれのものを売る」との言に条件節を附して、「私はこの約定のもとにこれこれのものを売る、もし神が望み給うならば」と言うならば、商取引は直ちに無効となる。「私はこの約定のもとに私の奴隷を解放する、もし神が望み給うならば」、「私はこの約定のもとに私の妻を離縁する、もし神が望み給うならば」と言う場合も同様である。全く同じように条件節がイーマーンを無効にするからである。[3]

第三の点。この条件節を附すことはタアリーク（taʿlīq）、つまり、〔文の主節で述べられる〕（事態〔の成立〕を条件節に）懸ける、ないし事態を未決のままにすること、を示す。だが、〔事態の成立を条件節に〕「懸けること」は、後に生起することが期待される出来事に先ず言い及んで初めて可能である。前掲クルアーン章句〔第一八章第二三―二四節〕が好例である。過去の出来事、現在の状況など、既に実現したことに即して見れば、「懸けること」は全く想像できない。「私は信ずる者である」という言語表現は、今まさに話者が採った主観的立場を描写する。それ故、この場合、条件節は認められないのである。[4]

第四の点。これは、「もし神が望み給うならば」という条件節を用うることが許される場合に関わり、『アブー・ハニーファの遺言』のハナフィー派注釈者〔フサイン・イブン・イスカンダル（Ḥusayn ibn Iskandar, d. 1673）のこと。オスマン朝で活躍したハナフィー派法学者〕がこの点に言及する。その条件節の使用が許されるばかりではなく、発言がイーマーンの「根幹」にかかわらず、イーマーンという事態に伴う幾つかの特殊な状況に関わる場合には、むしろ推奨されると、この注釈者は言う。「明日も、私は信ずる者であろう、もし神が望み給うならば」、「明日、私は信ずる者として死ぬであろう、もし神が望み給うならば」、「私のイーマーンは受け容れられるだろう、もし神が望み給うならば」などのような表現では、条件節を附すことが好ましい。問題がイーマーンの「根幹」にかかわらず、イーマーンの継続性やイーマーンの持続性、イーマーンの受け容れられやすさに関わるからである。

フサイン・イブン・イスカンダルは次のようにハナフィー派・マートゥリーディー派の立場を纏めている。

(1) ある信ずる者が「私は実に（ないし現に）信ずる者である」（anā mu'min ḥaqqan）と公言する時、その者は紛うことなく正しいことを為している〔つまり、正しい言葉遣いをしている〕。

(2) ある信ずる者が「私は実に（ないし現に）信ずる者である、もし神が望み給うならば」と言う時、次の二つの可能性がある。

(a) その者の意図が、実際の事態に即して、その事態を（神の）意志に「懸けること」であるなら、その者は誤っている。

(b) だが、その者の意図が、未来の状況に言い及ぶことであるなら、その者は正しい。(5)

イスラームにおける最重要な理論家たちのなかでは、イブン・ハズムがこの特定の問題に関して、基本的にマートゥリーディー主義と同じ立場を採る。だが、イブン・ハズムの考え方は他の多くの論点においてそうであったように、独創性を匂わせる。

信ずる者は各々己れ自身のうちにこの属性（つまり、イーマーンを帯びた者としてあるという属性）が存在することを意識する。その者が、神、ムハンマド、そしてムハンマドがもたらしたものを己れが信ずることを確信する限り、そしてその者がこの全てを舌によって告白する準備を整えた場合、その者にはそれを公に言うことが義務づけられる。これは次の〈神の命〉に基づく。

「お前の〈主〉の恩恵について、それを公に語れ」（クルアーン第九三章第一一節）。我々は思い起こさねばならない。イスラーム（イーマーン）よりも大きな恩恵、それよりも慈しみ深いもの、それよりも感謝に値するものがないということを。

かくして、信ずる者の各々には「私は、今というこの瞬間において神の眼から見て確かに信ずる者にして〈ムスリム〉である」と公言することが義務づけられる。精確に言えば、「私は信ずる者にして〈ムスリム〉である」との言と、「私は白い」ないし「私は黒い」という言とのあいだに違いはない。同じことは、疑いなく〔その当のひとにある〕全ての属性に適用される。そうした言は、自画自讃や自己満足とは何ら関係がない[6]〔「私は白い」などと己れに関して言うのが状態＝属性を平叙文で叙述するにすぎないのと同じく、「私は信ずる者である」と言うことも状態＝属性の叙述にすぎない〕。

有名な預言者の教友（アブドゥッラー・）イブン・マスウード（ʻAbd Allāh ibn Masʻūd）は「私は信ずる者である」と表現することを嫌い、それに条件節を附すのを常としたと伝えられている。イブン・ハズムはイブン・マスウードのこの態度を正当なものと見做すために、先に検討した彼独特のイーマーン論を援用する。

私見では、イブン・マスウードの態度は正しい。それは、イスラームとイーマーンがともに、もともとアラビア語の体系内の適切な場から（神によって）引き剝がされ、敬虔であること、服従することに関わる全ての行為を網羅することになったからである。イブン・マスウードが率直に「私はムスリムにして信ずる者だ」と言い表すのを嫌ったのはただ、一つの行為すらもなおざりにせず服従行為の全てを行い尽くしたとの意味で取られかねないからである。イブン・マスウードのこの態度は確かに正しい。己れ自身についてそうしたこと〔「私はムスリムにして信ずる者だ」〕を主張する者は疑いなく嘘つきだからである[7]。

己れのイーマーンを公言する通常の型の表現においてイスティスナーウを不要とする、そうした立場を採るマートゥリーディー派に抗して、アシュアリー派は条件節を附す必要があると主張する。『ムスリムの信条』[8]においてヴェンスィンクは、アシュアリー派の立場を擁護するためにガザーリーが提示した四つの議論を紹介する。〔1〕第一の議論は、そうした絶対的公言は〔クルアーンに言う〕己れを高く掲げること、己れを己れのみで十分だと見做すこと〔傲り〕〔2〕に近いとの論である。第二は、条件文の使用をクルアーンとハディースが奨めるのは望み、ないし、願いの表明としてであって、論敵たちが諒解する意味での「疑い」のそれではないとの論である。第三の議論は、それは実際に「疑い」を表現するが、己れのイーマーンの完全さについての「疑い」であるとの論である。この意味での「疑い」は確かに正当である。第四の論は、条件節はひとの「最期の行為」に関連して必要であるとの論である。

第二、第三の論に連関させて以下のことを記すのも一興であろう。それは、条件節の必要性をアシュアリー派が主張するが故に、マートゥリーディー派がアシュアリー派をシャッカーキーヤ（shakkākiyyah〈疑う者の学団〉）と呼ぶことである。[9]マートゥリーディー派の視点から見れば、アシュアリー派がそう主張するのは彼らが己れのイーマーンを疑っているからとなる。マートゥリーディー自身の作とされる前述の『信仰箇条についての論考』がこの問題を扱う節の冒頭で、「イーマーンに関するイスティスナーウの問題は、我々とシャッカーキーヤのあいだの論争点である[10]」と言うのは甚だ大きな意味を有する。

この非難に抗して、ガザーリーはアシュアリー主義を擁護すべく次のように指摘する。「もし神が望み給うならば」という一文は、アシュアリー派がきわめて脆弱で揺れ動く類のイーマーンしか持たないという意味での「疑い」を言い表すのではない。かえってそれはイーマーンにおいてより完全たらんとする熱烈な思い・希求を表現するのである。それが「疑い」であるならば、それは己れのイーマーンの完全さに関わる合理的な疑いである、とガザーリーは言う。己れのイーマーンが神の眼から見て、どの面においても完全だと考えるならば、それはその者の己惚れであろう。

アシュアリー主義の擁護のために、アブー・ウズバは次のことに注目させる。アシュアリー派には条件節を用いることに関して良く知られた先達がいる。例えば、教友のなかには、カリフのウマル、アブドゥッラー・イブン・マスウード、アーイシャ（ʿĀʾisha bint Abī Bakr〔d. 678. ムハンマドの妻〕）がおり、〈後継世代の者たち〉のなかにもハサン・バスリー、イブン・スィーリーン（Abū Bakr Muḥammad ibn Sīrīn〔d. 729〕）、スフヤーン・サウリー（Sufyān ibn Saʿīd al-Thawrī〔d. 778〕）、イブン・ウヤイナ（Abū Muḥammad Sufyān ibn ʿUyaynah ibn Maymūn al-Hilālī al-Kūfī〔d. 814〕）、アウザーイー（Abū ʿAmr ʿAbd al-Raḥmān ibn ʿAmr al-Awzāʿī〔d. 774. アウザーイー法学派の名祖〕）、マーリク・イブン・アナス（Mālik ibn Anas〔d. 795. マーリク法学派の名祖〕）、シャーフィイー（Muḥammad ibn Idrīs al-Shāfiʿī〔d. 820. シャーフィイー派法学の名祖〕）、アフマド・イブン・ハンバル、その他多数がいる。これらのひとびとは皆、己れのイーマーンを条件文のかたちで公言するのを常とした。それでも、彼らを「疑う者」だなどと主張する者はいないだろう。むしろ、彼らの附した条件節は、彼らのイーマーンの力強さから自然と溢れ出るものであったのである。それは、「卑《ひく》き僕《しもべ》としてあること」（ʿubūdiyyah）の自覚が顕れ出たものであったし、ありとあらゆる事物が〈神の意志〉によってであるとの根柢的な考え方を言い表したものでもあった。

ガザーリーの言う第四論もまた特に注目に値する。同論はムワーファート（muwāfāt）という術語で知られる、きわめて特殊な神学的問題に連関する。ムワーファートとは、端的に言って、ある者のイーマーンの性格を決定する際に、その者の「最期の行為《ハーティマ》」（khātimah）のみを重視するイーマーン論である。言い換えると、それは、ある者が死の瞬間に為した最期の行為、ないしその者が死にゆく状態こそが、その者のイーマーンがいかなるものであるかを決定すると強く主張する理論である。ある者が完全に信ずる者として死ねば、その者は、己れの生涯で何を為してきたかに関わりなく信ずる者である。反対に、ある者がクフルの状態で死ねば、その者は、生涯を通じて敬虔なムスリムであったとしてもカーフィルであることになる。

条件節を附すことが重要であるのは、イーマーンの問題においてこの立場を採るひとびとにとっては明らかである。我々がいかなる状態で死ぬのか、それを我々は今知ることはできないからである。今、我々にできることは精々、善き最期を迎えるよう期待することだけである。ある者が、現在、善き信ずる者であったとしても、また揺らぐことなく己れのイーマーンを己れの生の最期の瞬間まで持続せしめようと望むことがその者にとってきわめて自然なことであるにしても、その者は、絶対にそのように持続せしめると確信することは決してできない。その者が生の最期の瞬間にいかなる状態にあるかは、なおも神秘《ガイブ》（ghayb）、即ち、予見しえないことなのである。「もし神が望み給うならば」という条件節はまさにその最期の行為に言い及んでいる。[11]

このイスティスナーウ理論〔ムワーファアート論〕は、すでに言及したように、イーマーンのきわめて特殊な概念把握に基づくものである。つまり、己れのイーマーンないしクフルは、己れが己れの死の瞬間に見出す状態によってのみ決定されるのであって、この視点から見て、その最期の時に先立つ何ものも、その最後の時にいかなる意味ももちえないということである。このようなかたちで提示されたイーマーンの概念把握が「新奇なものを作り出すこと」であるのは明らかである。そうした概念把握はどうあってもクルアーンにあるイーマーンの概念把握ではないからである。

イブン・タイミーヤはこの概念把握〔ムワーファアート論〕をジャフム・イブン・サフワーンに遡らせつつ、[12]次のように批判する。

ジャフムの立場を支持する後代の神学者たちの大多数はイーマーンに、もし神が望み給うならば《イスティスナーウ》が必要だと主張する。彼らの議論によると、言語的にはイーマーンという言葉は、言語的にはより広い意味領域を有するものの、〈神法〉における術語としてのイーマーンは、その当の者が最終的にそれを携えて己れの〈主〉

へと向かうところのものである、という〔このように已れのイーマーンに関して不確定な未来を言うのであるから、イスティスナーウが必要である〕。

こうして神学者たちはイスティスナーウの問題に、彼らが〈神法〉における意味だと主張する、イーマーンという語の特殊な理解を持ち込む。かくして、彼らは（恣意的に）アラビア語の一般的用法を逸脱するのである。……

イーマーンという語がひとの死ぬときの状態だけを意味するとの概念把握には〈神法〉中に何ら根拠がない。過去の偉大な思想家たちが決して抱かなかった新しい概念把握である。過去の主要な思想家たちが常にイスティスナーウを用いたことから、〈古のひとびと〉のあいだでそうした意味内容こそがイーマーンの根柢的意味であったに違いないとの〔誤った〕結論を、こうした神学者たちは導いたのである。この誤りは、〈古のひとびと〉が真に抱いた見解についての、彼らの知識の欠如に由来する。彼らは〈古のひとびと〉が発した言葉の表面を掬い取って、ジャフム派、ならびに他の似たような「新奇なものを作り出す」者どもから習い覚えたことにしたがって〈古のひとびと〉の言葉を解釈するにすぎない。かくして、外観は〈古のひとびと〉のテーゼであるが、根柢にある考え方は、想像しうる限り最悪のイーマーン論を掲げるジャフム派のそれである。[13]

イブン・タイミーヤがイスティスナーウのこの理論〔ムワーファアート論〕をジャフム派に帰していることには問題がある。彼は別の箇所で、イーマーンにイスティスナーウをきっぱりと禁ずる代表的な思想家としてムルジア派とジャフム派を挙げており、それを見れば矛盾を犯しているように見えよう。[14] 彼はイスティスナーウの問題におけるジャフム派の立場を次のように言う。

条件節を用いるのを禁ずる者どもを代表するのは、ムルジア派、ジャフム派、そしてその他の者どもである。彼らはイーマーンを、ひとが己れのうちに意識する単一の実在物であり、それは例えば己れのこころにある〈主〉を真と見做す《タスディーク》ことやその他であると考える。彼らの典型的な議論は次のものだ。

私が信ずる者であることを私が知るとは、私が信仰告白《シャハーダ》の形式を唱えたのを私が知っていることと同じである。さらにはクルアーンの最初の章〔スーラ〕を読み上げたことを私が知っていること、私が〈神の使徒〉〔ムハンマド〕を愛することを私が知っていること、私がユダヤ教徒やキリスト教徒を嫌うことを私が知っていることとも同じである。私が「私は信ずる者である」と言うのと、例えば私が「私はクルアーンの第一スーラを読み上げた」や「私はユダヤ教徒とキリスト教徒を嫌う」などと言うのとのあいだに少しの違いもない。これらの発言は全て、私が現に意識に上らせ、私がはっきりと真だと知っている、そうした内容を言う〔点で同じである〕。

「私は第一スーラを読み上げた、もし神が望み給うならば」と言うことが意味を成さないのと同じく、「私は信ずる者である、もし神が望み給うならば」と言うことは意味を成さない。

この条件節は発話者が物事に疑念を抱いている時のみに用いられる。そうした場合に、その者は「私はそれを行った、もし神が望み給うならば」と言うのである。

かくして、イーマーンを公言するに際して条件節を附加する者がそうするのは、己れ自身のイーマーンに疑念を抱いているからだと彼らは結論づける。それ故、彼らはイスティスナーを用いる者どもを「疑う者ども《シャッカーカ》」(Shakkākah) と呼ぶのである。[15]

イスティスナーウを用いることを頑なに拒む者たちの見解にイブン・タイミーヤが与さないのは言うまでもない。イスティスナーウの使用を拒絶することは、「行」をイーマーンから無化し、イーマーンを、わずかでも「信ずる」者全てが共有する均一なあり方をするものにしてしまうジャフム派のイーマーン論に依拠することになるからである。

しかしながら、「最期の行為」論に基づいてイスティスナーウの使用を認める見解についても彼は退ける。『信の書』最終章でイブン・タイミーヤは、イスティスナーウをこのように解釈する説がイブン・クッラーブ（Ibn Kullāb）[3]の信奉者たちであるクッラーブ派のものであるとする。そこでクッラーブ派による「最期の行為」論を次のように纏める。

> イーマーンは、もっぱらひとが死ぬ時の状態のみを指す。ひとは各々、ムワーファートおよび、その者の最期の状態についての〈神の予知〉に即して、信ずる者であるか、カーフィルであるかのいずれかである。その最期の状態より前にその者にあることは何ら価値を持たない。
>
> ある者のイーマーンが消えて後にクフルが続いたとしよう、そしてその者がカーフィルとして死に、その時のイーマーンがまったくイーマーンと呼べる代物でなかったとしよう。そうしたイーマーンは、拝礼を完遂する前にそれを無効とする〔何かを為した〕者の拝礼、日没前に斎戒を破った者の斎戒に喩えられよう。（その者が信ずる者であったときですら）その者は神の眼から見てカーフィルである。〈神の知〉はその者の死の際の状態に及んでいるからである。そして同じことがクフルにも当てはまる。……
>
> 神はこれこれのひとが（その者が今現在、敬虔な信ずる者であったとしても）カーフィルとして死ぬことを知っているのであるから、神は当初からずっとその者を罰する意図を有していることになる。それ故、その者が今この瞬間に有する類のイーマーンは無駄であり、役に立たないものである。否、そうしたイーマーンは存在しないに等しい。同様に、神はこれこれのひとが（今カーフィルであったとしても）信ずる者として死にゆくことを知っているのであるから、神は当初からその者に報酬を与えんとの意図を有している。そ

れ故、その者が今この瞬間に有する類のクフルに関して言えば、それは存在しないのと同じである。そうしたひとは決してカーフィルではなかったのである。

〔イブン・タイミーヤはクッラーブ派の説に注記する。〕そうした概念把握に基づけば、こうしたひとびとはイーマーンにイスティスナーウを用いていることになる。（奇妙なことに）この学派の権威ある者たちの幾人かは（さらに歩を進めて）クフルにもイスティスナーウを用いる。マートゥリーディーがその一団を代表する。彼らがクフルにもイスティスナーウを用いるのは、この視点から見れば、理論的にイーマーンとクフルに何ら違いはないと考えるからである。(16)

クッラーブ派、ならびに彼らと似た見解を有する者たちはイーマーンにイスティスナーウを用いることを、〈古のひとびと〉、つまり過去において大いなる権威を持った者たちのあいだでそれが広く行われた事実を指摘して正当化する。その事実をイブン・タイミーヤは認める。それ故、イスティスナーウを用いること自体に何ら誤りはない。彼に言わせれば、クッラーブ派などが基づくイーマーン論だけが完全に誤りなのである。〈古のひとびと〉がイスティスナーウをしばしば用いたのは確かであるが、彼らは全く違う根拠に基づいてそれを為したとイブン・タイミーヤは言う。彼らのうちの誰一人についても、その者が己れの地上における生を去るときの最期の状態を念頭において条件節を用いたとは伝えられていない。だが、クッラーブ派などはムワーフアートこそが、まさに〈古のひとびと〉がイスティスナーウをしばしば用いた動機だと考えた。クッラーブ派などが過去において権威を有していた者たちの概念把握として捉えたことは、実のところ、ジャフムに固有のイーマーンの根柢的概念把握に他ならない。(17)

それでは、〈古のひとびと〉がイーマーンにイスティスナーウを用いた時にその根柢に潜む真の考え方は何であったのか。イブン・タイミーヤはこれに次の回答を与える。

権威ある諸伝承を介して、〈古のひとびと〉の多くがイスティスナーウを用いたことが知られる。イブン・マスウード、ならびにその信奉者たち、〔スフヤーン・〕サウリー、イブン・ウヤイナ、クーファの学者たちの大半、バスラの学者の幾人か、アフマド・イブン・ハンバル、その他スンナ派の権威ある者たちがそうである。だが、彼らの誰一人として「私がイスティスナーウを用いるのは、ムワーファァート故である。それは、私見では、イーマーンとは、僕《しもべ》が己れの〈主〉との拝謁に向かうために携えるべきものに附された名に他ならないからである」とは言わなかった。反対に、過去の権威ある者たちはきわめて明瞭にイスティスナーウが必要であり、用うるに適切であると見做されるのは、服従行為を「行うこと」をイーマーンが含むことに基づく。彼らは、あらゆる服従行為を例外なく為していると公式に証言しようとはしない。それは彼らが、己れの敬虔さが完全だと証言しようとしないのと同じである。それは、誰もそのことに確信を持てないからであり、もし彼らがそうしたことを証言すれば、その証言はうぬ惚れの行為となるだろうからである。

私の知る限り、〈古のひとびと〉の誰もがムワーファァートの考え方をイスティスナーウの正当化の根拠として求めなかった。だが、最近では、ムワーファァートがしばしばイスティスナーウの理論的根拠とされている。アフマド・イブン・ハンバルの学団、マーリクの学団、シャーフィイーの学団、その他の学団に帰属する伝承学者たち、ならびにアシュアリーと彼の追随者たちといった理論家たちがそうする。(18)

イブン・タイミーヤは、彼の好む、イトラーク（iṭlāq）とタクイード（taqyīd）つまり、語の「絶対的」な用法と語の「条件づけられた」用法を区分する意味論に基づいて、その事態を説く。イーマーンという語が「絶対的に」用いられた場合には、神がひとに為せと命じた全てのこと、ならびに、神がひとに為すことを禁じた全てのことを当然含む。もしある者がこの語義で「私は信ずる者である」とイスティスナーウを附さずに言う場合、その者は己れを完全で欠損なき信ずる者と見做していることを意味する。そしてこれは「己れを高く掲げること《タズキヤト・ナフス》」(tazkiyat al-nafs) に他ならないであろう。もしその者がそうした証言を為すに値するのであれば、その者は何故、己れは確実に〈楽園〉に入ると言わないのか[19]。

アフマド・イブン・ハンバルは、己れがイスティスナーウを用いるのは、己れの信に疑念を有するからではなく、「行」がイーマーンに含まれるからだと明白に述べている。彼が常に「もし神が望み給うならば」と附すのは、己れが「行」の必要条件を全て充たしているのかについて絶対的確信を抱かなかったからである。だが、イブン・ハンバルが意図的に条件節を落とす場合があった。そしてそれは、イブン・ハンバルがイーマーンという語を「条件づけられた」仕方で用いる場合、つまり、イブン・ハンバルが「行」の要素を念頭に置かずに己れの内的確信のみに言い及ぶ場合である。条件節を脱落させることで、己れの知る己れの内的状態に自らが何ら疑念を抱いていないことを示したのである[20]。

日常的な状況下で我々が条件節を用いるときのことを考察すれば、事態を最も善く理解できよう。例えば、私が明日何かを為そうと決意した時に、私は「私は明日それを為す、もし神が望み給うならば」と言う。この文にある条件節はその行為の実現に言及するのであって、私の側の意や私の決定に言及するのではない。そのことを為そうとする私の意図に私は決して疑念を抱かない。私はその意図が己れ自身に存在するのを実際に感じ、実際に知るからである。だが、いかに私の決意がどんなに固くとも、為そうという意図をもったその対象となる行為が明日間違いなく実現するかどうかについて、私は絶対的に確信することはいまだに出来ない。「もし神が望み給うならば」という節はこの型の不確実さに言及する。「私は信ずる者である、もし神が望み給うならば」という文にも全く同じ推論が適用されるだろう[21]。

注

（1）モッラー・フサイン・イブン・イスカンダル『アブー・ハニーファ遺言注』（*Waṣiyyat Abī Ḥanīfah*, with a commentary by Mollā Ḥusayn ibn Iskandar al-Ḥanafī, Ḥaydarābād, 3rd ed., 1980, p. 4）。ヴェンスィンク『ムスリムの信条』（Wensinck, *The Muslim Creed*, p. 125）。また同書（pp. 138–139）に見えるこの信仰箇条への注記も参照のこと。

〔訳注〕アブー・ハニーファに帰される信仰箇条に三種あるのは既述の通り。ヴェンスィンクの時代推定にしたがって順に記すと『最も大なる洞察・第一』、『アブー・ハニーファの遺言』、『最も大なる洞察・第二』となる。ヴェンスィンクは『最も大なる洞察・第一』を八世紀（アブー・ハニーファと同時代）、『アブー・ハニーファの遺言』を九世紀、『最も大なる洞察・第二』を一〇世紀の成立とする。なお、『最も大なる洞察・第三』なるものもあるが、これはアシュアリー派の手になる信条であり、アブー・ハニーファならびにその信奉者たちとは無縁である。

（2）アブー・ウズバ『麗しき楽園』（Abū ʻUdhbah, *al-Rawḍah al-Bahiyyah fī mā bayna al-Ashāʻirah wa-al-Māturīdiyyah*, Ḥaydarābād, 1904, p. 6）。

（3）アブー・ウズバ『麗しき楽園』（Abū ʻUdhbah, *al-Rawḍah al-Bahiyyah*, p. 6）。『アブー・ハニーファ遺言注』（*Waṣiyyat Abī Ḥanīfah*, with a commentary, pp. 4–5）も見よ。

（4）アブー・ウズバ『麗しき楽園』（Abū ʻUdhbah, *al-Rawḍah al-Bahiyyah*, p. 6）。

（5）『アブー・ハニーファ遺言注』（*Waṣiyyat Abī Ḥanīfah*, with a commentary, pp. 4–5）。

（6）イブン・ハズム『諸宗派・諸党派・諸分派についての諸章』（Ibn Ḥazm, *al-Fiṣal*, part III, pp. 228）。

（7）イブン・ハズム『諸宗派・諸党派・諸分派についての諸章』（Ibn Ḥazm, *al-Fiṣal*, part III, p. 228）。

（8）ヴェンスィンク『ムスリムの信条』（Wensinck, *The Muslim Creed*, p. 139）。

（9）トリットン教授がこのあだ名について、以下のような興味深い記述をジーラーニー『充足の書』（ʻAbd al-Qādir al-Jīlānī, *Kitāb al-Ghunyah*, al-Qāhirah, 1892, p. 159）から引用している（トリットン『ムスリム神学』Tritton, *Muslim Theology*, p. 106）。

ムルジア派は慣習と共同体の信奉者（即ち、正統派〔スンナ派〕）を「疑う者」（Shakkākiyyah）と呼ぶ。何故なら、彼らは「もし神が望み給うならば」と加えることで、ムスリムであるとの彼らの主張を妥当と見なすからである。

（10）マートゥリーディー『信仰箇条についての論考』（Māturīdī, *'Aqīdah*, section 25, p. 17）。

（11）アブー・ウズバ『麗しき楽園』（Abū 'Udhbah, *al-Rawḍah al-Bahiyyah*, p. 8）。

（12）著名なムウタズィラ派の思想家であるフワティー（Hishām ibn 'Amr al-Fuwaṭī al-Shaybānī〔d. 825〕）が最初にムワーファートの教義を説いた人物であると言われている。トリットン『ムスリム神学』（*Muslim Theology*, p. 115, note 1）を参照。

（13）イブン・タイミーヤ『信の書』（Ibn Taymiyyah, *Kitāb al-Īmān*, pp. 120–121）。

（14）即ち、『信の書』最終章にて、特にイスティスナーの問題を扱っている。その個所で、彼はムワーファート理論をイブン・クッラーブの後の信奉者（八五四年より少し後に死去したアブー・ムハンマド・イブン・サイード Abū Muḥammad Ibn Sa'īd）に帰している。彼はアシュアリー以前の伝承主義者の中で主要な神学者のひとりであった。『信の書』（*Kitāb al-Īmān*, p. 100）も参照せよ。イブン・タイミーヤはアシュアリーを、そのイーマーン理論においてジャフムを信奉し、これを支持する代表的な神学者として描いている（その際、ジャフムがそれに関してイーマーンから「行」を排除しているとも言及している）。しかしイブン・タイミーヤは、アシュアリーがイスティスナーウの問題に関してはジャフムとは異なり、〈スンナの徒〉が採用する見解を支持しているとも述べている。

（15）イブン・タイミーヤ『信の書』（Ibn Taymiyyah, *Kitāb al-Īmān*, p. 366）。

（16）イブン・タイミーヤ『信の書』（Ibn Taymiyyah, *Kitāb al-Īmān*, pp. 367–368）。

（17）イブン・タイミーヤ『信の書』（Ibn Taymiyyah, *Kitāb al-Īmān*, p. 372）。ここで再び、イブン・タイミーヤはその間違った説をジャフムのものとして記している。

（18）イブン・タイミーヤ『信の書』（Ibn Taymiyyah, *Kitāb al-Īmān*, p. 374）。

（19）イブン・タイミーヤ『信の書』（Ibn Taymiyyah, *Kitāb al-Īmān*, p. 383）。

（20）イブン・タイミーヤ『信の書』（Ibn Taymiyyah, *Kitāb al-Īmān*, p. 386）。

（21）イブン・タイミーヤ『信の書』（Ibn Taymiyyah, *Kitāb al-Īmān*, pp. 390–391）。

訳注

〔1〕ガザーリー『宗教諸学の再生』(*Iḥyā 'Ulūm al-Dīn*, al-Qāhirah, 1957, I, pp. 121–124)。

〔2〕アラビア語原文にはタズキヤト・ナフス(tazkiyat al-nafs)と見える。タズキヤト・ナフスは字義的には「魂を清きものとする」であるが、無論、これは己れの魂を清きものと見做すというある種の傲慢さを意味することにもなる。ガザーリーが言及するのはクルアーン第四章第四九節。

〔3〕イブン・クッラーブ・アブー・ムハンマド・アブドゥッラー・イブン・サイード・イブン・ムハンマド・カッターン・バスリー(Ibn Kullāb, Abū Muḥammad 'Abd Allāh ibn Sa'īd ibn Muḥammad al-Qaṭṭān al-Baṣrī〔d. 855〕)バスラ出身の神学者。反ムウタズィラ活動を展開した。

第十一章　イーマーンの創造

一　起源

アッバース朝初期におけるムウタズィラ主義の興隆は思弁神学のあらゆる領域に多くの深刻な問題を提起した。イーマーンの概念もムウタズィラ派の思考法の影響を受けないままではいられなかった。

彼らがイーマーンの概念に及ぼした影響に関して言えば、ムウタズィラ派が盛んに主張した主要な教説のうちの二つが特に注目するに値する。ここで先ず言及すべきはムウタズィラ派に特徴的な教説である〈神の「義《ただしさ》」〉(ʻadl) である。表を見れば、そのテーゼはきわめて無害なものに見える。神の完全な義、つまり神があらゆる不義から絶対的に免れていることを強く主張するにすぎないからである。しかしながら、その裏では、このテーゼが人間の責任、そしてそれに伴う人間の自由を含意するが故に、その概念は深刻な問題を提起した。このように諒解するならば、当然のことながらそのテーゼは〈神の絶対的統括権〉と〈神の全能さ〉を損なうことになる。

元来〈神の義〉というテーゼは、ひとが悪行を為したことの責任の所在を神からひとに移す意図をもって提起された。だがそれはまもなく、ひとが何を為そうと、その者が己れ自身の力で己れ自身の責務としてそれを為すのである、つまり、ひとこそが己れ自身の振る舞いの「創造者」である、との異端的見解に導かれた。この見解はジャフム・イブン・サフワーンが説いたそれと鋭く対比されるものである。彼は、いかなる行為もいかなる振る舞いも神以外の何者にも帰属しない、行為は比喩的にのみひとに帰属させられるのであって、実際、ひとが何かを為すことはなく、ひとは神が出来事を生起させる場にすぎない、と主張した(1)。

　こうした状況において、イーマーンとクフルは神によってひとのなかに造られたのか、それともそれらは全面的に人間の側の責任に懸かるのか、との問いがいかに生起したのかを看て取ることは容易であろう。大方の予想の通り、ムウタズィラ派は、クフルが人間のこころに生まれることにのみ関心を向ける。例えば、アッバード・イブン・スライマーンは次のように主張したと言われる。「神について、神がカーフィルどもを創造したと言うのは誤りである。カーフィルどもの有するクフルなるものが神によって創造されたはずがないからである」(1)。絶対的に義しい神が、ひとのこころにクフルを創造し、その者をカーフィルにするなど想像できない、と彼らは主張する。絶対的に義たる〈主〉が、意のままにカーフィルを創造した後に、己れの被造物を、それがカーフィルであったが故に〈地獄の火〉で罰するなどと思い描くことはできない。そうした神がクフルという忌まわしき罪を創造しようとする、ないし創造しようという意図をもつなどと思い描くことはできない。これらの問題ならびにこれらに連関した幾つかの問題は本章第三節において詳しく論ぜられる。

　ここでは、神がクフルを創造するのかという問題は、イーマーンの創造のそれと密に連関する、裏側の問題にすぎないことだけを指摘しておきたい。なお、イーマーンの創造の問題はクフルの創造の問題ほど深刻な理論上の問題を生み出してはいない。善きことの創造は、人間の自由を損なうことはあっても、いかなる仕方においても〈神の義〉の思い描き（image）を損なうことがないからである。ひとが、善であれ、悪であれ、何を為そうとも、それはひとの行に他ならず、ひとが己れだけで意を決し、己れ自身の責任の下で為したことであるとムウタズィラ派は主張するに至る。イーマーンであってもこの根柢的真理の埒外に置かれるべきものではない。

この視点から見てムウタズィラ派と非ムウタズィラ派のあいだに鋭い対立が存在することを示す具体例として、両派によるクルアーン第二章第二五七節の解釈を挙げよう。ここではシャリーフ・ムルタダー著『講話集』(2)からその例を採る。問題となる章句には「神は信ずる者どもの友たる〈守護者〉である。神は彼らを闇から光へと導く」〔Allāh walīyun alladhīna āmanū yukhrij-hum min al-ẓulmāt ilá al-nūr〕と見える。

(反ムウタズィラ派は言う。我々はこの章句を文字通りの意味で採るならば、神が彼らの内にイーマーンを〈創造した者〉だと理解せざるをえないのではないか。この章句に見える「光《ヌール》」(nūr)は明らかにイーマーンならびに服従行為を言い表し、「闇《ズルマート》」(ẓulmāt)はクフルならびに不服従の行為を言い表す。……そして(「導く」の文法的主語は神であるから)、神は信ずる者どもが暗闇から外に出るためのものを造り出す者でなければならない。そしてこのように理解される章句はムウタズィラ派のテーゼと対蹠的な位置にあることになろう。

(これに対してムルタダーがムウタズィラ派に代わり答える。)この章句に見える「光」と「闇」の出来うる限り最善の解釈は、「光」を〈楽園〉、つまり報酬の象徴と採り、「闇」を〈火獄〉、つまり罰の象徴と採ることである。もしこの解釈が正しければ、神が彼らを闇から光へと「導く《ユフリジュ》」〔という動詞 yukhrij〕の主語とされるのはきわめて自然である。神こそが信ずる者たちを〈楽園〉に入らせ、信ずる者たちを〈地獄〉へ向かう途から引き戻す者だからである。

(しかしながら、論敵たちに譲歩して、「光」はイーマーンの象徴、「闇」はクフルの象徴であると認めるにしても、その章句は必ずしも、論敵たちがそのように、つまり神がイーマーンを創造したと解釈したいということを意味するわけではない。象徴関係をそのように解した場合には、イフラージュ(ikhrāj. yukhrij〔導く〕の動名詞形)、つまり「導く」は違った筋道でより良く理解されるであろうからである。)通常の状況において、私が誰かにある邦に入ることを勧め、その邦にあるであろう全ての善きものをその者に告げ、その者のうちにそうしたいとの欲求を眼覚めさせようとしたとしよう。私が為したことを精確に描写するならば「私はある者をある邦に入らせた」と言うことが出来る。私が為そうと努めたことを精確に描写するならば、「私はその者をこれこれの状態から〔別の状態に〕導いた（akhrajtu）」と言うことが出来る。こうした場合に、「ある者を……に入らせる」と「ある者を……から導く」は、「喚起する」ないし「勧める」を意味するにすぎない。

（このように解釈するならば、問題となっているクルアーンの章句は、神が彼らのこころのなかにイーマーンを「創造する」ことではなく、神がひとびとを信ずることへと喚起し、彼らのうちに信ずることへの欲求を眼覚めさせたことを意味することになろう。）

本章冒頭で、ムウタズィラ主義の主要教説の二つが神によるイーマーンの創造の問題に関わることを指摘した。我々はそのうちの第一の教説、〈神義〉説ならびに人間責任説を検討してきた。第二の教説は悪名高き「クルアーン創造説」である。これはアッバース朝初期のムスリム共同体で大いに物議を醸した問題である。

理論的に見て、この問題はもともと、〈神の属性〉理論の一部である。ムウタズィラ派は神に永遠なる属性が存在することを否定した。彼らの見解によれば、そうした永遠の属性を認めることは神の他に永遠に在る多くのものが存在することを認めることになるためである。語り《カラーム》（kalām）は主要な〈神の属性〉の一つであり、クルアーンは詰まるところ、〈神の語り〉であるので、ムウタズィラ派は、クルアーンが永遠に存在することを否定するのが適当であると判断した。そしてそれゆえ、彼らは、クルアーンは他のすべてのものと同じく、創造されたものであると主張するに至ったのである。端的に言って、これが「クルアーン創造説《ハルク・クルアーン》」（khalq al-Qurʾān）である。そして「クルアーンは創造されたのか、それとも創造されなかったのか」（hal al-Qurʾān makhlūq aw ghayr makhlūq）との問題が神学者たちのあいだで真剣に論じられた。

「イーマーンの創造」の問題が「クルアーンの創造」のそれを範型とするのは明らかである。「クルアーンは創造されたか、それとも創造されなかったか」の問いが盛んに議論されたのと同じく、イーマーンについての問いもそれと全く同じ形式即ち、イーマーンは創造されたのか、それとも創造されなかったのか、という形式で提起され議論された。そして、この問題についてはアシュアリーとマートゥリーディー派が対極に位置したのである。

二　アシュアリー派の立場

この問題について書かれたアシュアリーの短い論考が伝わっている。[3]その論考においてアシュアリーは、イーマーンが創造されることはないと明言する立場を採る。この論考におけるアシュアリーの考えには注目すべき混乱が見てとれる。だが先ずは、アシュアリーが展開するままに彼の議論を一歩ずつ追っていこう。

イーマーンは創造されたとの立場を採る者たちとして、ハーリス・ムハースィビー（Abū ʻAbd Allāh al-Ḥārith ibn Asad al-Muḥāsibī〔d. 857. 初期のスーフィー〕）、ジャアファル・イブン・ハルブ（Abū al-Faḍl Jaʻfar ibn Ḥarb al-Hamadhānī〔d. 850. ムウタズィラ派バグダード学団の学者〕）、アブドゥッラー・イブン・クッラーブ（ʻAbd Allāh ibn Kullāb）、アブドゥルアズィーズ・マッキー（Abū al-Ḥasan ʻAbd al-ʻAzīz ibn Yaḥyā ibn Muslim al-Kinānī al-Makkī〔d. 854. シャーフィイーの弟子〕）、ならびに「理論的に思考する性質を帯びた他の神学者たち」を挙げる。それと対立する立場を採る者のほとんどは伝承主義者たちであり、この陣営の最も重要な代表的思想家は、アシュアリーその人がしたがっていると言うアフマド・イブン・ハンバルである。

前者の一団の議論はきわめて単純である。彼らは存在する事物を注意深く見て、神と〈神の属性〉を除く、存在する事物の全てを「創造された」ものと見做した、とアシュアリーは言う。さて、イーマーンが人間の行為であり、人間の特性であるのは明らかであり、それは〈神の属性〉ではありえない。したがってイーマーンは「創造された」事物の範疇に属する。

それと対立する立場を紹介するに及んで、アシュアリーはまず、創造されたものとしてあるという属性をイーマーンに帰属させる説に抗する議論から始める。考察すべき第一の点は「創造された」という語の精確な意味である。「創造された」（makhlūq）という形容詞の意味は、「存在を欠いた状態の後に、何かであるに至ったこと」である。こうした特定の意味を帯びたこの形容詞をイーマーンに当てはめて、イーマーンと「創造された」とが互いに共存しうるか、それとも互いに矛盾するかを診断しよう、とアシュアリーは提案する。後者が正しいことがわかる、とアシュアリーは言う。その理由は次のとおりである。イーマーンが「創造された」と我々が言うならば、その言は、「創造された」以前には、イーマーンが存在を欠いた状態であったことを含意する。その含意は、イーマーンが創造される以前に、イーマーンでもタウヒード（tawḥīd〈神が一であると認めること〉）でもない状態があったことを言う。しかしながら、アシュアリーによれば、実のところ、世界の創造の前にも後にも、イーマーンでもタウヒードでもないような状態は決してない。

きわめて明瞭なのは、この議論においてアシュアリーが、各々のひとに関わる個人的で実存的な出来事としてのイーマーンではなく、むしろ、宇宙論的な出来事、即ち、ひとたび創造されたならば、数々の時代を通じて存在し続けるであろう形而上的に存在するもの、としてのイーマーンを念頭に置いていることである。この特殊なアプローチは、その問題がこの文脈において、「クルアーンの創造」〔を巡る論。むろん、クルアーンは創造されないというテーゼをアシュアリーは支持する〕という範型にしたがって提起され、議論されていることを明瞭に示している。さらに言えば、アシュアリー自身が同論考において、今しがた見たような二つの問題が並行する事態について言い及んでいる。言い換えると、この文脈におけるイーマーンは、タスディーク、カウル、アマルといった構成要素に即して考察されるイーマーンとは完全に異なるのである。この事実は、アシュアリーと、次節で検討するマートゥリーディー派のあいだに、実際には対立がないことをも示している。それは、イーマーンが創造されたものとしてあることと創造されざるものとしてあることをマートゥリーディー派が論ずるに際して、イーマーンという語を個人的な出来事との意味で採るからである。

さて、アシュアリーの議論に立ち戻って言うと、アシュアリーは己れの論敵が己れのテーゼに対して次のように言って厳しく反論することを想定する。「あなたのテーゼは、信ずる者が存在せずしてイーマーンが存在する、そうした時がかつてあったとの意図を明らかに含んでいる。だが、人間がいまだ存在しない時にイーマーンがいかに存在することが可能であったのか」と。

この問いに与えたアシュアリーの回答は、驚くほど幼稚《ナイーブ》に見える議論に基づく。むしろ、それは詭弁に他ならないと言うべきかもしれない。アシュアリーは先ず、イーマーンの最も根柢的な意味はタスディークとタウヒードであると強く主張する。次に、クルアーンによると、永遠〔の過去〕から神が、〈己れ自身〉を〈一〉だと明言してきたし（これはタウヒードに他ならない）、永遠〔の過去〕から神が、〈己れ自身〉が真たるものである（これは、タスディークに他ならない）と明言してきた。人類を創造する以前に、神は常に「我れは神なり、我れ以外に神はない」と言い続けてきたし、神は常に〈己れが真たるもの〉であると強く主張してきた。言い換えると、タウヒードやタスディークを為すひとがいまだいない中で、タウヒードそのものとタスディークそのもの、つまりイーマーンは存在したのである。

この点を述べた後でアシュアリーは、言葉による告白へとさらに歩を進める。絶対的な意味で諒解され、何か特定の被造物を指すことなく用いられるイーマーンは、〈神の属性〉の一つである。「彼こそがアッラーであり、それ以外に神はない。〈至高の主〉、〈聖なる者〉、〈平安〉、ムウミン（mu'min）、守護者……」[2]（第五九章第二三節）とのクルアーンの章句を引き、この章句で神は己れをムウミンと呼び、神が〈己れ自身〉に附した〈名〉の一つにムウミンを数える、とアシュアリーは記す。

この議論でアシュアリーがムウミンという語の外面的な語のかたちにのみ注目するのはきわめて明瞭である。既に我々が明らかに見てとったように、この語は通常の文脈では「信ずるという行為を主体的に為す〈者〉」、「信ずる者」、つまりイーマーンを帯びた者を意味する。しかしながら、この章句では、同じ語根から派生するにもかかわらずその語が全く異なること、即ち「他の者に安全を感じさせる者」「他の者のこころを安らかにする者」「安全な状態にし、守護する者」を意味する。

アシュアリーが言う次の論点は、問題がクルアーンの創造のそれを範型にすることを明瞭に示すがゆえにより興味深い。イーマーンは本質的に人間の属性であるがゆえに〈神の属性〉ではありえないと言う者に抗して、アシュアリーは次のように論じる。

> 神が被造物に似ており、在るも在らぬもどちらも可能な者どもに固有の属性でもって神が性格づけられると主張することから私はどれほど遠く隔たっていることであろうか。私のテーゼに反対する者どもに誤解が生じたのは、ただ彼らの誤った推論を経由してのことにすぎない。
>
> 彼らは次のようにして、この誤った見解に導かれた。彼らは全ての創造された存在物〔即ち、被造物〕を査《しら》べ、それらの様態と性質を観察し、それら〔被造物の様態と、被造物の有する性質〕が全て「創造された」ものであると見做した。加えて、彼らはイーマーンが被造物に固有の属性の一つであると認定した。このことから彼らは、イーマーンが「創造された」ものと結論づけた。これが誤った結論であるのは間違いない。「知ること」や「語ること」も同じく人間の属性であるが、これら二つは〈神の属性〉でもあり、〈神の属性〉である限りにおいて、それらは「創造されざる」ものであって、在るも在らぬも可能なものではない、と彼らは注記すべきであった。〈神の「語り」〉と〈神の「知」〉は「創造された」ものである、そして両者が、在るも在らぬもどちらも可能なものであると主張する者は直ちにカーフィルである。

次のことを根拠に異議が申し立てられるかもしれない。イーマーンが「創造されざる」ものであり、時間のうちに生起するものではないとのテーゼは、イーマーンが「永遠《カディーム》」（qadīm）であると主張することと全く同じである。だが他方で、神が事物を創造する前の原初において、神以外に何もなかったのであるから、実際には神以外に「永遠なもの」は何もないのである。

この異議に対して私は次のように答えよう。〔その異議に見える〕思考法は、〈神の「語り」〉、〈神の「知」〉、そして一般的に〈神の属性〉は、在るも在らぬもどちらも可能なものであり、「創造された」ものであると主張する者に特徴的である。それゆえ、「知」やクルアーン〔即ち、語り〕といった〈神の属性〉が在るも在らぬもどちらも可能なものであって、「創造された」とのテーゼを論駁するために用いるものと全く同じ議論によって、その見解を論駁することが出来る。[3]

イーマーン論として見ると、アシュアリーのこの論は甚だしく混乱を招くものである。中心的重要性を帯びるある一点で彼自身が混乱しているためである。彼はクルアーンのなかに、ムウミンという語が神に言い及んで用いられる場合があることを見つける。アシュアリーは、その特定の文脈においてムウミンという語が、「信ずる者」、つまりイーマーンを帯びた者とは全く違う意味であるのを無視し、イーマーンとは、「知」や「語り」と同次元にある、〈神の永遠なる属性〉の一つであると飛躍した結論を出す。そうすることでアシュアリーは完全に論点を混乱させているのである。

このことは、アシュアリーの信奉者たちの幾人かを当惑させたと思われる。アシュアリーの議論を改善し、より合理的な外観をそれに与えるため、例えば、イブン・アサーキル（Ibn ʻAsākir, Thiqat al-Dīn ʻAlī ibn al-Ḥasan〔1105–1176. ハディース学者、シャーフィイー派法学者〕）などはアシュアリーを擁護する際に、[4]イーマーンには二類あるとのテーゼを已れの師匠のテーゼとする。第一の類は、クルアーンの章句（第五九章第二三節）を根拠に〔主張される〕、神の「永遠」のイーマーンであり、第二の類は、人間の「創造された」イーマーンである。第二類のイーマーンが「創造された」と言われるのは、それが、ひとの主導で生起し、その当の者が有するイーマーンに対してその者が報酬を与えられるか（そのイーマーンが誠実なものである場合）、それとも罰されるか（そのイーマーンが疑わしい場合）のいずれかだからである。

次に、イブン・アサーキルはアシュアリーに「中間の立場」[5]を割り当てる。イーマーンが無条件に「創造された」ものであると主張するムウタズィラ派・ジャフム派・ナッジャール派と、イーマーンが無条件に「永遠」であると主張する素朴な神人同形論者のあいだの「中間の立場」がそれである。しかしながら、実のところ、この図式化そのものが、意味論的混乱に基づくとの印象を与えることを免れえない。というのも、詰まるところ、神のイーマーンとひとのイーマーンは全く異なる存在の秩序に帰属し、したがって対立する二極を構成しえないからである。

三　マートゥリーディー派の立場

マートゥリーディー派が採用する立場は、アシュアリー派のテーゼとは異なり、人間の現象としてのイーマーンの性質に関わる点において一貫したものである。中心となるのは、ある者が神を「信ずる」際、その者のイーマーンは神がその者のうちに創造するのか、それとも、その者が己れの力によって、そして己れ自身の責任において為したものであるのか、という問いである。前述のように、マートゥリーディー著とされる『信仰箇条についての論考』が問題全体を次のように定式化している。

イーマーンは「言葉での告白」と「是認」に存するため、イーマーンは創造されたものである。ひとびとのなかには、イーマーンは、創造されることのない〈神の「助け《タウフィーク》」〉(tawfīq) のみによって生起するがゆえに、創造されたものではないと主張する者がいる。これに対して我々は次のように応える。それ〔即ち、イーマーンがタウフィークのみによって生起すること〕は真であるが、ひとの振る舞いが〈神の「助け」〉によって〈神の行為〉に転化するわけではない。したがって、イーマーンは依然として、斎戒や拝礼と同様に創造されたものなのである。[6]

この発言がサマルカンド学団の見解を表すものであることをしっかりと覚えておこう。ブハラのマートゥリーディー派は同じ問題に対して異なる態度を採る。ここでは、この問題の詳細に眼を転じることにしよう。

これまでに何度か言及したバヤーディーが、伝統的にアブー・ハニーファに帰された『遺言』に見えるに文言に遡ってマートゥリーディー派〔の中で見解が分かれるさま〕を描いている。『遺言』の条には「ひと、ひとの行、ひとの言葉での告白、ひとの知は全て創造されたものであることを我々は認める」[7]とある。そしてバヤーディーは次のように指摘する。もし「言葉での告白」と「知」が創造されたものであれば、イーマーンは創造されたものである、と我々は言わねばならない。イーマーンは「言葉での告白」と「知」に他ならないからである。[8]

マートゥリーディー派サマルカンド学団は率直に、イーマーンは「創造された」との立場を採る。ブハラ学団はこの態度に満足せず、議論に精緻さを加える。ブハラ学団はイーマーンの構造を二つの側面に分ける。第一面は「導くこと」(hidāyah)、つまり神の側にある能動的な発端としての〈神の導き〉を意味する。第二面は「(正しく) 導かれていること」(ihtidā') で、こちらはひとが担う部分を意味する。これら二つの側面はクルアーンに基づく。[9]ブハラのひとびとは、イーマーンは第一面においては「創造されざる」もの、第二面においては「創造された」ものと主張するのである。[10]

アブー・ウズバによれば[11]、イブン・ファドル（Ibn al-Faḍl）やイスマーイール・イブン・フサイン・ザーヒド（Ismāʿīl ibn al-Ḥusayn al-Bayhaqī al-Zāhid〔d. 1012. ハナフィー派法学者〕）といったブハラ学団の権威ある者たちの中には、イーマーンが創造されたと主張する議論は、〈神の語り〉（つまり、クルアーン）が創造されたとする明らかな異端を導いてしまうため、イーマーンの創造を公言する者たちをカーフィルと切り捨てるまでに至る。彼らの見解はフェルガナ（Farghānah）の主要な思想家たちに支持されたと言われる。

これに関して興味深いのは、ブハラのひとびとがイーマーンの創造の問題をクルアーン、つまり〈神の語り〉の創造のそれと直接連関させたことである。アシュアリーがこれら二つの問題を密に連関させたことを覚えていよう。だが、ブハラのひとびとはアシュアリーとかなり異なる仕方で両者の連関を取り上げる。

ブハラ学団の論じ方の具体例として、アブー・ウズバはヌーフ・イブン・アビー・マルヤム（Abū ʿIṣmah Nūḥ ibn Abī Maryam al-Marwazī〔d. 789〕）が支持する、アブー・ハニーファ自身に帰されたハシュウィー（Ḥashwī〔神人同形論者〕）型のテーゼを挙げる。このテーゼでは、第一段階で、イーマーンとは、シャハーダの定型文、つまり「神より他に神はない、ムハンマドこそが〈神の使徒〉である」を「言う」ことに他ならないことが強く主張される。さて、ひとが己れ自身のイーマーンを証言するこれらの言葉は「創造されざる」ものである。それらが〈神自身の語り〉だからである。そして、このことは、ある者がこの形式の文を発話するならば、その者のうちに、「創造された」ものではない何かが生起し、それがイーマーンであることを意味する。そのイーマーンの生起する過程は、ある者がクルアーンを読み上げる場合と同じである。その者はまさにそのとき〈神の語り〉を読み上げている、つまり、その者は比喩的にではなく実際に〈神の語り〉を読み上げる者となっているのである。[4] 全く同じ仕方で、シャハーダの定型文を発話する者は己れ自身のうちに「創造されざる」もの、つまりイーマーンを実現させているのである。[12]

アブー・ウズバは、この独特のテーゼに抗するためにサマルカンドのひとびとが提起した議論も併せて提示する。クルアーンに見えるいくつかの語とたまたま一致する語を発話する者は、クルアーンを読み上げようとする明瞭な意図を持たない限り、クルアーンを読み上げているわけではない。同様に、単にシャハーダの定型文を発話することは、その当の発話を為す者のこころに内在する「創造されざる」何かを意味するわけではない。さらに言えば、シャハーダの定型文を発話することがこころにある固い確信に支えられていたとしても、こころにあるものは、〈神の本質〉の中にあるものではない。人間のこころに生起するものは何であれ、全て「創造された」、あるもあらぬもどちらも可能なものなのである。人間のこころに生起するのは、シャハーダの定型文の意味についての知に他ならぬからである。本質的に神に内在する「内的語り《カラーム・ナフスィー》」(kalām nafsī)たる〈神の言葉〉は「創造されざるもの」であるが、人間のこころにあるその対応物は〈神の語り〉そのものではなく、その語りの意味であり、それは「創造された」ものである。(13)

ブハラのひとびとがイーマーンの「創造された」側面と「創造されざる」側面を区分するのに抗して、バヤーディーはサマルカンド学団を支持する。〈神の「導き」〉(hidāyah)が優れて〈神の行為〉であり、「創造されざる」ものであるのは認めよう。さらに、「導き」それなしにはイーマーンが現実化しない必要条件《シャルト》(shart)だということも認めよう。だがなおも、それはイーマーンの本質的構成要素《ルクン》(rukn「柱」)ではない〔と、バヤーディーは言う〕。この視点から見ると、「導き」はイーマーンと連関する全ての服従行為と全く同じである。(14)「導き」がイーマーンの「創造されざる」部分だとのテーゼが生まれたのは必要条件と本質的構成要素の混同に由来する。イーマーンとは神の命じたものであるとバヤーディーは指摘する。〈神の命令〉は、〈神の力〉の対象となるものどもに即してのみ生起する。この範疇に属するものは何であれ全て「創造された」ものである。〈神の「導き」〉と〈神の「助け」〉はこの範疇に属さない。したがって、イーマーンはこれら二つの事柄〔神の「導き」と神の「助け」〕の名ではありえない。(15)

ムウタズィラ派の〈神義〉説が産み出した特定の神学的文脈の中に、このイーマーンの創造というテーゼはさらなる重要な問題を提起した。イーマーンが「創造された」ものであることに我々が合意したとしよう。ひとのこころにイーマーンが生まれるに際して、ひとが何ら能動的な役割を担わないことをそれは含意するのであろうか。言い換えると、ひとは神がイーマーンを己れの内に創造することにより信ずることを強いられ、そこには何ら自由〔選択の余地〕がなく、したがって、己れの側に何ら責任がないのであろうか。このテーゼはジャブル派の立場に導かれるのだろうか。

ジャフム・イブン・サフワーンを代表者とするジャブル派は、ひとは語の真の意味で何かを「為す」ことがなく、ひとには何かに意を定める自由がなく、何かを積極的に為す力もない、そして、ひとの行為は全て、熱病に伴う震えや心臓の脈動といった身体の運動と同様に、ひとの支配を超えるものであると主張する。かくしてイーマーンとクフルは全く「己れの意を欠いたもの」となるのである(16)。

これに抗してバヤーディーは、彼自身がアブー・ハニーファの作と見做す『最も大なる洞察・第二』(17)の一文に基づき、己れのうちにイーマーンが生まれる際に、そのイーマーンは本質的に神によって「創造された」ものであるのだが、ひとは積極的な役割を担うと論ずる。次の引用中、バヤーディーの注記を［　］のなかにいれて記した。

［アブー・ハニーファは『最も大なる洞察・第二』で以下のように述べる。］神は〈己れの被造物〉たる者に［そのものの内にクフルを創造して、その者をそれに向かわざるをえなくすることで］クフルを強いたり、〔［そのものの内にイーマーンを創造して、その者をそれに向かわざるをえなくすることで］〕イーマーンを強いたりはしない。神はひとを［その者に自由選択や獲得の余地を残さずにその者の内にイーマーンを創造すること

で〕信ずる者として創造することはしないし、またひとを「その者にクフルとその反対のもののどちらかを選ぶ能力を与えずしてその者のうちにクフルを創造することで〕カーフィルとして創造することもない[18]。神はひとびとを個物の状態で創造する〔〔つまり、存在させる〕〕〔〔ここで個物と言うのは、種としてあるために〕本質的な諸特性、ならびにそれら本質的諸特性から必然的に派生して（他の同種個体から）分ける諸性質を備えつけられた（同一種の）個別具体例のことである。しかしながら、イーマーンとクフルは、他の種に帰属する存在物からひとを区分するこれら種的諸特性のうちに入らない。したがって、神が選択の余地をひとに残さずして、ひとを信ずる者たる状態として、ないしカーフィルたる状態として創造しなかったことは明らかである」。

それ故、イーマーンとクフルはひとが為した「行」である〔つまり、個物としてのひとが「獲得したもの」、即ち、ひとが己れの力をある一定の方向に用いて獲得するものであって、ひとの側で介入しうる範囲を超えてきっちりと定まっているものではない。このことは次のことから諒解されよう。熱病による震えや心臓の鼓動のように「強制的に」ひとに生起する類のものと、そのひとの意図や動機に応じてひとに生起する類のものとではおのずと違いがある。イーマーンとクフルは後者の類である[19]」。

ひとにイーマーンが生まれる際に神とひとが担う役割をかくの如くに論ずることは、イスラーム神学の文脈において別の深刻な問いを提起することにつながる。それは、〈神の意志〉、ないし〈神の意向〉がイーマーンの創造といかに連関するのかとの問いである。その問題がイーマーンそのものに関わる限り、深刻には見えないかもしれない。だが、我々がイーマーンの対立概念であるクフルを考察すれば、その問題はきわめて深刻な側面を露呈する。神がイーマーンを個人に創造し、その個人を信ずる者とするとあっさり認める者もあろう。だが、これはクフルにも当てはまるのか。神がイーマーンを〈創造する者〉であるならば、神はクフルをも〈創造する者〉

なのか。もし神がクフルを創造するのであれば、それはおのずと、神はそうした意図を持ち、それを望むことを含意することになろう。ムウタズィラ派がそうしたテーゼを決して認めなかったのは確かである。では、〈神の意志〉と、ひとにクフルが生まれることのあいだにいかなる連関があるのか。次節でこの問題に取り組もう。

四　クフルの創造

前節の最終段落で述べたように、クフルの創造の問題は、精確に言えば、イーマーンの創造の問題の裏面に他ならない。しかしながら、その裏面はより深刻な問いが潜んでいることを明かす。クフルの創造の問題が〈神の意志〉と〈神の意向〉を最悪の類の罪の創造に巻き込むことになるからである。際限なく義《ただ》しい神がクフルの如き悪を創造せんとの意図を有するなど、どうして想像できるだろうか。ここにおいてムスリムの神学者たちは最も深刻かつ最も解き難い問題に直面するのである。

先ずもって、この問題を導入するに適当であり、興味深く簡潔な記述である、イーマーンは「創造されざる」ものとのテーゼを論駁するイブン・ハズムの文章を引こう。彼が己れの議論の礎とする典拠であるクルアーン「ユーヌス章（第一〇章）」第一〇〇節に「〈神の赦し《イズン》〉(idhn) に拠らざればどの魂も信ずることはない」(wa-mā kāna li-nafsin an tuʾmina illā bi-idhni Allāh) とある。

このテクストはきわめて明示的に、〈神の赦し〉によるのでなければ誰も信ずることが出来ないと宣べ伝える。……それ故、信ずる者となる者は誰であれ、〈神の赦し〉によって、そして神がそう望む《シャーア》(shāʾa) が故に、信ずる者となることを我々は確実に知る。このテクストは、信じない者は誰であれ、神がその者にイーマーンをもつことを許さないが故に、そしてその者がイーマーンをもつことを望まないが故に、信じないということも明らかにする。

クルアーンがここで言う「赦し」（idhn）、つまり「〔神の〕望み《マシーア》」（mashīʾah）とは、信ずる者となる者の内に神がイーマーンを創造することに他ならぬ。言い換えると、それは、神が、生起するよう「あれ！」とイーマーンに言うこと〔つまり、存在論的命令〕である。逆に言えば、「赦し」が欠ける、つまり「〔神の〕望み」が欠けるとは、神がある者にイーマーンを創造するのを差し控え、その者を信ぜざる状態のままにすることを意味する。このテクストにはこれ以外の解釈はない。この箇所に見える「赦し」が「〔法的な〕命令《アムル》」（amr）を意味しないことはきわめて明瞭だからである。(20)

この文章でイブン・ハズムが「望み」（mashīʾah）というキー・ワードを導入していることは記しておく価値がある。この直後に見るように、この言葉は、ハナフィー派がこの難問を解く際にきわめて重要な役割を担うのである。だが、先ずはムウタズィラ派が主張しなければならなかったことを吟味しておこう。つまるところ、この問題をこれほどまでに重要なかたちで提起した責任がムウタズィラ派にあるからである。

カダル派（Qadariyyah）の論ずる文脈のなかでその難問がいかなる性格を帯びて、いかなる場を占めるかはきわめて明瞭である。もし神がクフルを〈創造する者〉であったとすれば、世界にこの最大の悪が存在する責任（さらに言えば全ての悪が存在する責任）は神にあるのであって、人間にはない。そして神には、カーフィルがカーフィルとしてあるが故に罰する権利がないことになろう。ムウタズィラ派は、端的に、〈神によるクフルの創造〉を否定し去ることでこの問題を解決したのである。

神がクフルも服従せざる行為《マアースィー》（maʿāṣī）も創造しないことに全てのムウタズィラ派は合意する、とアシュアリーは言う。唯一の例外はサーリフ・クッバ（Ṣāliḥ Qubbah, Abū Jaʿfar Muḥammad ibn Qubbah〔d. 860–861〕）である。サーリフ・クッバは次のように主張する。神はクフルとマアースィーを創造する。ただしそれは、クフルやマアースィーという語で意味表示される幾つかの事柄〔つまり、クフルやマアースィーと名づけられる、預言者を嘘つき呼ばわりすることや飲酒などのさまざまな項目〕、そしてそれらの事柄とともにそれらの事柄に固有の性質、それらがいかに性格づけられるかを神が創造したとの意味においてである[21]〔つまり、ある個物に対してクフルやマアースィーを創造するのではなく、クフルやマアースィーに相当するものを個物と関係なく創造するとの意味において〕。それでも、サーリフ・クッバのこの発言は、神がクフルにより意味表示されるこれらの事柄をある者に、その者がカーフィルになるよう創造することまでは意味していないと思われる。こうした例外であっても、神は、ひとならびにカーフィルへと変化させる属性を創造すると主張し、さらには、後者を選び、そのことでカーフィルとなるのはその当のひとの責任であると主張する傾向があると考えれば、それは、ムウタズィラ派の主流の考え方によりそっているといえよう。

そこでの議論はクルアーンの章句を巡って行われる。クルアーン第五章第六〇節には次のように見える。「私はお前たちに、〈神罰〉に結実するものとして、それよりも悪しきことを告げようか。（私は次のことを言う。）神が呪った者ども、神が怒りで猿となした者、豚へと変えてしまった者ども、そして偶像崇拝者になった者ども〔のことを〕[5]」。シャリーフ・ムルタダーが『講話集』でそのことについて述べる文章に、より明瞭に見ることができる[22]。

反ムウタズィラ派はこの章句を、クフルを創造し、ひとをカーフィルにする者は神だとの自説を証拠立てる重要な典拠の一つとして用いる。

（反ムウタズィラ派は論ずる。）神はこの章句によって我々に、（幾人かの者を）猿や豚にしたのと同じように幾人かの者を偶像崇拝者にしたと告げている。それ故、この章句はひとをカーフィルに変えるのは神であることを決定的に示している。このことをお前たちはどうして否定しえようか。神がひとをカーフィルに変えるには、その者のクフルを創造するしかない。（これに対し、ムルタダーは次のように答える。）この章句を、神が彼らをカーフィルとし、彼らのクフルを創造したとの意味に解釈することがどうしてできようか。この箇所での〈神の言葉〉が言わんとするのは、彼らに対する非難であり、彼らがクフルを有することへの厳しい戒めであり、彼らへの甚だしい侮蔑の表明である。神は端的に彼らを非難しているのであって、そこに神が彼らのクフルを〈創造した者〉であるなどと概念把握する余地はない。〈神の非難〉は、神が非難の対象を創造することとは何ら関係がないのである。

加えて、神が非難する対象を〈創造した者〉であるならば、カーフィルたちは全くの無実であり、弁解することが可能とあろう。またクルアーンのその章句はひどく矛盾をきたし、意味を成さなくなるであろう。

……

この章句から最大限に理解しうることは、神が偶像を崇拝する者どもを造り出し、産み出したとの情報であり、そして神が彼らのうちの幾人かを猿や豚にしたという情報である。

無論、神がカーフィルを創造したことは疑いようがない。神以外に〈創造者〉はいないからである。だがしかし、このことから、神がその当の者のクフルを創造し、それによってその者をカーフィルに変えたことは必ずしも帰結するわけではない。

引用文にある最後の二文の意味は次のとおりである。神は、潜在的にカーフィルであるひと、つまり、カーフィルになるであろうひとの〈創造者〉である。だがそれは、神がその者のうちにクフルを創造したと言うこととはかなり違うことである。神はひとを創造するが、そのひとが実際にカーフィルになるか否かはその者に関わることであって、神に関わることではない。

あるカーフィルがそれによってカーフィルとなるところのものは、必ずしも〈神の働き〉ではない。否、むしろ、神がそうしたものを産み出し、創造することから遠く離れ、高くあることについての決定的な証拠を、我々は有する。二者（つまり、カーフィルになるであろう者を創造することと、ひとをカーフィルにさせる原因の創造）は全く異なることである。

同書でムルタダーは、神によるクフルの創造についての問題をやや異なる角度から扱っている。(23) そこでの根拠となるテクストはクルアーン第三章第八節「我らが〈主〉よ。（正しい路《みち》に）我らを導いた後に、我らのこころを［その路から］踏み外させないでください」である。

この章句は、イーマーンもクフルも〈神の被造物〉であると主張する際の良き論拠を反ムウタズィラ派に与えているように見えるだろう。「彼らは言う。ムスリムが神に己れらのこころを［その路から］踏み外させないようにと請うている、まさにその事実から、神はそれらの者どもをイーマーンへと導き、そして彼らのこころをイーマーンから踏み外させることができる、ということが明確にわかると」。

これにムルタダーはムウタズィラ主義を代弁して次のように答える。この章句は、神が直に彼らのこころにクフルを創造するとは言っておらず、ただ、クフルを彼らのうちに生起させる状況を造り出すことが神には可能であると言っているだけである。言い換えると、そうした類の状況下であったとしても、ひとには常に、その誤った路を選ばない自由がある。もしある状況の圧力を受けてある者がクフルを選ぶなら、それは本質的にその者自身の責任に関わる事柄である。ムルタダーはこの理解に基づいて、前掲の章句についての可能な解釈を幾つか提案する。言語学型の議論の例として、それらのうちの二つを紹介しておく。

(1)　この章句は次のように意訳しうる。「我らが〈主〉よ。正しき路への「導き」を私たちに与えた後で、私たちのこころに路からの踏み外しを生起させるほど苛烈で厳しい試練を私たちに与えないでください」。

あるひとが堪え切れぬほどの厳しい試練を被ったとき、その状況の圧力のもとでそのひとのこころは信仰を失うかもしれない。そうした場面を活写する際、（クルアーンのこの章句がそうするように）神を行為の主体として、神に、こころを路から踏み外させると属性づける〔つまり、そうした性質をもつものとして神を記述する〕ことは十分許容される（つまり、文法的に可能である）。

さて、神が堪え切れぬほど厳しい試練を我らのこころに課す、との謂いが何を意味するのかと問われたならば、次のように答えよう。神が、何であれ我らの〈理性〉が悪だと判断することに対して我らがそれを為したいという気持ちを極限まで〈強くすること〉、そして神が我らに課した義務を避けようとする我らの傾向を〈強めること〉、以上により生起する試練がそれである。（しかしながら、これを神の側の悪しき振る舞いや悪意ある振る舞いと理解してはならない。神はそれを為すことで）我らに課された道徳的義務は全うするのがより難しくなるものの、我らが（それを全うすることにより）受け取るべき報酬はより大きくなるだろうからである。

(2) 第二の可能な解釈の仕方は次のとおり。その章句は、神がこころを「導き」にしっかりと繋ぎとめてくれるよう、そして、それなくしては長期間イーマーンを保持し続けることができないものである〈神の恩恵〉によってこころを強くしてくれるよう、ムスリムの側が神に対して真剣に祈りを捧げることを意味すると考えることである。（この解釈は、人間の魂が本性上、か弱く、誤りに陥りやすいとのクルアーンの考え方に基づいている。）

かくしてこの章句は次のように意訳される。「〈主〉よ。私たちの魂をあなたの恩恵で強めることなく、放置しないでください。あなたの恩恵なしには私たちはきっとただしい路を見失い、その路を踏み外してしまうでしょうから」。

クフルが「創造される」との立場を採る者たちが置かれた状況はさらに厳しい。冒頭に記したように、これは直ちに、神はクフルを創造せんと意図し、クフルを望むのか、とのきわめて深刻な問いを提起させるからである。何かを造り出そうと意図し、それを望まなければ、誰も何かを造り出すことはできないからである。そしてもし、彼らがその問いにその通りだと答えれば、神がクフルを好み、それを是認することを認めざるをえない、という苦境に立たされることになる。

本節冒頭に引いた文章において、イーマーンが〈神の意向〉と連関してひとに生まれることに関わる問題を論じる際に、イブン・ハズムは「望み」ないし「……しよう／させようと思うこと」(mashī'ah. 対応する動詞は「……しよう／させようと思う」を意味する shā'a) というキー・タームを導入した。クフルと〈神の意向〉のあいだに同じ連関が当てはまるか否かをみることが今の課題である。[24] 先ず、イブン・ハズムはムウタズィラ派のテーゼを次のように定式化する。

> 誰がカーフィルとなろうと、誰が重罪を犯しファースィクとなろうと、誰が神を罵り、〈預言者〉を殺そうと、それらはいずれも、神の望みや「……しよう／させようと思うこと」〉に関わらない。神はそうしたことを決して望む (shā'a) ことはない。これはクルアーン第三九章第七節の「神が人間の側のクフルに喜ぶことはない」(wa-lā yarḍá li-ʿibād-hi al-kufr) によって根拠づけられる。[25]
>
> 一般的に言って、神が (ひとに行わせようと) 望むことを為す者は、己れの為した善き行いゆえに報酬を受け取るに値する者である。それゆえ、もし神が、ある者がカーフィルであれと望む、あるいは、ある者が重罪を犯すようにと望むことが本当にあるのであれば、そしてその者が実際にそれを為すならば、神がその者に行わせようと思ったことをその者は為したことになり、したがってその者は〈神の報酬〉を受け取るに

値することになる。（だが、これ〔即ち、その者が神からの報酬を受け取るに値すること〕はありえない[6]。）

このムウタズィラ派の見解に抗してイブン・ハズムは次のように論ずる。スンナの徒が採る見解によれば、「意図する」（irādah）と「……しよう／させようという望みが成就すること」（mashīʾah）はその性質上、多義語であって、実際にそれらの語が現れる文脈に応じて二つの異なった意味で用いられる。

それらのうちの第一の意味〔のかたまり〕は、「満足すること」ないし「喜ぶこと」（riḍā）と「承認」（istiḥsān. 字義通りには「何かを良いと見做すこと」）である。この第一の意味においてこれらの語は、神が禁じたものについて、神を主語にして用いることはできない〔神は彼が禁じたものに満足する、とは言えない、ということ〕。

第二の意味は、それが何であれ、そのものを存在させようと望む、ないし存在させようと意図すること、である。これらの語はこの意味においては、善であれ、悪であれ、世界に存在するありとあらゆるものについて、神を主語にして用いることができる〔神は悪を存在させようと意図した、と言えるということ〕。我々は第二の意味においてのみ、仮にそれがクフルのような悪しきものであったとしても、神は、これこれのものを意図し、望み、為さんと思うのであると言う資格がある。

ムウタズィラ派は〔前掲の文章で〕これらの語を、ある時には第二の意味で用い、またある時には第一の意味で用いる。だが、これ〔即ち、同一の議論内で同じ語を複数の意味で用いること〕はまさしく、我々が詭弁だと考えるものである。そうであるならば、ムウタズィラ派は彼らがこの問題を論ずる際に詭弁を用いているのは明らかである、とイブン・ハズムは断じる。

スンナの徒の正しい見解は、神が意図し（arāda）、望んだ（shāʾa）ことを為す者は、それを為すことで、善きことを為し、称讃に値する者であると見做されえない。真に善を為す者とは、神がその者に為せと命じ、神がそれに満足することを為す者のことである。[7]

言い換えると、クフルは、前に定義された〔イラーダとマシーアという〕これらの語の第二の意味での〈神の意志〉や〈神の望み〉の対象なのであって、第一の意味のそれではない。したがって、それを為す者はいかなる意味においても〈神の報酬〉を受け取るに値しない。

ここに至って、イブン・ハズムはより積極的に攻勢に転じ、己れの論敵に問う。神は果たして、カーフィルをクフルから守り、罪人《ファースィク》をフィスクから守ることが出来るのか。そして、神を罵ることを罵りから守り、預言者を殺す者を殺害という行為から守ることが出来るのか。もし論敵が否と答えるなら、それは端的に、神に「力の欠如《アジュズ》」（ʿajz〔為そうと思っても出来ないこと〕）を属性づけることになる。これ自体がクフルであるのは論じるまでもない。そのことが神性〔つまり、全能性〕を否定するからである。反対に、論敵が是と答えた場合、（〈神の能力〉がそれを為しうるにもかかわらず、現実には、カーフィルをクフルから守るというようなこと全てを行わないため、）カーフィルどもがクフルの状態に留まることを己れの意図として神が抱くこと、ならびに、神がまさに、カーフィルがクフルの状態に留まる期間にカーフィルとクフルをあるがままにしておく者であること、を必然的に認めることになろう。そして、これがまさに、神はクフルを存在させようと思い、なおかつそれに些かも満足しないとの発言の意味することである。「満足しない」とは、ここではむしろ弱い表現であり、その者が為したことにより「神は怒る」と言うべきである。

必然的に我々は次のことを知る。何かを防ぐことが出来るにもかかわらずそうしない者は、そのことを存在せしめようと思い、それを望んでいるのである。それを望んでいなければ、その者はそのことをそのままにしておかず、変化させ防ぐであろう。[8]

かくして、イブン・ハズムは、自ら好んで用いる根本的テーゼ、つまり、神が為すことの善悪はひととひととのあいだでのみ妥当する基準で測ってはならない、に立ち戻る。神は絶対的に自由である。神が何を為そうと、神がいかに判断しようと、神は義しく、賢い。〈神の意志〉の対象が人間的なあり方の世界に物質的に姿を顕したときにのみ、そして人間の視点から見たときにのみ、あるものは善となり、あるものは悪となるのである。

ここで、前述のイブン・ハズムの議論のなかで指摘しておくべき最も重要な点は、彼が「意図すること」(irādah) と「望み」(mashī'ah) を一纏めにし、そこに二つの意味を区別したことである。これは、ハナフィー派・マートゥリーディー派と根柢的に異なる点である。だが、この問題に至る前に、アシュアリーの立場を概観しておくのがよいだろう。

アシュアリーがかなり異なる文脈においてイーマーンの「創造」の問題をいかにして論じているかについては既に見た。その文脈では、個人的で個別的な実存に関わることとしてのイーマーンの誕生が無限に過去に遡る宇宙論的出来事として論じられた。クフルを、精確に言えばイーマーンの裏面にすぎないものを見る場合には、アシュアリーはそれを純粋に個別的で個人的な事柄として扱う。だが、それに加えてアシュアリーは、明らかに予定論者の立場を採る文脈のうちでその問題を考察する。違う言い方をすれば、アシュアリーはクフルの「創造の問題」よりも〈神の運命づけ〉とクフルが予め定められていることの問題に重心を置くのである。

神がひとに運命づけて、クフルを決定したという考え方にアシュアリーならびにアシュアリーの信奉者たちが満足するのか否かと問われ、アシュアリーは次のように答える。

神がクフルを悪しき何かとして運命づけ、クフルの性質を悪しきこととして決し定めるとの考え方に我々は満足する。しかしながら（これは）、ひとがそのような運命づけによって現実的にカーフィルとなることを〔、当の運命づけられてある〕我々が認めている（ことを意味しない）。なぜならば、クフルは神がひとに為すのを禁じたことだからだ。〈神の運命づけ《カダーウ》〉（qaḍāʾ. ここではクフルを運命づけること）という考え方に満足すると言うのは必ずしも、我々がクフルそのものに満足することを意味しない(26)。

今や、より中心に位置するポイントに近づいてきた。不服従の行為が神により運命づけられて、予め定められていることにアシュアリーは同意するのか、との問いに、アシュアリーは、その通り、神はそれらの行為を運命づけ、それらを書き記し、それらがあるに至ることを我々に告げたのだ、と答える。しかしながら、それらは、神がそれらを我々に為せと命じたとの意味で、運命づけられ、予め定められたものではない(27)。

我々はこのアシュアリーの言から、〈神の運命づけ〉は二類の対象に関わると結論づけねばならない。一つは、服従行為や神がそれを為すことを禁じていない、正しきこと《ハック》（ḥaqq）であり、他方は、誤ったこと《バーティル》（bāṭil）である。これは不正義、クフル、不服従の行為などである。両者とも等しく〈神の創造〉である。だが、第一類のものは正しく、第二類のものは誤っている。かくして、「運命づけ」は「運命づけの対象」（maqḍī）とは異なるものだと見做されねばならない。そして第一の類に関わる「運命づけ」は「命令《アムル》」（amr）であり、第二の類に関わる「運命づけ」は、宣告、告げ知らせ、書き記しにすぎない。いずれの場合も「運命づけ」そのものは正しいものである。

こうしたことに照らして、我々は（運命づけの対象である）クフルは本質的に悪であるが、クフルの運命づけは正しいのである、と言わねばならない(28)。

さて、ハナフィー派・マートゥリーディー派の立場に眼を向けよう。その立場は、直前に分析したアシュアリー派の立場と共通する重要な特徴をもつ。それは、神によるクフルの創造そのものには何ら誤りはないとの概念把握を指す。この点についてバヤーディーが次のように言う。

〈神のクフル創造〉には何ら誤りはない。誤りであるのは、ひとが己れの選択を通じてクフルという属性で規定されていることだ。（アブー・ハニーファが言うように、）神はそれ（即ち、クフル）を命じなかった。〈創造者〉が際限なく賢いことに鑑みれば、これがいかにしてありえようか。神は、称讃されるに値する結果をもたらすであろうこと以外は決して命じない。反対に、神は己れの〈叡智〉にしたがってそれを禁ずるのである。[29]

アブー・ハニーファ著『最も明白なる洞察』（*al-Fiqh al-Absaṭ*〔アブー・ライス・サマルカンディー『最も大なる洞察・第二・注』のこと〕）に見える文言に基づき、バヤーディーは次のように論ずる。神がカーフィルたちを罰するとすれば、それは、その者たちがクフルを己れの意思で選び取ること（ikhtiyār）故である。クフルを創造したことに神は喜び、満足した。それは、神が先ずもって（人間がいずれ未来において為すであろう）悪しき選び取りへの罰としてクフルを創造したからである。もし仮に神がクフルの創造を喜ばないのであれば、神はクフルを創造しなかったであろう。〔クフルを創造する当の個体に関する〕クフルの創造が〈神の命令〉に勝ることを神が知っていた場合、特にクフルを創造することはなかっただろう。[9]

バヤーディーは言を続ける。何かを創造することそれ自体に満足することは、創造されたその当のものに満足することを必ずしも含意しない。神はクフルを喜んで創造するが、神はクフルそのものに満足したわけではない。

神がカーフィルに（クフルがあるようにと）「望む」（のは、カーフィルたちが己れの意思でそれを選んだからである）。だが、神はそのクフルに喜ぶことはない。（クフルの如き悪しきことを創造しようと「望む」(mashī'ah) のは）神が、悪魔、葡萄酒、豚を創造した場合と全く同じことである。神はこれらのものどもの創造を喜ぶ。（悪しきことを創造すること自体は悪ではないからである。反対に、通常の人間のこころで理解するには深すぎる〈神の叡智〉の一端を悪しきことの創造は含んでいる）[30]。

直前の引用文に見えるマシーアという語との関連で、マートゥリーディー派のテーゼとイブン・ハズムが提示したテーゼに重要な共通点があると言えるだろう。イブン・ハズムが「望み」ないし「思い」(mashī'ah) と「意図」(irādah) をこの問題を論ずる際の重要なキー・ワードとして用いたことは記憶に新しい。しかしながら、二つの立場には微かな、だが根本的な違いがある。イブン・ハズムにとってマシーアとイラーダは同義語である。そしてこの一かたまりの内で「喜び」の意味と、何かを「存在させようと望む」ことの意味とが区別されている。マートゥリーディー主義において、マシーアとイラーダは厳密に区別されるべき概念である。バヤーディーはクルアーンの章句を解釈しつつその区別を説明する[31]。

バヤーディーが考察する最初のクルアーンの章句は次のものである。「仮に、我れが天使たちを送り降したとしても、死者が彼らに話しかけたとしても、……彼らは、神がそう望まない限り〔つまり、彼らが信じるよう神が望むのではない限り〕信じない」（クルアーン第六章第一一一節）。

この章句の意味は、これらのひとびとが、〈神の「徴[32]」〉を眼のあたりにしたとしても、神が彼らのイーマーンを望む (mashī'ah) ことがない限り、決して信ずるに至らない。〈神の「徴」〉がいかに大きかろうと、それがひとをしてイーマーンを強いることはないという決定的な証拠がこの章句に示されているのである。

この真相は次のとおり。その者がイーマーンを己れの意思により選ぶであろうことを、神が知っている場合、神は神の側で、その者に対してそうあるよう望む（shāʾa）。他方で、その者がクフルを選ぶであろう、ないし（過去に選び取った）クフルに固執するであろうことを、神が知っている場合には、神はその者に対してそうあるようにと思う。これが、マートゥリーディーが『クルアーン大注釈〔10〕』で述べた見解である。

ここでバヤーディーはマートゥリーディーに倣い、〈神のマシーア〉〔望み〕がイーマーンの生じる決定的要因であると指摘する。しかしながら、彼は、マシーアとは強制的な力ではないと述べる。マシーアが効力を発揮し始めるのは、ひとがみずからイーマーンを受け容れる態勢を整えたときに限られる。その過程全体のなかに強制は微塵もない。そして同じことはクフルの誕生にも当てはまる。バヤーディーによれば、クフルが〈神のマシーア〉のみによって生起するということが次のクルアーンの章句によって証明される。「私たちがそれ（すなわち、ひとびとの古い伝統的偶像崇拝）へと戻ることを神が望まない限り、私たちがそれへと戻ることは出来ない」（第七章第八九節）。

この章句の前半は、「それが〈神のマシーア〉である場合を除き」、ないし「〈神のマシーア〉が私たちを見棄てる場合を除き」を意味する。〔……〕いずれの場合でも、バイダーウィーが彼の『クルアーン注〔11〕』に指摘するように、この章句は、クフルが〈神のマシーア〉によって起こることの明白な証拠である。またこの章句は、クフルは〈神が愛し〉、〈神が好しとして喜ぶ〉対象ではないことの証拠でもある。

こうして、マシーアがイーマーンとクフル双方の生じる過程において決定的要因であることを確定し、マシーアが「命令《アムル》」とも「意図《イラーダ》」（irādah）とも混同されてはならない、とバヤーディーは述べる。「どの魂も〈神の赦し《イズン》〉

(idhn) によらざれば、信ずることはない」（クルアーン第一〇章第一〇〇節[33]）との章句に基づいて、バヤーディーは次のように論じる。イーマーンは〈神のマシーア〉、〈神の積極的な助け〉によってのみ起こる。また、信ぜよと命ぜられた者が信じないことが実際にしばしば起こることから、この箇所に見えるイズンという語を「命令」と解することは認められない。

直前に言及したマシーアと「命令《アムル》」(amr) の連関について、マートゥリーディーの作とされる『信仰箇条についての論考』と『最も大なる洞察・第一[34]』への注（これもマートゥリーディーの作とされる）がほとんど同じ見解を提示する。ここでは、『最も大なる洞察・第一』への注よりも簡潔である『信仰箇条についての論考』を引用する[35]。

神はクフルを創造し、それがあるようにと望んだ (shā'a)。だが、神はクフルを命ずることはなかった。しかしながら、神はカーフィルに信じることを命じたが、そのカーフィルのためにそれを望むことはなかった。

この説に対して、次のように誰かが反論して言うかもしれない。〈神はクフルが「あるようにと望む」ことなどどうして考えられようか。〉〈神のマシーア[36]〉〔の対象〕は、神自身を喜ばせるものではないのかと。無論、それは喜ばせる、と我々は答える。すると我らの論敵は言うだろう。何故、神を喜ばせること（を為したこと）で神は（ひとを）罰するのかと。

これに対する我々の回答は以下である。否、神は（ひとが神を満足させることを為したが故にそのひとを罰するのではなく、）むしろ、神を喜ばせないこと〔をその者が為したが〕故にその者を罰する。というのも、〈神の望み〉、〈神の運命づけ〉、そして〈神の諸属性〉の全ては神を喜ばせるが、人によって実際に為される行為は（本性的に一様ではなく、）一部の行為は神を喜ばせるものの、残りの行為は神を怒らせるものだからである。後者（無論、クフルの行為も含まれる）は神に嫌悪を抱かせ、神は、それを為したが故に（その者を）罰する。

イーマーンとクフルの面から見ると、「望み」と「命令」の対立は、マートゥリーディー主義の複雑な構造を示している。〔バヤーディーはその構造を次のように捉える〕たまたま潜在的に信ずる者である者に対して、神がその者にイーマーンせよと「命令する」のではなく、イーマーンがあるようにと「望む」。すると、潜在的に信ずる者は、それによって現実的に信ずる者となるのであって、そこに強制はない。潜在的にカーフィルである者の場合も同様に、神がそうした者に対して、クフルがあれと命令するのではなく、クフルがあるようにと「望む」のである。クフルがあるようにと神が「望む」のは、この特定の者がついには悪しき選択をし、自らクフルを帯びるようになることについて、神の永遠の予知があるためである[37]。

前段最後の言は理論的に〈神の義〉を救うことを意図する。その発言が強く主張するのは、神がただ恣意的に、可能的なカーフィルに対してクフルがあることを「望む」わけではないこと、ならびに、神は、永遠〔の過去〕から、その者が自らクフルを選び取ると知っていたので、〈神の「望み」〉は、正当化される、ということである。

ある者が可能的にカーフィルではないものの、現実にはカーフィルである場合に即して、同一線上にある考え方が続けて提示される。そうしたひとに関してマートゥリーディー主義は、神はその者にイーマーン（ないしイスラーム）を受け容れるよう「命令した」のであって、神はそれがあるようにと「望んだ」のではない、との立場を採る。次に掲げるのは、バヤーディーが注を附した、アブー・ハニーファがこの問題について述べたとされる発言である。これまで同様、バヤーディーの注解を［　］にいれる。

神はカーフィルたちにイスラームを受け容れるよう「命令し」［て、彼らにイスラームを己れの意思で選び取り、己れの潜在能力と実行力をそれに向ける義務を課し(38)］たが、神は、彼らが創造される前においても、彼らが誤りを犯すカーフィルとしてあるであろうと「望んでいる」［。しかしながら神は、彼らをそれへと強いたわけではない。なぜならば、神は］神の、あるようにとの「望み」に対応するかたちで予め決定し、その「望み」は［個々の者がそれぞれに己れの意思で選びとるに至ることについての］神の予知に基づくからである。［かくして、個々の者が各々に為す特定の選びとりを〈神が知ること〉に厳密に即して、〈神の「望み」〉は機能するのである。(39)］

「望むこと」「命令」「よしとして喜ぶこと」がさまざまに組み合わさることで惹き起こされた、この複雑化した状況が、もう一つの別の重要な概念である「意図すること」(irādah) の導入でさらに複雑化する。バヤーディーによると、〈神が「意図すること」〉の最も際立った特徴は、意図される対象が生起せんとする状態になっていることである。彼は、「もし神がそうしようと「望んでいた」(shāʾa) ならば、神は彼ら（つまり、全ての者）を〈導き〉へと集合させることが出来たであろう」（第六章第三五節）というクルアーンの章句を用いて、「神が全ての者にイーマーンがあるようにと「望む」ことがなかったのは明らかである」、そして「神がそう望むならば、その対象が何であれ必ず実現せざるをえない」と主張する。(40)

この第二の文の主張する点が、「意図」を「命令」から区分する。〈神の「命令」〉の内容は、往々にして服従されない場合があるが、神が意図した内容に服従せざることは認められない。そしてこれによって、「意図すること」と「それがあるようにと望むこと」とのあいだには違いがあるのが明らかとなる。「それがあるようにと望むこと」は「命令」の内容とは反対の内容に関して機能することが十分にありうるからである。

既に見たように、神はカーフィルたちに、イーマーンを己れの意思で受け容れよと「命ずる」が、それでもなお神は、彼らがそうしないだろうと「望む」。そうしたことは、「意図」と「命令」のあいだの連関に即して見れば、思いもよらないことである。「カーフィルたちにイーマーンを受け容れよと「命ずること」」に替えて、「神がそれを「意図した」」をその位置に挿れたならば、「神は、彼らがそうしないだろうと「望む」」と考えることは全くできないだろう。

さらに、バヤーディーは続けて〔次のような論敵の言に反論しようとする。〕、仮に、クフルが〈神の「意図」〉の対象であったならば、〔ひとの側で〕クフルを行い、クフルを現実化することは〈神の「意図」〉に正しい仕方で応対している、ということになり、さらにはクフルが神に服従するに値する振る舞いとなってしまう。だがこれは完全に誤った結論である(41)〔これが論敵の主張である〕。

ここでバヤーディー〔の論敵〕は無条件に、「〈意図する者〉が意図の対象とするもの」に適う行為が「服従」行為であると主張する。この問題に関してバヤーディーは別の箇所で少し異なる見解を〔その論敵の主張に抗して〕述べる。

> 別の者が意図することに適っている行為の全てがその者への「服従」を構成するわけではない。……「服従」とはむしろ「命令」にしたがうことであり、「命令」は「意図する」こととは異なるのである。「服従」は「命令」を巡ってあるのであって、「服従」行為を行う際に、その行為は、〈お前が服従している人物の〉意図の内にあるものをお前が知っているか否かは本質的ではない。どうしてそれ以外でありえようか。「意図」は常に隠れている。ただ「命令」だけが顕れている。それ故、日常的な物言いにおいて、権威ある指導者は、その「意図」に〔他の者が〕従うところの者ではなく、その「命令」に〔他の者が〕従うところの者、と表現される。

しかしながら、誰かによって為されたある特定の行為が偶々、誰か別の者の「意図」に適っている場合や、その行為を為す者が「意図」の（隠れて）存在していることに全く気づいていなければ、その行為は「服従」と見做されない、というのもまた真である。[42]

我々が追跡しようとしてきたマートゥリーディー派の議論はきわめてスコラ的な性格をもつ。その議論は、「……とあるようにと望む」「意図する」「命令する」「運命づける」「よしと喜ぶ」など、洗練されたかたちで絶妙に操作された一定数の鍵概念に基づいており、またマートゥリーディー主義のある重要な側面を我々の眼前に示しているのである。だが、諸概念をこのようにスコラ的に操作することで彼らが指摘しようとした真の神学的論点はきわめて単純なものである。即ち、神が、そうあるようにとの〈神の「望み」〉によってクフルを創造したのは、幾人かのひとが自然とクフルの路を選びとるであろうと、原初から知っていたためであり、そして、神は〈己れのクフルの創造〉を好ましく思ったが、ひとびとが自らクフルを選びとることで実際にカーフィルとなることについては不興を示したことを意味する。

この議論の内容そのものに何らかの不恰好さが顕著に見えることもまた否定しがたい。だが、その不恰好さこそが、正統派〔スンナ派〕の範囲内で〈神の義〉を護るために、つまりムウタズィラ主義に屈しないよう、途轍もない知的努力がマートゥリーディー派によって為されたことを具体的に描き出すものであり、興味深くかつ価値のあるものである。イーマーンとクフルの創造の問題がムウタズィラ派によって最初に提起されたのは、〔悪の問題に関わる〕弁神論というきわめて深刻な問題としてであったことを我々は思い起こさねばならない。

この章を閉じる前に、フィトラ（fiṭrah）、つまり、ひとが生まれながらにもつ宗教的素質の問題について手短に言及しておかねばならない。明らかに、イーマーンの創造の問題と意味のある連関を有しているためである。

歴史的に見てフィトラの問題の起源は、ハワーリジュ派のなかの極端な者たちが自分たちと宗教の細部までに及んで、見解が完全に一致しない全ての者をカーフィルだと見做し、その者たちの子供を殺すことを企て〔実際に容赦なく実践す〕るに至った、イスラームのごく初期にまで遡る。

この極端主義に抗して、ハワーリジュ派の幾つかの集団、例えば、アジュラド派（ʻAjāridah）の一支集団であるサルティーヤ（Ṣalṭiyyah）が次のように主張した。信ずる者たる両親から生まれようが、カーフィルの両親から生まれようが子供たちは、謂わば中立である。子供たちが分別のつく年齢に至れば、子供たちはイスラームを受容するよう導かれるはずである。その時になって初めて、各個人の真の宗教的な位置づけが明らかになる。[43]

さて、この特定の問題に関わる、きわめて重要なハディースが伝わっている。そのハディースには次のように見える。

「子供は各々、フィトラをもって生まれる。だが両親がその子をユダヤ教徒、ないしキリスト教徒、ないしパールスィー教徒〔ゾロアスター教徒〕にするのである」[12]。ここに見えるフィトラという語が全ての人間に共通する〔中立なる〕生まれながらの宗教的素質を意味するのは明らかである。

しかしながら、ムウタズィラ派はこのハディース中のフィトラを完全にイスラームと同義語として理解した。ムウタズィラ派にとって宗教とは第一次的に〈理性〉に関わるものであり、かつ、イスラームが〈理性〉一般の認める真の宗教だったため、ムウタズィラ派がそう理解したのはきわめて当然である。この解釈を採れば、子供は各々生まれながらにしてムスリムであることを意味しよう。

イブン・ハズムはこの解釈に同意し、多神主義者たちの子供であっても「ムスリム」と呼ばれるに値し、〈来世〉において彼らは〈楽園〉に行くであろうと主張する。[44]

ハナフィー派・マートゥリーディー派は中立のテーゼを好む。『最も大なる洞察・第二』には、次のように見える。

神は全被造物をクフルもイーマーンも帯びない状態で創造した。次に神は彼らに告げて、彼らに命じ、彼らに禁じた。その結果、彼らの一部がクフルの罪を犯した。この場合に彼らが（〈真たること〉を）否定し、否認するのは、神が彼らを見棄てたためである。だが、彼らの一部は「行」「言」「是認」でもってイーマーンに向かった。この場合、「行」「言」「是認」は全て、彼らへの〈神の助力〉故に生起したのである。(45)……神は〈己れの被造物〉をクフルやイーマーンに強いて向けることはない。神は彼らを信ずる者やカーフィルとして創造するのではなく、彼らを単に（義務を賦課される）個々人として創造する。それ故クフルとイーマーンは全てひとびとの「行」なのである。(46)

しかしながら、厳密に言えば、マートゥリーディー派によるフィトラ理解は全くの「中立」ではない。確かにフィトラはいまだイーマーンでもクフルでもないものとしてある。だが、それは善き宗教的本性である。両親の干渉が一切ない状態で子供が一人そのままに残された場合に、推論《イスティドラール》するという自然の過程によって己れの〈創造者〉の存在を認めることへと子供を導く、生来の性質の類のものである。(47)

注

（1）バグダーディー『諸分派の分離』（Baghdādī, *al-Farq bayna al-Firaq*, p. 199）を見よ。

（2）シャリーフ・ムルタダー『講話集』（Sharīf Murtaḍá, *Amālī*, vol. 3, pp. 100–101 (Majlis 50)）。

（3）アシュアリー『イーマーンについての論考』（Ash'arī, *Risālah fī al-Īmān*, ed. Spitta, in *Zur Geschichte Abu'l-Ḥasan al-Ash'arī's*, Leipzig, 1876, pp. 138–140）。同論考はアシュアリーがバグダードにいた際に編んだ作品の一つであると言われている。

（4）イブン・アサーキル『捏造者の嘘の解明』（Ibn 'Asākir, *Tabyīn Kadhib al-Muftarī*, ed. A. F. Mehran, *Exposé de la réforme de l'islamisme*, *commence au troisième siècle de l'hégire par Abou'l-Hasan Ali el-Ashari*, Leiden, Brill, 1878. pp. 113–114)

(5) ムスリム神学の主要な教義に即して、彼が取った立場としての中間である。

(6) マートゥリーディー『信仰箇条についての論考』(Māturīdī, *'Aqīdah*, section 22, p. 16)。

(7) アブー・ハニーファ『アブー・ハニーファの遺言』第一一条 (Abū Ḥanīfah, *Waṣiyyah*, p. 84)。また、ヴェンシンク『ムスリムの信条』(Wensinck, *The Muslim Creed*, p. 128) を参照のこと。

〔訳注〕ヴェンスィンク『ムスリムの信条』が第一一条とするのにしたがった。ヴェンスィンクと著者がやや曖昧に訳すアラビア語原文は wa-al-ʻabd maʻa aʻmāl-hi wa-iqrār-hi wa-maʻrifat-hi makhlūqan fa-lammā kāna al-fāʻil makhlūqan fa-afʻāl-hu aw lā an takūna makhlūqatan. である。直訳すれば「行、言、知を帯びる僕《しもべ》は創造されたものである。こうして、これらを為す者が創造されたのであれば、なおさらその者の行為〔即ち、行、言、知の総称としての行為〕は創造されたと考えられるに相応しい」。行、言、知を担う基体としての人間と、人間という基体に宿る属性ないし性質である行、言、知を分けて考察するところに、この文のポイントがある。端的な基体としての人間は、ある行為をすることで、その行為を為すことに焦点を当てた名で呼ばれうる。例えば、知るという行為を為す者は「知る者」と呼ばれる。では「知る者」と言った場合に「知ること」(属性/性質)と「者」(基体)のどちらに重心が置かれるのか。原文に立ち返ると、「為す者《ファーイル》」(fāʻil) という語はフィウル (fiʻl 行為) の変化形であって、語の成り立ちから考えると「行為」に重心がある。アブー・ハニーファが「なおさら……相応しい」と言うのは、こうした語の成り立ちを考慮したものと思われる。

(8) ここでバヤーディーは、アブー・ハニーファの教説に忠実に、イーマーンをイクラールかつマアリファとして定義づけ、その定義から「善き行い」を無化している。本書第五章第一節〔IX〕の(3)を参照。

(9) クルアーンにおけるヒダーヤとイフティダーの概念、および両者の本質的連関については、拙著 *God and Man in the Koran* (pp. 139–147. 新版 141–148.『クルアーンにおける神と人間』一九二―二〇一頁) 参照。

(10) バヤーディー『先師〔アブー・ハニーファ〕の表現に込められた意味が指示すること』(Bayāḍī, *Ishārāt al-Marām min 'Ibārāt al-Imām*, p. 252)。

(11) アブー・ウズバ『麗しき楽園』(Abū 'Udhbah, *al-Rawḍah al-Bahiyyah*, p. 71)。

（12）アブー・ウズバ『麗しき楽園』（Abū ʿUdhbah, *al-Rawḍah al-Bahiyyah*, p. 72）。

（13）アブー・ウズバ『麗しき楽園』（Abū ʿUdhbah, *al-Rawḍah al-Bahiyyah*, pp. 72–74）。

（14）イーマーンの本質的構造から「行」を無化するというハナフィー派の特徴について再度指摘しておこう。「行」はイーマーンの実現には絶対に必要な条件であるが、その本質的構成要素ではないのである。〈神の導き〉も、イーマーンの生起の観点から見ると同様の場所に置かれるものである。

（15）バヤーディー『先師の表現に込められた意味が指示すること』（Bayāḍī, *Ishārāt al-Marām min ʿIbārāt al-Imām*, pp. 252–253）。

（16）バヤーディー『先師の表現に込められた意味が指示すること』（Bayāḍī, *Ishārāt al-Marām min ʿIbārāt al-Imām*, p. 253）。

（17）条文第六。また、ヴェンシンク『ムスリムの信条』（Wensinck, *The Muslim Creed*, p. 191）を参照。

（18）最後の文は、ひとの能力の問題についてのマートゥリーディー派の典型的な立場を示しており、アシュアリー派の立場に鋭く対立している点に特徴がある。アシュアリー主義においては、クフルに関するひとの能力はただクフルにのみ妥当するものであり、イーマーンに関しては全く当てはまらない。これに反してマートゥリーディー主義においては、同じ能力がクフルにもイーマーンにも妥当する、とされる。そしてこれは、ひとにある程度の自由、つまり正反対の方向性を持つ二つのことの間での選択の自由を与えることである。

（19）バヤーディー『先師の表現に込められた意味が指示すること』（Bayāḍī, *Ishārāt al-Marām min ʿIbārāt al-Imām*, p. 254）。

（20）イブン・ハズム『諸宗派・諸党派・諸分派についての諸章』（Ibn Ḥazm, *al-Fiṣal*, part III, pp. 138–139）。

〔訳注〕　イブン・ハズムはここで命令を、創造的命令と法的命令を区別して考察する。創造的命令とは、クルアーンに見える「〔神が〕あれと言えば、それはある」という一節の中の「あれ」（kun）という命令のことで、この命令に従わないものは世界に一つとしてない。ここで引用する句の「あれ」（kun）はこのことを指す。なおこの句はクルアーン中、八箇所（第二章第一一七節、第三章第四七節、第三章第五六節、第六章第七三節、第一六章第四〇節、第一九章第三五節、第三六章第八二節、第四〇章第六八節）に見え、イブン・ハズムは特に第一六章第四〇節と第三六章第八二節を念頭に置いているようである。「我が何かあるものを意図した（aradnā）とき、そのものに対してあれと言う、その言葉だけで、そのものはある」（innamā qawl-nā li-shay'in idhā aradnā-hu an naqūla la-hu kun fa-yakūn. 第一六章第四〇節）。「意図する」（aradnā）は

イラーダ（irādah）の動詞形で、これをイブン・ハズムがマシーアと同義に用いるのは、本文後段に見える通りである。

これに対して法的命令は創造的命令のように存在論的にしたがわざるをえないものではなく、法的命令には反しうるし、実際に〈神の命令〉にしたがわない者もいるだろう。ただし、クルアーン第一〇章第一〇〇節の「赦し」はこのような法的命令ではないとイブン・ハズムは考える。「赦す」という語はこの類の命令（為せ、ないし為すな）と相容れないからである。

（21）アシュアリー『イスラームの徒の言説集』（Ashʿarī, *Maqālāt al-Islāmiyyīn*, p. 227）。
（22）シャリーフ・ムルタダー『講話集』（Sharīf al-Murtaḍá, *Amālī*, vol. 4, pp. 88–87 (Majlis 66)）。
（23）シャリーフ・ムルタダー『講話集』（Sharīf al-Murtaḍá, *Amālī*, vol. 3, pp. 114–116 (Majlis 51)）。
（24）イブン・ハズム『諸宗派・諸党派・諸分派についての諸章』（Ibn Ḥazm, *al-Fiṣal*, part III, pp. 142–143）。
（25）クルアーン第四七章第七節も参照のこと。
（26）アシュアリー『閃光』（Ashʿarī, *Kitāb al-Lumaʿ*, section 104, p. 46）。
（27）アシュアリー『閃光』（Ashʿarī, *Kitāb al-Lumaʿ*, section 102, p. 45）。
（28）アシュアリー『閃光』（Ashʿarī, *Kitāb al-Lumaʿ*, section 102–103, pp. 45–46）。
（29）バヤーディー『先師の表現に込められた意味が指示すること』（Bayāḍī, *Ishārāt al-Marām min ʿIbārāt al-Imām*, p. 304）。
（30）バヤーディー『先師の表現に込められた意味が指示すること』（Bayāḍī, *Ishārāt al-Marām min ʿIbārāt al-Imām*, pp. 160–161）。
（　）カッコ内の言葉はバヤーディーの解釈を示すものである。
（31）バヤーディー『先師の表現に込められた意味が指示すること』（Bayāḍī, *Ishārāt al-Marām min ʿIbārāt al-Imām*, pp. 268–270）。
（32）拙著『クルアーンにおける神と人間』（*God and Man in the Koran*, Chapter VI, pp. 133–147）の一つの章が「神の徴」についての議論にあてられている。
（33）この章句は本節の冒頭で、イブン・ハズムの解釈と共に引用したものである。
（34）『最も大なる洞察・第一』（*al-Fiqh al-Akbar* I, p. 21）。
（35）マートゥリーディー『信仰箇条についての論考』（Māturīdī, *ʿAqīdah*, section 15, p. 14）。

（36）この文章において、反対者の口中に含まれるマシーアは、むしろ〈神の「望み」〉の「対象」を指し、一方マートゥリーディー派においては、以下で繰り返すように、同じ語が「望むこと」の行為そのもの意図している。

（37）バヤーディー『先師の表現に込められた意味が指示すること』（Bayāḍī, *Ishārāt al-Marām min ʿIbārāt al-Imām*, p. 163）。

（38）本章注18で示したように、これはマートゥリーディー派の典型的な概念把握である。人間各々の「力」（qudrah）はある類の行にのみ適する（例えば、善きことを行う「力」は悪しきことを行う場合には用いられない）と主張するアシュアリー派とは異なり、マートゥリーディー派は一般的に、「力」は二つの相反するものへと方向づけられる事がありうると主張する。

（39）バヤーディー『先師の表現に込められた意味が指示すること』（Bayāḍī, *Ishārāt al-Marām min ʿIbārāt al-Imām*, p. 154）。

（40）バヤーディー『先師の表現に込められた意味が指示すること』（Bayāḍī, *Ishārāt al-Marām min ʿIbārāt al-Imām*, p. 268）。

（41）バヤーディー『先師の表現に込められた意味が指示すること』（Bayāḍī, *Ishārāt al-Marām min ʿIbārāt al-Imām*, pp. 155–156）。

（42）バヤーディー『先師の表現に込められた意味が指示すること』（Bayāḍī, *Ishārāt al-Marām min ʿIbārāt al-Imām*, pp. 158–159）。
〔訳注〕この段および次段はかなり混乱している。おそらく削除すべきものが編集段階で残ってしまったと推察される。

（43）アシュアリー『イスラームの徒の言説集』（Ashʿarī, *Maqālāt al-Islāmiyyīn*, p. 97）。

（44）イブン・ハズム『諸宗派・諸党派・諸分派についての諸章』（Ibn Ḥazm, *al-Fiṣal*, part III, pp. 130–131）。

（45）『最も大なる洞察・第二』（*al-Fiqh al-Akbar* II, p. 44）。

（46）『最も大なる洞察・第二』（*al-Fiqh al-Akbar* II, p. 46）。

（47）マートゥリーディーに帰せられる『信仰箇条についての論考』（Māturīdī, *ʿAqīdah*, section 33, p. 19）。

訳注

〔1〕バグダーディー『諸分派の分離』（Baghdādī, *al-Farq bayna al-Firaq*, p. 199）。

〔2〕huwa Allāh alladhī lā ilāha illā huwa al-malik al-quddūs al-salām al-muʾmin al-muhaymin.

〔3〕アシュアリー『イーマーンについての論考』（Ashʿarī, *Risālah fī al-Īmān*, pp. 139–140）。

〔4〕この一節は判りにくいが、おおよそ次のようなことを言っているものと思われる。ある者がクルアーンを読み上げるまさ

にその時に、その者は実際にそうであるとの意味でクルアーンの読誦者である。その者が寝ている時であっても、誰か他人と世間話をしている時であっても、その者は読誦者と言われるかもしれない。だがそれは実際にそうであるという意味で読誦者なのではない。まさにその時にはクルアーンを読み上げるという内実を欠いているので比喩的にのみ読誦者である。ではまさにクルアーンを読み上げているその時に、その当の者にあるクルアーンの語りは創造されて、そこにあるのであろうか。

例えば「卵は白身と黄身とから成る」と発話するときを考えてみよう。明らかにその発話は、クルアーンの語りとあるの秩序を異にする。クルアーンの語りは、そうした何気ない日常会話の一部と異なり、〈神の語り〉としては、常にそして永遠にあるからである。クルアーンを読み上げる者に即してみると、クルアーンを読み上げる者がクルアーンを読み上げているまさにそのときに、そうしたクルアーンの語りがその者に立ち現れているにすぎない。その当の者のクルアーンの語りが創造されたものだと断ずることは、クルアーンの語りを「卵は白身と黄身とから成る」と語ることと同列に置くことであり、それは前に述べた、あるの秩序の相違を無化することになる。

〔5〕クルアーン第五章第六〇節。hal unabbiʾu-kum bi-sharrin min dhālika mathūbatan ʿinda Allāh. man laʿana-hu Allāh wa-ghaḍiba ʿalay-hi wa-jaʿala min-hum al-qirdatan wa-al-khanāzīr wa-ʿabada al-ṭāghūta.

〔6〕クルアーン第三九章第七節によりクフルを神は喜ばないからである。したがって後件否定式により、前件、つまり神が、ある者がカーフィルで在るべしと思う、あるいは、ある者が重罪を犯すべしと思うことは真ではなく、偽である。

〔7〕イブン・ハズム『諸宗派・諸党派・諸分派についての諸章』(Ibn Ḥazm, *al-Fiṣal*, part III, p. 142)。

〔8〕イブン・ハズム『諸宗派・諸党派・諸分派についての諸章』(Ibn Ḥazm, *al-Fiṣal*, part III, p. 143)。

〔9〕この段はバヤーディーの文章を意訳するが、バヤーディーの文章と若干ずれるように思われる。本文はクフルを人間に先立って存在するものだとするが、おそらくそうではない。バヤーディーの該当箇所は次のように訳しうる。

神がカーフィルたちを罰するのは、彼らのうちに神が創造するのを喜ぶところのクフル——このクフル自体は〔次に説明されるように〕彼らが既に選びとったものである——に基づく。なぜならば、神は彼らが己れの力を己れの意思でクフルに向け、クフルを選びとったがゆえに、そうしたクフルに基づいて彼らを罰するからである。このとき、神が彼らのうちにクフルがあるようにと思うのは〔つまり、そのように思い、クフルを彼らに創造して、その創造を喜ぶのは〕、彼らが悪しき選びとりをしたことに対する懲らしめである。さて、もし仮にクフルの創造を神が喜ばない〔で、その当の者に創造されたクフルそのものを神が喜ぶ〕のであれば、もともと神はクフルを創造しなかったであろう。なぜなら、この仮定のもとではクフルそのものが神の命令に勝ることになるからである」。

〔10〕クルアーン第六章第一一一節についてのマートゥリーディーの『クルアーン大注釈』(Māturīdī, *Ta'wīlāt al-Qur'ān*, Istanbul, 2005–2011, v. 5, pp. 182–183) はイーマーンにはふれるがクフルにはふれておらず、クルアーン第四二章第八節への注釈 (*Ta'wīlāt al-Qur'ān*, v. 13, p. 167) がバヤーディーの述べるマートゥリーディーの見解を示唆しているように思われる。

〔11〕バイダーウィー『クルアーン注』(Bayḍāwī, *Tafsīr al-Bayḍāwī*, Beirut, 2000, v. 1, p. 558)。

〔12〕キルマーニー『正伝ハディース集注』「葬礼の書」(*Ṣaḥīḥ al-Bukhārī bi-Sharḥ al-Kirmānī*, Kitāb al-Janā'iz, vol. 7, p. 133)。

結論

イスラーム研究に関わる二つの自著で私が行ったこととは異なり、本書においては意味論的分析の方法論的原則を背景として、その分析過程から導かれた結論だけを提示するよう努めた。だが、実際のところ、首尾一貫して意味論的分析を用いた体系的著作を生み出すことが、本書全体を通じての目標であった。本書を結ぶに当たって、この方法論的側面に光を当て、それをこれまでに提示された主要な結論の幾つかと連関させておくのがよいだろう。

「意味論」という語はきわめて曖昧で捉えどころのない表現である。「意味論的」研究を何らかの対象として首尾一貫して語ろうとする者は誰でも、否が応でも、規約的な類の定義に頼らざるをえない。そうした規約的定義は本質的に、ある程度恣意的であることを避けることはできない。私が理解する限り、「意味論」とは、簡潔に言えば、ある世界観全体の一断片、ないし複数の断片を分析すること、それも、そうした一断片ないし複数の断片を言語的に言い表すキー・ワード群を分析することで為される分析的研究にある。神学や哲学といった分野では、「キー・ワード」とは、より一般的には術語（technical term）と呼ばれるものである。

偶々我々の目下の関心事となった神学思想史を意味論の視点から見るならば、それは、術語の歴史、つまり、神学的思索のなかで結実した幾つかの要点に対応するキー・ワードが何世紀にも及んで形成されていく過程に他ならない。

本書において追究したのは、イーマーンというキー・ワードが形成されていく過程であった。だが、いかなるものであれ、それぞれにさまざまな重要性を帯びる他のキー・ワードから隔てられて独立に展開することはないという、きわめて重要な事実を念頭に置いておかねばならない。各々のキー・ワードは他のさまざまなキー・ワードを伴いつつ、全体として、意味論において我々が「意味論的領域」と呼ぶ、複雑なキー・ワード網を形成する。ある一つの意味論的領域は、鍵概念群の体系を言語的に跡づけて写し取る、多少なりとも複雑に入り組んだキー・ワード網である。

とりわけ重要なキー・ワードはそれが展開してゆく過程の各段階で、その周りに一定数のキー・ワード群を集め、一つ、ないしそれ以上の数の意味論的領域を形成する。イーマーンという語は歴史的に見て、イスラーム神学におけるとくに重要なキー・ワードの一つである。そして本書のなかで、イーマーンの関わるそうした複数の意味論的領域が特定されていったのである。

さて、手短に言うならば、二つ以上のキー・ワードが密接に絡み合い、我々が「領域」と呼ぶ固く結ばれた意味論網を形成するに至る、三つの優れた経路がある。即ち、(1) 同義的結合 (synonymous association)、(2) 反意的結合 (antonymous association)、(3) 一つの鍵概念が一定数の構成要素に分けられ、そうした構成要素の各々が一つのキー・ワードで言い表される場合の結合、である。ここでは、これら三つの範疇に関して、本書において提示されてきたさまざまな具体事例のなかで最も重要なものは何かを検討してみよう。

(1) 同義的結合

「同義的」という語で、精確に全くの同義であることを意味するつもりはない。この語で私は、二つ（ないし二つ以上）のキー・ワード——仮にAとBとする——が意味論的状況を劇的に変化させることなく、多少なりとも互換性をもって用いられうる場合を念頭に置く。しかしながら、効率性《エコノミー》の原則は二つの半同義的なキー・ワードの平和的共存を許さない。その結果、この類のさまざまな場合において、通常はAとBのあいだにある緊張状態――互いに優位を得ようとして競い相争う状態――が発達し、ほとんどの場合、その競合関係はAとBが意味範囲を争う場をついに二分するに至る。そして幾つかの新たな要素が参入して勢力均衡を破るまで、この新たな状況は存続する。

　大まかに言えば、この事態が、イーマーンとイスラームという二つのキー・ワードの相互連関に生起したことである。先ず、クルアーンにおいては、イーマーンとイスラームは半同義的であった。大半の事例において、二つの語がほぼ互換可能なかたちで用いられている事実を見れば、このことは察知しうる。ムスリム（つまり、イスラームを帯びた者）とムウミン（つまり、イーマーンを帯びた者）の二つの語が通常は同一人物を指すという意味において、ムスリムはムウミンであると言ってよかろう。言い換えれば、これらの語は表示する意味が異なるが、指示する現実の対象に関する限りにおいて互いに同義なのである。

　だが、クルアーンにおいて既に、微かではあるが、きわめて重要な二つの語の違いが、宗教的に熱心ではない「ムスリムと呼ばれるかもしれないが、ムウミンと呼ばれえない」ベドウィンたちと連関づけられ、明確な言葉で示されていた。ポスト・クルアーン期の思想家たちは同義の側面よりも差異の側面を強く主張しがちであった。ハディースにおいては、イーマーンとイスラームの相対的重要性を決定するさまざまな試みが為された。幾つかのハディースはイスラームがより包括的な概念であって、その意味範囲の内に、拝礼、喜捨《ザカート》（zakāt）、斎戒、巡礼の四つの礼的義務とともに構成要素としてイーマーンを含むとする。別の幾つかのハディースは、イスラームを外的な事柄〔つまり、身体の表面部分に関わる事柄〕とし、イーマーンをこころに関わるものとする。他の幾つかのハディースはさらに踏み込んで、イーマーンはイスラームよりも程度が高い状態を言い表すとの立場を採る。本書第四章でこれらの事柄について丹念に検討したので、ここでそれを繰り返すのは無意味であろう。結論部という特殊な文脈において注目したい点は、イスラームとイーマーンのあいだの連関がいかに諒解されようが、イスラームとイーマーンは同一の適用範囲を覆わんとする二つの重要な競合概念の代表例であるということである。そして、これは、我々が意味論的領域と術語的に呼ぶ、二つないしそれ以上の語から成る同義的結合がどのように意味の範囲をめぐり争う場を決定し、その範囲を限るのかを活写する。

イーマーン・イスラームによってムスリムの神学内に作り出された意味論的領域は、その内部に多くの下位諸領域を含む、きわめて広大で包括的な意味論的領域であり、それら下位諸領域の各々それ自体が、〔そのなかに含まれる複数の語の〕同義的結合や反意的結合や概念的分割に基づいて、それ固有のせめぎあう場《アリーナ》を覆い、そして特定の構造を有する。例えば、それ自体がより広大なクフルという領域の下位領域である「クフルの創造」という意味論的領域において、幾つかの「同義的」キー・ワード（mashī'ah〔望み〕、irādah〔意図する〕、amr〔命令する〕、riḍá〔よしと喜ぶ〕など）が、謂わば、優位に就かんと相争うさまを、そしてそれにより、それらが組み合わされ、互いに反撥する錯綜した体系を形作ることは前章に見たとおりである。

(2)　反意的結合

これについては、イーマーン（＝イスラーム）とクフルの根柢的対立が好例となる。ある意味論的領域は二つの主要な鍵概念が全きかたちで相反する位置に置かれるときに形成される。イーマーンとクフルの根柢的対立に立脚した意味論的領域はごく初期からイスラーム思想に存在した。クルアーンが常に、そして断固として、信ずる者にしてムスリムとカーフィルとを鮮明な形で対置させるからだ。そして神学は直接的にクルアーンからこの意味論的領域を継承した。

しかしながら、本書第一章で見たように、同じ外観（つまり、イーマーンとクフルの対立）の表面下では、この意味論的領域がクルアーンから神学に受け渡されるや、その領域の構造に烈しい内的変化が起こった。神学においてクフルは、もはや第一次的に、イスラームに改宗することを拒む者の不信仰を指すのではなく、〈共同体〉の只中にいるムスリムたち自身の間に起こった不信仰に関わるからである。

さらに言えば、この意味論的領域は複雑な構造を呈する。イーマーンが、同義的結合の原則のもと、イスラームとともに広い独立した領域を形成するのと同じく、クフルもまた、シルク、つまり多神信仰や、フィスク、つまり重罪を犯すことや、ニファーク、つまり偽善、といった競合する諸概念と同義的に連関する位置に置かれるのである。

(3) ある一つの鍵概念をその構成要素に分けることに関して言うと、イスラーム神学はその現象を大規模に描き出す。これは精確に言えば、ムルジア派がイーマーンという鍵概念に即して行ったことだからである。マアリファ、タスディーク、イクラール（ないしカウル）、アマルという四つの主たる要素が特定された。これらの要素の各々がイスラームにおける最も聡明なこころをもつ者たちのあいだに絶え間のない熱烈な議論を惹き起こしつつ、いかに神学の主要な問題を構成したか、それらは本書第四章から第九章において示された。

我々がこれまでに概観した領域形成の三つの原理以外にも、おのずと意味論的領域が展開する幾つかの別の経路がある。領域を形成するこれら第二次的な経路は特定の歴史的状況に大きく依存し、したがって、多くの場合全く予測不可能な性格を有する。こうした方法で形成された意味論的領域はたまたま起こった出来事に条件づけられ、当時のひとびとの関心を惹いたことのほぼあらゆることを反映していよう。

例えば、初期のイスラームにおいて、ハワーリジュ派のなかで極端な立場を採る者たちは、自分たちと政治的、神学的見解を共有しない者たちを殺害することで〈共同体〉全体に恐怖を呼び起こし、混乱を拡げた。人びとは、特にハワーリジュ派が宗教の名の下に無垢な子供たちを殺すのを見て怯えた。この状況は、より高い知的次元では、子供たちがムスリムであるのか、それとも異教の徒であるのかという、子供たちの宗教的位置づけの問題を提起した。そして前章で見たように、その問題は、フィトラ、つまり生まれながらに有する宗教的素質、というキー・ワードに結実した。そしてこのキー・ワードはその周りに、イーマーン、クフル、ティフル（ṭifl. つまり「子供」）といった他の一定数の語群を集め、独立した意味論的領域を形成したのである。

　意味論的領域はしばしば、より理論的な状況が原因となって形成される。一つ例を挙げると、ムウタズィラ派はひとの倫理的責任の問題に真剣に関わった。人間の側の責任が理論的一貫性を保ったまま主張されるためには、ひとが自立していることが確立されねばならない。かくして、ムウタズィラ派は、ひとが為すことは何であれ、それが善であれ、悪であれ、ひと自身の行である、そして神はその行に全く参与しないと主張した。イスラームという特殊な状況のもとに、事実上は、最も根柢的な問題、したがってどこで行われる倫理的思考にも通ずる最も普遍的問題であるこの問題が、「創造《ハルク》」（khalq. つまり、ひと自身による「行の創造」khalq al-ʿamal）というキー・ワードに結実した。ひとはそのキー・ワードのもと、己れ自身の行の「創造者」と宣言された。ひとたび、その問題がこうした根源的な形で提起されると、神学における重要な意味論的諸領域のほとんどに影響が及んだ。イーマーンとクフルからなる諸領域も例外でなかった。ハルクというキー・ワードは間もなくイーマーンとクフルに結実するに至り、イーマーンとクフルからなる、より広大な諸領域の内に（本書第十一章に詳細に描かれたような）一つの特殊な領域が形成された。

　本書において一度ならず指摘したように、イーマーンはもともと、純粋に個人的で実存的な事柄である。イーマーンのまさに核心部分に当たるものはあまりに個人的で、あまりに深くにあるので理論的に語ることが出来ない。イーマーンには、理論化され、理性的に把握されることに徹底的に抗う何かが潜んでいる。それにもかかわらず、ある者が己れの進みゆく道を、イーマーンという現象の知性的・理性的把握へと強いて向けるのであれば、イーマーンの命脈は必然的に喪われることになる。だが無論、その知性的・理性的把握という作業は価値ある報酬を全く欠くわけではない。イーマーンの分析的・知性的把握は、見かけ上曖昧模糊として捉えどころのない純粋心理状態の根柢に潜む堅固な構造を顕わにするからである。そして、これを、我々は本書の中で十分に見てきた。

本書を通じて、我々はイーマーンが知性的に把握されるに至る過程を追跡した。言い換えると、その過程はムスリムたちが、己れ自身の意識のうちに映るままに、さらにさらにとより鋭い分析的理性的な洞察をイーマーンの本性に加え続けた過程である。そうすることでムスリムたちはイーマーンの概念構造を露わにすることに成功した。だが、個々人のさらに深い処にある何か、実に生命力を帯びた何かが彼らの分析の細かい網の目を逃れていったのである。

イスラーム神学史の流れのなかで、元来の活き活きとした感覚をイーマーンの概念に回復せんとする幾つかの試みが為されてきた。この種の試みのなかで最初の体系的なものは、ムルジア派によって為された。ムルジア派が提示するイーマーンの定義のほとんどにおいて「〈神への愛〉」「〈神への畏れ〉」「卑《ひ》くあって全てを委ねること」などがイーマーンの本質の一部として含まれることは既に見た。ムルジア派の指導的な思想家たちのほとんどがイーマーンの定義の内にこうした情感に関わる態度を含まねばならなかったことは、彼らの奥深くにある個人的な敬虔さが、理性的な抽象思考の次元においても表出せざるをえなかったことを如実に物語る。

しかしながら、精確に言えば、この類の事柄は神学者たちの主たる関心事ではなかった。問題のこの側面は主として神秘家たちによって展開され、育まれ、さらには理論化されるに至った。したがって、イスラーム思想における〈信〉ないし〈信仰〉を実際に包括的に摑もうと思うのであれば、イスラーム神秘主義におけるタクワー(taqwá. つまり「〈神を畏れること〉」)その他の鍵概念に対して本書のような分析的作業を行わねばならないだろう。神学に関わる分析的作業と神秘主義に関わる分析的作業の双方で得られた成果が統合され、うまく整合されたときに初めて、イスラームにおいて理解された〈信〉の本当の全き描像を得ることが期待できるのである。

附録

アブー・アブドゥッラー・ブハーリー「信の書」（『正伝ハディース集』より）

凡例

一、本附録は、アブー・アブドゥッラー・ブハーリー編『正伝ハディース集』所収「信の書」（Abū ʻAbd Allāh Muḥammad ibn Ismāʻīl al-Bukhārī, *Ṣaḥīḥ al-Bukhārī*, 9 vols. in 3, Miṣr, Maṭābiʻ al-Shaʻb, 1378, vol. 1, pp. 10–23）を底本として訳出した。また訳出にあたっては、キルマーニーによる『正伝ハディース集』の注釈書『キルマーニー『正伝ハディース集注』』*Ṣaḥīḥ al-Bukhārī bi-Sharḥ al-Kirmānī*, vol. 1, Bayrūt, Dār al-Iḥyāʼ Turāth al-ʻArabī, 1981 (2nd ed.), pp. 69–221 を参照した。

二、原著では、井筒の序にあるように、ブハーリー編「信の書」のマクレーン（W. P. McLean）による英訳が収録されているが、どの版本を使用したか不明である。本附録の底本としたテキストは、マクレーンの使用したテクストと章（bāb）の区分が同じであり、参照に資するものと思われる。ちなみに牧野信也訳『ハディース　イスラーム伝承集成』（全六巻、中央公論新社、二〇〇一年）とは章の区分が異なる。

三、章を区分するため、便宜的に第一章、第二章などと漢数字を振った。また各ハディースには〔第一番〕と番号を振った。本文中でブハーリーのハディースに言及する際はこの番号に基づいている。

四、マクレーンが英訳に付した注の一部を採用し、注番号に＊を付した。訳者が新たに付した注は注番号に〔　〕を付した。

五、訳文中への訳者付記は〔　〕で示した。

六、神や預言者等への祈願文は省略した。

七、クルアーンの章節番号は、（二：二）のように示した。

第一章　信について、および預言者の言葉「イスラームは五つのものの上に立てられた。信は言であり、行であり、増え、また減るものである」

いと高き神の言葉「彼らの持つイーマーンにイーマーンを加増しようとして」、「我らは正しい導きを増した」（クルアーン四八：四）

「神は正しく導かれた者に正しき導きを加増する」（一八：一三）

「正しく導かれた者たちには、神が正しい導きを増し、また神への畏敬の念を与える」（四七：一九）

「信じる者に、我らはイーマーンを増やす」（七四：三一）

また神の言葉「あなたがたの一体誰が、これ（啓示）をイーマーンにおいて増したのか。信じる者については、啓示こそ彼らに信を増やす」（九：一二四）

また神の言葉「彼らを恐れよ。だがこのことが彼らをイーマーンにおいて増やした」（三：一七三）

またいと高き神の言葉「イーマーンと全てを委ねること以外、増やすことはなかった」（三三：二二）

神についての愛と神についての憎しみはイーマーンに属するものである。

ウマル・イブン・アブドゥルアズィーズはアディー・イブン・アディーに以下のような手紙を書き送った。「げに、イーマーンには宗教儀礼、聖法、処罰、スンナがある。それら全てを完全に行う者こそ、イーマーンを完全に行う者である。それらを全うしない者はイーマーンを全うしない者である。もし私が生きていれば、あなたがたがそれを行うよう、あなたがたにそれらを明らかにしよう。もし私が死ねば、あなたがたと共にあるという望みは断たれる」と。

「イブラーヒーム（預言者）曰く、否、わが心を落ち着けたいだけ」（二：二六〇）

ムアーズ・イブン・ジャバル曰く、我々と共に坐れ。しばし信じよう。

イブン・マスウード曰く、確かなこと、それはイーマーンの全てである。

イブン・ウマル曰く、僕《しもべ》が神への畏れの真に至ることはない。その胸の中にでっち上げたものを捨てるまでは。

ムジャーヒド「・イブン・ジャブル」曰く、「あなたがたの為に定めた」（四二：一三）とは、ムハンマドよ、我らはあなたにそれを一つの宗教として授けた、ということ。

イブン・アッバース曰く、「聖法（shirʻah）と広き道（minhāj）」（五：四八）とは、道であり、規範である。

第二章　あなたがたの神への祈願はあなたがたのイーマーンである

〔第八番〕〔アブドゥッラー・〕イブン・ウマル→イクリマ・イブン・ハーリド→ハンザラ・イブン・アビー・スフヤーン→ウバイドゥッラー・イブン・ムーサー〔・イブン・バーザーム〕という経路を辿った伝承：神の使徒曰く、「イスラームは五つのことに基づく。すなわち、アッラー以外に神はなく、ムハンマドはアッラーの使徒であるとの文言を述べる信仰告白、拝礼の実行、ザカートの支払い、巡礼、ラマダーン月の斎戒である」。

第三章　イーマーンに関すること

いと高き神の言葉「あなたがたの顔を東へ西へと向けることは神を畏れることではない。神と最後の日と天使、啓典、預言者の存在を信じ、それを惜しく思いながらも財産を[1]、近親、孤児、困窮者、旅人、求める者たちに分け与え、また奴隷解放に費やし、拝礼を行い、ザカートを支払い、約束をしたならば、その約束を守り、苦難と逆境とこうした不幸に耐えることこそ神を畏れることである。こうした事を行う者こそ畏神の徒である」（二：一七七）。「信ずる者たちは幸いである」（二三：一）。

〔第九番〕アブー・フライラ→アブー・サーリフ〔・ザクワーン〕→アブドゥッラー・イブン・ディーナール→スライマーン・イブン・ビラール→アブー・アーミル・アカディー→アブドゥッラー・イブン・ムハンマドという経路を辿った伝承：預言者曰く、「イーマーンは六〇余の枝に分かれ、ハヤーウ*1（ḥayāʼ）はイーマーンの枝の一つである」。

第四章　ムスリムとは、ムスリムたちがその舌と手から安全である者

〔第一〇番〕アブドゥッラー・イブン・アムル→〔アーミル・イブン・シャラーヒール・〕シャアビー→アブドゥッラー・

イブン・アビー・サファルおよびイスマーイール〔・イブン・アビー・ハーリド〕→シュウバ→アーダム・イブン・アビー・イヤースという経路を辿った伝承：預言者曰く、「ムスリムとは、〔他の〕ムスリムたちがその舌と手から安全である者であり、ムハージル〔メッカからメディナへの移住者、真のムスリム〕とは、神が禁じた事を避ける者である」。

〔この伝承は〕アブドゥッラー〔・イブン・アムル〕→アーミル〔・シャアビー〕→ダーウード〔・イブン・アビー・ヒンド〕→アブー・アブドゥッラーおよびアブー・ムアーウィヤ〔・ダリール〕〔という経路〕、およびアブドゥッラー〔・イブン・アムル〕→アーミル→ダーウード〔・イブン・アビー・ヒンド〕→アブドゥルアアラー〔・サーミー〕〔という経路でも伝わる。〕

第五章　どのイスラームが最も優れているか

〔第一一番〕　アブー・ムーサー〔・アシュアリー〕→アブー・ブルダ→アブー・ブルダ・イブン・アブドゥッラー・イブン・アビー・ブルダ→ヤフヤー・イブン・サイード→〔その子〕サイード・イブン・ヤフヤー・イブン・サイード・クラシーいう経路を辿った伝承：人々が、「神の使徒よ、どのイスラームが最も優れているのか」と問うと、預言者は「ムスリムたちがその人の舌と手から安全である者の〔イスラーム〕」と答えた。

第六章　食事を施すことはイスラームの一部

〔第一二番〕　アブドゥッラー・イブン・アムル→アブー・ハイル〔・マラサド〕→ヤズィード→ライス〔・イブン・サアド〕→アムル・イブン・ハーリドという経路を辿った伝承：ある男が預言者に「どのイスラームが善いのか」と問うた。預言者は「食事を施し、あなたが知っている人にも、知らない人にも平安あれと挨拶することである」と答えた。

第七章　己のために望むことを同胞のために望むことはイーマーンの一部

〔第一三番〕　アナス〔・イブン・マーリク〕→カターダ→シュウバ〔・イブン・ハッジャージュ〕→ヤフヤー→ムサッダド

〔・イブン・ムサルハド〕という経路を辿った伝承。なお、アナス→カターダ→フサイン・ムアッリムという経路もある：預言者曰く、「己れが望むことを同胞のために望まない限り、あなたがたは信ずる者ではない」。

第八章　使徒への愛はイーマーンの一部

〔第一四番〕　アブー・フライラ→〔アブドゥッラフマーン・イブン・フルムズ・〕アアラジュ→アブー・ズィナード→シュアイブ→アブー・ヤマーン〔・ハカム〕という経路を辿った伝承：神の使徒曰く、「その手に私の魂を握っておられるお方〔神〕に誓って、親や子よりも私を愛するようになるまで、あなたがたは信ずる者ではない」。

〔第一五番〕　アナス→アブドゥルアズィーズ・イブン・スハイブ→〔アブー・ビシュル・〕イブン・ウライヤ→ヤアクーブ・ブン・イブラーヒームという経路を辿った伝承。なお、アナス→カターダ→シュウバ→アーダムという経路もある：預言者曰く、「父や子、そして人々全てよりも私を愛するようになるまで、あなたがたは信ずる者ではない」。

第九章　イーマーンの甘美さ（ḥalāwat al-īmān）

〔第一六番〕　アナス→アブー・カラーバ→アイユーブ〔・サフティヤーニー〕→アブドゥルワッハーブ・サカフィー→ムハンマド・イブン・ムサンナーという経路を辿った伝承：預言者曰く、「己れに次の三つのものがある者はイーマーンの甘美さを見出す。すなわち、アッラーとその使徒を、その他の何者にもまして愛すること、神のために愛する、という姿勢で人を愛すること、火獄に投げ込まれることを嫌うようにクフルに戻ることを嫌うこと、の三つである」。

第一〇章　イーマーンの徴はアンサールへの愛

〔第一七番〕　アナス→アブドゥッラー・イブン・アブドゥッラー・イブン・ジャブル→シュウバ→アブー・ワリード〔・ヒシャーム・イブン・アブドゥルマリク〕という経路を辿った伝承：預言者曰く、「イーマーンの徴はアンサールへの愛であり、偽善（nifāq）の徴はアンサールへの怒りである」。

第一一章

〔第一八番〕　ウバーダ・イブン・サーミト→アブー・イドリース・アーイズッラー・イブン・アブドゥッラー→ズフリー→シュアイブ→アブー・ヤマーンという経路を辿った伝承：バドルの戦いに参加し、アカバの誓い[2]の締結者の一人であるウバーダは以下のように伝えている。バドルの戦いにおいて神の使徒は教友の一団とともにいて、彼らにこう言った。「我に誓え、アッラーに何であれ仲間をおかない、盗みを働かない、姦通しない、自分たちの子供を殺さない、己れの手、己れの足で捏造した嘘によって人を中傷しない、正しいことに背かない、と。あなたがたの中でこれらを全うする者は、神によって報酬が与えられよう。それらの内のいずれかに手を染めた者は現世において罰せられよう。それは彼の犯したことの償いである。またそれらの内のいずれかに手を染めたとしても、神がそれを隠した場合、赦すも赦さぬもそれは神次第となる」と。我らはそうした条件で彼に誓ったのである。

第一二章　争乱から逃れることは宗教（dīn）の一部

〔第一九番〕　アブー・サイード・フドリー→アブドゥッラー・イブン・アブドゥッラフマーン・イブン・アビー・サアサア→その息子アブドゥッラフマーン→マーリク→アブドゥッラー・イブン・マスラマという経路を辿った伝承：神の使徒曰く、「山の頂や水の滴る場所に連れて行く羊の群れこそムスリムの財産の最良のものである。そのように宗教にたよって争乱から逃れるのである」。

第一三章　我こそはあなたがたよりも神についてよく知っている者との預言者の言葉

また知とはこころの行である。それはいと高き神の言葉「しかしながら、神はあなたがたの心が得たものに拠って、あなたがたを罰し給う」（二：二二五）に基づく。

〔第二〇番〕　アーイシャ→ヒシャームの父→その息子ヒシャーム→アブダ〔・キラービー〕→ムハンマド・イブン・サラームという経路を辿った伝承：神の使徒は人々に命令する際、彼らが為しうる行のみを命じていた。ひとびとは言った。「神の使徒よ、我らはあなたと同じ条件ではない。じつに神はあなたが以前犯した罪もこれから犯す罪もお赦しになったのだから」と。すると神の使徒は怒り、その怒りは彼の顔に現れるほどとなった。そして言った。「じつに、私はあなたがたよりも敬虔であり、あなたがたよりも神についてよく知っているのだ」と。

第一四章　火獄へと投げ落とされることを嫌うようにクフルへと戻ることを嫌う者はイーマーンに属している

〔第二一番〕アナス→カターダ〔・イブン・ディアーマ・サドゥースィー〕→シュウバ→スライマーン・イブン・ハルブという経路を辿った伝承：預言者曰く、「己れに次の三つのものがある者はイーマーンの甘美さを見出す。すなわち、神とその使徒を、その他の何者にもまして愛すること、神のためにのみ愛する、という姿勢でしもべを愛すること、火獄に投げ込まれることを嫌うように、神の救いの後にクフルに戻ることを嫌うこと、の三つである」。

第一五章　イーマーンを帯びた者が行について競うこと（tafāḍul）

〔第二二番〕アブー・サイード・フドリー→ヤフヤー・マーズィニー→その息子アムル・イブン・ヤフヤー・マーズィニー→マーリク→イスマーイール〔・イブン・アビー・ウワイス〕という経路を辿った伝承：預言者曰く、「天国の徒は天国に入り、火獄の徒は火獄に入る。そしていと高き神は言う。『心の中に芥子粒一つほどのイーマーンがある者は〔火獄から〕出でよ』と。すると、その者はそこから出されるが、その顔はすでに黒焦げ。彼らは雨の川――あるいは、生命の川であるとマーリクは考える――に投げ込まれ、岸辺に種が芽吹くように芽を出す。あなたがたはそうした種がよじれた黄色の花々を咲かせたのを見たことはないのか」。

アムル→ウハイブの経路では「生命の川」とある。またウハイブは「芥子粒一つほどの善」と言っている。

〔第二三番〕アブー・サイード・フドリー→アブー・ウマーマ〔・アスアド〕・イブン・サフル→イブン・シハーブ→サーリフ〔・イブン・カイサーン〕→イブラーヒーム・イブン・サアド→ムハンマド・イブン・ウバイドゥッラーという経路を辿った伝承：神の使徒曰く、「私が微睡んでいるとき、私の前に一団の人々が現れた。彼らは腰丈の衣を着ており、更に短い衣を着ている者もいた。そこへウマル・イブン・ハッターブが現れた。彼は衣の裾を引摺っていた」。人々は「神の使徒よ、あなたはそれを何と解くか」と尋ねた。彼は「宗教である」と答えた。*2

第一六章　恥じらいはイーマーンの一部

〔第二四番〕アブドゥッラー↓〔・イブン・ウマル・イブン・ハッターブ〕その息子サーリム・イブン・アブドゥッラー↓イブン・シハーブ〔・ズフリー〕↓マーリク・イブン・アナス↓アブドゥッラー・イブン・ユースフという経路を辿った伝承：神の使徒は、アンサールのある男がその兄弟の恥じらいに注意を与えているところに行きあたった。そこで、彼は「やめなさい。恥じらいはイーマーンの一部なのだ」と言った。*3

第一七章　しかし彼ら〔多神信仰者〕が悔悟し、拝礼を行い、喜捨を支払うならば、彼らのために道をあけよ（九：五）

〔第二五番〕イブン・ウマル↓ムハンマド〔・イブン・ザイド・イブン・アブドゥッラー・イブン・ウマル〕↓その息子ワーキド・イブン・ムハンマド↓シュウバ〔・イブン・ハッジャージュ〕↓アブー・ラウフ・ハラミー・イブン・ウマーラ↓アブドゥッラー・イブン・ムハンマド・ムスナディーという経路を辿った伝承：神の使徒曰く、「私は人々〔多神信仰者〕が『アッラー以外に神はなく、ムハンマドは神の使徒である』と証言し、拝礼を実行し、喜捨を支払うまで彼らと戦うよう、神に命じられた。彼らが以上のことを行うならば、彼らの生命と財産はイスラームの要求でないかぎり私が保証することになり、また彼らの清算は神の手に委ねられることになる」。

第一八章　イーマーンとは「行」である。何故なら、神がこう言っている「その楽園はあなたがたの行に対してわれがあなたがたに遺贈したもの」（四三：七二）。また知識の徒の多くが指摘する神の言葉「そこで、あなたの主にかけて、我らは彼ら全てに、その行について問おう」（一五：九二―九三）があり、「アッラー以外に神はなし」との言葉については、「この様なことのために行を為す者に行わせよ」（三七：六一）がある。

〔第二六番〕アブー・フライラ→サイード・イブン・ムサイヤブ→イブン・シハーブ→イブラーヒーム・イブン・サアド→アフマド・イブン・ユーヌスおよびムーサー・イブン・イスマーイールという経路を辿った伝承：神の使徒は、いかなる「行」が最良であるか、と問われ、神と神の使徒へのイーマーンと答えた。するとその次は何かと問われ、神の道におけるジハードであると答えた。その次は何かと問われ、祝福された巡礼であると答えた。

第一九章　未だイスラームが真の状態にあらず、降伏ないし殺害への恐れの状態にある時、それは、次のいと高き神の言葉「沙漠のアラブたちは信じています〔イーマーンをもっています〕、と言う。言ってやれ。あなたがたは信じてはいない。むしろ、我らは服従（イスラーム）しています、と言え、と」（四九：一四）が示す通り。真の状態にあるイスラームとは、偉大なる神の言葉「神の考える宗教とは、イスラームである」（三：一九）、および「イスラーム以外の宗教を求める者は、決して神に受け入れられない」（三：八五）が示す通り。

〔第二七番〕サアド→〔その息子〕アーミル・イブン・サアド・イブン・アビー・ワッカース→ズフリー→シュアイブ〔・イブン・アビー・ハムザ〕→アブー・ヤマーンという経路を辿った伝承：神の使徒は一団の者に贈物をした。サアドはその場に居合わせていたが、神の使徒はサアドが目をかけている人物には贈物を与えなかった。そこで、私〔サアド〕は言った。「神の使徒よ、この者について何かありましたか。神かけて、この者はムウミン（イーマーンを帯びた者）であると考えますが」と。すると神の使徒は「あるいは、ムスリムである」と言った。そこで私はしばらく黙り、その後、その人物について私の知っている事が私の心を占めたので、再び先の言を繰り返した。「この者についてどうお考えですか。神かけて、この者はムウミンであると考えます」と。すると神の使徒は「あるいは、ムスリムである」と言った。私はまたしばらく黙ったが、彼について私の知っている事が私の心を占めたので、同じ発言をした。神の使徒は戻ってきて言った「サアドよ、この者にも贈物を与えよう。だが、私はこの者以外の者を好ましく思うのだ。というのも、私は神がこの者を火獄に投げ込むのではないかと怖れているからだ」と。

この伝承はズフリーから伝え聞いたユーヌス、サーリフ、マアマル、そしてズフリーの甥という三つの経路もある。

第二〇章　挨拶を広めることはイスラームの一部

〔第二八番〕　アンマール曰く、三つの事を兼ね備える者はイーマーンを帯びた者である。その三つとは自ら公正であること、世界に挨拶を広めること、そして貧困の内にあっても〔人のために〕費やすこと、である。

アブドゥッラー・イブン・アムル→アブー・ハイル→ヤズィード・イブン・アビー・ハビーブ→ライス→クタイバ〔・イブン・サイード〕という経路を辿った伝承：ある男が神の使徒に尋ねた。如何なるイスラームがよいのかと。神の使徒は答えた。食事を施し、知っている者へも知らない者へも挨拶をすることである、と。

第二一章　夫へのクフル、および〔真の〕クフルには至らないクフル。それに関しては、預言者よりアブー・サイード・フドリーが語り伝えたものがある

〔第二九番〕　イブン・アッバース→アターウ・イブン・ヤサール→ザイド・イブン・アスラマ→マーリク→アブドゥッラー・イブン・マスラマという経路を辿った伝承：預言者曰く、「私は火獄を見せられた。すると、火獄の住人の大半は、クフルの罪を犯した女であった」。彼女らはアッラーに対してクフルの罪を犯したのか、[*4]との声が上がった。預言者は、「彼女らは夫に対して、その厚遇に対して、クフル〔忘恩〕の罪を犯したのである。たとえあなたがたが彼女らの誰かひとりを長い間厚く遇し、そしてその女があなたがたからの厚遇を認識したとしても、彼女らは『私はあなたから善き扱いを受けたことは一切ない』と言うだろう」と答えた。

第二二章　諸々の不服従行為はジャーヒリーヤ時代の慣行に属すること。ただし、その行為者はシルク〔多神信仰〕以外ではクフルの罪を犯したとして断罪されることはない。それは預言者の言葉「あなたはまだジャーヒリーヤの残滓を宿している」および、いと高き神の言葉「げに神は、己れに仲間を並置することをお赦しにならないが、それ以下の罪については、お望みのままに罪をお赦しになる」（四：四八）に基づく。

〔第三〇番〕　マアルール〔・イブン・スワイド〕→ワースィル〔・イブン・ハイヤーン〕・アフダブ→シュウバ→スライマー

ン・イブン・ハルブという経路を辿った伝承：マアルール曰く、私はアブー・ザッル〔・ジュンドゥブ・イブン・ジュナーダ〕とラバザにて出会った。その際、アブー・ザッルとその奴隷は立派な服を着ていた。そこで私は二人の服について尋ねた。アブー・ザッルはこう答えた。私はある男〔連れている奴隷〕を口汚く罵り、その母を侮辱してしまいました。すると、預言者が私にこう言った「アブー・ザッルよ、あなたはその者の母を侮辱したのか。何とも、あなたは心にジャーヒリーヤ〔の残滓〕を宿す者であることよ。神があなたがたの手元に置いた奴隷は、あなたがたの同胞である。その手が所有する同胞には、所有者が食べる物と同じ食事を与え、所有者が着る物と同じ衣服を着せ、彼らの能力以上のことを課してはならない。そして彼らに仕事を課すときは、彼らを手伝ってやれ」。

第二三章　「もしムウミン〔イーマーンを帯びた者〕の二集団が戦うならば、両者の間を仲裁してやるように」（四九：九）ここでは、彼らはムウミンと呼ばれている

〔第三一番〕　アフナフ・イブン・カイス→ハサン〔・イブン・アビー・ハサン〕→アイユーブおよびユーヌス〔・イブン・ウバイド・イブン・ディーナール〕→ハンマード・イブン・ザイド→アブドゥッラフマーン・イブン・ムバーラクという経路を辿った伝承：アフナフ曰く、私はこの男を助けるために出た。すると私はアブー・バクラと出会った。彼は言った「どこへ行くのか」と。私は「この男を助けに行く」と答えた。すると、彼は「戻りなさい。じつに私は神の使徒がこう言っているのを聞いたのだ。曰く、「二人のムスリムがそれぞれ剣をもって決闘に及ぶと、殺した者も殺された者も火獄行きである」と。そこで私は「神の使徒よ、地獄行きは殺した者であって、何故殺された者も地獄行きなのか」と問うと、神の使徒は「殺された方も相手を殺そうとしていたからである」と答えたのだ」。

第二四章　〔真の〕ズルム（ẓulm）〔不正行為、悪行〕に至らないズルム

〔第三二番〕　アブドゥッラー〔・イブン・マスウード〕→アルカマ〔・イブン・カイス〕→イブラーヒーム〔・イブン・ヤズィード〕→スライマーン〔・イブン・ミフラーン・アアマシュ〕→シュウバ→ムハンマド〔・イブン・ジャアファル〕→ビシュル

〔・イブン・ハーリド〕→シュウバ→アブー・ワリードという経路を辿った伝承：アブドゥッラー〔・イブン・マスウード〕曰く、「神を信じ、イーマーンをズルムで覆い隠したことのない者ども」（六：八二）という啓示が下された際、神の使徒の教友達は言った。「我々の内の一体誰がズルムを犯さなかっただろうか」と。そこで神は「神に仲間を並置することこそ、大なるズルムである」（三一：一三）という啓示を下したのである。

第二五章　ムナーフィク〔偽善者〕の徴

〔第三三番〕アブー・フライラ→マーリク・イブン・アビー・アーミル→その息子アブー・スハイル・ナーフィウ・イブン・マーリク→イスマーイール・イブン・イブラーヒーム・イブン・ジャアファル→アブー・ラビーウ・スライマーン〔・イブン・アビー・ダーウード・ザフラーニー〕という経路を辿った伝承：預言者曰く、「ムナーフィクの徴は三つ。話せば嘘をつき、約束すればそれを違え、そして信頼されれば裏切ること、である」。

〔第三四番〕アブドゥッラー・イブン・アムル→マスルーク〔・イブン・アーイシャ・イブン・アジュダウ〕→アブドゥッラー・イブン・ムッラ→アアマシュ→スフヤーン〔・サウリー〕カビーサ・イブン・ウクバという経路を辿った伝承：次の四つを宿す者は正真正銘のムナーフィクであり、その四つの性質を一つでも宿す者は、それを捨てるまでは、ニファーク〔偽善の性〕を有する。信頼を得れば裏切ること、話せば嘘をつくこと、約束すれば破ること、そして議論すれば勝手なことばかり言うこと、の四つである。アアマシュ→シュウバと伝わる経路もこれに同じである。

第二六章　定めの夜（Laylat al-Qadr）の拝礼はイーマーンの一部

〔第三五番〕アブー・フライラ→アアラジュ→アブー・ズィナード→シュアイブ→アブー・ヤマーン〔・ハカム・イブン・ナーフィウ〕という経路を辿った伝承：神の使徒曰く、「イーマーンとして、またこの世での清算として定めの夜[3]の拝礼を行う者には以前に犯した罪が赦される」。

第二七章　ジハードはイーマーンの一部

〔第三六番〕　アブー・フライラ→アブー・ズルア・イブン・アムル・イブン・ジャリール→ウマーラ〔・イブン・カアカーウ〕→アブドゥルワーヒド〔・イブン・ズィヤード〕→ハラミー・イブン・ハフスという経路を辿った伝承：預言者曰く、「神への信（イーマーン）とその使徒たちへの信頼（タスディーク）によって神の道に戦うために出て行く者に対して神は、[4]その者が獲得した報酬や戦利品を持って帰宅するか、あるいはその者が天国に入ることを許した。もし私が我がウンマに重荷を負わせることがなかったならば、私は一軍の後ろに退いたりせず、きっと神の道において殺され、生き返らされ、また殺され、また生き返らされ、また殺されることを望んだだろう」。

第二八章　ラマダーン月において定めを越えて宗教儀礼を遂行することはイーマーンの一部

〔第三七番〕　アブー・フライラ→フマイド・イブン・アブドゥッラフマーン→イブン・シハーブ→マーリク→イスマーイールという経路を辿った伝承：神の使徒曰く、「イーマーン故に、また来世での報酬を期待するが故に、ラマダーン月の夜に宗教儀礼（拝礼）を、定めの回数を超えて遂行する者はそれ以前に犯した罪を赦される」。

第二九章　来世での報酬を期待してラマダーン月に斎戒（sawm）を行うことはイーマーンの一部

〔第三八番〕　アブー・フライラ→アブー・サラマ〔・アブドゥッラー〕→ヤフヤー・イブン・サイード→ムハンマド・イブン・フダイル→イブン・サラームという経路を辿った伝承：神の使徒曰く、「イーマーン故に、また来世での報酬を期待するが故にラマダーン月に斎戒（断食）を行う者はそれ以前に犯した罪を赦される」。

第三〇章　宗教〔イスラーム〕は容易なもの

預言者の言葉：神に対して最も好ましい宗教は、寛大なるハニーフ（ḥanīf）の宗教[5]である。

〔第三九番〕　アブー・フライラ→サイード・イブン・アビー・サイード・マクブリー→マウン・イブン・ムハンマ

ド・ギファーリー↓ウマル・イブン・アリー〔・イブン・アターウ〕↓アブドゥッサラーム・イブン・ムタッハルという経路を辿った伝承：神の使徒曰く、「げに宗教〔イスラーム〕は容易なもの。誰であれ宗教〔イスラーム〕を厳格に守れば、それは彼を圧倒してしまう。それ故、正しくねらいを定め、近づき、喜びなさい。そして朝に、夕方に、夜に、神に助けを求めなさい」。

第三一章　拝礼はイーマーンの一部

いと高き神の言葉：「神はあなたがたの信仰を無駄なものにはしない」（二：一四三）、すなわち、館〔イェルサレムの神殿のこと〕でのあなたがたの拝礼を無駄にしないということである。

〔第四〇番〕　バラーウ〔・イブン・アーズィブ〕↓アブー・イスハーク↓ズハイル↓アムル・イブン・ハーリドという経路を辿った伝承：預言者は、マディーナに到着した当初、アンサールの父祖たち、あるいは母方の叔父たちのもとに宿った。そして十六ヵ月ないし十七ヵ月の間、イェルサレムの方に向かって拝礼を行った。常々、キブラは館〔カアバ神殿〕であるとの考えが彼の心にかかっていた。彼がカアバへと拝礼した最初の拝礼はアスルの拝礼時のことであった。人々が彼と共に拝礼を行った。預言者と共に拝礼した一人の男が出て行き、頭を下げている拝礼中の人々の所を通りかかった。そこでその者は言った。「神かけて、私は神の使徒と共に、マッカの方を向いて拝礼した」と。すると、人々はすぐにカアバの方を向いた。ユダヤ教徒と啓典の民（Ahl al-Kitāb）は、預言者がイェルサレム神殿に向かって拝礼していたので、ムスリムたちに喜んでいたが、彼らがカアバに顔を向けたので、そのことを嫌悪した。

バラーウ↓アブー・イスハーク〔・サビーイー〕↓ズハイルという経路を辿った伝承：神の使徒曰く、「変更以前のキブラで〔の拝礼しか行わずに〕死ぬか殺されるかして、向きを変えなかった人々については、我々は何も言えない。そこでいと高き神は「神はあなたがたの信仰を無駄なものにはしない」（二：一四三）の啓示を下したのである」。

第三二章　人のイスラームの良さ

〔第四一番〕　アブー・サイード・フドリー〔・サアド・イブン・マーリク〕→アターウ・イブン・ヤサール→ザイド・イブン・アスラマ→マーリクという経路を辿った伝承：アブー・サイード・フドリーは神の使徒が次のように言っているのを聞いたという。しもべがイスラームを受け入れ、彼のイスラームが良いものであるならば、神はその者が以前行ったあらゆる悪行を赦してくださる。またその後については、清算がなされ、善き行いはその十から七百倍に［記録され］、悪しき行いは、もし神が赦すことがなければ、そのままに［記録される］。

〔第四二番〕　アブー・フライラ→ハンマーム〔・イブン・ムナッビフ〕→マアマル〔・イブン・ラーシド〕→アブドゥッラザーク→イスハーク・イブン・マンスールという経路を辿った伝承：神の使徒曰く、「あなたがたの一人がそのイスラームを正しく行うのであれば、その者の行ったどの正しさに対しても、その十から七百倍のことが記録される〔報いがある〕。またその者の行ったどの悪しきことに対しても、それと同程度のことが記録される〔報いがある〕」。

第三三章　神が最も好ましく思う宗教とは、最も永続性のある宗教

〔第四三番〕　アーイシャ→ヒシャームの父→ヒシャーム〔・イブン・ウルワ・イブン・ムンズィル〕→ヤフヤー〔・イブン・サイード〕→ムハンマド・イブン・ムサンナーという経路を辿った伝承：預言者がアーイシャの部屋に入った時、そこには一人の女性がいた。彼は、この方はどなたか、と尋ねた。アーイシャは、名前を言い、彼女の拝礼について話した。預言者は、「もう十分。あなたがたにはできることが課せられている。しかし、神かけて、神は疲れることはないが、あなたがたは疲れてしまう。神にとって最も好ましい宗教とは、信者が長く続ける宗教である。

第三四章　イーマーンの増減

いと高き神の言葉「我らは彼らのために導きを増やしてやった」（一八：一三）「信ずる者がイーマーンにおいて増えるよう」（七四：三一）また神の言葉「今日、我はあなたがたのためのあなたがたの宗教を確立し終えた」（五：三）それ故、完成されたものから何がしかのものを捨てるならば、それは減らしたことになる。

〔第四四番〕　アナス→カターダ→ヒシャーム〔・ルブイー〕→ムスリム・イブン・イブラーヒーム〔・ファラーヒーディー〕という経路を辿った伝承：預言者曰く、「アッラー以外に神はなしと唱え、大麦一粒の重さでも心に善を宿す者は火獄より抜け出せ、アッラー以外に神はなしと唱え、小麦一粒の重さでも心に善を宿す者は火獄より抜け出せ、アッラー以外に神はなしと唱え、塵一つの重さでも心に善を宿す者は火獄より抜け出せる」。

アナス→カターダ→アバーン→アブー・アブドゥッラーという経路の伝承では、善のところにイーマーンがくる。

〔第四五番〕　ウマル・イブン・ハッターブ→ターリク・イブン・シハーブ→カイス・イブン・ムスリム→アブー・ウマイス〔・ウトバ・イブン・アブドゥッラー〕→ジャアファル・イブン・アウン→ハサン・イブン・サッバーフという経路を辿った伝承：ユダヤ教徒の一人がウマルに言った。「おお、信徒の長よ。あなたがたの聖典に一つの節があり、あなたがたはそれを読んでいる。もしその節が我々ユダヤの人々に下されたのであれば、我々はその日を祭日としただろう」と。ウマルが「どの節であろうか」と言うと、そのユダヤ教徒は「今日、我はあなたがたのために宗教を確立し終えた。あなたがたに対して恩寵を注ぎ尽くした。そしてあなたがたのために宗教としてイスラームを認めた」（五：三）という節であると言った。ウマルは「その日とその場所のことは覚えている。その啓示が預言者に下ったのは、彼がアラファの野に立っていた金曜日のことである」と言った。

第三五章　ザカートはイスラームの一部

神の言葉：「彼らが命じられたのは、その信心（dīn）をハニーフ〔純粋一神教徒〕のものの如くにして、心から神に服し、拝礼の義務を果たし、定めの喜捨を払うことである。それこそ、真の宗教である。」（九八：五）

〔第四六番〕　タルハ・イブン・ウバイドゥッラー→マーリク→その息子アブー・スハイル・イブン・マーリク〔・イブン・アナス〕→その甥マーリク・イブン・アナス→イスマーイール〔・イブン・アビー・ウワイス〕という経路を辿った伝承：タルハ曰く、「白髪を振り乱したナジュドの人が神の使徒の前にやって来た。彼の声はうなり声のようであり、言っていることが理解できなかった。彼は近づいてきて、イスラームについて尋ねた。すると神の使徒は、朝夕一日五回の拝礼と答えた。するとその男は、それ以外に私に課されていることはあるか、と尋ねた。預言者は、ない、ただ自発的に行うことは別である、と答え、ラマダーン月の斎戒、と言った。その男は、それ以外で私に課されていることはあるか、と尋ねた。預言者は、ない、しかし自発的に行うことは別である、と答えた。預言者はその男に、喜捨のことを述べた。その男はそれ以外に私に課されていることはあるか、と尋ね、預言者は、ない、しかし自発的に行うことは別である、と答えた。そこでその男は、神かけて私はイスラームに足すことも引くこともない、と言いつつ、その場を去った。神の使徒は、彼がもし正直に話をしているのであれば、幸いとなろう、と言った」。

第三六章　葬列への参加はイーマーンの一部

〔第四七番〕アブー・フライラ→ハサンおよびムハンマド〔・イブン・シーリーン〕→アウフ→ラウフ〔・イブン・ウバーダ〕→アフマド・イブン・アブドゥッラー・イブン・アリー・マンジューフィーという経路を辿った伝承：神の使徒曰く、「イーマーンと来世での報償を求めて亡くなったムスリムの葬列に参加し、葬送の拝礼が行われるまで亡くなった者に付き添い、埋葬が終わった後に散会した者は、ウフドの戦いの時の如く、[6]キーラート毎に二キーラート分の報償を得よう。しかし、葬送の拝礼を済ませ、埋葬の前に帰った者には、一キーラート分の報償が与えられよう」。アブー・フライラ→ムハンマド→アウフ→ウスマーン・ムアッズィンという経路で同様の伝承がある。

第三七章　知らぬ間に己れの行が無駄になることに対する信ずる者の怖れ

イブラーヒーム・タイミー曰く、私は嘘つきになることを怖れるが、そうでなければ言葉を行為に従わせることはない。イブン・アビー・ムライカ曰く、私は預言者の教友三十人を知っているが、彼らは皆、己れに偽善が生じてしまわないかと怖れている。彼らは誰一人として、己れにジブリールやミーカーイールのイーマーンが備わっているなどとは言っていない。またハサン〔・バスリー〕について、以下の話が思い起こされる。ハサン曰く、ムウミン〔信ずる者〕以外は偽善を恐れない。偽善者以外は偽善に安んじない。偽善と不服従に固執し、後悔しないのは、警戒すべきことである。それは、いと高き神の言葉「彼らはそれ〔を悪〕と知りつつ行ってきたことに固執しなかった」(三：一三五）に基づく。

〔第四八番〕ズバイド→シュウバ→ムハンマド・イブン・アルアラという経路を辿った伝承：ズバイド曰く、私はアブー・ワーイルに、ムルジア派について尋ねたところ、彼はアブドゥッラーから伝えられたこととして、こう語った。預言者は、ムスリムを口汚く罵ることは侮辱であり、ムスリムの殺害はクフルであると言った、と。

〔第四九番〕ウバーダ・イブン・サーミト→アナス→フマイド〔・タウィール〕→イスマーイール・イブン・ジャアファル→クタイバ・イブン・サイードという経路を辿った伝承：神の使徒は定めの夜（Laylat al-Qadr）について告げるために外へ出たところ、二人のムスリムが互いに罵しり合っていた。そこで預言者は「私はあなたがたに定めの夜のことを教えようと出てきたのだが、二人の男が口喧嘩をしているではないか。それ故、その夜のことは取り去られてしまった。が、おそらくあなたがたにとっては良いことであろう。定めの夜は〔月の終わりの旬日の内〕七日か九日か、あるいは五日にあろうから、それらの日に探し出せ。

第三八章　ジブリールが預言者に、イーマーンとイスラームとイフサーンと最後の時について尋ねたこと、および預言者の彼への回答。そして預言者の「ジブリールが到来し、あなたがたに対して宗教について告げ、それらすべてを宗教となしたこと。また預言者がアブドゥルカイスの代表者にイーマーンについて解説したこと。そしていと高き神の言葉「イスラーム以外を宗教として求める者は、来世において受け入れられないだろう」

〔第五〇番〕アブー・フライラ→アブー・ズルア〔・アムル・イブン・ジャリール〕→アブー・ハイヤーン・タイミー→イスマーイール・イブン・イブラーヒーム〔・イブン・ウライヤ〕→ムサッダドという経路を辿った伝承：ある日、預言者が人々の前に現れると、一人の男〔ジブリールの仮の姿〕がやってきて、「イーマーンとは何か」と尋ねた。預言者は「神と神の天使たちと神に拝謁することと神の使徒たちを信じ、また全人類の復活を信じることである」と答えた。するとその者は「イスラームとは何か」と尋ねた。預言者は「イスラームとは、神に仕え、神に仲間を並置せず、拝礼を行い、定めの喜捨を支払い、ラマダーン月に斎戒することである」と答えた。その者は「イフサーンとは何か」と尋ねた。預言者は「神がまるで目の前にいるかのように神に仕えることである。たとえあなたが神を見ることが叶わぬとも、神はあなたを見ているのだから」と答えた。その者は「最後の時はいつであるか」と尋ねた。預言者は「それについて問われた者が問うたものよりも知っていることはない。が、その時の予兆についてあなたに伝えよう。女奴隷がその主人を産むとか、黒人のラクダ使いが大きな館で寛ぐ時、その時は到来する。これは神以外が知ることのない五つのことの一つである」と答えた。そして預言者は「げに神のみがその時を知っている」（三一：三四）との節を朗誦した。その後、その者は立ち去った。預言者は彼を連れ戻せと言ったが、もはや何処にもいなかった。預言者は「彼はジブリールだ。彼らの宗教についてあなたがたに教えるためにやって来たのだ」と言った。

　アブー・アブドゥッラー〔・ブハーリー〕曰く、預言者は上記のことすべてをイーマーンの内容であるとした、と。

第三九章

〔第五一番〕アブー・スフヤーン〔サフル・イブン・ハルブ〕↓アブドゥッラー・イブン・アッバース↓ウバイドゥッラー・イブン・アブドゥッラー〔・イブン・ウトバ〕↓イブン・シハーブ↓サーリフ〔・イブン・カイサーン〕↓イブラーヒーム・イブン・サアド↓イブラーヒーム・イブン・ハムザという経路を辿った伝承：ヒラクル[7]がアブー・スフヤーンに言った。私はあなたに、彼らは増えているか、それとも減っているか、と尋ねたら、あなたは、彼らは増えていると答えた。これと同様に、イーマーンも完成へ向けて増えるものだ。また私はあなたに、一旦入信しておきながら、その宗教に我慢ならず、棄教した者がいるか、と尋ねたら、あなたは、いないと答えた。これと同様に、イーマーンの喜びが心に満ちている時、イーマーンを嫌うものなど一人もいないものだ。

第四〇章　その宗教のために身を慎む者の美徳

〔第五二番〕ヌウマーン・イブン・バシール↓アーミル↓ザカリヤー↓アブー・ヌアイム〔・ファドル・イブン・ドゥカ

イン〕という経路を辿った伝承：神の使徒は次のように言っていた。ハラールは明らかであり、ハラームも明らかであるが、両者の間には多くの人々がよく分かっていない、疑わしいものがある。疑わしきことを怖れる者はその宗教と名誉のために身を慎むが、疑わしきものにのめり込む者はある人の占有牧草地（ḥimá）の周囲で羊を追い、今にもその牧草地に入り込もうとする羊飼いのような者ではないだろうか。実にあらゆる王侯が占有の牧草地を所有しているが、神が占有するこの地上の牧草地は彼が禁じたもうた場所ではないか。体のほんの一部分が健康であれば、体全体が健康となり、その健康が損なわれれば、体全体の健康が損なわれる、そうした部分は心臓ではないか。

第四一章　戦利品の五分の一を支払うことはイーマーンの一部

〔第五三番〕　アブー・ジャムラ〔・ナスル・イブン・イムラーン〕→シュウバ→アリー・イブン・ジャアド〔・ジャウハリー〕という経路を辿った伝承：アブー・ジャムラ曰く、私がイブン・アッバースと共におり、彼が私に席をすすめてくれた際、彼は「私の財産の一部をあなたのものとするまで私の家に留まりなさい」と言った。そこで、私は彼の家に二か月間滞在した。その時、彼は「アブドゥルカイス族の代表団が預言者の許を訪れた時、彼は「この者たち、いやこの一団は誰であるか」と尋ね、人々は「ラビーア族の者である」と答えた。預言者は「ようこそ、方々、一団の人々よ。あなたたちは何ら恥じることも、何ら後悔することもなく参られた」と言った。するとその者たちは「神の使徒よ。我らとあなたとの間にはムダル族の異教徒たちの宿営地があるので、禁忌月でもなければ、あなたの許へ来ることができないのです。そこで、我らに命じて、我らが残してきた人々に決定的な命令を伝えさせてほしいのです。それによって我らが天国に入れるような命令を」と述べた。そして彼らは飲み物について尋ねた。そこで預言者は四つのことを命じ、また四つのことを禁じた。彼らには神のみへのイーマーンを命じ、こう言った。「神のみへのイーマーンとはなんであるか、ご存知か」と。彼らは「神とその使徒がもっともよくご存知である」と答えた。預言者は「アッラー以外に神はなく、ムハンマドは神の使徒であるとの信仰告白、拝礼を行うこと、喜捨を支払うこと、ラマダーン月に斎戒（断食）すること、そして戦利品の五分の一を納入することである」と言い[*5]、彼らに四つのもの[8]、すなわち瓶（ḥantam）、ヒョウタン製容器（dubāʾ）、樽（naqīr）、松脂を塗った皮袋（muzaffat）を用いること、そしておそらく彼はムカイヤル（muqayyar. タールを塗った容器）についても、用いることを禁じた。そして預言者は「これらを記憶し、残してきた人々に伝えられよ」と言った。

第四二章　「行動は意図（niyyah）と見込み（ḥisbah）を伴うものであり、どの人間にも、その意図したことがついてまわる」と言われている。この言に含まれることは、イーマーン、沐浴（wuḍūʾ）、拝礼、ザカート、巡礼、斎戒（断食）、そして様々な規則である。

いと高き神の言葉「言え、皆その流儀に従って行動する。」（一七：八四）。つまり、その意図に応じて、行動するということである。

来世での報酬を見込んで家族のために惜しまず費やすことはサダカである。

預言者曰く、「しかしながら、ジハードと意図はある」と。

〔第五四番〕　ウマル→アルカマ・イブン・ワッカース→ムハンマド・イブン・イブラーヒーム→ヤフヤー・ブン・サイード→マーリク→アブドゥッラー・イブン・マスラマという経路を辿った伝承：神の使徒曰く、「行動は意図を伴う者であり、どの人間にも、その意図したことがついてまわる。それ故、神とその使徒へ向かって移住（hijrah）した者は、神とその使徒の許へ移住したのであり、安楽をそこで得るべく現世のために移住した者、あるいは結婚したい女のために移住した者は、そうしたものへと移住したのである」。

〔第五五番〕　アブー・マスウード〔・ウトバ・イブン・アムル〕→アブドゥッラー・イブン・ヤズィード→アディー・イブン・サービト→シュウバ→ハッジャージュ・イブン・ミンハールという経路を辿った伝承：預言者曰く、「ある男が来世での報酬を見込んで自らの家族のために惜しまず費やしていたが、その男の行為はサダカである」。

〔第五六番〕　サアド・イブン・アビー・ワッカース→アーミル・イブン・サアド→ズフリー→シュアイブ〔アブー・ヤマーン・〕→ハカム・イブン・ナーフィウという経路を辿った伝承：神の使徒曰く、「神の御尊顔を拝すことを願って惜しまず金を費やせば、必ずやあなたの妻の口に入れるものに至るまで報いがあろう」。

第四三章　預言者の言葉――宗教とは、神、神の使徒、ムスリムのイマームたち、一般のムスリムたちに誠実であることである。

またいと高き神の言葉にもこうある「神とその使徒に誠実であるならば……」（九：九一）

〔第五七番〕　ジャリール・イブン・アブドゥッラー↓カイス・イブン・アビー・ハーズィム↓イスマーイール〔・バジャリー〕↓ヤフヤー〔・イブン・サイード〕↓ムサッダドという経路を辿った伝承：私（ジャリール・イブン・アブドゥッラー）は拝礼を行い、喜捨を支払い、全てのムスリムに対して誠実であることを神の使徒に誓った。

〔第五八番〕　ジャリール・イブン・アブドゥッラー↓ズィヤード・イブン・アラーカ↓アブー・アワーナ〔・ワダーフ〕↓アブー・ヌウマーンという経路を辿った伝承：ムギーラ・イブン・シュウバ[9]の亡くなった日、ジャリール・イブン・アブドゥッラーは立ち上がって、「神に称えあれ（ハムド・リ・アッラー）」と述べ、神を賛美し、「アミールがやって来るまで、あなたがたには唯一にして並び立つ者のいない神を畏れ、威厳を保ち、落ち着いていることが求められる。アミールはすぐにやって来る」と言った。そして、「あなたがたのアミールであった者のために、神の赦しを乞うように。何となれば、彼はよく赦すことを好んだ人であったから」と言い、そして「さて、私は預言者の許へ赴き、イスラームの上であなたに忠誠を誓いますと申し上げた。すると預言者は私に条件を課し、また全てのムスリムに誠実であるよう求めた。そこで私はその条件で忠誠を誓ったのである。この礼拝所（masjid）の主にかけて、私はあなたがたに対して誠実であることを誓う」と言った。そして神に赦しを乞い、説教壇を下りたのである。

注

＊1　この言葉について、レインは「魂が醜い行為を避けること」と訳している。「羞恥」、「慎み深さ」、「良心の呵責」、「自信の無さ」などが特定の叙述の文脈においてこの言葉の意味範囲を成す一方で、上述のような文脈において適切な意味を一語で表す言葉は存在しない〔E. W. Lane, *Arabic-English Lexicon*, 2 vols., Cambridge, The Islamic Texts Society Trust, 1984, I, p. 682a〕。

＊2　ここでは、ウマルの衣服の裾の長さが宗教において人に抜きんでている様を象徴している。

＊3　恥じらい（ḥayā'）は英雄的行為のような美徳ではない。悪行に直面した際に、敬虔な人物がその臆病さと弱さゆえに示しうる狼狽のことである。

＊4　クフル（kufr）というアラビア語は、通常「不信（unbelief）」と訳される。この訳語は、このハディースが描いているような、クフルの持つ同じく重要な側面を除外してしまう。クフルには、生きとし生けるものにその生を与え、それを保たせてくれる唯一神に対して忘恩の振る舞いをするという意味がある。このハディースの言う、「妻達の恒常的な過失」とは、夫に対して忘恩の態度をとり、彼女らのためになされた親切を常に忘れる傾向にあることである。だが、この妻たちの態度は生活全般に対する根本的に間違った態度の一端を表現するに過ぎない。夫と彼の懇請は神の恩寵の一部であり、こうした贈り物に対する妻たちの忘恩は神に対する忘恩のある種の表現なのである〔『クルアーンにおける神と人間』三三一―三三四頁を参照〕。

＊5　この伝承では、預言者が四つのことを命じたとあるが、五つのことが列挙されている。ヴェンシンクが著書『ムスリムの信条』（*The Muslim Creed*, pp. 14–16）で、この伝承に代わる伝承を提示している。

訳注

〔1〕「それを惜しく思いながらも」と訳した'alá ḥubb-hiは「神を愛するため」とも訳すことができる。クルアーン第七六章第八節の同じ句を井筒は「（アッラーの）愛ゆえに」と訳している。

〔2〕アカバの誓いとは、預言者ムハンマドとヤスリブ（後のメディナ）の信ずる者たちとの間の、信仰に関する誓いのこと。六二一年にメッカ郊外の地アカバで一二名の巡礼者がムハンマドに対し、アッラーを唯一神と見なすこと、および窃盗、姦通、嬰児殺し、姦通中傷の行為をしないことを誓った。翌六二二年、同じくアカバの地で、ヤスリブの信ずる者たちはムハンマドの身の安全を確保するためには武力をも用いることを誓う。この二度の誓約により、ムハンマドのメディナへの移住の条件が整うことになる。

〔3〕定めの夜とは、預言者ムハンマドに対して初めて神の啓示が下ったとされる夜のこと。一般的にはラマダーン月の二七日の夜とされるが、二五日ないし二九日とも言われる。本附録の第三七章ハディース第四九番を参照せよ。クルアーン九七章

の全五節はまさにこの夜の様子を描いたものである。

〔4〕アラビア語テキストでは「私への信と私の使徒たちへの信頼」と一人称で記載されているが、文脈から神を指示しているのはあきらかであるので、このように訳した。

〔5〕ハニーフとは、多神主義者に対して、純粋な一神教主義者（一神教徒）を指し、クルアーンではしばしば預言者イブラーヒーム（アブラハム）を指してこの言葉を用いる。彼の信仰は、ユダヤ教やキリスト教などの特定の一神教信仰ではなく、いわば原初の一神教であるとされ、ムハンマドのイスラーム創唱はこのイブラーヒームの信仰への回帰ないし継承の意味を有していると、イスラーム教徒によって考えられている。

〔6〕キーラート（qīrāṭ）は、度量衡の単位。ギリシア語でイナゴ豆を表すケラーティオン（*κεράτιον*）に由来し、イナゴ豆一粒の重さ（約〇・二～〇・五グラム）に相当する。

〔7〕ヒラクル（Hiraqla）は、ビザンツ皇帝一般を指す名詞であるが、ここはその語源となったビザンツ帝国のヘラクレイオス帝 Heráklеios I〔d. 641〕その人を指していると思われる。この伝承を伝えたアブー・スフヤーン Abū Sufyān Ṣakhr ibn Ḥarb ibn Umayyah〔d. ca. 653〕とも時代的に合致する。

〔8〕全てワインの容器を意味する。

〔9〕Abū ʻAbd Allāh al-Mughīrah ibn Shuʻbah al-Thaqafī. 預言者の教友の中でも有力な人物で、正統カリフ時代からムアーウィヤの治世において各地の総督を歴任した。また彼の所有していた奴隷アブー・ルウルウがウマル・イブン・ハッターブを刺殺したことでも知られる。ここで「アミール」と呼ばれているのは、ムギーラが遠征軍指揮官、そして総督であったためであろう。六七〇年頃死去。

解説

鎌田繁

本書は井筒俊彦の英文著作、*The Concept of Belief in Islamic Theology: A Semantic Analysis of Īmān and Islām*, The Keio Institute of Cultural and Linguistic Studies, Keio University, 1965 の新版（Keio University Press, 2016）に基づく全訳である。本書は井筒がイスラームについて英文で著した研究書の第三作であり、序にもあるようにカナダのマギル大学イスラーム学研究所で一九六四年におこなった講演を契機に生まれたものである。これは慶應義塾大学に籍を置きながらもマギル大学の客員教授として日本とカナダを往復していた時期にあたる。

本書は方法においても、また内容においても、『意味の構造』（英文初版、一九五九年）、『クルアーンにおける神と人間』（英文初版、一九六四年）の延長線上に位置する研究と考えることができるだろう。この二つの研究ではイスラーム以前のいわゆるジャーヒリーヤ時代（無道時代）のアラビア語から析出される世界観が、クルアーンの啓示では同じアラビア語でありながら、意味内容が大きく変容していることを意味論的分析を通して解明した。「イーマーン」（imān「信」）と「イスラーム」（islām）の概念はクルアーンのなかで重要な概念としてそこでも扱われているが、本書ではこのふたつの概念を巡って、クルアーンの啓示を受けて成立したイスラーム共同体のなかで、その後どのような議論が行われ、そのなかでこれらの二つの概念の理解がどのような変化を受け、多様な展開を示していったかを探究している。井筒自身の表現によれば、「信」の概念の発生と展開、そしてムスリムの間での理論的精緻化という歴史的経過の叙述、それと「信」および連関する他の鍵概念についての意味論的分析（本書序より）のふたつをねらったものである。

井筒が本書で論じるのはイスラームという宗教における全人間的な信仰ではない。宗教的信仰は身体、感性、理性など人間の全体が関与している。そのような信仰者の実存の深みから現れる信仰現象全体を論じるのではなく、宗教的知識人が理性的に整理して定式化した概念的な信仰論が本書では問題になっている。もちろん、理論的な定式化の背後にはそれぞれの思想家の全人間的な宗教経験が隠されているであろう。しかし、神学という学問は、合理的理論として記述されるので、宗教的信仰の外的な面、表相的な面しか扱うことができない。本書結論で井筒は次のように述べている。「鋭い分析的理性的な洞察」を加え続けることで「ムスリムたちはイーマーンの概念構造を露わにすることに成功した。だが、個々人のさらに深い処にある何か、実に生命力を帯びた何かが彼らの分析の細かい網の目を逃れていったのである」（三七四頁）と。そしてこのような個々人の心の奥底にひそむタクワー（敬虔さ）は神秘家によって探究が進められたという。このように本書が論じるのは、理性的に整理された信仰に関する概念であり、全人間的な信仰ではない。信仰という日本語には信じて仰ぎ見る、という含意が強く、感性的なものをも含む全人間的な態度を指示しているように思われる。そのように受け取られるのを避ける意味で、本書ではあえてイーマーンの訳語にその語をあてず、「信」を用いた。

＊

イスラーム神学（英語では Islamic Theology）とよばれる学問は、アラビア語でイルム・カラーム（ʻilm al-kalām「語りの学」）、あるいはイルム・ウスール・ディーン（ʻilm uṣūl al-dīn「宗教の根本についての学」）と呼ばれる。中世盛期の代表的神学者シャリーフ・ジュルジャーニー（一四一三年没）の『諸学定義集』（*Kitāb al-Taʻrīfāt*）では「カラームは至高なる神の本体と諸属性、始まりの原因と終わりの結果に関する可能的存在者の諸状態について、イスラームの規範に基づいて考察する学問である。なお、最後の条件（イスラームの規範に基づくこと）は哲学者たち（ファラースィファ）の「神的学《イルム・イラーヒー》」（哲学）を排除するためのものである」と述べる。神そのものについて、世界や人間の創造から使徒を遣わし啓示を伝えること、終末の裁きを行うことなどの神の属性や働きについて、そして人間はどのように生き死ぬかについて、イスラームの教えに基づいて、内容を整理し、正しい見解を提示し、誤った理解を排除する、そういう学問的営みである、というのであろう。古代ギリシア由来のアリストテレス哲学をイスラーム文化圏は受け容れたが、人間の理性の力によって世界や人間を説明しようというギリシア的哲学は、クルアーンやハディースから引き出されるイスラームの規範的原理に基づいて形成されていないので、神学の類には入らない。

キリスト教では神学はかなり広い意味でとらえることもあり、その場合、組織神学と実践神学とに分け、前者は信徒が信ずべき教理を人間理性によって知的に理解しようという学問を指し、後者は牧会、宣教、説教、礼拝など教会の実践的活動に関する理論や技術を意味する。これとの対比でいえば、イスラーム神学は組織神学とか教義学と呼ばれる領域に限られている。礼拝はキリスト教にあっては神学の扱うものであるが、イスラームにあっては礼拝（本書ではサラートの訳語として「拝礼」を採用）についての規定など具体的な宗教儀礼を扱うのは法学であり、神学の関与は礼拝の意味づけなど非常に限られている。

具体的に神学ではどのような議論が行われるのか、本書で何度も引用されているナサフィー（一一四二年没）の『信条』（*ʻAqāʼid*）を見てみよう（本書ではタフターザーニー（一三八九／九〇年没）の同書への注釈がよく取り上げられている）。『信条』は幸い、松山洋平『イスラーム神学』（作品社、二〇一六年）のなかで翻訳されており、また著者の選択により、主立った三つの神学グループ、すなわち、アシュアリー学派、マートゥリーディー学派、ハディースの徒、の解釈を適宜拾い上げ注解のなかで紹介している。松山の書は神学の議論の全体像を伝えようという意図で書かれており、冒頭から専門的な細かな議論に入り込んでいく本書の議論を理解するための基礎的知識を得ることのできる有益な著作である。松山の整理によれば、ナサフィーの『信条』が取り上げる項目は以下の二〇である。先に紹介したジュルジャーニーが概括的に述べた考察内容を具体的に述べるとこうなるといえるだろう。

(1) 知識論、(2) 世界、(3) 神、(4) 人間の行為、(5) 死後の出来事、(6) 罪と赦し、(7) 信仰、(8) 使徒、(9) 天使、

(10) 啓典、(11) 預言者ムハンマドの昇天、(12) 聖者、(13) イマーム、(14) 異端の徒と区別されるスンナ派のいくつかの特徴、(15) いくつかの不信仰について、(16)「もの」の意味、(17) 死者への祈り、(18) 終末の前兆、(19) ムジュタヒド、(20) 天使と人間の序列。

井筒が本書で解明しようとしたイーマーンの問題は、この二〇項目のうちのひとつ (7) の信仰が関わるものであり、神学の議論の全体を考慮すると全体のなかのほんの一部分でしかないことがわかるであろう。

本書の取り扱う主題自体は限定されたものであるが、参照する学者たちの歴史的配置の範囲は広く、西暦七世紀後半のハワーリジュ派の出現から一八世紀の神学者アブー・ウズバにまで及ぶ。人名、学派名、さまざまな概念を示す用語が頻出し、議論を追っていくのも簡単ではない。とはいえ、逆に目も眩むような多彩な活動がイスラームの思想を構築していたのだということを、それを通して感じることもひとつのイスラーム理解にはなるであろう。本書はイスラーム神学の全体を概観するという性質のものではなく、神学にとって中核的な意味をもつものであるかもしれない、信（イーマーン）というひとつの概念に的を絞り、それと関わりあう他のキータームともつさまざまな関係のなかで、そこから紡ぎ出される多彩な意味内容を叙述するものである。

本書のなかで井筒は非常に長い期間にわたるたくさんの神学者を参照している。最初期のハワーリジュ派（七世紀後半）の活動は反体制的政治運動であり、学問の一分野としての神学というにはほど遠い。おそらく神学という名前で個々の思想家をよぶことができるのは西暦八世紀以降であろう。学問分野のひとつとしての神学は、アラビア語文法学、法学、クルアーン解釈学、ハディース学などを生み出した宗教的知識人の諸グループの営為と密接にからみあって展開して行ったと考えられ、クルアーンやハディースに基づいて、イスラーム共同体がもつ基本的な信ずべきもの、信ずべきこと、を整理、提示し、それに合理的な基礎をあたえることを目指したといえるだろう。

八世紀後半に神学は成長し九世紀半ばにはいくつかの神学体系とよばれるようなまとまった思想が現れてくる。この時代に属す者には、ムウタズィラ派のアブー・フザイル（八四一年頃没）、イブン・クッラーブ（八五九年没）、伝承を重視し推論を拒む法学神学者アフマド・イブン・ハンバル（八五五年没）らがいる。八世紀末までには文法学が成立し、この言語への関心がムウタズィラ派のバスラ学団やアシュアリーのグループの思想形成に大きく影響を及ぼした。アシュアリー（九三五年没）、アシュアリー派のバーキッラーニー（一〇一三年没）、ムウタズィラ派のアブー・ハーシム（九三三年没）、本書では参照されていないがムウタズィラ派のアブドルジャッバール（一〇二五年没）、これらの者は前代の成果の知的発酵と完成と、アリストテレス及び新プラトン主義の要素の受容（一一世紀初頭）との間の中間的位置にある。そして、ガザーリー（一一一一年没）、シャフラスターニー（一一五三年没）、ファフルッディーン・ラーズィー（一二一〇年没）やジュルジャーニー（一四一三年没）が新プラトン主義的アリストテレス哲学を受け容れ、哲学的神学を産み出し、その後の神学の主流となっていく。もちろん、本書でも引かれるイブン・タイミーヤのように古代ギリシア由来の論理学を徹底的に批判するような学者もいた。その他、中央アジアにつよい影響力を及ぼしたマートゥリーディー（九四四年頃没）とその学派はスンナ派のなかでアシュアリー派とならんで正統神学の地位を認められた。

九世紀以降ギリシアの哲学は医学や天文学などの学術とともに、その思索を概念構造や統語法もちがう別の言語であるアラビア語に翻訳されることでイスラーム文化圏に移入された。『クルアーンにおける神と人間』第二章の終り（七六―八八頁）で井筒が述べているように、ギリシア的観念や思索を内に隠した不自然なアラビア語を通して理解を進めようと哲学者たちが努力をしていた時代（九世紀から一〇世紀）、神学の議論は哲学に見られるような不自然さと無縁に、本質的にアラビア語に内在する概念把握と論理によって進められた。その結果、一〇世紀から一一世紀におけるカラームの語彙は外からの影響をうけることのないアラビア語であり、それを通したカラームの議論は豊かで融通性をもち、微妙な含意を含むものであった。カラーム研究に大きな仕事を残したリチャード・フランクはこのように述べ、同時に彼らの言語を理解することの難しさから十分な理解が進んでいないという（Richard M. Frank, *Beings and Their Attributes: The Teaching of the Basrian School of the Mu'tazila in the Classical Period*, Albany: State University of New York Press, 1978, pp. 3–4, 9–10）。

本書で紹介されているさまざまな議論を一見すれば分かることであるが、議論のなかに聖典（神の言葉そのものとされるクルアーンの文言とハディース（と呼ばれる預言者ムハンマドの言行の記録）がしばしば引用されている。イスラームの思想にあっては聖典の言葉に基づく伝承知と人間理性の行使による理性知という、ふたつの権威ある知の間の釣り合いで多様な思索が展開する。理性知を最大限に生かした学問として哲学があるが、神学（や法学）にあってはふたつの知の権威が学派や思想家の違いによって異なる軽重の釣り合いを示している。哲学と見紛うような理詰めの議論を示すものや、単に聖典の言葉を羅列しているだけではないかと思わせるような議論も神学のなかには見出せる。

本書第六章の議論で引かれるクルアーンの言葉に、「我（神）が使徒を遣わすまでは、我は決して罰を下さぬ」（wa-mā kunnā muʻadhdhibīna ḥattá nabʻatha rasūlan）（第一七章第一五節）がある。アシュアリー学派は使徒が人間の行うべきことを神の啓示として伝えて初めて神を知ることが義務になると考える。神の使徒が遣わされる前は、知るべきことを知らなかったのだから、神の命令を知らずに人間が罪にあたることを犯したとしても、神はそれを罰したりはしない、という意味にこの文言を理解する。啓示が下って初めて人間は善悪を知る、という彼らの見解を支える役割を果たす。

アシュアリー学派に対して主知主義的傾向の強いマートゥリーディー学派は、たとえ啓示が下されなかったとしても、人が成熟し理性を行使できるようになればその時点で神を知ることが義務になるとした。これを敷衍するならば、啓示を受け取る前でも理性をもつ人間は善悪の区別はつくので、その段階で罪を犯せば、当然悪を犯した責任を逃れることはできないので、神が罰を与えることもある、ということになり、上記クルアーンの言葉をアシュアリー学派のように文字通りに受け取るのであれば、そのクルアーンの言葉に反する見解になってしまう。

マートゥリーディー学派（そのなかでも主知主義的傾向のより強いサマルカンド学団）では、このクルアーンの文言の置かれた文脈を考慮する解釈を通して、アシュアリー学派の理解する意味をやり過ごす。すなわち、これに続く第一六節では邑を壊滅することを罰として述べており、これとの連関で第一五節をみると、そこで言われている「罰を下す」の罰は根絶やしにするという究極の重い罰を意味すると考えるべきだという。このことからこの節は、使徒を遣わし警告を与える前は、その共同体を消滅させるような大きな罰は与えない、ということを意味するのであり、使徒派遣以前でも理性によって知られる義務を果たさなかった者を個別的に軽い罰を与えることを否定してはいない、とアシュアリー学派とは異なる意味をこの文言から引き出すのである。

以上本書から一例を示したように、神の言葉であるクルアーンの文言は、ムスリムが何か判断を下す際には最高の権威を示すものとして引用されるが、そこから引き出す意味は決して一様ではなく、それぞれの思想家や学派が頭を絞って彼らの立場に相応しい意味を引き出してきた。理性知と伝承知とがせめぎ合う神学の領域では、このようなクルアーン解釈が極めて重要であり、一見しただけではなぜこの言葉が引用されているのか分からないような場合すらある。理性的な推論のみで議論を進めることができれば、考え方の道筋を追っていくのは案外簡単であるが、絶対的な権威をもつ言葉を自らが進める議論のなかに流しこみ、さまざまな解釈の技法を通して自らの議論に対するより強固な支えとして取り出す論法は、それだけ複雑な道筋を歩むことになる。神学の議論の難しさのひとつはここにもあるといえるだろう。

＊

井筒は本書のなかで多くの神学者の議論を紹介しているが、そのなかでもやや特別なかたちで紹介しているのがイブン・ハズム（一〇六四年没）とイブン・タイミーヤ（一三二六年没）のふたりである。

イブン・ハズムはキリスト教徒やユダヤ教徒とともにムスリムが共存していたアンダルス（現在のスペイン・ポルトガル地域）の学者（文学、法学、神学の分野で仕事を残している）であり、現在は滅んでいるが、法源にクルアーンとハディースのみを認め、厳格なその字義的な解釈をいうザーヒル派法学で業績を残している。神学の分野では本書で参照されている『諸宗派・諸党派・諸分派についての諸章』でイスラームの内外の諸教派、諸分派について論じている。現在の比較宗教学的な客観性は期待できないが、驚くほど正確にヘブライ語聖書の内容を記述したりしており、古くから現在に至るまで研究者の関心を引いている。特に近年は、三つの宗教が小競り合いはありながらも平和的に共存し相互の理解が進んでいた時代であり地域であることから、その代表的な思想家として関心を集めている面もある。文学作品として『鳩の頸飾り』（邦訳に黒田壽郎訳、岩波書店、一九七八年がある）がよく知られている。

井筒は上記の分派学書から多くの議論を引いているが、単に彼の教説を引くだけではなく、彼自身の言語理論について言及する（本書第七章二二〇頁以下）。イーマーン（信）とタスディーク（是認）は同義であるという考え方に異を唱える者がいる、という文脈でその異を唱える者のひとりとしてイブン・ハズムをとりあげている。イブン・ハズムのイーマーン論については、古くはハンガリーの東洋学者ゴルトツィーハーも触れている（Ignaz Goldziher, *The Ẓāhirīs: Their Doctrines and Their History*, Leiden: E. J. Brill, 1971, pp. 118–120（ドイツ語初版 1884））。イブン・ハズムによれば、神がアラビア語で啓示を下すときには、神はそれぞれのキー・タームを一定の仕方で特定する、きわめて固有の意味をそれぞれに割り当てたのである。元来の意味を起点として本来の位置から別の位置に移し、特殊な類の術語を作り上げるのであり、そこから辞書的意味と熟語的意味（ここではクルアーンやハディースのなかの特殊な用法）の区分をする。イーマーンの基本的意味（辞書的意味）はタスディークであり、対象がなんであれ是認することがイーマーンである。しかし、神は啓示のなかでイーマーンをこころで信じることに意味を限定する場合があり、この場合、対象がなんであっても是認することはイーマーンであるとは言えなくなる。また神は言葉で是認することをイーマーンに含めることもあり、また身体的行為をもイーマーンに含めることもある。神が創造した言語で神自身の言葉、あるいは神の忠実な使徒の言葉の用法に規定されている神学と法学の領域では、語学的には同義かもしれないが、このイーマーンの語を単なるタスディーク（なんであれ是認すること）に適用すること、同義として理解することを神は禁じた。もしそれを許したならば、どんなカーフィルであっても、何かを是認するということはしているので、カーフィルであれなんであれ、すべての人間は信をもつ者になってしまう。たとえばユダヤ教徒が神の唯一性を是認するからといって、それをイーマーンということはできない。イーマーンとよばれるにはイスラームの宗教固有の他の条件（例えばムハンマドの共同体に所属している、など）を満している必要がある。このようにイブン・ハズムにとっては、イーマーンの語は意味論的に多義であり、単純にイーマーンはタスディークであるとはいえないというのである。

イブン・タイミーヤはカリフ制が有名無実化し、モンゴルがムスリムの間で支配権を確立する激動の時代に活躍したスンナ派の法学者・神学者である。イスラームへのギリシア思想の影響、神秘主義の教義や聖者崇拝を批判、さらに法学派の権威を否定するなど、活発な著作活動をするとともに、すでにイスラームを受容していたイル・ハーン朝のモンゴル政権との戦いはジハードであるという法判断を下すなど社会、政治問題にも積極的に関わった行動的思想家である。彼の影響はハンバリー法学派のなかで生き続け、現在のサウジアラビア王国のワッハーブ派、各地のスンナ派知識人――そのなかにはアルカーイダやイスラミック・ステイト（ＩＳ）などの反体制的イスラーム主義者たちを含む――に及んでいる。現代イスラームに大きな影響力をもっていることからも近年多くの研究者が注目している思想家である（日本でも中田考が長年研究を続けており、彼の政治論の翻訳と解説を『イブン・タイミーヤ政治論集』（作品社、二〇一七年）として出している）。

イブン・タイミーヤはイスラーム政治論の観点から論じられることが多いが、本書では、イブン・ハズムの場合と同様に、意味論的な言語理論を彼は提示していると井筒は述べる。政治論がイブン・タイミーヤの著作活動の中心にあるかもしれないが、その政治論が基礎づけられる聖典の言葉の解釈を規定する方法論として、彼の思索の基礎にある考え方といえるだろう。本書第四章でイスラームとイーマーンの二つの概念の関係について論じているが、そこでイブン・タイミーヤは、イーマーンの概念はイスラームという概念をその内に含むという説を唱えている。彼は言葉の意味を捉える場合、語が絶対的用法で用いられているか、条件つき用法で用いられているか、それによって意味がかわってくることをいう。イーマーンが絶対的用法で用いられている場合、それはイスラームのもつ意味をも含む包括的な概念となり、財産を恵んだり奴隷を解放することなど、行為とされるものまで含む。すなわち、「信じること」は単に内的に信じるだけではなく、その信の命ずる行動を行うことでもある。しかし、イーマーンがイスラームと併置されている場合、イーマーンの意味範囲はそれによって限定され、イスラームの指示する内容は含まず、内的なこころの働きだけを意味することになる。

第九章ではイーマーンとタスディークは同義語ではないという説明を彼は行っている（もっともアラビア語のタスディークという語だけがイーマーンの正確な同義語である、と井筒は一応そこで述べている）。タスディークは目に見える世界であれ、目に見えない世界であれ、その情報を真実と認めるという意味で用いる。しかし、イーマーンは目に見えないものについての情報にのみ用いる。イーマーンは'-M-Nを語根としており、「安全で護られている」という含意があり、目に見えないものについて、それを伝えた者を信頼して、安心してその情報を真実だと認める、ということであるという。すなわち、イーマーンという語はタスディークに「信頼をおく」という要素が加わったものであり、そのふたつの語は同義ではないと論じる。

以上、イブン・ハズムとイブン・タイミーヤのふたりの思想家の例が示すように、ひとつの語——ここではイーマーン——は核になる意味は保持していてもつねに同じ意味を指示するわけではなく、文脈によってその意味内容は狭くなったり広くなったりする。その語が置かれた言語的場の設定状況に応じて、その場のなかで適切な意味を示していると考えるのである。そこでは辞書的意味と熟語的意味、絶対的用法と条件つき用法、説明の表現は異なるが、これは井筒のいう「基本的意味」と「連関的意味」(『クルアーンにおける神と人間』第一章参照)に対応しているだろう。このようにある語の意味論的場が異なるとそれに応じてその語の指示する意味内容は変わる、という意味論的洞察をこのふたりの学者は示している。これはまさに井筒がテクストを読む際に採用している意味論的方法に他ならない。井筒がこのふたりの議論を知ったのは本書執筆中であったのか、あるいは以前から知っていたのかは分からない。しかし、井筒の意味論研究は、たとえヴァイスゲルバーの研究に示唆を受けなかったとしても、彼らのようなイスラームの思想家との出会いを通して展開した可能性もあったであろう。

＊

『クルアーンにおける神と人間』第二章で井筒は自身の意味論的研究の素描を提供している。ひとつの言語のなかにある語の意味は時間軸に沿って意味を変えていくが、その時間軸のある段階で輪切りにしその切片をみれば、そこにはある時点でのさまざまな意味をもつ語の集合が現れることになり、その語彙群が示す意味のネットワークの構造を探究することが意味論的研究になる。これは共時的意味論とよぶことができる。時間軸のさまざまな段階で切片を取り出すことができ、それぞれの段階で意味論的研究は成り立つが、時間軸の異なる段階で切りとった切片の示す語彙群の意味論的構造は、それぞれの段階で微妙な、あるいは激烈な違いを示す。そこで異なる段階で析出された意味構造を時系列的に並べて観察すれば、そこに通時的な意味論が成立する。このような見方に基づいて、アラビア語が時間軸に沿って変化する歴史的展開のなかで、前イスラーム期の古詩の段階、そしてイスラーム期のクルアーンの段階で、切片を作り、そこに現れるキーワードの意味論的構造からそれぞれの段階での世界観を析出し対比することで、クルアーンの示す世界観をひときわ明瞭に提示することができた。

本書は以上で略述した研究を継ぐものとして、クルアーンの言語をもっともよく受け継いでいる神学の領域で、その後いかなる変容が起きたかを探究しているといえるかもしれない。すなわち、前イスラーム期、イスラーム期の二つの切片にくわえて、第三の後クルアーン期における切片についての研究とみることができるかもしれない。ひとつの切片が含む時間の幅はどのようにもとれるという意味のことを井筒は『クルアーンにおける神と人間』第二章でも述べているので、本書の研究をそのように位置づけることも可能である。しかしながら、本書で井筒が参照する議論は預言者ムハンマドの死後一世紀も経たない七世紀後半のハワーリジュ派の運動から一八世紀の神学者の議論まで、一千年を越えるものである。言い換えれば、植民地化をともなう西欧との出会い・衝突の顕在化する前の伝統的なイスラーム教学の産み出した成果全体を参照するような形で行われた研究である。

信の概念の展開の歴史的経過を叙述することが本書のひとつのねらいであると井筒は序で述べている。確かに、初期の神学派の活動によって信（イーマーン）はこころにおける是認（タスディーク）あるいは知識（マアリファ）、舌による告白（イクラール）、身体による行為（アマル）、このどれをその構成要素とするか、という基本的な問題設定が生まれる。そして後になるとこれらの理解がより精緻、精密になっていくという一般的な歴史的経過は分かるが、具体的に一〇世紀の理論、一二世紀の理論というように、信とその関係する諸概念の全体がどのような姿を提示しているか、という詳細な歴史的経過は明確に理解できるような記述にはなっていない。おそらく井筒自身もこのような詳細な歴史的記述を行おうという意図もなかったのであろう。日本ではよく知られていることであるが、後に『意識と本質――精神的東洋を索めて』（岩波書店、一九八三年）で〈東洋哲学〉なる名を与えて、「東洋」のさまざまな哲学や思想を地域、時代の枠を取り払い、一種のメタ哲学の構築を明確に指向するようになる。ただ、この指向は、本書英文初版が刊行された数年後、一九六九年のヘブライ大学での講演「ワフダト・ウジュードの分析――東洋哲学のメタ哲学に向けて」(『存在の概念と実在性』鎌田繁監訳・仁子寿晴訳、慶應義塾大学出版会、二〇一七年、所収)のなかで、すでに触れられている。

このような井筒の研究の進み方を考えると、思想なり哲学を歴史的に記述することへの関心は明らかに薄くなって来ている。井筒の思索の最終的到達点を考えると、本書の位置づけもおのずと決まってくるのではないか。すなわち、イスラームという思想の体系のなかで、信とそれを中心的概念としてキー・タームとなる他の諸概念とがさまざまな関係を結び、どのような意味のネットワークを形成しているのか、あるいは形成する可能性があるのか、換言すれば、信という概念の現勢的かつ潜勢的な意味内容の全体像を提示する意図をもっているのではないか。個々の分派がいつ、どのような見解を示したか、への関心ではなく、時間の枠組を超えて、イスラームという体系のなかで信はこのような意味論的拡がりとして概念化されるのだ、ということを示したといえるだろう。

そして『スーフィズムと老荘思想』(*Sufism and Taoism*, 1966–67/revised 1983)はさらに一歩を進めて、歴史的つながりを想定することが意味をもたないような互いに離れたふたつの思索をとりあげる。イスラームという枠、老荘思想という枠を超えて、すなわち、地理的、時間的枠を超えた次元で思想を論ずることの可能性、すなわち、〈東洋哲学〉というメタ哲学の可能性を試みた、といえるのではないだろうか。イーマーン(信)という神学上の概念がもつ意味論的な拡がりを詳細に提示するという本書のイスラーム学的論述の背景には井筒自身の哲学的思索も隠されているといえるかもしれない。

なお、この解説の作成にあたっては長年井筒俊彦を読み込んできた仁子寿晴氏から多くの示唆を受けた。井筒俊彦の『スーフィズムと老荘思想』の翻訳注解作業を現在彼は進めており、井筒の学問について深い洞察を示す解説も用意しているので、刊行の暁には参照されたい。

監訳者あとがき

井筒俊彦のイスラーム学の領域における研究はクルアーン、神学、哲学、神秘主義を覆う。このうち哲学と神秘主義は融合して神秘哲学を形成するので、大きく三つの分野で彼は業績を残したといえるだろう。『クルアーンにおける神と人間』、『存在の概念と実在性』にひき続いて、本書『イスラーム神学における信の構造』の刊行によってこの三分野すべての研究が日本語で読むことができるようになった。井筒が最終的に目指したのは「東洋哲学」とよぶある種の比較哲学であるが、その方法論である意味論を明示的に遂行したのはこれらのイスラームについての論考だけである。牧野信也の翻訳による『意味の構造』(『井筒俊彦全集』第十一巻所収)以外に、日本語ではこれまで彼の意味論が具体的にどのようなものであるかを知る手立てはなかった。この「英文著作翻訳コレクション」によって彼のイスラーム研究を知ることは、日本のイスラーム理解に資するだけではなく、彼の「東洋哲学」を支える方法である「哲学的意味論」を理解するためにも不可欠な手続きとなるだろう。後はイスラーム研究の枠を一歩踏み出そうという試みでもある『スーフィズムと老荘思想』の無事な刊行を望みたい。

本書はこれまでの二冊と同様に仁子寿晴氏の訳稿を基礎にして、今回新たに共訳者として参加した橋爪烈氏が全体にわたって英文との対校を行い、それとともに翻訳を整える作業を行った。さらに引用されているアラビア語原典に遡って確認する作業も彼が担当した。井筒が引用するテクストはこれまでの巻以上に多く、執筆当時からすでに半世紀を経ているため、井筒の利用した版本を手にすることもなかなか難しく、他の版本に依拠せざるを得ない部分もあり、引用箇所の探索には多大な時間とエネルギーを費やすことになった。また原著には、附録としてW・P・マクレーン(W. P. McLean)氏の手による、ブハーリーが編纂したハディース集のイーマーン章の全訳が附されているが、本訳書では、橋爪氏が新たにアラビア語原典からの翻訳を行い、附録として収載した。この他、文献リストや索引作成も彼の手によるものであるが、索引作成については森脇隆太氏にもご協力いただいた。これまで同様、慶應義塾大学出版会の片原良子さんには編集作業全体を差配いただいた。この叱咤激励なしには本書は日の目をみなかったであろう。井筒俊彦への深い思いとともに彼の学問が世に知られることに心を尽くして来られた坂上弘慶應義塾大学出版会元会長にも感謝したい。

二〇一八年一月

鎌田　繁

事項索引

関連する語を矢印⇒で示す。その内、アラビア語用語索引に誘導したい場合はゴチック体で示した。

※ア行

※カ行

※タ行

※ナ行

※ハ行

アラビア語用語索引

※ア行

アアマール a'māl（行，諸行） 76, 78, 104, 115, 128n25, 133, 148, 156–157, 256, 271, 362n7

アクド・ビ・カルブ 'aqd bi-al-qalb（こころで固く信ずること，こころでの確信） 223, 232n16, 243

アクル 'aql（理性） 153, 172, 174, 288

アクル・ハユーラーニー 'aql hayūlānī（質料的理性・アクル） 175

アクル・ビ・クウワ 'aql bi-al-quwwah（可能態としての理性・アクル） 176

アクル・ビ・フィウル 'aql bi-al-fi'l（現実態としての理性・アクル） 175

アクル・ビ・マラカ 'aql bi-al-malakah（持ち前としての理性・アクル） 175

アクル・ムスタファード 'aql mustafād（獲得された理性・アクル） 175–176

アズム 'azm（決意） 61

アスル aṣl（根） 43, 115, 202, 276

アッラー・アハド Allāh al-aḥad（一なる神） 169

アドル 'adl（正義） 137, 153, 159, 326

アマル 'amal（行，行為，働き） 71, 86n20, 89n51, 120, 133, 147–148, 155, 188, 224, 236, 247, 256, 272–273, 276, 308n[5], 373

アマル・カルビー／アアマール・カルビーヤ 'amal qalbī / a'māl qalbiyyah（こころの働き） 271

アマル・カルブ 'amal al-qalb（こころの内的働き，こころの行） 120, 276

アムル amr（命令，命令文） 41, 342, 351, 355, 371

アルカーン arkān（五柱，主要な義務） 96, 148, 225, 236 ⇒ルクン

イウティカード i'tiqād（確信すること） 193, 218

イクティサーブ iktisāb（獲得されたもの） 140, 187

イクファール ikfār（誰かを不信心者と非難すること） 11 ⇒タクフィール

イクラール iqrār（告白，承認） 71, 104, 119, 128n25, 135, 137, 140, 147, 150, 160n17, 162n39, 202, 226, 236, 240–241, 244, 246–247, 251, 253n10, 275, 362n7

イクラール・ビ・リサーン iqrār bi-al-lisān （言葉で是認すること） 147, 150

イージャード・ワフダ ījād al-waḥdah（一であることの創造） 51

イジュティハード ijtihād（啓示された言葉に基づく類推） 42, 50

イジュマーウ ijmā'（共同体の合意） 46

イスティウラード isti'rāḍ（誰かにその者の個人的見解を明かすよう求めること） 21

イスティクバール istikbār（傲慢さ） 136, 145

イスティグファール istighfār（赦しを請うこと） 63

イスティスナーウ istithnā'（何かに例外を設けること） 309–310, 313–314, 316–322, 324n14

イスティスラーム istislām（己れを委ねること，神にすべてを委ねること） 109, 116, 120–121, 129n45

イスティドラール istidlāl（推論，演繹） 172, 183, 186, 196, 210n25, 212n44

イスティフサーン istiḥsān（承認，何かを良いと見做すこと） 348

イスラーム islām 4–5, 12–14, 16, 18, 20–21, 23, 37, 45–46, 49, 57, 65, 70, 72, 78, 81–82, 91–109, 111–112, 115–121, 123, 126n6, 127n21–22, 129n44, 131n[2]–[3], 143, 156, 171, 187–189, 191–192, 198–199, 201, 203, 205–206, 213n69, 223–224, 231, 235n[5], 243–244, 254n[1], 257, 263–264, 266, 269, 271, 275, 284, 288, 290–291, 293, 310, 312–313, 356–357, 360, 368, 370–374

イドティラール iḍṭirār（自然の衝動） 139, 149

イフサーン iḥsān（完全さへと至ること） 93–96, 126n6, 126n10

イフティヤール ikhtiyār（己れの意思で選び取ること） 218, 234n[3], 254n[1], 352

イフティラーウ・カズィブ iftirā' al-kadhib（神に抗して嘘を拵えること） 265

イーマーン īmān（信） 5, 12, 17, 24, 37, 60, 71, 74, 76, 87n34, 88n41, 91, 96, 126n9, 126n10, 127n22, 128n23, 134, 162n39, 172, 186, 224

イーマーン・ビ・タクリード īmān bi-al-taqlīd（他の者の権威に基づく信） 37, 172, 188

イラーダ irādah（意図すること） 348, 350, 353–354, 357, 364n20, 371

イルジャーウ irjā'（判断の保留・延期） 69, 133
イルム ʻilm（知，学） 17, 140, 169, 193, 234n[2]
イン・シャーア・アッラー in shā'a Allāh（もし神が望み給うならば） 130, 309
ウスール uṣūl（根本的な事柄） 46
ウブーディーヤ ʻubūdiyyah（僕としてあること） 315
ウルーヒーヤ ulūhiyyah（神が神としてあること） 203
ウンマ ummah（ムスリム共同体） 14, 146

※カ行
ガイブ ghayb（神秘） 316
カイフィーヤ kayfiyyah（如何にと問うこと） 253
カウル qawl（言，語り） 27n21, 186, 207n3, 212n44, 224, 227, 231, 239, 276, 363n20
カズィブ kadhib（嘘） 265, 287
カダーウ qaḍā'（神の運命づけ） 350–351, 355
カディーム qadīm（永遠） 24, 334
カバーイル kabā'ir（重罪） 10, 56, 67, 84, 85n1, 257
カビーラ kabīrah（重罪） 9, 56–64, 69, 73, 78
カーフィル kāfir（不信（心）者） 5, 8, 11–16, 18–24, 26n8, 26n11, 27n26, 28–37, 39–50, 59, 65–69, 72–77, 80, 83–84, 88n38, 89n44, 89n45, 118, 127n21, 133, 135–136, 138–139, 141, 143–144, 146, 154, 157, 159n12, 161n25, 172, 183, 186–190, 192, 195, 199–200, 202, 213n69, 216, 218, 221–222, 230–231, 238, 246, 258–261, 273, 275, 277, 299, 310–311, 315, 319–320, 327, 333, 337, 340, 342–345, 347, 349, 351–353, 355–361, 366n[9], 367n[12], 371
カラーム kalām（言葉，発話，スコラ神学） 17, 151, 190, 329, 338
カルブ qalb（こころ，心臓） 63, 79, 114, 120, 126n9, 147, 201–202, 204, 223, 229, 232n16, 233n26, 243, 272, 276
クフル kufr（不信） 5, 9, 11–12, 14–15, 18–20, 22–24, 27n21, 27n25, 28–37, 39, 42, 48, 50–51, 56, 59, 61, 66–68, 71, 77, 81, 83–84, 108, 119, 122, 127n21, 135–139, 143–144, 154, 158n5, 174, 181, 186, 196, 199, 216–217, 223, 226, 232n16, 239, 243, 256, 265, 268–269, 271, 275, 310, 315–316, 319–320, 327–328, 339–345, 347–356, 358–359, 361, 363n18, 366n[9], 366n[12], 371–373
クフル・アーンマ kufr al-ʻāmmah（一般の人々を不信者とすること） 186–190, 192
クフル・シルク kufr shirk（神を知らない不信） 24
クルアーン Qur'ān 329

※サ行
ザカート zakāt（喜捨） 92–93, 95–96, 99, 114, 116, 152–153, 191, 232n11, 263, 280, 370
サギーラ ṣaghīrah（小罪） 63–64, 66–67
サダカ ṣadaqah（喜捨） 110
サーディク ṣādiq（真実を語る者） 208n3
サドル ṣadr（胸） 203–204, 212n48, 213n69
ザーニー zānī（姦通者） 22, 89n48
ザーヒル ẓāhir（字義通りの） 49
サラート ṣalāt（拝礼） 22, 111, 136, 165, 270
サーリク sāriq（盗人） 22
サーリハート ṣāliḥāt（善き行い） 112, 115, 304n10
ジハード jihād 273
シャイターン shayṭān（悪魔） 84
シャック shakk（疑，疑念，疑い） 207n3, 287, 310
シャーック shākk（疑う者，疑念を抱く者） 32, 198
シャッル sharr（悪） 110
シャハーダ shahādah（信仰告白） 13, 93, 99, 127n12, 191, 228
ジャーヒリーヤ jāhiliyyah 68, 87n26
ジャーヒル jāhil（知らぬ者） 47, 216, 299
ジャフル jahl（知らぬこと，無知） 135
シャリーア・アクリーヤ al-sharīʻah al-ʻaqliyyah（理性の法） 62
シャリーア・ナバウィーヤ al-sharīʻah al-nabawiyyah（預言者の法） 62
シャルウ sharʻ（神法） 174, 184
ジャワーヒル jawāhir（実体） 33
シュウバ shuʻbah / pl. shuʻab（枝） 123, 130, 153
シルク shirk（神に何ものかを仲間としておくこと） 22–24, 27n21, 29, 37–38, 57–59, 63, 68, 75, 77, 174, 262, 372
シルク・ビ・アッラー shirk bi-Allāh（多神主義，多神信仰） 29
スィドク ṣidq（真であること） 287
ズィンミー dhimmī（庇護民） 166, 206n2

※タ行
ターア ṭā‘ah / pl. ṭā‘āt（服従） 57, 98, 138, 141, 147, 226, 289
タアウィール ta'wīl（非字義的解釈） 44, 48
タアズィーム ta‘ẓīm（敬意，神を敬うこと） 135, 145
タウヒード tawḥīd（神を本質的に一と見做すこと） 77, 153, 159, 183, 204–205, 241, 331
タクイーフ takyīf（様態を問うこと） 208n3
タクズィーブ takdhīb（ある人物を嘘つき呼ばわりすること） 42, 216, 226, 267
タクフィール takfīr（誰かを不信心者と非難すること） 10–11, 18, 28, 37, 45–46, 212n44 ⇒イクファール
タクフィール・アーンマ takfīr al-‘āmmah（一般の人々の信をクフルとして非難すること） 37, 212n44
タクリード taqlīd（他の者の権威に盲目的に従うこと） 37, 172, 186, 188, 192–197, 211n35
タクワー taqwá（神を畏れること） 112–114, 132n[6]–[7], 192, 206, 374
タサウウル taṣawwur（概念把握） 106, 128n28
タシュビーフ tashbīh（神人同形論，類似） 30–31, 51n6, 153, 253n6
タズキヤト・ナスフ tazkiyat al-nasf（己れを高く掲げること） 322, 325n[2]
タスディーク taṣdīq（何かを真と見做すこと，是認） 42, 71, 76, 98, 100, 104–105, 119, 124, 128n25, 128n28, 144, 147, 215, 218, 225–226, 229, 233n26, 236, 267
タスディーク・ビ・カルブ taṣdīq bi-al-qalb（こころにより認めること） 147
タスミヤ tasmiyah（名づけ） 22, 74, 82, 265
タスリーム taslīm（全てを委ねること） 105–106
タナースフ tanāsukh（輪廻） 34–35
タバッルウ tabarru'（放棄すること） 108
ダルーリー ḍarūrī（生得的，必然的） 140, 149
ダルーリーヤート ḍarūriyyāt（必然的諸命題） 175
タワックル tawakkul（神に全き信頼を置くこと） 276
ディーン dīn（遜って服従すること，宗教） 23, 94, 105, 112, 116, 140, 160n23, 206, 211n35, 234n5, 235n[5], 288, 381, 391

※ナ行
ナザリーヤート naẓariyyāt（理論的諸命題） 175
ナザル naẓar（省察） 167, 183
ナフス nafs（魂） 29, 51n4, 94, 227, 322, 325[2], 341
ニファーク nifāq（偽善） 77, 79, 81–82, 122, 153, 271
ニーヤ niyyah（意図） 126n9, 148, 275, 284
ヌブウワ nubuwwah（預言者としてあること） 94
ヌール nūr（光） 190, 205, 213n69, 328

※ハ行
ハウフ khawf（怖れ，畏れ） 79, 89, 135
バカーウ baqā'（永遠に存在すること） 40
ハシュウィー ḥashwī（神人同形論） 337
ハシュヤ khashyah（畏れ） 274
ハスラ khaṣlah / pl. khiṣāl（構成要素） 88n42, 97, 130n55, 153–154
ハック ḥaqq（正しきこと） 5n4, 232n6, 234n[5], 309, 312, 351
バーティル bāṭil（誤ったこと） 351
ハフィーユ khafiyy（隠れてあるもの） 204
ハヤーウ ḥayā'（慎み深さ） 153
ハラーム ḥarām（禁忌とされたもの） 66, 72
ハラール ḥalāl（合法） 24, 43, 72–73
ハリーファ khalīfah（後継者，代理など） 7
ハルク khalq（神の創造） 176, 207n3, 351, 373
ハルク・クルアーン khalq al-qur'ān（クルアーン創造説） 329
ヒジュラ hijrah（移住） 20, 396
ヒダーヤ hidāyah（導き） 205, 336, 338
ビッル birr（敬虔さ） 112, 129n37
ビドア bid‘ah（新奇なものを創り出すこと） 46, 50, 207n3, 244
ヒラーファ khilāfah（カリフ制） 6
ヒンズィール khinzīr / pl. khanāzīr（豚） 170, 366n[5]
ファースィク fāsiq（重罪人） 33, 56, 67, 71, 143
ファラク faraq（怖れ） 79
ファルド・アイン farḍ ‘ayn（個人が為すべき義務） 185
ファルド・キファーヤ farḍ kifāyah（共同体全体に課された義務） 185
フィスク fisq（罪を有すること） 67, 76, 206

フィトラ fiṭrah（人が生まれながらにもつ宗教的素質） 359–361, 373
フクム ḥukm / pl. aḥkām（裁決，裁き，価値） 11, 19, 127n21, 222
フドゥーウ khuḍūʻ（全てを委ねること） 135, 160n17
ブルハーン burhān（明証） 49–50, 195

※マ行
マアスィヤ maʻṣiyah / pl. maʻāṣī（不服従） 19, 57, 62, 342
マアドゥーマート maʻdūmāt / sg. maʻdūm（存在しないもの） 33
マアリファ maʻrifah（知ること） 119, 125, 135–136, 140, 144, 148–150, 156, 160n17, 162n39, 164, 169, 174, 192, 203–204, 206, 206n3, 215, 218, 226, 232n16, 234n[3], 239, 274
マアリファ・ウーラー al-maʻrifah al-ūlá（一次的知） 149
マアリファト・アッラー maʻrifat Allāh（神を知ること） 24, 170, 173, 211n35
マアルーフ maʻrūf（善い，善行） 110
マウジュード mawjūd（存在する者） 50
マウディウ mawḍiʻ（あり処） 201–202
マシーア mashīʼah（望み） 342, 353, 371
マハッバ maḥabbah（愛すること） 145
マハッル maḥall（あり処） 87, 201
マーヒーヤ māhiyyah（本質） 282
マフルーク makhlūq / f. makhlūqah（創造された） 31, 329, 331
ムウミン muʼmin（信者） 8, 12, 18, 80, 94, 100–101, 127n21, 131n[1], 146, 186, 266–267, 309, 332–334, 370
ムカッズィブ mukadhdhib（誰かを嘘つきよばわりする者） 45, 50, 84, 216
ムサッディク muṣaddiq（神を是認するもの，タスディークを為す者） 222, 264, 267
ムシャッビフ mushabbih（神人同形論者） 31
ムシュリク mushrik（多神主義者） 20, 29, 234
ムスリム muslim 3–7, 9, 12–16, 18, 20–21, 23, 26n11, 28, 30–32, 34–35, 37, 41–42, 44–45, 48–49, 56, 59–60, 62, 64–65, 67–70, 72–75, 79, 82–84, 86n20, 88n38, 91–94, 97–102, 105, 107–109, 117–121, 124–125, 126n6, 127n21, 131n[2], 131n[4], 133–134, 138, 140–143, 156, 161n25, 165, 168, 171, 183, 185–188, 190–192, 198, 202–203, 205, 216, 222, 232n16, 237, 239, 247, 258, 269, 271, 273, 275, 292, 313, 315, 324n9, 341, 345–346, 360, 370–374
ムッタクーン muttaqūn / sg. muttaqī（神を畏れる者たち） 114
ムティーウ muṭīʻ（服従する者） 57
ムナーフィク munāfiq / pl. munāfiqūn（偽善者） 73, 77–78, 118, 244
ムハッキマ Muḥakkimah（神の裁決のみを支持する者） 11–12, 19, 21
ムービカート mūbiqāt（破滅へ導く罪） 59
ムフスィン muḥsin（イフサーンを帯びる者） 94 ⇒イフサーン
ムフティウ mukhṭiʼ（誤りを犯した者） 47
ムルタキブ・カビーラ murtakib al-kabīrah / pl. al-kabāʼir（重罪人） 9–10, 64–85, 257
ムワーファート muwāfāt（臨終行為論） 315
ムンカル munkar（悪い，悪行） 110–111, 128n31

※ラ行
リサーラ risālah（使徒としてあること） 94
リサーン lisān（舌，口，言葉） 63, 147, 150
リダー riḍá（喜ぶこと，満足すること） 348, 371
ルウヤ・アッラー ruʼyat Allāh（神の可視性） 30
ルクン rukn（柱，本質的構成要素） 148, 229, 233n26, 236, 338 ⇒アルカーン
ルーフ rūḥ（魂） 36

※ワ行
ワアド waʻd（約束） 172
ワイード waʻīd（威嚇，脅し） 22, 60, 172
ワーヒド wāḥid（一） 50, 128n23, 169
ワフダーニーヤ waḥdāniyyah（神が一としてあること 204

人名・著作名索引

※ア行

アーイシャ ʻĀʼishah bint Abī Bakr al-Ṣiddīq　315

アウザーイー al-Awzāʻī, Abū ʻAmr ʻAbd al-Raḥmān ibn ʻAmr　315

アシュアリー al-Ashʻarī, Abū al-Ḥasan ʻAlī ibn Ismāʻīl　9–10, 22, 24, 27n28, 37, 39–41, 51n1, 53n21, 53n28, 53n33, 60–62, 77, 84, 86n13, 97, 103–104, 126n6, 127n13, 131n[1], 136–137, 143, 145, 150, 152, 159n12, 162n49, 167, 172–175, 179, 181, 187–190, 192, 198, 202, 209n12, 210n23, 212n44, 223–230, 231n4, 232n16, 233n18–19, 234n[5], 236, 239, 259, 310, 314–315, 321, 323n1, 324n14, 330–335, 337, 342, 350–352, 363n18, 365n38

『イーマーンについての論考』*Risālah fī al-Īmān*　361n3

『宗教の根本を解明する書』*Kitāb al-Ibānah ʻan Uṣūl al-Diyānah*　72, 88n35–36, 127n14, 127n22, 223–224, 226, 233n18

『閃光』(逸脱と異端の徒への反駁の閃光の書) *Kitāb al-Lumaʻ fī al-Radd ʻalá Ahl al-Zaygh wa-al-Bidaʻ*　223–224, 226, 233n19, 364n26–28

『イスラームの徒の言説集』*Maqālāt al-Islāmiyyīn wa-Ikhtilāf al-Muṣallīn*　10, 26n10–11, 27n21–23, 27n27, 72–73, 85n7, 85n9–11, 88n35, 88n39–40, 89n49, 90n56, 127n22, 134, 158n1–2, 158n4, 158n6, 158n9, 159n13, 159n15, 160n16, 160n18, 160n20–22, 161n24, 161n26–29, 208n4–5, 208n7–8, 252n5, 303n1–2, 304n3–6, 364n21, 365n43

アーダム(アダム) Ādam　248–250, 301

アッバード・イブン・スライマーン ʻAbbād ibn Sulaymān al-Ṣaymarī　137, 208n8, 257, 327

アブー・ウズバ Abū ʻUdhbah al-Ḥasan ibn ʻAbd al-Muḥsin　62, 86n15, 179, 209n12, 209n19, 315, 337

『麗しき楽園』*al-Rawḍah al-Bahiyyah fī mā bayna al-Ashāʻirah wa-al-Māturīdiyyah*　86n13, 174, 177, 208n11, 209n18, 210n20–21, 212n44, 224, 233n17, 323n2–4, 324n11, 362n11, 363n12–13

アブー・ウスマーン・アーダミー Abū ʻUthmān ʻAmr ibn ʻĪsā al-Ḍubaʻī al-Ādamī　167

アブー・カースィム・クシャイリー Abū al-Qāsim ʻAbd al-Karīm ibn Hawāzin al-Qushayrī　212n44

アブー・カースィム・ヒラキー Abū al-Qāsim ʻUmar ibn al-Ḥusayn al-Khiraqī

『ハンバル派法学摘要』*Mukhtaṣar al-Khiraqī ʻalá Madhhab al-Imām al-Mubajjal Aḥmad ibn Ḥanbal*　207n3

アブー・サウバーン Abū al-Thawbān　138, 153, 156, 159n13–15, 160n15

アブー・ザッル Abū al-Dharr al-Ghifārī　68, 75, 113, 129n38

アブー・シムル Abū Shimr Sālim ibn Shimr　136–137, 150, 152–153, 155–156, 158n9–10, 159n12, 162n46

アブー・ターリブ・マッキー Abū Ṭālib al-Makkī　63

『心の糧』*Qūt al-Qulūb fī Muʻāmalāt al-Maḥbūb wa Wasf Ṭarīq al-Murīd ilá Maqām al-Tawḥīd*　86n15

アブー・ヌアイム・イスバハーニー Abū Nuʻaym Aḥmad ibn ʻAbd Allāh al-Iṣbahānī

『聖人たちの飾り物』*Ḥilyat al-Awliyāʼ wa Ṭabaqāt al-Aṣfiyāʼ*　80, 89n53

アブー・ハサン・バズダウィー(パズダウィー) Abū al-Ḥasan ʻAlī ibn Muḥammad al-Bazdawī (al-Pazdawī)　255n[1]

アブー・ハニーファ Abū al-Ḥanīfah al-Nuʻmān ibn Thābit al-Kūfī　126n6, 142–143, 145, 155, 161n25–26, 167–168, 170–171, 173, 176, 178, 180–184, 209n12, 209n14, 209n16, 211n40, 214n[2], 290, 336–337, 339, 356

『アブー・ハニーファの遺言』*Waṣiyyat Abī Ḥanīfah*　240, 252n6, 310–311, 323n1, 336, 362n7

『アブー・ハニーファ遺言注』*Waṣiyyat Abī Ḥanīfah,* with a commentary by Mollā Ḥusayn ibn Iskandar al-Ḥanafī　323n1, 323n3, 323n5

『最も大なる洞察・第一』*al-Fiqh al-Akbar I*　71, 87n33, 188–189, 203–204, 211n41, 213n67, 252n6, 253n6, 308n72, 323n1, 355, 364n34

『最も大なる洞察・第二』*al-Fiqh al-Akbar II*　104, 128n24, 240, 253n6–8, 323n1, 339, 360, 365n45–46

『最も明白なる洞察』*al-Fiqh al-Absaṭ*　352

アブー・バクル・アサンム Abū Bakr ʻAbd al-Raḥmān

ibn Kaysān al-Aṣamm　304n6
アブー・バクル・シッディーク Abū Bakr al-Ṣiddīq　7, 25n2, 46, 189, 303
アブー・フザイル Abū Hudhayl Muḥammad ibn al-Hudhayl al-ʻAllāf　61, 208n8, 257
アブー・フライラ Abū Hurayrah ʻAbd al-Raḥmān ibn Ṣakhr al-Dawsī　261
アブー・ムーサー・アシュアリー Abū Mūsā ʻAbd Allāh ibn Qays al-Ashʻarī　25n6, 29
アブー・ムティーウ Abū Muṭīʻ al-Ḥakam ibn ʻAbd Allāh al-Balkhī　87n33
アブー・ムハンマド・イブン・サイード Abū Muḥammad Ibn Saʻīd　324n14, 325n[3]
アブー・ムンタハー・マグニーサーウィー Abū al-Muntahá Aḥmad ibn Muḥammad al-Maghnīsāwī　104, 240
アブー・ユースフ Abū Yūsuf Yaʻqūb ibn Ibrāhīm al-Ḥanafī　176, 182
アブー・ライス・サマルカンディー Abū al-Layth Naṣr ibn Muḥammad al-Samarqandī　352
アブドゥルアズィーズ・マッキー Abū al-Ḥasan ʻAbd al-ʻAzīz ibn Yaḥyā al-Makkī　330
アブドゥルカリーム・イブン・アビー・アウジャーウ ʻAbd al-Karīm ibn Abī al-ʻAwjāʼ　34, 55n[2]
アブドゥルワーヒド ʻAbd al-Wāḥid ibn Zayd　29, 84
アフマド・アミーン Amīn, Aḥmad
『イスラームの朝』*Ḍuḥá al-Islām*　8, 25n3
アフマド・イブン・ハンバル Abū ʻAbd Allāh Aḥmad ibn Muḥammad ibn Ḥanbal　5, 39, 48–49, 54n46, 95, 206n3, 207n3, 208n3, 253n6, 275, 315, 321–322, 330
『ムスナド』*al-Musnad*　7, 25n2
アムル・イブン・アース ʻAmr ibn al-ʻĀṣ　25n6
アムル・イブン・ウバイド Abū ʻUthmān ʻAmr ibn ʻUbayd ibn Bāb　142
アリー・イブン・アビー・ターリブ ʻAlī ibn Abī Ṭālib　7–8, 10–11, 19, 25n6, 26n11, 211n35
アリストテレス Aristoteles　33, 44, 291
『ムウタズィラ派哲学』*Falsafah al-Muʻtazilah*　86n12
イーサー（イエス）ʻĪsā（Jesus）　29, 106
イスマーイール・イブン・フサイン・ザーヒド Ismāʻīl ibn al-Ḥusayn al-Bayhaqī al-Zāhid　337
井筒俊彦　51n1, 86n11, 234n[5]
『クルアーンにおける神と人間』*God and Man in the Koran: Semantic of the Koranic Weltanschauung*　26n13, 27n25, 87n26, 210n9, 362n9
イブラーヒーム（アブラハム）Ibrāhīm（Abraham）　131n[4], 184
イブラーヒーム・スィンディー Ibrāhīm ibn al-Sindī ibn Shāhik　31
イブラーヒーム・タイミー Abū Asmāʼ Ibrāhīm ibn Yazīd al-Taymī　79
イブン・アサーキル Ibn ʻAsākir, Abū al-Qāsim ʻAlī ibn al-Ḥasan　334–335
『捏造者の嘘の解明』*Tabyīn Kadhib al-Muftarī*　361n4
イブン・アビー・ハディード Ibn Abī al-Ḥadīd, ʻIzz al-Dīn Abū Ḥamīd ʻAbd al-Ḥamīd ibn Hibat Allāh　211n35
イブン・アビー・ムライカ Ibn Abī Mulaykah, Abū Bakr ʻAbd Allāh ibn ʻUbayd Allāh　79, 392
イブン・ウヤイナ Abū Muḥammad Sufyān ibn ʻUyaynah ibn Maymūn al-Hilālī　315, 321
イブン・カイサーン Abū al-Ḥasan Muḥammad ibn Aḥmad ibn Kaysān　46, 54n43
イブン・カッラーム Abū ʻAbd Allāh Muḥammad ibn Karrām al-Sijistānī　99, 102, 127n17, 144, 149, 151, 161n29, 165–166, 202–203, 212n44, 238–240, 242–251, 256, 262, 306n37
イブン・クッラーブ（アブドゥッラー・イブン・クッラーブ）ʻAbd Allāh ibn Kullāb　319–320, 324n14, 325n[3], 330
イブン・シャビーブ（ムハンマド・イブン・シャビーブ）Muḥammad ibn Shabīb　137, 140, 152, 154, 156, 160n22, 169
イブン・スィーリーン Abū Bakr Muḥammad ibn Sīrīn　315
イブン・タイミーヤ Ibn Taymiyyah, Taqī al-Dīn Abū al-ʻAbbās Aḥmad ibn ʻAbd al-Ḥalīm al-Ḥarrānī　5–6, 94–96, 99, 103, 109–110, 112–116, 118–119, 121–122, 125, 127n18, 127n21, 130n[1], 131n[1], [5]–[6], 132n[7], 158n3, 208n3, 244–247, 265–284, 293, 296, 300, 305n31, 316–321
『信の書』*Kitāb al-Īmān*　25n1, 98, 126n7–9, 128n32–

33, 129n39–43, 129n45–50, 130n52–53, 130n59, 253n13–14, 254n15, 254n18, 274, 279, 305n26–30, 305n32–33, 306n36, 306n39, 306n41, 306n43–47, 306n49, 307n62, 307n64–65, 307n67–69, 308n71, 319, 324n13–21
イブン・ハズム Ibn Ḥazm, Abū Muḥammad ʻAlī al-Andalusī　20, 22, 29, 53n20, 65, 69, 71, 73, 75–76, 81–82, 107–109, 143, 192, 194–200, 220–223, 239, 242–244, 256, 263–265, 286–289, 312–313, 341–342, 347–350, 353, 360, 364n20, 364n33
『諸宗派・諸党派・諸分派についての諸章』*al-Fiṣal fī al-Milal wa-al-Ahwā' wa-al-Niḥal*　27n19–20, 27n22, 27n24, 27n26, 27n28, 51n1, 86n18, 87n28, 87n31, 88n37, 89n47, 89n54, 128n30, 158n5, 163n[2], 198, 212n49–55, 213n56–58, 213n60–62, 232n11–16, 252n4, 253n11, 262, 305n19, 305n22–24, 306n50–51, 307n53–54, 307n56–57, 323n6–7, 363n20, 364n24, 365n44, 366n[10]–[11]
イブン・バッタ Ibn Baṭṭah, Abū ʻAbd Allāh ʻUbayd Allāh ibn Muḥammad al-ʻUkbarī　206n3
『大説解書』*al-Ibānah al-Kabīrah*　207n3
『小説解書』*al-Ibānah al-Ṣaghīrah*　207n3
イブン・ファッラー Abū al-Ḥusayn Ibn al-Farrā'
『ハンバル派列伝』*Ṭabaqāt al-Ḥanābila*　207n3
イブン・ファドル Ibn al-Faḍl　337
イブン・ラワンディー Ibn al-Rawandī, Abū al-Ḥasan Aḥmad ibn Yaḥyā　52n7
ヴェンスィンク Wensinck, Arent J.　58, 87n33, 161n25, 172
『ムスリムの信条』*The Muslim Creed*　26n14, 30, 85n6, 126n6, 126n9, 126n11, 128n24, 129n38, 208n9, 211n38, 252n6, 253n6, 314, 323n1, 323n8, 362n7, 363n17
ウスマーン・イブン・アッファーン ʻUthmān ibn ʻAffān　7, 10
ウマル・イブン・アビー・ウスマーン・シンマズィー Abū Ḥafṣ ʻUmar ibn Abīʻ Uthmān al-Shimmazī　142, 167
ウマル・イブン・ハッターブ ʻUmar ibn al-Khaṭṭāb　46
ウマル・イブン・ハビーブ ʻUmar ibn Ḥabīb　298

※カ行

カアビー al-Kaʻbī, Abū al-Qāsim ʻAbd Allāh ibn Aḥmad al-Balkhī　10–11
ガイラーン・ディマシュキー Ghaylān al-Dimashqī　160n18
ガザーリー al-Ghazālī, Abū Ḥāmid Muḥammad ibn Muḥammad　37–43, 45–49, 84, 190–192, 212n47, 291–292, 314–315, 325n[2]
『宗教諸学の再生』*Iḥyā ʻUlūm al-Dīn*　325n[1]
『分派弁別論』*Fayṣal al-Tafriqah bayna al-Islām wa-al-Zandaqah*　48, 53n26–27, 53n30–31, 54n36–37, 54n39–42, 54n44–45, 211n43, 212n45–46
『中庸の神学』*al-Iqtiṣād fī al-Iʻtiqād*　48, 54n38, 54n40, 54n42, 54n44, 307n60–61
ガッサーン Ghassān al-Kūfī　145, 150, 154–155, 163n[2]
ギョーム，アルフレッド Guillaume, Alfred　233n23
キルマーニー Shams al-Dīn Muḥammad ibn Yūsuf al-Kirmānī
『正伝ハディース集』*Ṣaḥīḥ al-Bukhārī bi-Sharḥ al-Kirmānī*　79, 87n27, 88n41, 89n51–52, 89n52, 92, 125n1–2, 127n12, 130n55, 155, 163n50–51, 272, 305n34
グラーム・ハラール Ghulām al-Khalāl, Abū Bakr ʻAbd al-ʻAzīz ibn Jaʻfar　207n3

※サ行

ザマフシャリー al-Zamakhsharī, Abū al-Qāsim Jār Allāh Maḥmūd ibn ʻUmar　234n[5], 258, 260
『明らかにするもの』*al-Kashshāf ʻan Ḥaqā'iq al-Tanzīl wa-ʻUyūn al-Aqāwīl fī Wujūh al-Ta'wīl*　304n8, 304n15
サムアーニー al-Samʻānī, Abū Saʻd ʻAbd al-Karīm ibn Muḥammad
『貴顕たちの系譜』*al-Ansāb al-Ashrāf*　159n13
サーリヒー Abū al-Ḥusayn Ṣāliḥī　135, 149–150, 152, 154–155, 158n4–5, 162n44, 279
サーリフ・クッバ Ṣāliḥ Qubbah, Abū Jaʻfar Muḥammad ibn Qubbah　342–343
シムナーニー al-Simnānī, Abū Jaʻfar Muḥammad ibn Aḥmad　192
ジャアファル・イブン・ハルブ Abū al-Faḍl Jaʻfar ibn Ḥarb al-Hamadhānī　330
ジャアファル・イブン・ムバッシル Jaʻfar ibn

Mubashshir al-Qaṣabī 61
シャーフィイー al-Shāfiʿī, Muḥammad ibn Idrīs 315, 321, 330, 334
ジャーヒズ al-Jāḥiẓ, Abū ʿUthmān ʿAmr ibn Baḥr 31, 34, 158n4, 187, 214n[3]
ジャフム・イブン・サフワーン Abū Muḥriz Jahm ibn Ṣafwān 51n3, 134, 256, 277, 316, 327, 339
シャフラスターニー al-Shahrastānī, Abū al-Fatḥ Muḥammad ibn ʿAbd al-Karīm ibn Aḥmad 31, 159n15, 187, 225–230, 234n[5], 236, 243, 258–260
『〔先人たちが〕歩み至った処』*Nihāyat al-Iqdām* 233n23–29, 304n9, 304n11–13
『諸宗派と諸分派』*al-Milal wa-al-Niḥal* 52n8–9, 52n12, 211n37, 233n20, 253n12
シャムス・アインマ・カルダリー Shams al-Aʾimmah al-Kardarī 255n[1]
ジャラールッディーン・マハッリー Jalāl al-Dīn al-Maḥallī
『ジャラーライン』*Tafsīr al-Jalālayn* 234n[5]
ジャリール・イブン・アブドゥッラー Abū ʿAbd Allāh Jarīr ibn ʿAbd Allāh ibn Jābir al-Bajalī 397
ジュッバーイー al-Jubbāʾī, Muḥammad ibn ʿAbd al-Wahhāb 61, 73–74, 88n41, 257
ジュナイド・イブン・ムハンマド Abū al-Qāsim al-Junayd ibn Muḥammad al-Khazzāz 276
ジーラーニー al-Jīlānī, ʿAbd al-Qādir ibn Mūsā
『充足の書』*Kitāb al-Ghunyah li-Ṭālibī Ṭarīq al-Ḥaqq* 323n9
ズィヤード・イブン・アスファル Ziyād ibn al-Aṣfar 22
スフヤーン・サウリー Sufyān al-Thawrī 315, 321
ズルカーン Zurqān, Muḥammad ibn Shaddād al-Mismaʿī 139, 170

※タ行

タフターザーニー al-Taftāzānī, Saʿd al-Dīn Masʿūd ibn ʿUmar 37, 53n22, 65–66, 86n17, 103, 106–107, 218, 220, 231n4, 233n[2], 237–238, 255n[1], 257, 289–290, 302
『ナサフィー信条注』*Sharḥ ʿalá al-ʿAqāʾid al-Nasafiyyah* 89n44–45, 128n23, 128n27, 128n29, 217, 232n7–8, 232n10, 234n[2], 236, 252n1–2, 304n7, 307n58–59
ディラール・イブン・アムル Ḍirār ibn ʿAmr al-Ghaṭafānī 37, 53n20
トゥーマニー Abū Muʿādh al-Tūmanī 143, 154, 161n27
トリットン Tritton, Arthur Stanley
『ムスリム神学』*Muslim Theology* 159n15, 323n9, 324n12

※ナ行

ナウバフティー al-Nawbakhtī, Abū Muḥammad al-Ḥasan ibn Mūsā 69
『シーアの分派』*Firaq al-Shīʿah* 87n29
ナサフィー al-Nasafī, Najm al-Dīn Abū al-Ḥafṣ ʿUmar ibn Muḥammad 53n22, 86n17, 89n44–45, 103, 106, 128n23, 128n27, 128n29, 217, 232n7–8, 232n10, 234n[2], 236–237, 252n1–2, 289, 304n7, 307n58–59
ナジュダ Najdah ibn ʿĀmir al-Ḥanafī 23, 25n7
ナッザーム al-Naẓẓām, Ibrāhīm ibn Sayyār ibn Hāniʾ 34–35, 47, 52n17, 139, 208n8, 257
ナッジャール al-Najjār, Abū ʿAbd Allāh al-Ḥusayn ibn Muḥammad 138, 155, 160n16–17, 161n28, 335
ナーデル，アルベール Nader, Arbert 62
ナーフィウ・イブン・アズラク Nāfiʿ ibn al-Azraq 19–22, 57, 65
ヌーフ・イブン・アビー・マルヤム Abū ʿIṣmah Nūḥ ibn Abī Maryam al-Marwazī 337

※ハ行

バイダーウィー Nāṣir al-Dīn Abū al-Khayr ʿAbd Allāh ibn ʿUmar al-Bayḍāwī 234n[5]
『クルアーン注』*Anwār al-Tanzīl wa-Asrār al-Taʾwīl* 131n[5], 354, 367n[11]
ハイヤート al-Khayyāṭ, Abū al-Ḥusayn ʿAbd al-Raḥīm ibn Muḥammad 52n12
『異端者たるイブン・ラワンディーに対する勝利と論駁』*Kitāb al-Intiṣār wa-al-Radd ʿalá Ibn al-Rawandī al-Mulḥid* 52n7
バーキッラーニー al-Bāqillānī, Abū Bakr Muḥammad ibn al-Ṭayyib 40, 97–98, 103, 130n[1]
『異端論駁序説』*Kitāb al-Tamhīd fī al-Radd ʿalá al-Mulḥidah al-Muʿaṭṭalah wa-al-Rāfiḍah wa-al-Khawārij*

wa-al-Muʿtazilah　127n13
バグダーディー al-Baghdādī, Abū Manṣūr ʿAbd al-Qāhir ibn Ṭāhir　9, 20, 22–24, 25n5, 34, 52n12, 53n20, 65–66, 71, 136, 145, 149–150, 152–153, 159n15, 162n46, 163n49, 188, 202, 227, 248, 365n[1]
『宗教の諸原理』*Uṣūl al-Dīn*　52n17, 85n3, 86n16, 126n10, 160n16–17, 211n36, 213n65, 226, 233n21, 254n20
『諸分派の分離』*al-Farq bayna al-Firaq*　25n4, 26n11, 26n15, 27n18, 27n21–23, 27n26, 27n28, 52n14–18, 87n30, 158n8, 159n14, 161n30, 162n35, 162n39, 162n42, 162n45, 162n49, 226, 233n22, 254n19, 361n1, 365n[1]
ハサン・バスリー Abū Saʿīd Ḥasan ibn Yasār al-Baṣrī　65, 73, 78–80, 84, 88n38, 89n50, 269–270, 315, 325n[3]
ハフサ Ḥafṣah bint ʿUmar ibn al-Khaṭṭāb　46
バヤーディー al-Bayāḍī, Kamāl al-Dīn Aḥmad　175–177, 180, 183–185, 188, 214n[2], 336, 338–339, 352–358, 362n8, 366n[12]–[14]
『先師〔アブー・ハニーファ〕の表現に込められた意味が指示すること』*Ishārāt al-Marām min ʿIbārāt al-Imām Abī Ḥanīfah*　126n6, 209n14–15, 210n22–24, 210n27–31, 210n33–34, 211n40, 362n10, 363n15–16, 363n19, 364n29–31, 365n37, 365n39–42
ハーリス・ムハースィビー Abū ʿAbd Allāḥ al-Ḥārith ibn Asad al-Muḥāsibī　330
ハルキン，アブラハム Halkin, Abraham
『ムスリムの分派と宗派』*Moslem Schisms and Sects*　254n19
バルバハーリー al-Barbahārī, Abū Muḥammad al-Ḥasan ibn ʿAlī ibn Khalaf　207n3
ヒシャーム・フワティー Abū Muḥamad Hishām ibn ʿAmr al-Fuwaṭī　257, 324n12
ビシュル・マリースィー Abū ʿAbd al-Raḥmān Bishr ibn Ghiyāth al-Marīsī　60, 144, 150, 161n28
ファフルッディーン・ラーズィー Fakhr al-Dīn al-Rāzī, Abū ʿAbd Allāh Muḥammad ibn ʿUmar
『要約されたもの』*Muḥaṣṣal afkār al-Mutaqaddimīn wa-al-Muta'akhkhirīn*　128n28
フサイン・イブン・イスカンダル Mollā Ḥusayn ibn Iskandar　311–312, 323n1
ブハーリー al-Bukhārī, Abū ʿAbd Allāh Muḥammad ibn Ismāʿīl　68, 126n12
『正伝ハディース集』「信の書」*Ṣaḥīḥ al-Bukhārī*　67, 79–80, 87n27, 89n51–52, 92–93, 125n1–2, 130n55, 155, 163n50–51, 272, 305n34
プラトン Platon　281, 300–301

※マ行
マアムーン（カリフ）al-Ma'mūn　160n16, 214n[3]
マクリーズィー al-Maqrīzī, Taqī al-Dīn Aḥmad ibn ʿAlī　51n1, 159n15
『街区と遺跡の叙述に関する警告と省察の書』*Kitāb al-Mawāʿiẓ wa-al-Iʿtibār bi-Dhikr al-Khiṭaṭ wa-al-Āthār*　90n55, 160n15
マートゥリーディー al-Māturīdī, Abū Manṣūr Muḥammad ibn Muḥammad　53n21, 53n24, 71–72, 86n13, 87n33, 103, 126n6, 128n25, 167, 173–183, 185–186, 188, 201–204, 208n10, 209n12, 209n17, 209n19, 211n39, 211n42, 214n[1], 215–218, 237, 255n[1], 303, 310, 312, 314, 320, 330, 332, 335–336, 350, 352–356, 359–361, 363n18, 365n36, 365n38
『神的一元化の書』*Kitāb al-Tawḥīd*　201, 213n64, 213n66, 215, 231n1–2
『信仰箇条についての論考』*Rasā'il fī al-ʿAqā'id*　213n68, 241, 253n9, 314, 324n10, 335, 355, 362n6, 364n35, 365n47
『クルアーン大注釈』*Ta'wīlāt al-Qur'ān*　354
マフディー（カリフ）al-Mahdī　55n[1]
マラティー al-Malaṭī, Abū al-Ḥusayn Muḥammad ibn Aḥmad　11, 19, 29, 32, 36–37, 66–67, 164–165, 263
『分派集団と異端集団への勧告ならびに批判』*al-Tanbīh wa-al-Radd ʿalá Ahl al-Ahwā' wa al-Bidaʿ*　26n9, 26n12, 26n16, 35, 51n2, 52n11, 52n19, 86n19, 206n1, 305n21
マーリク・イブン・アナス Mālik ibn Anas　315
ミーカーイール（ミカエル）Mīkā'īl　80
ムアーウィヤ Muʿāwiyah ibn Abī Sufyān　8, 19, 25n6
ムアーズ・イブン・ジャバル Muʿādh ibn Jabal, Abū ʿAbd al-Raḥmān　298
ムカーティル・イブン・スライマーン Abū al-Ḥasan Muqātil ibn Sulaymān ibn Bashīr al-Azdī　262, 305n18
ムーサー（モーセ）Mūsā (Moses)　29, 106, 222
ムスリム・イブン・ハッジャージュ Muslim ibn al-Ḥajjāj

『正伝ハディース集』*Ṣaḥīḥ Muslim*　51n3, 58, 75, 85n4, 89n46, 89n48, 125n3, 127n12
ムハンマド Muḥammad (Rasūl Allāh)　5–7, 13, 25, 42–46, 48, 55n[1], 58, 63, 75, 81–82, 91–93, 95, 99–101, 105, 109, 113, 116–117, 122–123, 125, 127n12, 129n38, 141, 151–152, 159n13, 165, 168, 187, 190, 193–194, 197, 199, 208n3, 218, 225, 228–229, 234n[5], 238–239, 261, 263, 273, 279–280, 286, 288, 310, 312, 315, 318, 337
ムハンマド・イブン・シャビーブ Muḥammad ibn Shabīb　137, 140, 152, 154, 156, 160n22, 169
ムハンマド・イブン・ジャリール・タバリー Abū Ja'far Muḥammad ibn Jarīr al-Ṭabarī　192
ムルタダー（シャリーフ・ムルタダー）al-Sharīf al-Murtaḍā, Abū al-Qāsim 'Alī ibn Ḥusayn ibn Mūsā　249–250, 254n23–24, 261–262, 344–345, 364n22–23
『講和集』*Amālī*　254n23–24, 304n17, 328, 361n2, 364n22–23, 343, 366n[6]–[8]
ムルダール Abū Mūsā al-Murdār　31–32, 37

※ヤ行
ヤアクーブ（ヤコブ）Ya'qūb (Jacob)　308n[4]
ユーヌス Yūnus al-Samrī ibn 'Awn al-Numayrī　136, 150, 152, 154, 158n9–10, 159n10, 162n46, 341
ユースフ（ヨセフ）Yūsuf (Joseph)　274, 308n[4]

※ラ行
ラウースト，アンリ Laoust, Henri
『イブン・バッタの信条』*La profession de foi d'Ibn Baṭṭa*　206n3
ラーディー（カリフ）al-Rāḍī bi-Allāh　207n3
リッター，ヘルムート Ritter, Helmut　78, 89n50, 89n53
「イスラーム的敬虔の歴史に関する研究（一）：ハサン・バスリー」"Studien zur Geschichte der Islamischen Frömmigkeit I: Ḥasan al-Baṣrī"　89n50, 89n53

※ワ行
ワキーウ・イブン・ジャッラーフ Abū Sufyān Wakī' ibn al-Jarrāḥ　275, 306n37
ワースィル・イブン・アターウ Abū Ḥudhayfah Wāṣil ibn 'Aṭā' al-Makhzūmī　29, 53n20, 73, 84

クルアーン引用索引

本書で引用・言及されているクルアーン章番号を四角で囲んで示し（[2][3]など）、カイロ版節番号と（　）にフリューゲル版節番号を付した。

参考文献

Abū al-Layth al-Samarqandī, Naṣr ibn Muḥammad, *al-Fiqh al-Absaṭ* (*Sharḥ al-Fiqh al-Akbar*) in *al-ʻĀlim wa-al-Mutaʻallim*, ed. Muḥammad Zāhid al-Kawtharī, al-Qāhirah, (al-Maktabah al-Azhariyyah), 1368.

Abū Nuʻaym al-Iṣbahānī, *Ḥilyat al-awliyā' wa ṭabaqāt al-aṣfiyā'*, 10 vols., al-Qāhirah: Maktabat al-Khānjī, 1932.

Abū ʻUdhbah, *al-Rawḍah al-Bahiyyah fī mā bayna al-Ashāʻirah wa-al-Māturīdiyyah*, Ḥaydarābād: Dā'irat al-Maʻārif, 1904.

Aḥmad ibn Ḥanbal, *al-Musnad*, 15 vols. in 8, al-Qāhirah: Dār al-Maʻārif, 1949–1956.

al-Ashʻarī, Abū al-Ḥasan ʻAlī ibn Ismāʻīl, *Maqālāt al-Islāmiyyīn wa-Ikhtilāf al-Muṣallīn*, ed. Helmut Ritter, 3rd ed., Wiesbaden: Franz Steiner Verlag, 1980.

al-Ashʻarī, Abū al-Ḥasan ʻAlī ibn Ismāʻīl, *Kitāb al-Lumaʻ fī al-Radd ʻalá Ahl al-Zaygh wa-al-Bidaʻ*, ed. J. McCarthy, Beirut: Imprimerie Catholique, 1953.

———*Kitāb al-Ibānah ʻan Uṣūl al-Diyānah*, 2nd ed., Ḥaydarābād: Maṭbaʻat al-Dā'irat al-Maʻārif, 1948.

al-Ashʻarī, Abū al-Ḥasan ʻAlī ibn Ismāʻīl, *Risālah fī al-Īmān*, ed. Wilhelm Spitta, in *Zur Geschichte Abu'l-Ḥasan al-Ashʻarī's*, Leipzig: G. Kreysing, 1876.

al-Baghdādī, Abū Manṣūr ʻAbd al-Qāhir ibn Ṭāhir, *al-Farq bayna al-Firaq*, al-Qāhirah: Maṭbaʻat al-Maʻārif, 1910.

al-Baghdādī, Abū Manṣūr ʻAbd al-Qāhir ibn Ṭāhir, *Uṣūl al-Dīn*, Istanbul: Maṭbaʻat al-Dawlah, 1928.

al-Bāqillānī, Abū Bakr Muḥammad ibn al-Ṭayyib, *Kitāb al-Tamhīd fī al-Radd ʻalá al-Mulḥidah al-Muʻaṭṭalah wa-al-Rāfiḍah wa-al-Khawārij wa-al-Muʻtazilah*, ed. Richard McCarthy, Bayrūth: al-Maktabah al-Sharqiyyah, 1957.

al-Bayāḍī Kamāl al-Dīn Aḥmad ibn Ḥasan, *Ishārāt al-Marām min ʻIbārāt al-Imām*, al-Qāhirah: Maṭbaʻat Muṣṭafá al-Bābī al-Ḥalabī, 1949.

al-Bayḍāwī, Nāṣir al-Dīn Abū Saʻīd ʻAbd Allāh ibn ʻUmar, *Tafsīr al-Bayḍāwī al-musammá Anwār al-tanzīl wa-asrâr al-ta'wīl*, 3 vols., Ed. by Muḥammad Ṣubḥī Ḥallāq and Maḥmūd al-Aṭrash, Bayrūt: Dār al-Rashīd, 1421AH/2000.

al-Bukhārī, Abū ʻAbd Allāh Muḥammad ibn Ismāʻīl, *Ṣaḥīḥ al-Bukhārī*, 9 vols. in 3, Miṣr: Maṭābiʻ al-Shaʻb, 1378.

『ハディース　イスラーム伝承集成』全 6 巻，牧野信也訳，中央公論新社，2001 年.

Fakhr al-Dīn al-Rāzī, Abū ʻAbd Allāh Muḥammad ibn ʻUmar, *Muḥaṣṣal afkār al-Mutaqaddimīn wa-al-Muta'akhkhirīn*, Cairo: 1323 A.H.

al-Ghazālī, Abū Ḥāmid Muḥammad ibn Muḥammad, *Fayṣal al-Tafriqah bayna al-Islām wa-al-Zandaqah*, ed. Sulaymān Dunyā, al-Qāhirah: Dār Iḥyā' al-Kutub al-ʻArabiyyah, 1961.

———*al-Iqtiṣād fī al-Iʻtiqād*, Ankara: Nur Matbaası, 1962.

『中庸の神学——中世イスラームの神学・哲学・神秘主義』東洋文庫 844，中村廣治郎訳，平凡社，2013 年，pp. 103–381.

———*Iḥyā ʻUlūm al-Dīn*, 4 vols., al-Qāhirah: Dār Iḥyā' al-Kutub al-ʻArabiyyah, 1957.

Ibn Abī Ḥadīd, *Sharḥ Nahj al-Balāghah*, Beirut, 1957.

Ibn Abī Ya'lá, Abū al-Ḥusayn, *Ṭabaqāt al-Ḥanābilah*, 2 vols., al-Qāhirah: Maṭba'at al-Sunnah al-Muḥammadiyyah, 1952.

Ibn 'Asākir, *Tabyīn Kadhib al-Muftarī*, ed. A.F. Mehran in *Exposé de la réforme del'islamisme, commence au troisième siècle de l'hégire par Abou'l-Hasan Ali el-Ashari*, Leiden: Brill, 1878.

Ibn Ḥazm, Abū Muḥammad 'Alī ibn Aḥmad al-Andalusī, *al-Fiṣal fī al-Milal wa-al-Ahwā' wa-al-Niḥal*, 2 vols., al-Qāhirah: Maktabat al-Khānjī, 1317–1321.

Ibn Taymiyyah, Taqī al-Dīn Aḥmad ibn 'Abd al-Ḥalīm, *Kitāb al-Īmān*, Damascus, 1961.

———*al-'Aqīdah al-Wāsiṭiyyah*, in Henri Laoust, *La Profession de foi d'Ibn Taymiyya: Texte, traduction et commentaire de la Wāsiṭiyya*, Paris: Librairie Orientaliste Paul Guethner, 1986.

Izutsu, Toshihiko, *God and Man in the Koran*, Tokyo: the Keio Institute of Cultural and Linguistic Studies, Keio University, 1964.

『クルアーンにおける神と人間』鎌田繁監訳・仁子寿晴訳，慶應義塾大学出版会，2017 年。

Jalāl al-Dīn al-Maḥallī & Jalāl al-Dīn al-Suyūṭī, *Tafsīr al-Jalālayn*, al-Qāhirah: 1952.

『タフスィール・ジャラーライン(ジャラーラインのクルアーン注釈)』全 3 巻，中田考監訳，中田香織訳，日本サウディアラビア協会，2004 年.

al-Jīlānī, 'Abd al-Qādir ibn Mūsā, *Kitāb al-Ghunyah li-Ṭālibī Ṭarīq al-Ḥaqq*, al-Qāhirah: 1892.

al-Khayyāṭ, Abū al-Ḥusayn 'Abd al-Raḥīm ibn Muḥammad, *Kitāb al-Intiṣār wa-al-Radd 'alá Ibn al-Rawandī al-Mulḥid*, ed. H. S. Nyberg, al-Qāhirah: Dār al-Kutub al-Miṣriyyah, 1925.

al-Khiraqī, Abū al-Qāsim 'Umar ibn al-Ḥusayn, *Mukhtaṣar al-Khiraqī 'alá Madhhab al-Imām al-Mubajjal Aḥmad ibn Ḥanbal*, ed. Muḥammad al-Shāwīsh, Dimashq: Manshūrāt Dār al-Salām, 1378.

al-Kirmānī, Shams al-Dī Muḥammad ibn Yūsuf, *Ṣaḥīḥ al-Bukhārī bi-Sharḥ al-Kirmānī*, 25 vols., al-Qāhirah: 1939. 〔2nd ed. Bayrūt: Dār al-Iḥyā' Turāth al-'Arabī, 1981〕

al-Maghnīsāwī, Abū al-Muntahá Aḥmad ibn Muḥammad, *al-Fiqh al-Akbar* II, *Kitāb Sharḥ al-Fiqh al-Akbar*, Ḥaydarābād: Maṭba'at Dā'irat al-Ma'ārif, 3rd ed. 1980.

al-Makkī, Abū Ṭālib, *Qūt al-Qulūb fī Mu'āmalāt al-Maḥbūb wa Waṣf Ṭarīq al-Murīd ilá Maqām al-Tawḥīd*, 2 vols., al-Qāhirah: Maṭba'at Muṣṭafá al-Bābī al-Ḥalabī, 1961.

al-Malaṭī, Abū al-Ḥusayn Muḥammad ibn Aḥmad, *al-Tanbīh wa-al-Radd 'alá Ahl al-Ahwā' wa al-Bida'*, ed. 'Izzah al-'Aṭṭār al-Ḥusaynī, al-Qāhirah: 1949.

al-Maqrīzī, Taqī al-Dīn Aḥmad ibn 'Alī, *Kitāb al-Mawā'iẓ wa-al-I'tibār bi-Dhikr al-Khiṭaṭ wa-al-Āthār*, 2 vols., al-Qāhirah: 1270 A.H.

al-Marzūqī, Abū 'Alī Aḥmad ibn Muḥammad, *Sharḥ Dīwān al-Ḥamāsah*, 4 vols., al-Qāhirah: Maṭba'at Lajnat al-Ta'līf wa-al-Tarjamah wa-al-Nashr, 2nd ed., 1967–68.

al-Māturīdī, Abū Manṣūr Muḥammad ibn Muḥammad, *Kitāb al-Tawḥīd,* ed. Fathalla Kholeif, Beyrouth: Dar el-Machreq Éditeus Sarl, 1982.

———*al-Fiqh al-Akbar* I, Ḥaydarābād: Maṭba'at Dā'irat al-Ma'ārif, 3rd ed. 1980.

al-Māturīdī, Abū Manṣūr Muḥammad ibn Muḥammad, *Rasā'il fī al-'Aqā'id*, ed. Y. Z. Yörükân, Istanbul: 1953.

———*Ta'wīlāt al-Qur'ān*, Bakr Ṭūpālughlī (murāja'a) / Aḥmad Wānlīughlī et alii (ed), 17 vols., fahāris, Istanbul: Dār al-Mīzān (Mizan Yayınevi), 2005-2011.

Muslim ibn al-Ḥajjāj, Abū al-Ḥusayn, *Ṣaḥīḥ Muslim*, 2 vols., Vaduz (Liechtenstein): Jamʻīyat al-Maknaz al-Islāmī / Thesaurus Islamicus Foundation, 2000.

『日訳サヒーフ ムスリム』全 3 巻，磯崎定基・飯森嘉助・小笠原良治訳，日本サウディアラビア教会，1987 年．

al-Nawbakhtī, Abū Muḥammad al-Ḥasan ibn Mūsā, *Firaq al-Shīʻah*, Najaf: al-Maṭbaʻah al-Ḥaydariyyah, 1959.

al-Samʻānī, Abu Saʻd ʻAbd al-Karīm ibn Muḥammad, *al-Ansāb al-Ashrāf*, 13 vols., Ḥaydarābād: Maṭbaʻat Dā'irat al-Maʻārif, 1977.

al-Shahrastānī, Abū al-Fatḥ Muḥammad ibn ʻAbd al-Karīm al-Shahrastānī, *al-Milal wa-al-Niḥal*, 3 vols., al-Qāhirah: Maṭbaʻat Ḥijāzī, 1948–49.

———*Nihāyat al-Iqdām*, ed. Alfred Guillaume, London, 1934. [rep. Baghdād: Maktabat al-Muthanná, n. d]

al-Sharīf al-Murtaḍá, *Amālī*, 4 vols., Miṣr: Maṭbaʻat al-Saʻādah, 1907.

al-Taftāzānī, Saʻd al-Dīn Masʻūd ibn ʻUmar, *Sharḥ ʻalá al-ʻAqā'id al-Nasafiyyah*, Miṣr, 2nd ed., 1939.

Waṣiyyat Abī Ḥanīfah, with a commentary by Mollā Ḥusayn ibn Iskandar al-Ḥanafī (*Kitāb al-Jawharah al-Mufīfah fī Sharḥ Waṣiyyat Abī Ḥanīfah*), Ḥaydarābād: Maṭbaʻat Dā'irat al-Maʻārif, 3rd ed. 1980.

al-Zamakhsharī, Abū al-Qāsim Jār Allāh Maḥmūd ibn ʻUmar, *al-Kashshāf ʻan Ḥaqā'iq al-Tanzīl wa-ʻUyūn al-Aqāwīl fī Wujūh al-Ta'wīl*, 3rd ed., Bayrūt: Dār al-Maʻrifah, 2009.

Amīn, Aḥmad, *Ḍuḥá al-Islām*, al-Qāhirah: Maktabat al-Nahḍah al-Miṣriyyah, 1963.

Halkin, Abraham, *Moslem Schisms and Sects*, Tel-Aviv: Palestine Pub. Co., 1935.

Laoust, Henri, *La profession de foi d'Ibn Baṭṭa*, al-Dimashq: Institut français de Damas, 1958.

Nader, Albert, *Falsafah al-Muʻtazilah*, 2 vols., Alexandria: Dār al-Nashr al-Thaqāfa, 1950–51.

Ritter, Helmut, "Studien zur Geschichte der Islamischen Frömmigkeit I: Ḥasan al-Baṣrī," *Der Islam*, XXI, 1933, pp. 1-83.

Tritton, A. S., *Muslim Theology*, London: Luzac & Co., 1947.

Wensinck, A. J., *The Muslim Creed*, Cambridge: Cambridge U.P., 1932.

著者
井筒俊彦（いづつ　としひこ）
1914年、東京都生まれ。1949年、慶應義塾大学文学部で講義「言語学概論」を開始、他にもギリシャ語、ギリシャ哲学、ロシア文学などの授業を担当した。『アラビア思想史』『神秘哲学』や『コーラン』の翻訳、英文処女著作 *Language and Magic* などを発表。
1959年から海外に拠点を移し英文で研究書の執筆に専念し、*God and Man in the Koran, The Concept of Belief in Islamic Theology, Sufism and Taoism* などを刊行。
1979年、日本に帰国してからは『イスラーム文化』『意識と本質』などの代表作を発表。93年、死去。『井筒俊彦全集』（全12巻、別巻1、2013年–2016年）。

監訳者
鎌田繁（かまだ　しげる）
東京大学名誉教授、日本オリエント学会前会長。イスラーム神秘思想・シーア派研究。

訳者
仁子寿晴（にご　としはる）
同志社大学非常勤講師。イスラーム哲学・中国イスラーム思想。

橋爪烈（はしづめ　れつ）
千葉科学大学薬学部薬学科講師、カリフ制度史・イスラーム政治思想史研究。

井筒俊彦英文著作翻訳コレクション
イスラーム神学における信の構造
——イーマーンとイスラームの意味論的分析

2018年2月28日　初版第1刷発行

著　者———井筒俊彦
監訳者———鎌田　繁
訳　者———仁子寿晴・橋爪　烈
発行者———古屋正博
発行所———慶應義塾大学出版会株式会社
〒108-8346　東京都港区三田2-19-30
TEL〔編集部〕03-3451-0931
〔営業部〕03-3451-3584〈ご注文〉
〔　〃　〕03-3451-6926
FAX〔営業部〕03-3451-3122
振替　00190-8-155497
http://www.keio-up.co.jp/
装　丁———中垣信夫＋中垣　呉［中垣デザイン事務所］
印刷・製本——萩原印刷株式会社
カバー印刷——株式会社太平印刷社

Printed in Japan ISBN978-4-7664-2458-4